太湖西北部新石器
遗址发掘报告之四

南楼

2006年度发掘报告

南京博物院
上海大学文物与考古研究中心
江阴博物馆
编著

中国社会科学出版社

图书在版编目（CIP）数据

南楼：2006年度发掘报告／南京博物院，上海大学文物与考古研究中心，江阴博物馆编著．—北京：中国社会科学出版社，2018.6

ISBN 978-7-5203-2585-1

Ⅰ．①南…　Ⅱ．①南…　②上…　③江…　Ⅲ．①文化遗址—发掘报告—江阴—2006　Ⅳ．①K878.05

中国版本图书馆CIP数据核字（2018）第108955号

出 版 人　赵剑英
责任编辑　郑　彤
责任校对　王佳玉
责任印制　李寡寡

出　　版　中国社会科学出版社
社　　址　北京鼓楼西大街甲158号
邮　　编　100720
网　　址　http：//www.csspw.cn
发 行 部　010-84083685
门 市 部　010-84029450
经　　销　新华书店及其他书店

印刷装订　北京君升印刷有限公司
版　　次　2018年6月第1版
印　　次　2018年6月第1次印刷

开　　本　880×1230　1/16
印　　张　17.75
插　　页　99
字　　数　803千字
定　　价　328.00元

NANLOU

THE ARCHAEOLOGICAL EXCAVATION REPORT
ABOUT NEOLITHIC SITE IN NORTHWEST OF TAIHU LAKE

(*WITH ENGLISH ABSTRACT*)

NANJINGMUSEUM
RESEARCH CENTER OF CULTURAL HERITAGE AND ARCHAEOLOGY,
SHANGHAI UNIVERSITY
JIANGYIN MUSEUM

CHINA SOCIAL SCIENCES PRESS

考古发掘和报告编撰人员

领　队

陆建芳

副领队

张童心

队　员

左　骏　高振威　刁文伟　孙　军

龚　丹　高文虹　王　斌　杨　溯

整　理

陆建芳　张童心　左　骏　韩　锋

高振威　刁文伟　孙　军　周利宁

龚　丹　高文虹　王　斌　姚　庆

毛天辛　张思雨

执　笔

张童心　周利宁　左　骏

高振威　刁文伟　孙　军

目　　录

插图目录

彩版目录

第一章　概　述

第一节　江阴历史与环境[①]

一　历史沿革

江阴，简称“澄”，古称“暨阳”。夏商周时期均属于九州之一的扬州。春秋时属于吴地延陵，曾是吴王寿梦第四子季札的封地。战国时期，这里是楚国春申君黄歇的采邑，故有“延陵古邑”“春申旧封”之称。

秦王政二十五年（前222），置会稽郡，江阴隶属会稽郡延陵乡。汉高祖五年（前202），延陵乡改为毗陵县，在县境东部置暨阳乡，为江阴古称。西晋太康二年（281），划出暨阳乡与吴县、无锡县部分土地，增设为暨阳县。南朝梁绍泰元年（555）废县设郡，建治君山之麓，筑土城，因其地处大江之阴，遂称江阴郡，此为“江阴”名称之开始，下辖江阴、利城、梁丰三县。南朝陈永定元年（557），陈霸先夺取梁敬帝萧方智的皇位，封其为江阴王，在江阴郡建江阴国，第二年弑萧方智，国除为郡。隋开皇九年（589）灭陈，废江阴郡，将利城、梁丰二县并入江阴县。同年，晋陵郡改为常州，江阴县属常州管辖。

唐代以后，经济重心逐渐南移。江阴的地理位置重要，处于长江下游的最狭窄之处，被称为“江海锁钥”“锁航要塞”，军事价值倍增，成为战争双方争夺的战场，建置变更趋于频繁。唐武德三年（620），置暨州。九年（626）州废，县仍属常州。唐会昌四年（844），江阴满四千户，升为望县。南唐升元年间（937—943），置江阴军，领江阴县。宋淳化元年（990）废军复县，三年（992）又复置军。熙宁四年（1071），军又废。宋室南渡之后，鉴于江阴地理位置重要，建炎二年（1128）再复军，不久再废。绍兴三十一年（1161），又复置江阴军。元代至元十四年（1277）为江阴路，不久降为州，属常州路。至正二十四年（1364），朱元璋即吴王位，改为连洋州，不久复为江阴州，又改州为县。明成化八年（1472），从江阴分出江中马驮沙，另置靖江县。清咸丰十年（1860）太平军攻克江阴后，属太平天国苏福省常州郡，太平军败亡后，复属常州府。

中华民国元年（1912）废府存县，江阴县属江苏都督府。1914年属苏常道。1927年道废，属江苏省。1933年，省以下设行政督察区，属江苏省第二行政督察区。1936年废行政区，直属江苏省。1937年12月1日，日军侵占江阴后建立伪政权。1938年民国政府仍设江阴县，属江南行署第二区。1949

① 本节内容参考了江阴市史志办公室《江阴市志（1988—2007）》，方志出版社2012年版；薛仲良主编《江阴通史》，中华书局2013年版。

年4月22日江阴解放，江阴县苏南行署常州专区。1953年改属苏州地区。1983年3月实行市管县体制，改属无锡市代管。1987年4月，经国务院批准撤县建市，设立江阴市（县级），属无锡市管辖。

二 地理环境

江阴市地处北纬31°41′34″—31°57′36″，东经119°59′—120°34′，北枕长江，南近太湖，东接常熟、张家港，西连常州，区域总面积为987.5平方千米，地处长江咽喉，是大江南北的重要交通枢纽，也是江河湖海联运换装的天然良港。全境地势平缓、河道纵横，属于太湖流域平原地区，平原面积占全市总面积的83.15%（图一）。

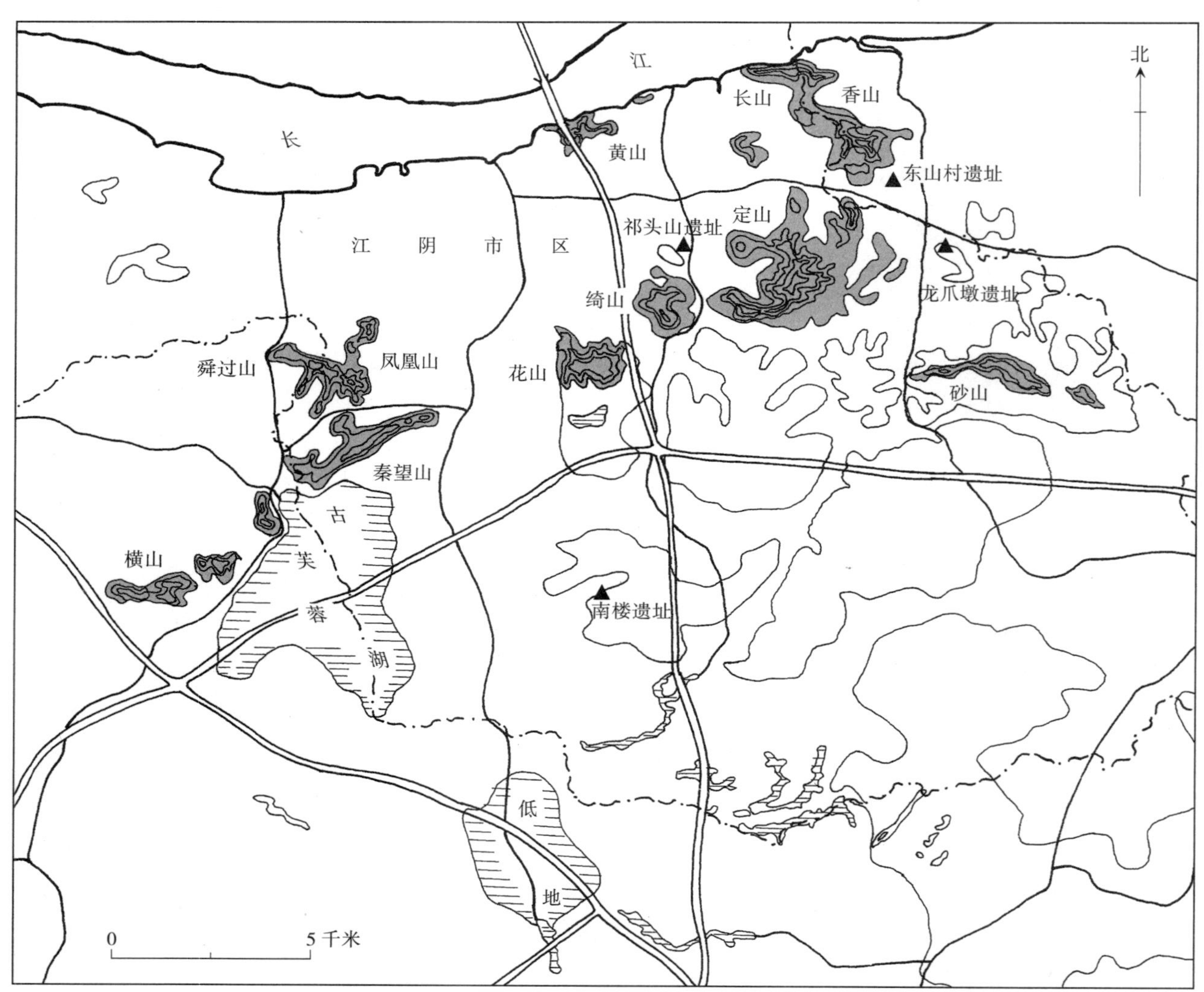

图一 南楼遗址周边地理环境图

江阴市古生物地层属扬子地层区江南地层分区，第四系覆盖层下自古至今有泥盆系、石炭系、二叠系、三叠系、侏罗系及白垩系。境内地势平坦，北部为长江冲积平原，地面高程2.5—4.6米；南部为太湖水网平原，地面高程一般为5—8米，是境内平原主体；西南一角为圩区，由围湖改造而成，地势最低洼，地面高程仅有1.5—2米。东北部沿江一带多小山，其中以黄山最为著名，旧有江阴“三十三半山”之说。因区划调整，开山采石，实际有山丘二十八座半。平原水田、旱田以黄沙土为主，乌山土次之，山地多为黄棕壤土。

江阴地貌的主要构造是华夏系构造，依次是华夏式构造和东向西构造。震旦纪域内所在的扬子断块下降成海盆。自震旦纪以来，形成了一套完整的从震旦系到三叠系海路相交替沉积地层。三叠纪晚期形成一系列北东向50°—60°的褶皱，并伴有走向断裂和横向断裂。域内主要有君山—萧山—长山背斜，南闸—山观向斜，花山—绮山—定山向斜，峭岐—周庄向斜，毗山—砂山背斜，青阳—祝塘—北澜向斜，河塘—顾山背斜。在新生代第四系地层下，隐伏着东西向构造，主要分布在青阳—张家港一线，控制着青阳—张家港断凹的形成。

江阴域内气候湿润，四季分明，光照充足，雨量丰沛，属北亚热带季风性湿润气候。从1988年至今，随着工业经济的持续快速增长，工业废气也大量排出，导致空气质量日趋恶化，年均气温升高，极端天气增多。1988年至2007年，年平均气温16.4℃，年降雨量1128.7毫米。冬季阴冷潮湿，夏季较炎热，春秋季节气候宜人，是长江下游小麦、水稻等农作物的重要产地。

域内水资源丰富，除长江江阴段外，河流密布，河流密度每平方千米4.98千米。地下和过境水量也很丰富。经长期整治，形成三大水系：西部新沟河水系，是澄西地区与武进、无锡交界，处低洼圩区，承担着江阴西部和武进东部及常锡运河的排洪功能，可称为“澄西水系”。中部锡澄运河水系，是江阴中部的主要通江引排河道，从无锡出北门，自白荡圩，经江阴桐岐、青阳、月城、南闸等村镇，直通黄田港至长江，其流域范围为新沟河以东、璜溪以西，调节应天河、冯泾河、黄昌河、青祝运河诸水。同时，锡澄运河又是沟通太湖水流入长江的重要通道之一，可称为“澄中水系”。东部张家港河水系，是江阴东部和张家港、无锡、常熟三市交界的通江引排河道，包括大河港、东横河、祝塘河、东清河诸水，是江阴、张家港、无锡、常熟接壤处的骨干河道，可称为“澄东水系”。

第二节　青阳镇与南楼遗址

一　青阳镇①

青阳镇处于江阴市南端，东接徐霞客镇，北与月城接壤，南临漕港河与无锡市惠山区相望，西与武进市接界，介于江阴、无锡、武进市之间，距江阴市区16千米。

青阳原名“青旸”，面积67.38平方千米，其中水面面积12平方千米。域内地势平坦，河网纵横，属于太湖水网平原，全境“吴淞高程”4—8米，东与东北部略高，西南为古芙蓉湖的一部分。锡澄运河自南向北纵贯镇区，青祝运河横贯东西，漕港河东接锡澄河，西达武进焦溪、常州，与七里浜、张塘浜、杨庄浜等支流组成水网，附近遍布大小村庄。

相传晋太康元年（280），旌阳令许逊弃官归隐，在此地修道成名，俗称旌阳，号为青旸。地因人名，故名“青旸”，寓意清晨日出，阳光灿烂，朝气蓬勃。据《宋志全境图》记载，宋代已有青阳乡建置的记载，为青旸乡，属江阴军，列境内17乡之一，距今有近千年历史，据明末清初无锡人顾祖禹

① 本节内容参考中共江阴市青阳镇委员会、江阴市青阳镇人民政府编《青阳镇志》，苏州大学出版社1999年版。

《读史方舆纪要》记载：“（江阴）县滨江为险，而青旸实腹里之冲要。”① 清代分为青旸、黄桥、泗河三镇。民国年间，分设青旸、丹同二镇以及悟空、泗河、桐岐等乡（图二）。

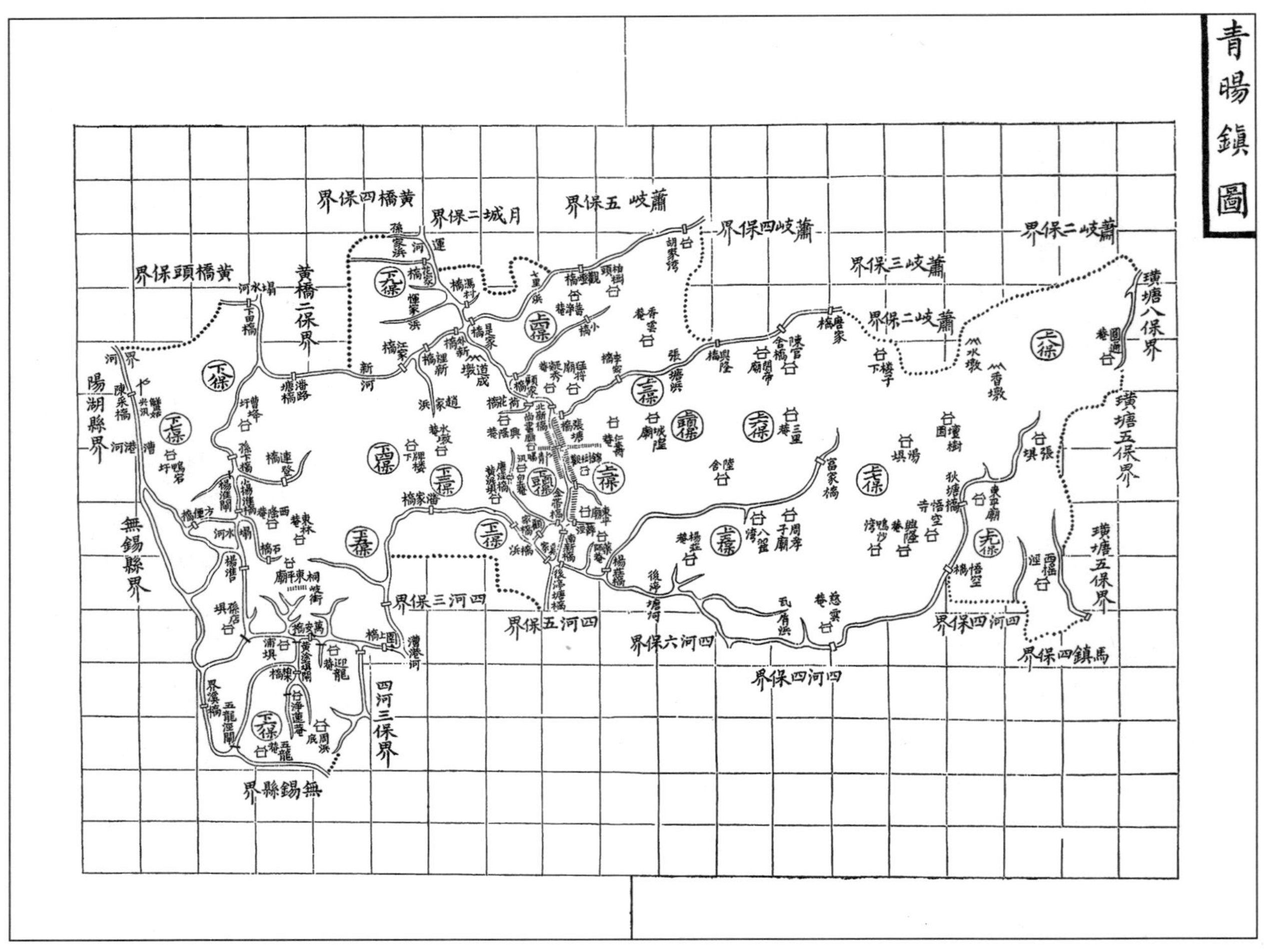

图二　青阳镇图
引自清光绪四年（1878）《江阴县志》

中华人民共和国成立前后，青阳镇的建制也几经变换。1949 年 4 月，青旸镇为江阴县的城南区区政府驻地。同年 9 月，撤城南区，设青旸区。1956 年 3 月，定为江阴县属镇。1958 年 8 月，泗河乡建立泗河人民公社，撤青旸区。1959 年 3 月，青旸镇和泗河人民公社并入青旸人民公社。1961 年 9 月，青旸人民公社西部地区建桐岐人民公社。1963 年 7 月，建置青旸镇为县属镇。1965 年 10 月，“青旸”更名“青阳”。1984 年 10 月，青阳镇、青阳人民公社合并为青阳镇，桐岐人民公社改为桐岐乡。1987 年 4 月，桐岐撤乡建镇。2001 年 6 月，桐岐镇并入青阳镇。截至 2015 年，青阳镇下辖桐岐社区、旌阳社区、迎秀社区、旌秀社区、街西村、青联村、小桥村、建义村、普照村、悟空村、芦塘村、里旺里村、邓阳村、塘头桥村、泗河口村、赵宕村、桐岐村、新安村、树家村等 4 个社区和 15 个行政村，政府驻地青阳镇府前路 189 号（图三）。

① （清）顾祖禹：《读史方舆纪要》卷二十五《南直七 · 常州府》，中华书局 2005 年版，第 1246 页。

图三　青阳镇地图
图中三角是南楼遗址所在地

青阳历史悠久，人文荟萃。中华人民共和国成立以来，文物考古新发现不断，其中最著名的莫过于对泗州大圣宝塔塔基的发掘。① 北宋太平兴国五年（980），奉敕改建始建于南朝梁的招隐院为悟空寺。北宋景德三年（1006），建八角形的悟空塔，其与江阴城内的兴国塔合称“澄江双塔”。元末，悟空寺寺庙遭到焚毁。明洪武十三年（1380）重建寺院，明穆宗隆庆朝及清代嘉庆七年（1802）均又重修，盛极一时。后因年久先修，民国十二年（1923），悟空寺塔倒塌。

2003 年 11 月初，当地政府改造小学危房时发现石构件，江阴博物馆随即与时南京博物院考古研究所组成联合考古队，对塔基进行抢救性发掘。塔基由八面石质构件砌成的石墙围绕，墙内填土石，并且夯筑。石墙东北、西南两边均为 4.6 米，其他每边长 4.5 米。塔基内夯土共发现 9 层，第 3 层夯土下有 7 口陶质大缸，呈圆形排列于夯土中，缸内以砖和碎石层层夯实，缸底多置“开元通宝”“太平通宝”等钱币。地宫位于塔中心东北 1 米外，在第 4 层夯土下，四壁以青石围砌，内以铜器铺地，上置一石函，函盖上散放数枚铜钱以及一个水晶球。函内也以铜器铺地，出土影青瓷钵、影青点彩瓷瓶、银质座龙、鎏金手指、舍利等重要文物。从石函铭文判断，该塔原名泗州大圣宝塔，建于北宋景德三年（1006），因常州府太平兴国寺僧人善聪提供舍利，“江阴军江阴县悟空院”僧人应云和“同行者”沈惟素四方化缘，募得款项，从而建造“泗州大圣宝塔”，并将舍利用“石函银瓶贮安藏于塔下，永充供养”。该塔基遗址的发掘，为了解北宋时期的宗教文化提供了新的研究材料。

青阳镇在宋代文化昌盛，时人称：“是邑居江之南，海之北，山明水秀，人杰地灵。蔼然文物之区，蔚然诗书之薮，蜚声翰苑，驰名缙绅。”青阳望族“五世其昌，并于正卿”的葛氏家族名声显赫，科第连绵，人才辈出，一门出了 33 个进士，其中以葛宫、葛胜仲、葛立方、葛邲四人最为有名，《宋史》有传，皆立身著书。其中，曾任左丞相的葛邲著有《文定文集》二百卷、《词业》五十卷，是南宋著名作家之一。夏港街道尚书墩宋代墓葬群就是青阳葛氏的家族墓地之一，历年来出土了大量葛氏家族的珍贵遗物，如 1978 年发现葛宫之子葛闳夫妇合葬墓，出土较为罕见的钢剑、莲瓣形铜镜、钺形砚、葵花形漆盘、瓜棱形漆盒、“亚”字形漆质镜盒等重要文物。② 1980 年发掘了葛宫之妻孙四娘子墓，出土佛教写经和刻经、四灵和十二生肖木俑，以及带有木俑的供桌、靠椅等珍贵文物。③

至明代，青阳镇已是“烟火千家”，舟车辐辏，市况繁盛。1977 年，悟空村泗州大圣宝塔塔基遗址西南约 150 米处，村民平整土地时发现三座明代墓葬，为江阴望族习礼夏氏的青阳分支的家族墓地，墓主为夏谅（1485—1539）及其母李氏、其妻邹氏。其中邹氏墓出土了银丝䯼髻、鸳鸯戏莲发簪、艾虎五毒掩鬓、嵌珠宝金耳坠等 25 件金银饰品，采用錾刻、镶嵌、隐起等工艺，代表了明代民间金银器的制造水平。④ 到清代，青阳镇成为江阴、无锡、武进三县 10 多个集镇联系的纽带。据乾隆朝修的《江阴县志》载：“青阳大桥头街衢四达，运河蜿蜒向南，水柁风樯，衔头接尾，市廛繁密与县城匹。每逢集市，便是一幅桥上行人千担挑，桥下航船千篙撑的景象。”清末至民国初年，受到上海、无锡等大城市民族工商业的影响，青阳商业发展很快，民国二十五年（1936），青阳镇有商家 507 户，各业兴旺，为无锡以北的商品主要集散地，素有“小无锡”的盛誉。抗日战争时期，江阴沦陷后遭受劫难，

---

① 陆建芳、唐汉章、高振威：《江苏江阴发掘北宋泗洲大圣宝塔塔基》，《中国文物报》2004 年 5 月 31 日第 1 版。
② 江阴县文化馆：《江阴夏港北宋墓发掘简报》，《文博通讯》1980 年第 6 期。
③ 苏州博物馆、江阴县文化馆：《江阴北宋“瑞昌县君”孙四娘子墓》，《文物》1982 年第 12 期。
④ 唐汉章、翁雪花：《江阴长泾、青阳出土的明代金银饰》，《文物》2001 年第 5 期。

1945 年抗战胜利之后，才又日趋繁荣。

1949 年以后，青阳镇实行土地改革和农业社会主义改造，兴修水利，改善耕作制度，生产水平迅速提高。1959 年，全境年产粮食从 1949 年的 7917 吨提高到 14568.3 吨，增长 84.01%。20 世纪 70 年代，扩种双季稻，提高复种指数，进行农田基本建设和一系列技术改革。1979 年，生产粮食 27018.6 吨，比 1959 年增长 85.46%。80 年代，推行联产承包责任制，进行产业结构调整，综合运用增产技术体系，增加总体功能。2000 年起，加快调整农业结构，到 2007 年，全镇粮食总产量 2.05 万吨，到 2011 年，粮食生产稳定，全年完成粮食总产量 2344 万千克，水稻单产达 613 千克。推进万顷良田二期建设，新增高效农业面积 1200 亩，实现农业总产值 4.5 亿元，粮油总产量达 2037.3 万千克。水产养殖、蔬菜种植、畜禽养殖业也迅速发展。全年水产养殖面积 4989 亩，总产量 2862 吨；蔬菜种植面积 11497 亩，产量 50586.8 吨。禽类以肉鸭为主，形成饲养、加工、销售一条龙的连锁产业，年出栏家禽 557.7 万羽，产值 12034 万元。

该镇工业上也发展迅猛。1985 年 12 月，青阳镇被批准为江苏省首批长江三角洲苏锡常经济开发区重点工业卫星镇。1986 年，青阳镇被评为全国经济综合实力百强乡镇。1988 年，域内拥有工业企业 213 个，其中镇办 53 个、村办 160 个；工业销售收入 3.96 亿元、利润 640 万元、税金 2222 万元。1993 年起，实施企业产权制度改革，至 1999 年共改制企业 219 个，其中转为有限责任公司 66 个、股份合作制企业 45 个、私营企业 108 个。2000 年，建青阳工业园区，规划面积 8.8 平方千米，分东、南、西、北四区，建成面积 4.8 平方千米。2007 年，全镇拥有各类工业企业 587 个，其中规模以上企业 70 个、超亿元企业 12 个、超 5000 万元企业 15 个。工业固定资产原值 18.43 亿元，职工 1.86 万人，形成轻工、化工、电子、冶金及金属制品、纺织、机械、汽车配件七大工业门类，主要产品有 385 种。全年工业产值 117.39 亿元，销售收入 110.25 亿元，利税 5.31 亿元，实现增加值 23.02 亿元，占全镇地区生产总值的 60.25%。2011 年，企业科技创新能力提升，大力发展轻型机械装备、车船零部件、电子新材料等新兴产业，共完成工业项目投入 45 亿元，年均超 20 亿元。工业经济加速转型，工业产值年均增长 13.2%，总值增长 12% 以上，突破 70 亿元。开票销售确保突破 300 亿元，其中工业确保 180 亿元。固定资产投入 25 亿元，其中工业 10 亿元。

改革开放以后，服务业崭露头角。1988 年，青阳镇有商业网点 385 个，社会消费品零售总额 1.8 亿元。青阳镇依托锡澄公路穿境而过的交通优势，发展运输业。是年末，拥有客货汽车 240 辆，从事运输的拖拉机 274 辆，运输物流业销售额 548 万元、利税 152 万元。1998 年后，集体商业企业陆续改制为个体企业。2001 年，全镇有商业网点 1343 个，从业人员 4598 人，服务业收入达 5.98 亿元，利税 4314 万元。运输物流业销售额达 2941 万元，利税 1116 万元。2007 年，全镇服务业总收入 46.7 亿元，商业开票销售 38.6 亿元，实现服务业增加值 12.89 亿元，在全镇地区生产总值中占 33.73%。青阳镇有服务业单位 3070 个，从业人员 1.35 万人；有专业市场 2 个，年成交额 42.5 亿元。2011 年，服务业增加值占地区生产总值比重由 34.3% 提高到 2011 年的 39.7%，四年增加了 5.4 个百分点，年均增长 17%。累计完成服务业投入 30.2 亿元。以嘉茂国际花鸟园、观音文化博览园、农业科技博览园为代表的生态文化旅游业取得突破性发展，2011 年实现旅游人次近 25 万。

另外，社会建设也蒸蒸日上，青阳镇在村镇建设、科技、教育、文化、卫生、体育等各方面都取得了长足进步。江阴古谚有“一青阳、二华士、三周庄、四祝塘”之说，青阳位列首位，如今的青阳镇也已成为江阴市现代化、开放式的文明富庶的新型小城镇。

二 顾家村与南楼遗址

南楼遗址位于原南楼村（2002 年后与悟空村合并，统称为“悟空村行政村”）的顾家村自然村，西距青阳集镇约 2 千米。悟空村在镇东部，与徐霞客镇璜塘社区接界。北宋太平兴国五年（980）建悟空寺于此，故名“悟空村”。后赖寺院兴盛为集市，但因地僻道塞，明清之后逐渐沦为普通村庄。

顾家村原名“乌龟墩”，按当地村民说是“无主墩”。可能是因乌龟墩墩名难听，故而讹变成“无主墩”，后改名叫“顾家村”。在顾家村北，当地人称作“家后头”的是一块高地。其东为低洼河地，南为顾家村旧址（现顾家村址为 20 世纪 80 年代迁定，在原村址上已向南迁移 1000 多米），西南侧是一处低洼河地，西侧是青（阳）峭（岐）公路和革新河，其北为张塘浜（彩版一、彩版二：1）。

南楼遗址发现于 1974 年，当地村民在平整顾家村乌龟墩时，发现了一批磨制石器，有双孔圆刃石刀、石斧、石锛等，但未引起文物部门的重视。旧时南楼村灌溉困难，常现旱情。1974—1976 年，政府开凿革新、团结两河，用于农田灌溉。在开挖连接青（阳）祝（塘）运河和张塘浜的革新河时，出土陶质的鼎、罐、壶等器物 30 余件，特别是出土了一件黑衣彩绘陶罐和一件鸡冠耳灰陶罐，因此受到重视，命名为南楼遗址（图四）①。1977 年，又修乡镇级公路青峭公路，路基宽 6 米，起自南楼村，位于革新河东且与革新河平行，又对遗址造成了一定程度的破坏。2006 年 7 月，锡澄高速公路的重要辅道徐霞客大道修建，南北向与遗址的最东部接壤。

第三节 调查与发掘

一 调查试掘

南楼遗址自发现以来没有进行正规的考古调查，遗址北部和东部被两个窑厂取土破坏，而顾家村周围的遗址面貌，也因 20 世纪 70 年代大规模的“格田成方”和“挑高填低”运动而发生重大变化。2006 年 2 月 20 日至 3 月 4 日，江苏省考古研究所与江阴市博物馆联合对南楼遗址进行初步调查，参加人员有陆建芳、左骏（江苏省考古研究所）、高振威（江阴市博物馆）以及探工 4 人（高宝元、高正生、高进财、王惠良）。

2 月 20 日至 21 日，对乌龟墩及其周围进行初步勘探，发现文化层并不厚（彩版二：2）。2 月 22 日，转移至革新河西的小高地，并对一个剖面进行解剖。耕土层厚 0.7 米，其下文化层厚 0.5 米，出土有商周时期的细碎陶片若干。至 2 月 26 日，确定有三个点可以重点勘探：（1）乌龟墩小高地正对北岸普照村普照寺的一个点；（2）现顾家村北的一个点；（3）革新河桥西的一个点。

2 月 27 日开始重点勘探。27 日，对革新河桥西岗地开始勘探。耕土层厚约 0.1 米，其下为黄色堆土，土质疏松，厚 0.5—0.6 米，再下为文化层，灰色土，内含烧土、炭粒以及极少的陶片，厚 0.3—0.5 米，有三个探点没有到生土层，估计为沟、坑等遗迹现象。岗地西部总体来看文化层较薄，但有

① 关于在南楼遗址历次采集的器物，参见《附录一 南楼遗址历年采集器物》；当时的发现详情，参见《附录二 青阳镇南楼遗址发现记》。

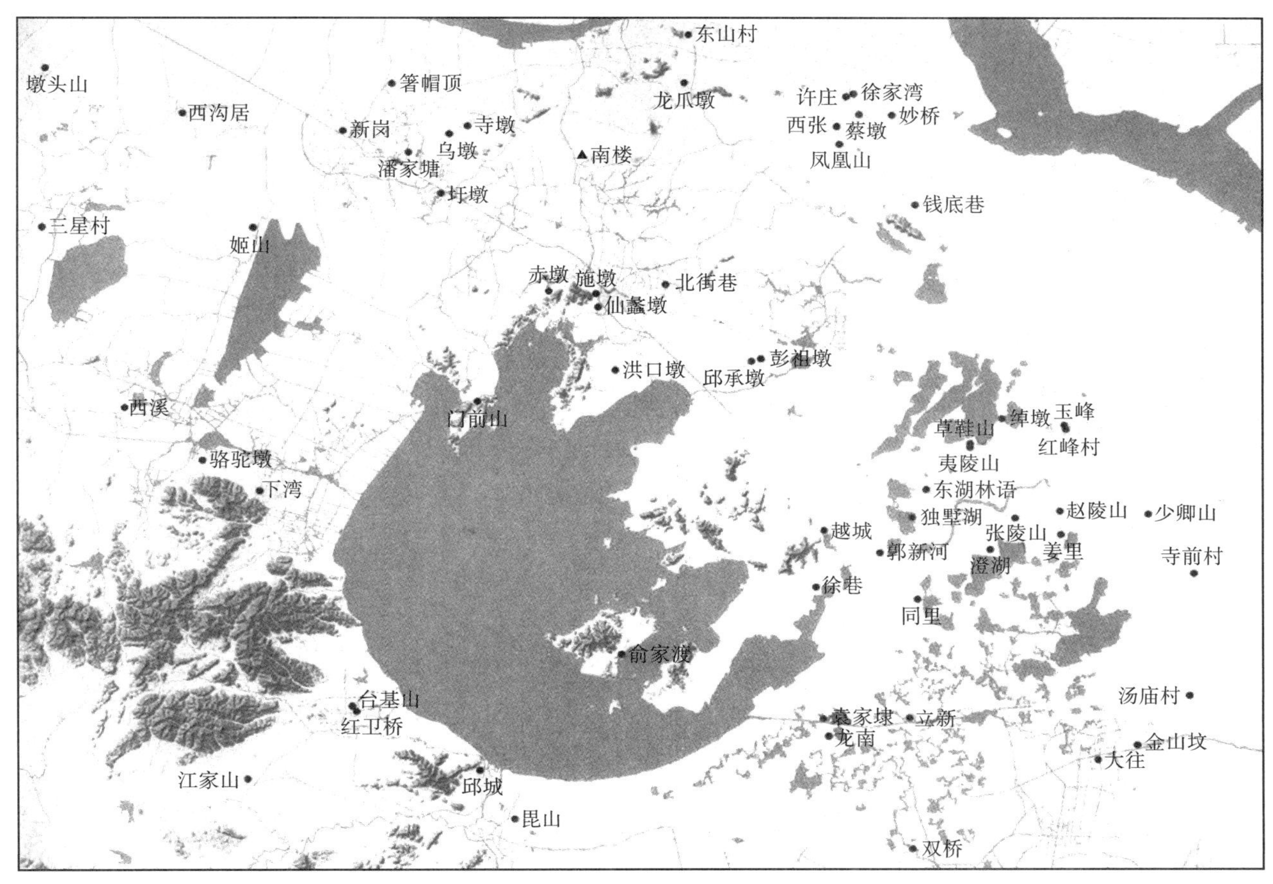

图四　南楼遗址与太湖附近崧泽文化遗址相对位置示意图

引自浙江省文物考古研究所等《崧泽之美——浙江崧泽文化考古特展》，浙江摄影出版社 2014 年版，第 57 页

两个探点文化层堆积较厚，位于岗地西北部。在岗地南部及北部钻探时，发现下部有较深的深灰色或黑色淤泥层，估计为古河道（图五）。

原顾家村西北池塘中心的土墩即乌龟墩，据当年参与平整土地的农民反映，此墩曾经出土过大量石斧、石刀及陶器。3 月 2 日，为了搞清东部地层状况，我们把乌龟墩小高地正对北岸普照村普照寺的这个点作为试掘点，开一个 5 米 ×2 米的探沟，编号为 06NT1（图六），东部为河塘，西部、南部地势略高，北部为农田，地势较低。发掘情况如下。

第 1 层：耕土层，厚 0.3—0.5 米，土质松软，含水量大，内含稻茎、草根、青花瓷片、夹砂红陶片等。

第 1 层下有一条略为西北—东南走向的排水沟横贯探沟，内含塑料纸、石块等，底为圜底，深 0.35—0.4 米，宽 0.32—0.4 米。该沟打破东北角灰白土。

灰白土内含石块、青砖残块、瓦片、灰陶片、红陶片等，判断也为晚期沟渠，底为圜底，深 0.3—0.4 米，宽 0.8—0.9 米，打破生土。

在清理灰白土沟底部时，在西北部发现一件红陶质器物，由于比较破碎，器型不明，在其东部发现一条由北向南的界线，西部土色黄，略泛灰，内含少量红烧土，初步判断为墓葬，又发现南部的分界线。3 月 2 日下午，为了进一步判断，在此疑似墓葬的北部、西部扩方，并将西部 2.5 米处再向西扩 2 米，北部扩 1 米。

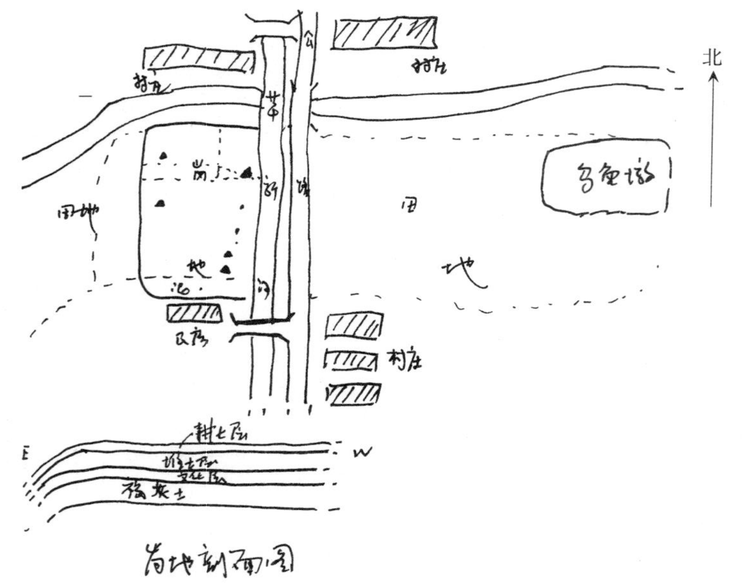

图五 革新河桥西勘探示意图

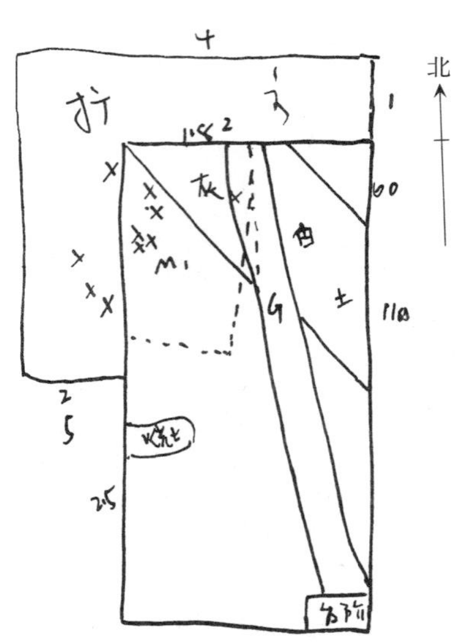

图六 试掘日记中06NT1平面示意图（2006年3月2日）

3月3日上午，确定昨日墓葬为长方形，编号为M1，确定边线时在其下又发现一座墓葬，编号为M2，M1打破M2，下午清理M1。4日上午，清理M2，并且在M2东部又发现一座墓葬，编号为M3，为完整发掘M3，在探沟东部又扩方，下午清理完M3后回填。[①]

通过此次勘探试掘，当时认为顾家村北部“家后头”小高地为墓葬区，但因当年曾被挖去约0.5米厚的土层，故目前发现的墓葬大多已遭破坏，具体情况有待今后考古发掘予以确定。遗址范围大部分被村民水田和旱田覆盖，其间有顾家村自然村、青峭公路（南楼段）、革新河（南楼段）以及阴大河、住基河、徐家河等若干个小河塘。遗址现在的范围大致为北到张塘浜南岸，南到现在的顾家村南，东到张塘浜普照村段向南的支流（该支流2006年7月后被填平为徐霞客大道的一部分），西至革新河西约200米。遗址现存南北约450米，东西约500米，总面积约22.5万平方米（图七）。

二 发掘经过

2006年3月10日，当地农民冯某在顾家村北以植树为名盗掘遗址。共挖盗坑4个，最大的坑长约4米，宽约3米；最小的长、宽也有1米左右。由于南楼遗址的文化层、墓葬等距地表较浅，故树坑皆涉及之，对遗址东南部造成了极大破坏，后果严重。在此情况下，江苏省考古研究所在报国家文物局同意批准后，决定与上海大学、江阴市博物馆组成联合考古队，对南楼遗址进行抢救性发掘，重点是顾家村北部农田内的崧泽文化墓地。该遗址原点坐标为北纬31°46′33″，东经120°16′58″，海拔高度6米。

4月12日开始正式发掘，5月24日田野考古结束（彩版三、彩版四）。

参加发掘的考古工作人员主要有：江苏省考古研究所陆建芳（领队）、左骏，江阴市博物馆考古部主任高振威、办公室主任刁文伟、陈列宣教部主任孙军，上海大学文物考古研究中心主任张童心教

① M1—M3的考古发掘详见第三章，此处不再赘述。

图七 南楼遗址探方位置图

授以及文学院历史系研究生龚丹、高文虹、王斌，南京师范大学社会发展学院文物与博物馆系研究生杨溯。

参加发掘的工人有：高宝元、高正生、高进财、高汝泉、王惠良、高秋良、高福兴、顾九斤、高俊才、徐留洪、徐银顺、薛洪祖、徐振德、沈秀林、顾阿三、高德兴、冯玉清、顾甫全、冯伯平、顾祥兴、顾祥海、顾祥德、沈秀玲（女）、张美英（女）24 人。

此次发掘采用第一象限法完成布方，共发掘 10 米 ×10 米的探方 14 个，另加 5 个扩方，面积 1500 平方米左右（图七）。因遗址右侧有低地、断沟，故按地形地势进行扩方，形状不规则。发掘过程中，我们依照《田野考古工作规程》要求，严格按照从晚到早，从上至下的顺序逐层清理，各类出土遗物按地层、遗迹单位分别放置。

通过此次发掘了解到，该遗址分为商周、崧泽两大文化时期。其中商周时期的灰坑 15 个，不早于商周时期的灰沟 1 条（未编号）。崧泽文化时期的各类遗迹较多，是此次发掘的重要收获，共清理墓葬 25 座、灰坑 1 个、灰沟 1 条以及房址 4 座（图八；彩版四）。

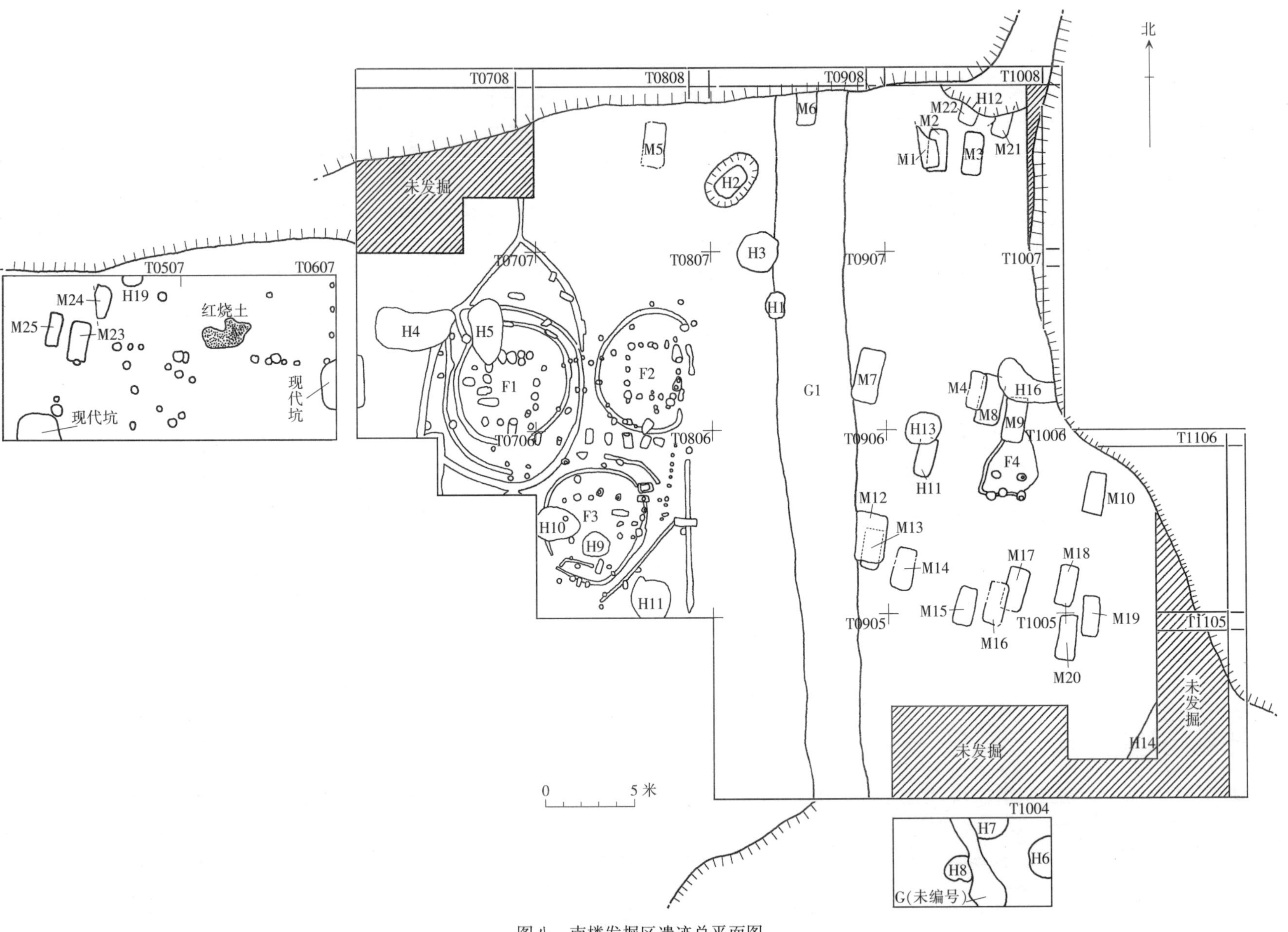

图八 南楼发掘区遗迹总平面图

南楼遗址在发掘期间，南京博物院院长龚良曾专门来工地指导工作（彩版五：1）。同时，此次发掘工作得到了江阴市文化局、青阳镇政府以及悟空村村委等各级相关领导与人员的大力支持。

三　室内整理

有关南楼遗址发掘资料的相关整理，开始于2006年田野考古发掘期间（彩版五：2）。因出土的陶器质地疏松易碎，在发掘的同时即开始修复，由韩建立（南京博物院）、孙军、曹良武（江阴市博物馆）负责修复器物（图九至图一一）。

图九　陶器现场加固保护（左起张童心、孙军）

图一〇　田野驻地的陶器修复（左起孙军、刁文伟、陈勇）

图一一　高梯摄影（摄影者孙军）

5月27日，第一次整理工作正式开始，由江苏省考古研究所主持，江阴市博物馆配合工作。总负责人为陆建芳，参加人员有左骏、张童心、龚丹、高文虹、王斌、高振威、刁文伟、孙军、曹良武。其中孙军、曹良武负责修复出土器物，左骏负责绘图、拓片，张童心、高振威负责挑选标本，龚丹、高文虹、王斌统计陶片（统计表由龚丹制作），孙军、左骏、刁文伟负责摄影。在此基础上发表了初步整理成果。[①]

此前几年，江阴新石器时代另两个重要遗址祁头山遗址、高城墩遗址的考古发掘报告已正式出版，

① 南楼联合考古队：《江苏江阴南楼发现保存完整的崧泽文化聚落》，《中国文物报》2006年7月19日第2版；陆建芳：《江苏江阴南楼崧泽文化遗址》，《2006年全国重要考古发现》，文物出版社2007年版；江苏江阴南楼遗址联合考古队：《江苏江阴南楼新石器时代遗址发掘简报》，《文物》2007年第7期。

这两个遗址代表了江阴新石器时代两个重要的文化：马家浜文化和良渚文化。介于这两种文化中间的崧泽文化，在江阴发现的有南楼遗址和龙爪墩遗址。其中龙爪墩遗址于1999年初因农田水利建设遭到毁灭性破坏；保存相对较好且有重要发现的南楼遗址迟迟未出正式的发掘报告，不能不说是江阴新石器时代文化研究的一个缺环，令人遗憾。因此，2014年4月，南京博物院与江阴市博物馆正式启动“南楼遗址考古发掘报告”编写计划项目，该项目于2014年4月开始，2017年7月整理工作基本结束。

报告总负责人为陆建芳，参加人员有左骏（南京博物院），张童心（上海大学文物考古研究中心），姚庆、毛天辛、张思宇（上海大学文学院历史系），韩锋、刁文伟、高振威、孙军、周利宁（江阴市博物馆）等。此次整理，由高振威负责资料的整合；孙军负责重新绘制了遗址总平面图和探方位置图；周利宁负责整理墓葬以及灰沟出土器物，并按单位重新编号上架，重绘或者补绘了部分遗迹平、剖面图和器物线图。

文字及附录图表部分，参加资料整理和编写报告的人员如下：第一章、第二章由高振威、周利宁合作撰写，其中第二章第三节第三部分“房址”由刁文伟撰写；第三章由左骏、高振威撰写；第四章房址研究部分由刁文伟执笔，其余由周利宁撰写。书稿由陆建芳、张童心、左骏统一改定，附表由周利宁、姚庆、毛天辛、张思宇完成。此外，附录一由左骏撰写；附录二由江阴市青阳镇原文化站站长刘湘和撰写，周利宁改定；附录三由江阴市博物馆原馆长唐汉章撰写。英文翻译为中国社会科学院考古研究所张东。

第二章　地层与遗迹

按钻探的遗址总面积看，此次发掘的面积占遗址现存总面积的0.6%；从空间方位看，此次发掘位于遗址偏东北角，目前对于遗址的堆积结构的了解，主要依据T1007至T0507东西向剖面。由于此次考古发掘是抢救性发掘，只是针对人为盗掘破坏的东部遗址的揭露，在某种程度上我们无法全面考察南楼遗址的文化遗迹现象的整体布局，特别是西南部以外的遗迹现象。现将基本情况介绍如下。

第一节　地层堆积

经过前期调查和勘探得知，由于近现代“挑高填低”、取土烧砖、农田水利建设，破坏了遗址原有的地形地貌。2006年南楼遗址发掘区的地层单一，堆积较浅。除T0507、T0607以及T0707的西部以外，其余各方皆在耕土层下即见各类遗迹，再下层即为生土层。发掘区西部探方文化层堆积相对较厚，可以分为4个文化层，其间有房址、墓葬、灰沟、灰坑等各类遗迹，距现在地表深1米左右，见生土层。现选取横贯东西的T1007至T0507共6个探方的南壁，组成发掘区的横向剖面，来分析发掘区的堆积情况（图一三）。

第1层：耕土层，厚0.25—0.27米。土质疏松，内含少量夹砂和泥质陶片、硬陶片（图一二：1）、

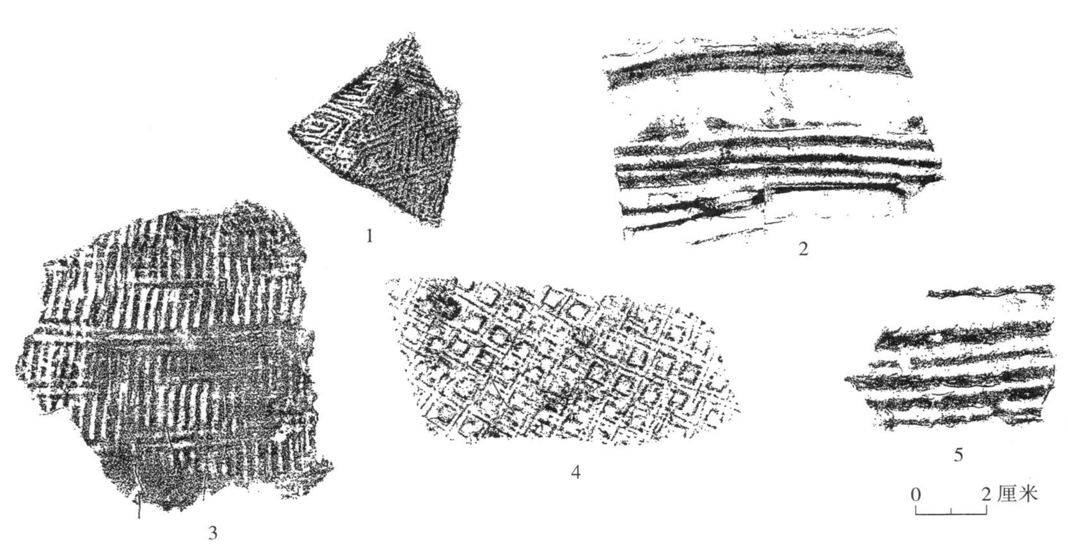

图一二　地层堆积出土陶片的纹饰拓片

1. T0707①：60 云雷纹　2. T0707②：60 弦纹　3. T1008②：60 梯格纹　4. T0707②：61 回纹　5. T0607④：60 弦纹

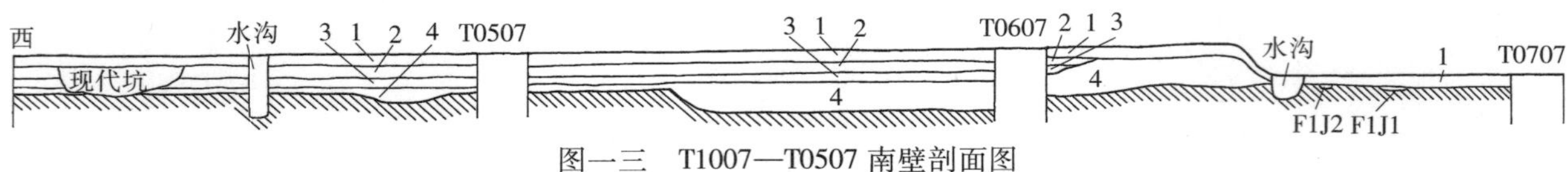

图一三 T1007—T0507 南壁剖面图

石器以及砖瓦块等现代垃圾，下有农田水沟和现代坑。开口于这一层的遗迹有 G1、H1—H14、H16、F1—F4、M1—M21。

第 2 层：深 0. 25—0. 27、厚 0—0. 25 米。土色灰褐色，土质略硬，内含少量炭粒、红烧土粒。出土陶片以泥质陶为主，夹砂陶次之，还有少量硬陶片，部分陶片外有红色陶衣。可辨器形的有盆、豆、鼎足、器鋬等，可辨纹饰有弦纹、梯格纹、回纹、云雷纹等（图一二：2—4）。

第 3 层：深 0. 75—0. 77、厚 0—0. 25 米。土色为黄色，土质略硬，内含少量炭粒、红烧土粒，出土陶片泥质陶为主，少量夹砂陶。可辨器形的有盆、罐、器鋬等，纹饰以素面为主，少量陶片有弦纹、按窝或者红色陶衣。开口于这一层的遗迹有 H19，还有 T0507、T0607 中的柱洞群。

第 4 层：深 0. 8—1、厚 0—0. 25 米。土色为黄褐色，土质硬，内含炭粒、红烧土粒，夹砂、夹草木灰、泥质红陶片、泥质灰陶片及少量石器，其中泥质陶居多，夹砂较少。陶器有鼎足、罐、釜、豆、纺轮等，纹饰有素面、弦纹（图一二：5）、附加堆纹、按窝等，部分陶片上有红色陶衣，石器有石斧、石锛、石凿等。开口于这一层的遗迹有 M22、M23、M24 三座墓葬。

第 4 层以下为生土。

从出土物的质地和纹饰推断，第 2 层为商周地层，第 3、4 层为崧泽地层。

第二节 地层遗物

南楼遗址发掘区地层堆积较薄，加之后期的人类活动频繁，20 世纪有过大规模平整活动，对其破坏极其严重。即便如此，地层中出土的遗物还是对判断相对年代提供了可靠的实物资料。第 2、3 层出土陶片细碎，多数无法分辨器形，没有可以作为标本的器物。出土物主要集中在第 4 层，加上第 1 层中挑选出的早期器物，类别可分为陶器和石器。陶器的器形有鼎、罐、釜、盆、豆、鋬、耳、纺轮等，石器器形有锛、凿、镞、斧、刀、纺轮等。下面以器物类型为单位，介绍代表性遗物标本。

一 陶器

1. 鼎足 4 件。

标本 T0507④：8，夹草木灰红陶，手制。扁铲形，下部已残，沿面内凹，凹面内饰按窝。残长 7. 4、宽 9. 2 厘米（图一四：1）。

标本 T0607④：5，夹砂红陶，手制。平面呈扁方形，侧面呈扁条形。长 6. 7、宽 4. 4 厘米（图一四：2）。

标本 T0607④：6，夹草木灰红陶，手制。呈扁凿形，下部已残，断面呈椭圆形。残长 5 厘米（图一四：3）。

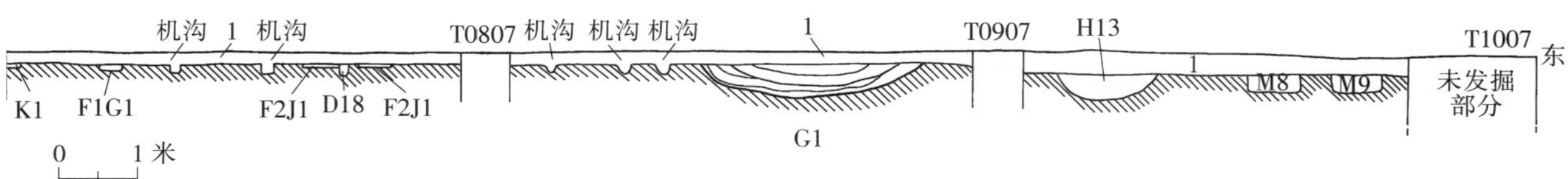

标本 T0607④：14，夹草木灰红褐陶，手制。侧扁三角条状凿形，外撇，断面呈椭圆形，足面内有条状刻槽。残长 8.1、中宽 2.2 厘米（图一四：4）。

2. 罐　10 件。

标本 T0507④：5，泥质红陶，轮制，素面。尖圆唇，内敛，束颈，斜直颈，下部已残。复原口径 14 厘米（图一五：1）。

标本 T0607④：13，泥质红陶，轮制，素面。方唇，短直颈，广肩，下部已残。残高 3.6、复原口径 14 厘米（图一五：2）。

标本 T0507④：4，泥质红陶，轮制，素面。侈口，尖圆唇，直颈，下部已残。残高 4、复原口径 20 厘米（图一五：3）。

标本 T0607④：8，夹砂灰黑陶，轮制，素面。侈口，圆唇，短束颈，斜直肩，下部已残。残高 4、复原口径 24 厘米（图一五：4）。

标本 T0607④：17，夹砂红陶，轮制，素面。圆唇，短束颈，斜肩略鼓，下部已残。残高 4.6、复原口径 20 厘米（图一五：5）。

标本 T0607④：1，夹砂红陶，轮制，素面。侈口，圆唇，束折颈，斜直腹，下部已残。残高 5、复原口径 24 厘米（图一五：6）。

标本 T0707④：5，泥质黄褐陶，轮制，素面。侈口，圆唇，高领，束直颈，广肩，下部已残。残高 3.5、复原口径 18 厘米（图一五：7）。

标本 T0707④：10，夹砂黑陶，轮制，素面。上部已残，靠近上腹部安有鋬手，下腹斜内收，平底内凹。底径 10 厘米（图一六：1）。

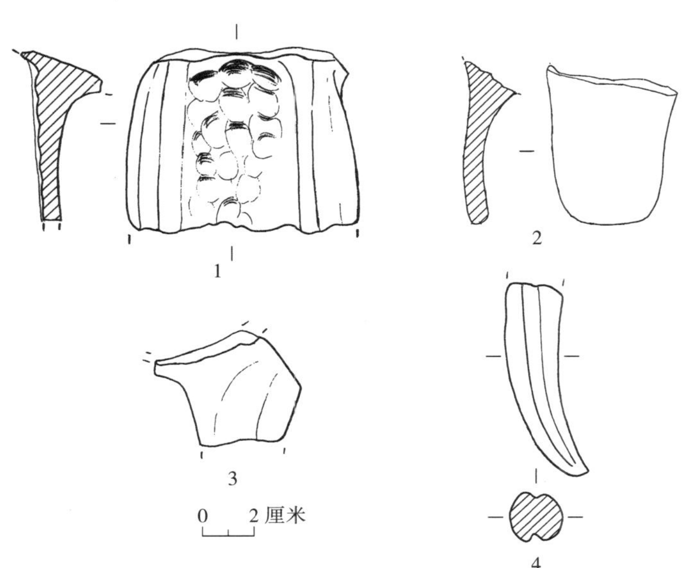

图一四　第 4 层出土陶鼎足

1. T0507④：8　2. T0607④：5　3. T0607④：6　4. T0607④：14

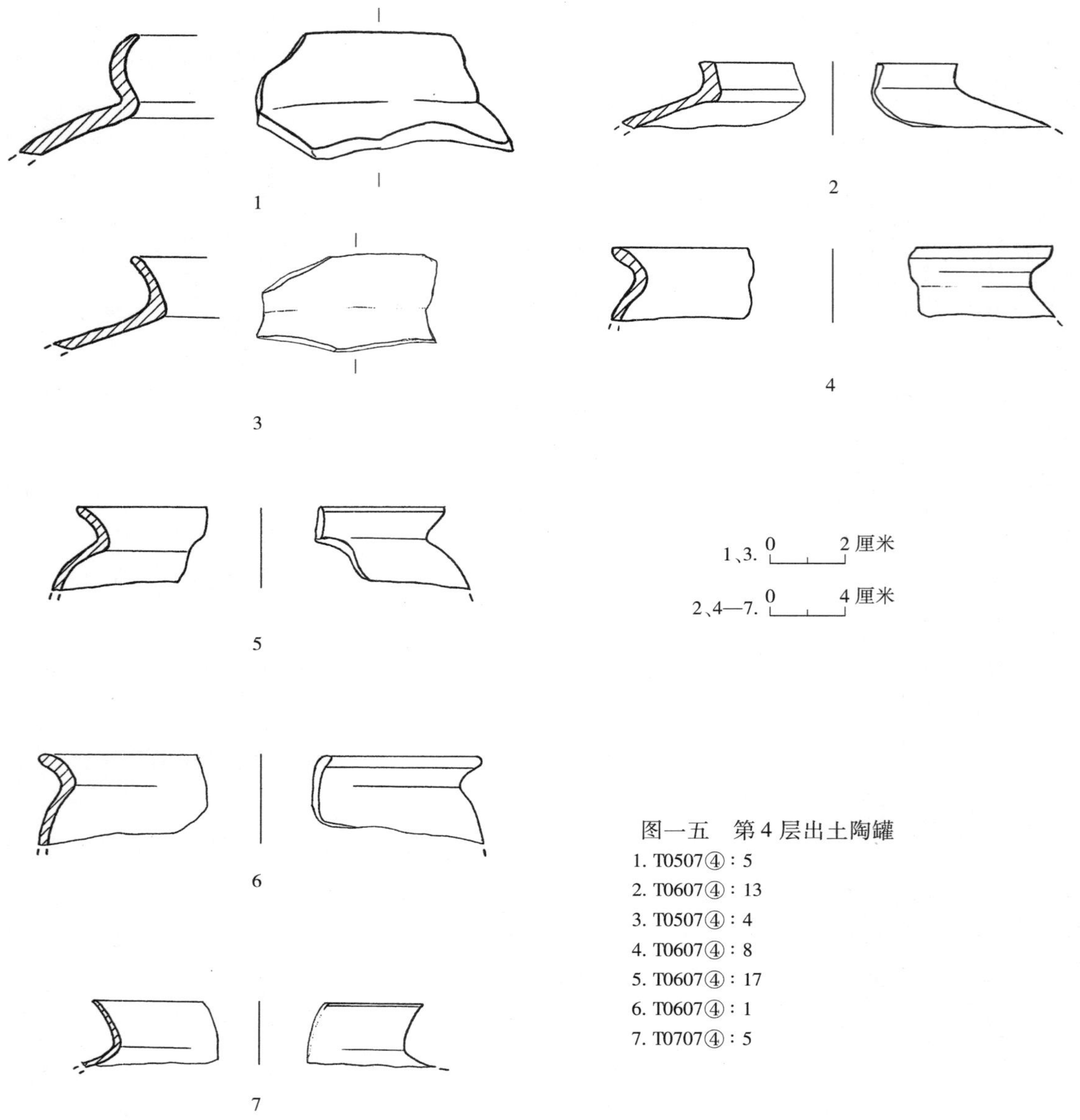

图一五　第 4 层出土陶罐
1. T0507④：5
2. T0607④：13
3. T0507④：4
4. T0607④：8
5. T0607④：17
6. T0607④：1
7. T0707④：5

标本 T0507④：4，夹砂灰褐陶，轮制，素面。圆唇外撇，短束颈，斜直肩，下部已残。残长 5、复原口径 12 厘米（图一六：2）。

标本 T0607④：10，泥质黄褐陶，轮制，素面。敞口，尖圆唇，束直颈，斜肩，下部已残。残高 5、复原口径 14 厘米（图一六：3）。

3. 釜　2 件。

标本 T0507④：2，夹草木灰的灰褐陶，轮制。侈口，方圆唇，束颈，颈下贴附宽短鋬手，鋬下堆贴腰沿一周。复原口径 24 厘米（图一七：1）。

标本 T0607④：32，夹砂红陶，轮制。方圆唇，短束颈，鼓肩，肩上贴附鋬手，下部已残，肩部残留红衣。残高 6.5、口径复原 18、鋬长 8、宽 1.6 厘米（图一七：2）。

4. 盆　4 件。

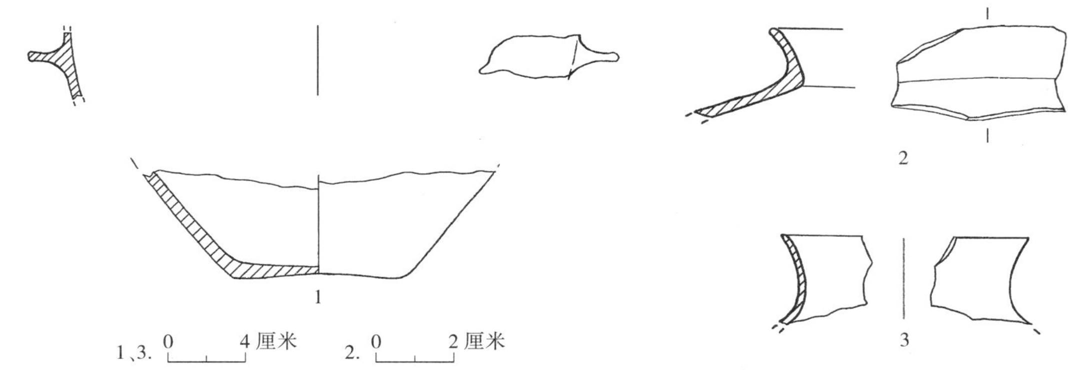

图一六　第4层出土陶罐

1. T0707④：10　2. T0507④：4　3. T0607④：10

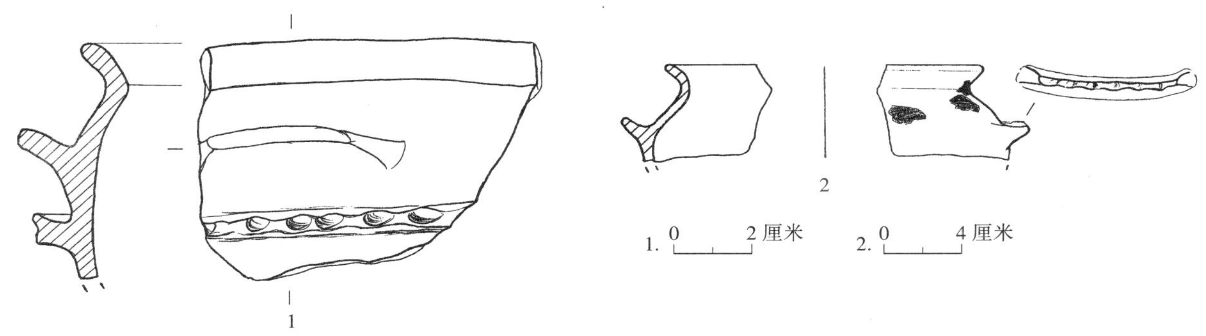

图一七　第4层出土陶釜

1. T0507④：2　2. T0607④：32

标本 T0607④：16，夹草木灰红陶，轮制，素面。厚圆方唇，有垂唇现象，腹较斜直，略有弯曲。残高4.8、复原口径30厘米（图一八：1）。

标本 T0607④：26，泥质红陶，轮制，素面。直口，圆唇，口沿下有一道凸棱，棱下有一鋬手，下腹部斜内收。残高4.4、复原口径22厘米（图一八：2）。

标本 T0707④：8，夹草木灰泥质红陶，轮制，素面。侈口，方圆唇，束颈，斜直腹略鼓，下部已残。残高4.5、复原口径18厘米（图一八：3）。

标本 T0607④：30，泥质灰陶，轮制，素面。敞口，尖圆唇，束颈，折腹，下部斜直内收。高6、复原口径30厘米（图一八：4）。

5. 豆　9件。

标本 T0607④：7，泥质浅黄灰陶，轮制。上、下部皆已残失，仅存竹节形豆柄，表面零星残有红衣痕迹。残高7.9厘米（图一九：1）。

标本 T0607④：15，泥质红陶，轮制。上、下部皆已残失，仅存竹节形豆柄，表面零星残有红衣痕迹。直径5—9.6、残高11.6厘米（图一九：2）。

标本 T0607④：3，泥质浅灰陶，轮制。上、下部皆已残失，仅存竹节形豆柄，表面零星残有红衣痕迹。直径6、残高11厘米（图一九：3）。

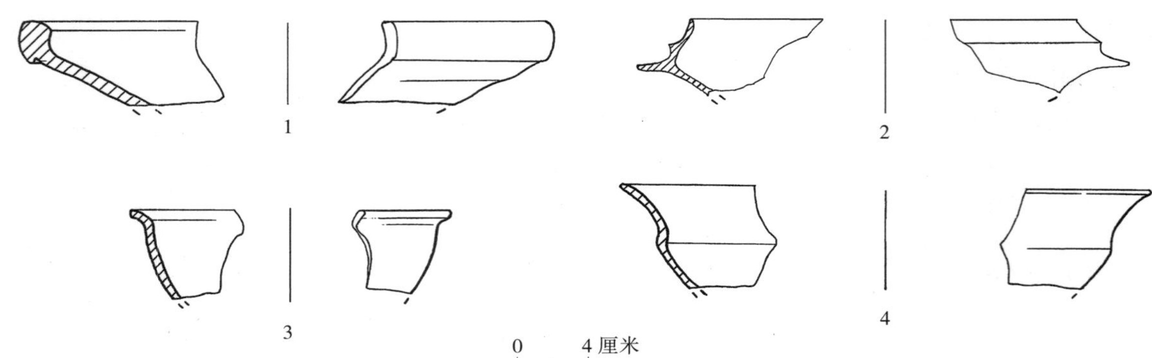

图一八 第4层出土陶盆
1. T0607④：16 2. T0607④：26 3. T0707④：8 4. T0607④：30

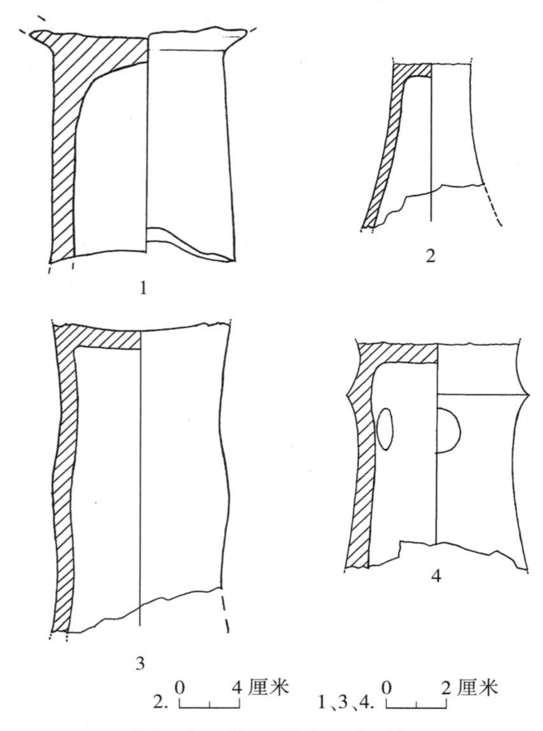

图一九 第4层出土陶豆柄
1. T0607④：7 2. T0607④：15 3. T0607④：3 4. T0607④：29

标本T0607④：29，泥质灰黑陶，轮制。上、下部皆已残失，仅存竹节形豆柄，柄上饰三个圆形镂空。残高8、孔径1.2厘米（图一九：4）。

标本T0607④：21，泥质红陶，轮制，素面。方唇，折敛口，斜直腹内收至盘底，下部已残失。残高6、复原口径18厘米（图二〇：1）。

标本T0607④：28，夹草木灰红陶，轮制，素面。尖圆唇，折敛口，斜直腹，下部已残。残高6、复原口径28厘米（图二〇：2）。

标本T0507④：3，泥质灰黑陶，轮制，素面。尖圆唇，外侈，豆盘口沿与盘腹间有明显折棱，盘腹斜直内收，下部已残。残高3.6、复原口径18厘米（图二〇：3）。

标本T0607④：4，泥质红陶，轮制，素面。圆唇，直口，折腹，下部已残失。残高6.5、复原口径 20 厘米（图二〇：4）。

标本 T0707④：1，泥质黄褐陶，轮制。从残存部分来看，为豆座，上饰有圆形半镂孔。残片长 6.7、宽 5.5 厘米（图二〇：5）。

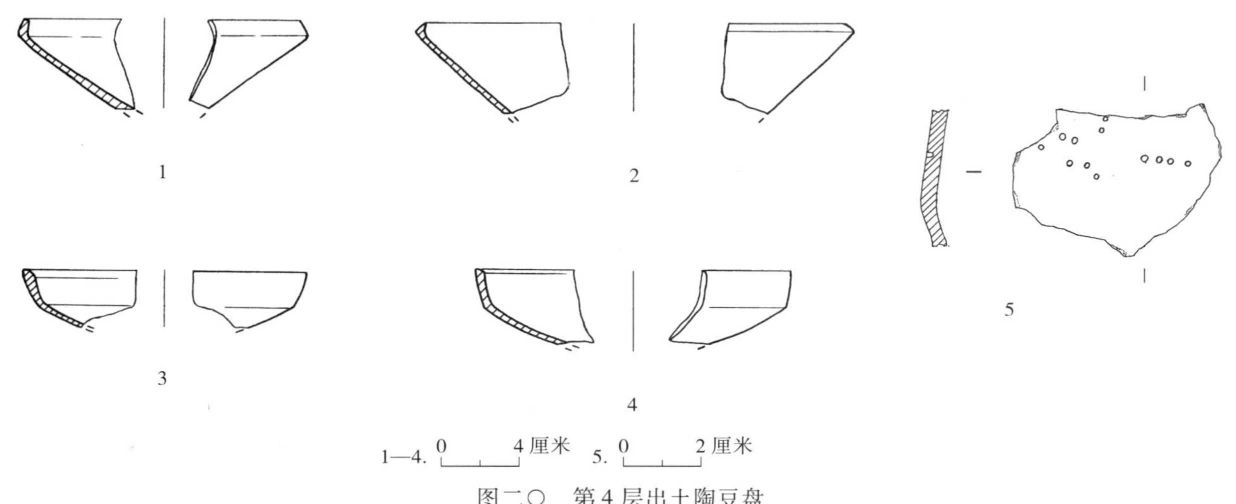

图二〇　第 4 层出土陶豆盘

1. T0607④：21　2. T0607④：28　3. T0507④：3　4. T0607④：4　5. T0707④：1

6. 鋬耳　14 件。

标本 T0607④：2，泥质橙红陶，手制。器体为轮制，耳部手制贴附，耳呈环形，中部穿孔。长 6.5、宽 4.7 厘米（图二一：1）。

标本 T0607④：9，泥质灰黑陶，手制，黑衣磨光。器体为轮制，鋬部为两泥片手制贴附，中部横穿一边孔，鋬沿面上翘。鋬残长 6.4、宽 5.5 厘米（图二一：2）。

标本 T0607④：11，泥质红陶，手制。器体为轮制，鋬部为手制贴附，鋬沿面较平。鋬残长 6、宽 1.9 厘米（图二一：3）。

标本 T0507④：6，泥质灰褐陶，手制。器体为轮制，鋬部为手制贴附，鋬较短，沿面略显上翘，鋬部以下有腰沿一周，器体残留零星的红衣痕迹。鋬残长 9、宽 2.2 厘米（图二一：4）。

标本 T0607④：18，夹砂红陶，手制。器体为轮制，鋬部为手制贴附，鋬沿面较平。鋬残长 3、宽 2.5 厘米（图二一：5）。

标本 T0607④：20，泥质灰陶，手制。器体为轮制，鋬部为手制贴附，鋬较宽扁，沿面上翘，沿面上、下有按窝、刮抹痕，器体残留红衣痕迹。鋬残长 15、宽 5.8 厘米（图二一：6）。

标本 T0607④：23，夹草木灰红陶，手制。器体为轮制，鋬部为手制贴附，鋬较宽短，沿面上翘。鋬残长 12.3、宽 6.7 厘米（图二一：7）。

标本 T0607④：24，泥质黄灰陶，手制。器体为轮制，鋬部为手制贴附，鋬较宽扁，沿面上翘。鋬残长 13.5、宽 5.5 厘米（图二一：8）。

标本 T0607④：27，泥质灰黄陶，手制。器体为轮制，鋬部为手制贴附，鋬较短，沿面上翘，沿下有按窝痕，器体残留红衣痕迹。鋬残长 8、宽 5.8 厘米（图二一：9）。

标本 T0707④：4，泥质黄褐陶，手制。器体为轮制，鋬部为手制贴附，鋬较短，沿面略显上翘，器体残留红衣痕迹。鋬残长 9、宽 6.2 厘米（图二一：10）。

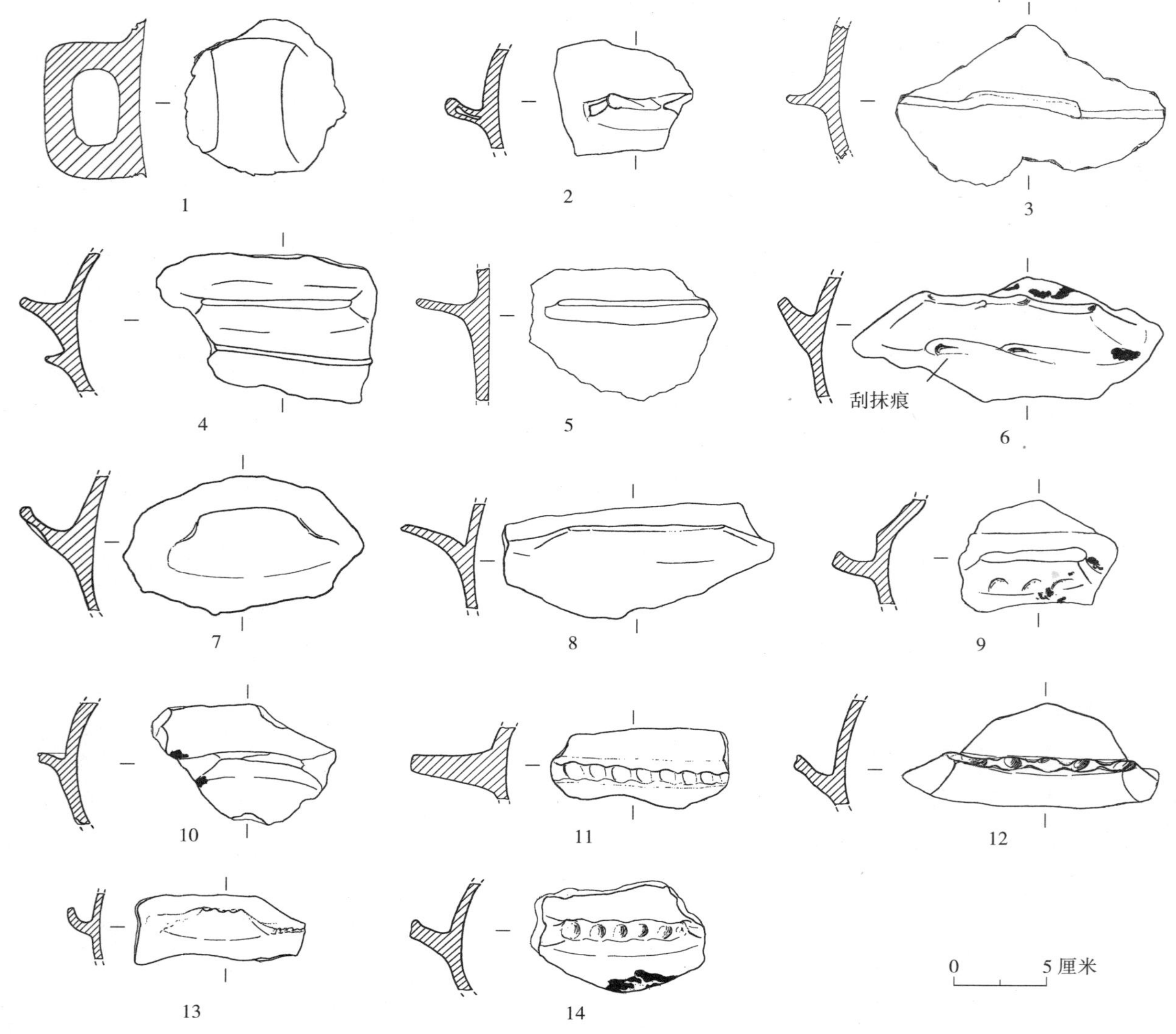

图二一 第4层出土陶鋬耳

1. T0607④：2 2. T0607④：9 3. T0607④：11 4. T0507④：6 5. T0607④：18 6. T0607④：20 7. T0607④：23 8. T0607④：24 9. T0607④：27 10. T0707④：4 11. T0607④：12 12. T0507④：7 13. T0707④：3 14. T0707④：9

标本T0607④：12，夹草木灰黄褐陶，手制。器体为轮制，鋬部为手制贴附，鋬沿面较平，沿上有按窝痕。鋬残长9.3、宽3.8厘米（图二一：11）。

标本T0507④：7，泥质红陶，手制。器体为轮制，鋬部为手制贴附，鋬较短，沿面上翘，沿上有按窝痕。鋬残长12.4、宽2厘米（图二一：12）。

标本T0707④：3，夹草木灰的灰褐陶，手制。器体为轮制，鋬部为手制贴附，鋬较短，沿面上翘，沿上有按窝痕。鋬残长16、宽7.3厘米（图二一：13）。

标本T0707④：9，夹草木灰的灰黑陶，手制。器体为轮制，鋬部为手制贴附，鋬较短，沿面上翘，沿上有按窝痕，器体残留红衣痕迹。鋬残长8.3、宽5.7厘米（图二一：14）。

7. 纺轮 2件。

标本T0507④：11，泥质灰陶，手制。圆饼形，表面磨制光滑，中部有一处穿孔。直径6.1、厚

1.2 厘米（图二二：1；彩版六：1）。

标本 T0908①：4，夹砂灰陶，手制。近圆形，风化严重。一面较平整，近中部有一穿孔。直径 4，厚 0.9 厘米（图二二：2；彩版六：2）。

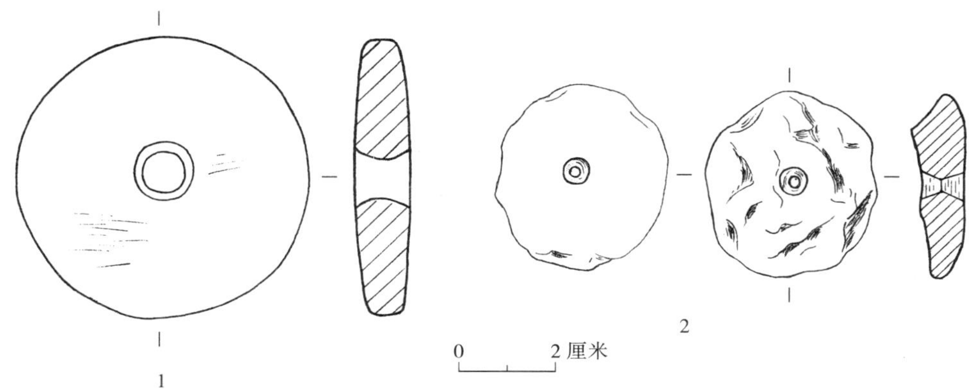

图二二　地层出土陶纺轮

1. T0507④：11　2. T0908①：4

二　石器

1. 锛　17 件。

标本 T0507④：9，灰白色石质，磨制。扁长条形，锛体一面较平整，另一面弧凸。长 8.8、中宽 3.3、中厚 2.7 厘米（图二三：1；彩版六：3）。

标本 T0507④：13，灰白石质，磨制。长条状，锛体一面平整，另一面弧凸，器表留有较多的打片疤痕。长 8.8、中宽 3.2、中厚 2 厘米（图二三：2；彩版七：1）。

标本 T0507④：12，灰白石质，磨制。条状，体厚重，锛体一面较平整，另一面弧凸。长 7.5、中宽 3、中厚 2.5 厘米（图二三：3；彩版七：2）。

标本 T0607④：31，青色石质，磨制。长条状，锛体一面平整，另一面残缺，刃部有残缺。长 8.7、中宽 3.9、中厚 2.4 厘米（图二三：4；彩版七：3）。

标本 T0607④：19，灰色砂岩，磨制。长条状，表面风化严重。长 7.6、宽 3.4、厚 3.2 厘米（图二三：5；彩版七：4）。

标本 T0607④：25，灰白石质，磨制。长条状，表面风化严重。长 10.6、宽 3.9、厚 4 厘米（图二三：6）。

标本 T0607④：33，灰白色石质，磨制。扁长条形，锛体一面较平整，另一面略显弧凸。长 7、中宽 2.6、中厚 1.2 厘米（图二三：7；彩版八：1）。

标本 T0607④：34，灰白石质，磨制。长条状，表面风化严重。长 7.9、宽 1.6、厚 2.3 厘米（图二三：8；彩版八：2）。

标本 T0607④：35，青色石质，磨制。长条状，锛体一面平整，另一面残缺，刃部有残缺。长 8.7、中宽 3.3、中厚 2.4 厘米（图二三：9）。

标本 T0607④：36，灰白石质，磨制。长条状，表面风化严重。长 8.8、宽 3.9、厚 3.1 厘米（图二三：10；彩版八：3）。

标本 T0707④：2，青色石质，磨制。长条状，锛体一面平整，另一面弧凸，刃部有残缺，器表留有打片疤痕。长 7.1、中宽 3.1、中厚 1.6 厘米（图二三：11）。

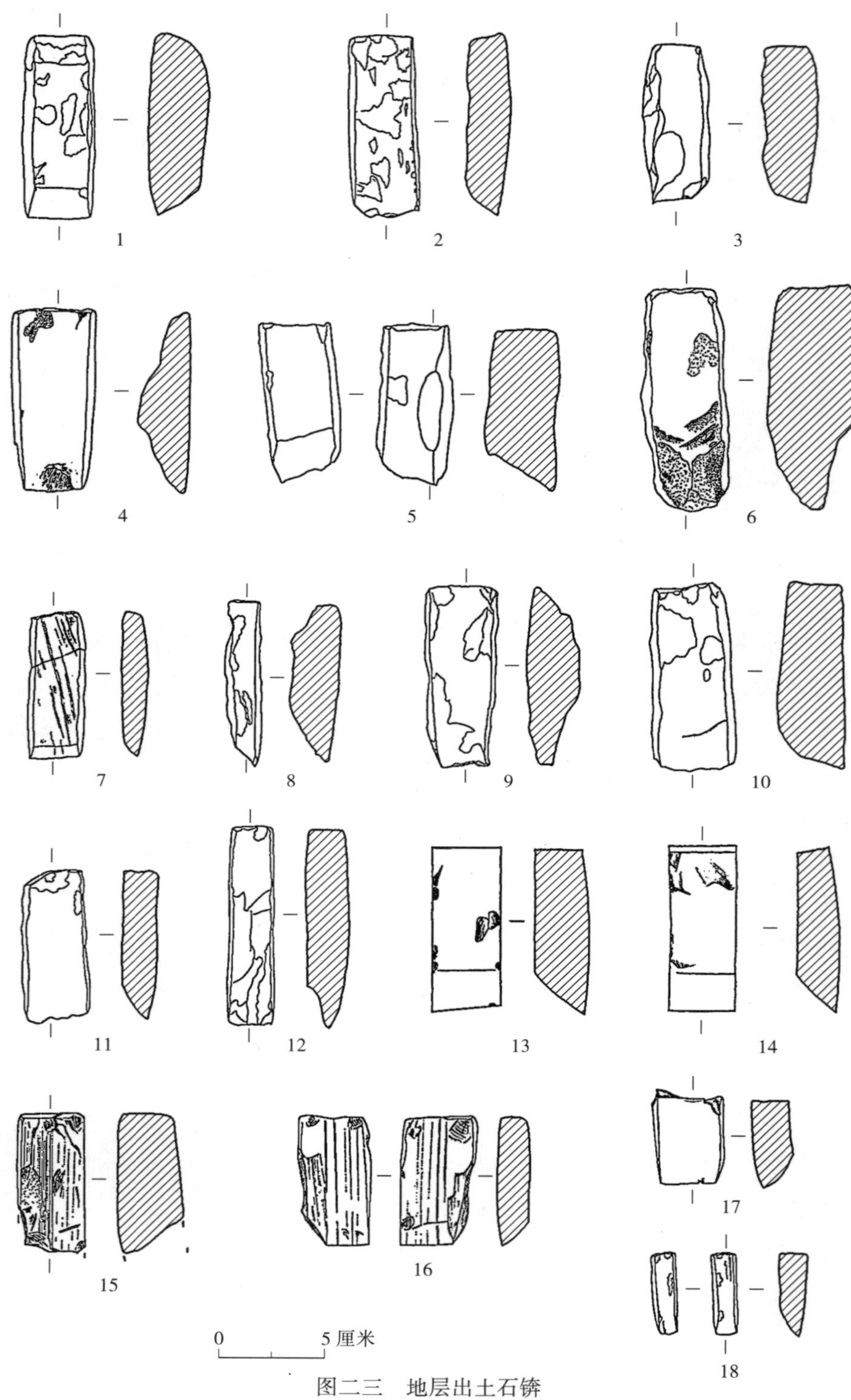

图二三　地层出土石锛

1. T0507④：9　2. T0507④：13　3. T0507④：12　4. T0607④：31　5. T0607④：19　6. T0607④：25　7. T0607④：33　8. T0607④：34　9. T0607④：35　10. T0607④：36　11. T0707④：2　12. T0707④：6　13. T0806①：2　14. T0807①：1　15. T0906①：1　16. T0908①：3　17. T1006①：1　18. T0607④：22

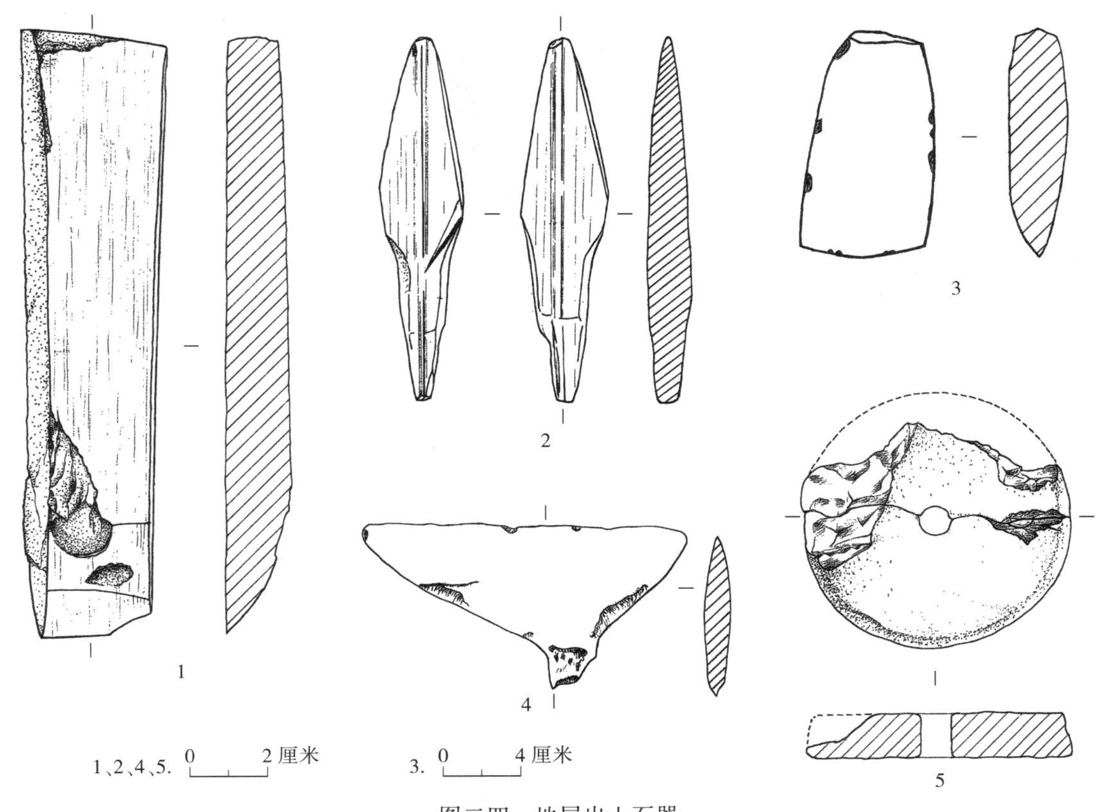

图二四 地层出土石器

1. 石凿（T0908①：2） 2. 石镞（T0806①：1） 3. 石斧（T0507④：10） 4. 石刀（T0907①：3） 5. 石纺轮（T0908①：1）

标本 T0707④：6，青灰石质，磨制。长条状，体狭长，下端刃部已残损，器表留有较多的打片疤痕。长 19、中宽 4.4、中厚 4 厘米（图二三：12）。

标本 T0806①：2，青色石质，磨制。长条状，锛体一面平整，另一面弧凸，器表留有打片疤痕。长 7.9、中宽 3.4、中厚 2.5 厘米（图二三：13；彩版八：4）。

标本 T0807①：1，灰白石质，磨制。长条状，表面风化严重。长 8、宽 3.1、厚 1.9 厘米（图二三：14；彩版六：4）。

标本 T0906①：1，青灰石质，磨制。长条状，体厚重，下端刃部已残损，器表留有较多的打片疤痕。长 6.7、中宽 3.1、中厚 2.9 厘米（图二三：15；彩版九：1）。

标本 T0908①：3，青灰色石质，磨制。长条状，锛体一面平整，另一面弧凸，刃部有残缺，器表留有打片疤痕。长 6.25、中宽 3.5、中厚 1.5 厘米（图二三：16；彩版九：2）。

标本 T1006①：1，青灰石质，磨制。长条状，顶端已残损，锛体一面平整，另一面弧凸。残长 4、中宽 2.9、中厚 1.7 厘米（图二三：17；彩版九：3）。

标本 T0607④：22，灰白石质，磨制。窄长条形，顶部已残断。锛体一面与刃部相连，表面平整，另一面折棱明显。长 4.9、中宽 1.1、中厚 1.8 厘米（图二三：18；彩版九：4）。

2. 凿 1 件。

标本 T0908①：2，青色石质，磨制。窄长条形，半边已残失，一面平整，另一面弧凸。长 14.8、中宽 3.1、中厚 1.8 厘米（图二四：1；彩版一〇：1）。

3. 镞　1件。

标本T0806①：1，青灰石质，磨制。长条形，上端为镞身，前端较锋利，略有残损，中部起脊，两边刃斜直向下，铤部磨痕明显。长8.9、最宽处1.95、中厚1厘米（图二四：2；彩版一〇：3）。

4. 斧　1件。

标本T0507④：10，灰黑砂岩，磨制。刃部较宽，斜直肩，上端较刃部窄。长11、中宽4、中厚2.6（图二四：3；彩版一〇：2）。

5. 刀　1件。

标本T0907①：3，青色石质，磨制。呈不规则三角形，器体较薄，上端有一小柄，已残，刃部圆弧。长7.6、宽3.9、厚0.6厘米（图二四：4；彩版一〇：4）。

6. 纺轮　1件。

标本T0908①：1，浅红砂岩，磨制。圆形，中部穿有一孔，上、下台面留有大小差异，器体已破碎。复原直径6.2、孔径0.8、厚1.1厘米（图二四：5；彩版一〇：5）。

第三节　新石器时代生活遗迹与遗物

在南楼遗址发现的新石器时代的遗迹有灰沟、灰坑、房址、墓葬四类，其中灰沟1条、房址4座、灰坑1个。墓葬将在第三章中详述，现将前三类遗迹分别介绍如下。

一　灰沟

新石器时代灰沟发现1条，编号G1，位于发掘区中部。

G1为灰沟，南北向，纵贯发掘区南北，北部为断崖结束，南部限于发掘区域未完全揭露。已发掘部分纵跨T0905、T0906、T0907、T0908四个探方，开口于第1层下，距地表深0.25米。打破生土，又被M6、M7、M12、H1、H3打破。平面呈长条形，圜底，北部的两壁较南部的两壁直且陡，越往南，壁越平缓，堆积深度皆为0.9米左右。壁与底都没有发现明显的人工开挖痕迹。G1北接乌龟墩北池塘阴大河，南面未发掘，但经过钻探发现，其向东转弯后向正东方向延伸，由于其延伸方向为现代房基而未继续勘探。现已揭露出来的G1南北长40米，宽3.2—4.5米，南部较北部略窄（图二五、图二六）。

G1内堆积北部和南部略有差异。北部堆积层位比南部复杂，北部包括T0906北部、T0907、T0908，可分为5层（彩版一一：1）。

沟内北部地层：

第1层：厚0—0.3米。灰黑土，土质松软，出土有烧土块、炭粒、陶片等。陶片出土较少，以泥质红陶为主，另有夹砂红陶、夹砂褐陶，少量泥质灰陶。陶片多素面，少量饰以弦纹，大多数泥质红陶外表有红衣。可辨器形的有鼎、罐、豆，另有少量带鋬的器物，推测为鼎、罐上的装饰。豆多饰红衣。

第2层：厚0.2—0.6米。黑灰土，土质较硬，含有大量烧土块、陶片等。陶片较多，以夹砂红陶、夹砂褐陶为主，另有泥质灰陶，可辨器形的有鼎、罐、杯等器物。

第3层：厚0—0.3米。灰黄土，土质一般，陶片含量比2层少，含烧土块、炭粒。陶片以夹砂红陶、夹砂褐陶为主，有少量泥质红陶、泥质灰陶，可辨器形的有盆、罐、豆等。

第4层：厚0.1—0.4米。灰褐土，土质较硬，所含陶片较第1、2、3层少，土质较硬，陶片以夹砂红陶、夹砂褐陶为主，有少量泥质红陶、泥质灰陶。可辨器形的有盆、罐、豆等。

第5层：厚0.1—0.5米。土色灰黄偏红。出土陶片极少，属沟底堆积，土质较硬。陶片以泥质红衣陶、夹砂红陶为主，器形均不可辨。

关于G1内部堆积，从其形成原因看，第4、5层土外为自然流水淤积；第3层是水流堆积形成，陶片较少；第1、2层是短时间内填埋形成。从土质土色来分析，第1—3层为深色土，内含陶片较多；第4—5层为浅色土，内含陶片相对较少。总体来看，G1可分上、下两层，上层包括第1—3层土，下层包括第4—5层土。上层较厚，人为倾倒堆积明显，陶片等遗物主要分布于上层；下层较薄，属正常水流淤积。

下面以器物类型为单位，介绍G1出土的代表性遗物标本。

（一）陶器 258件

G1出土陶器可分为夹砂陶和泥质陶两大类。夹砂陶以夹细砂的红、褐陶为主，也有少量夹粗砂的橙红陶；泥质陶以夹草木灰、蚌沫泥质红、褐陶居多，还有泥质灰陶、泥质橙红陶等。大部分器物上都涂抹有红色陶衣，部分泥质陶器表面所施红衣光亮如新。大量鼎、罐等器物的烟熏痕迹明显。纹饰多以素面为主，部分鼎、罐类器物口沿下部装饰有宽带状弦纹，腹部有附加堆纹，腹部鼎足上有按窝、刻槽等痕迹（图二七）。镂孔饰于豆把上，有长条形、圆形、三角形等。陶器以轮制为主，部分黑皮陶胎壁极薄。三足器如鼎等，一般是先轮制上部罐、盆状容器，再在其外手工制作足、鋬等。出土器物以鼎、罐、豆数量较多，器形有鼎、豆、盆、釜、罐、壶、杯等。

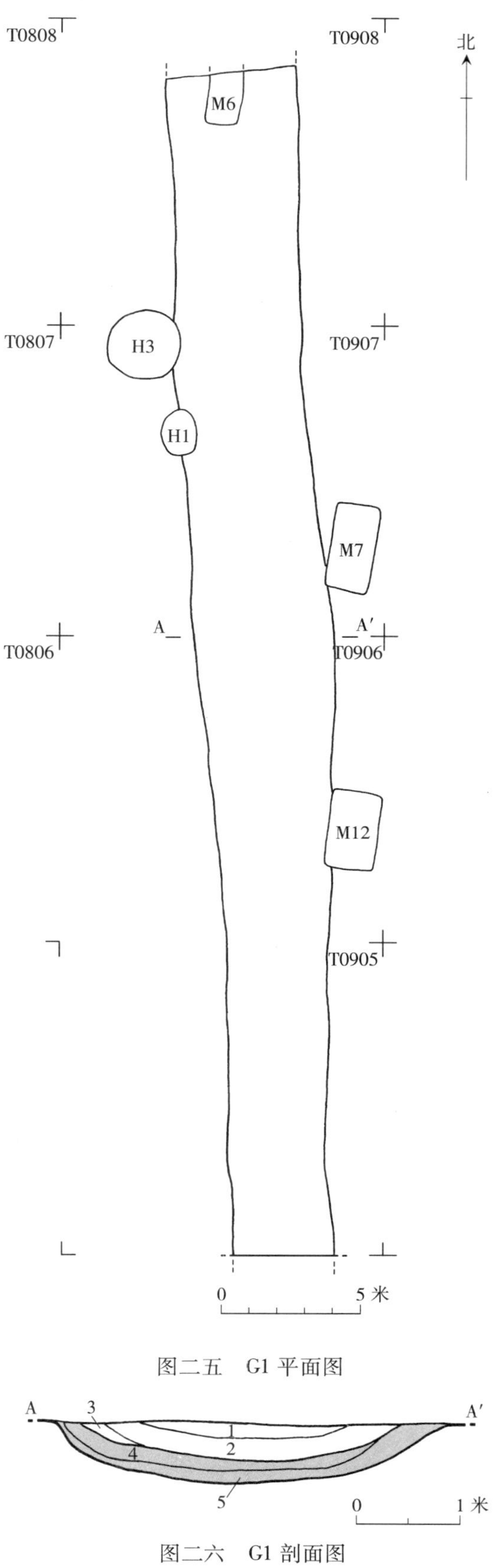

图二五 G1平面图

图二六 G1剖面图

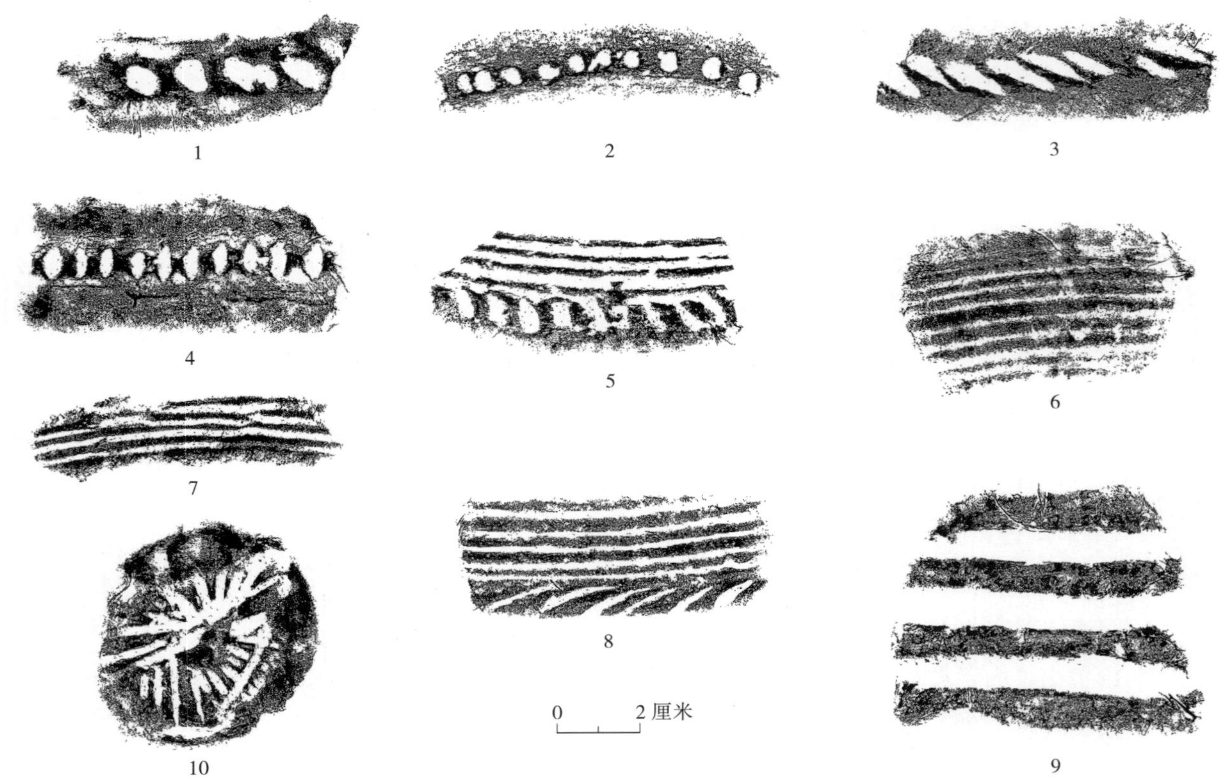

图二七 G1 出土陶器的纹饰拓片

1. T0905G 上∶2 按窝纹 2. T0906G 上∶18 附加堆纹 3. T0907G 下∶8 附加堆纹 4. T0908G 上∶6 附加堆纹 5. T0906G 上∶163 弦纹与附加堆纹 6. T0905G 上∶160 弦纹 7. T0907G 上∶71 弦纹 8. T0907G 下∶3 弦纹与篮纹 9. T0908G 上∶117 弦 10. T0908G 上∶72 豆盘底部刻划纹

1. 鼎 22 件。

（1）鼎足 9 件。

标本 G1 上∶138，夹草木灰黄灰陶，手制。扁弧铲形，下部已残，沿面内凹。残长 3.7、宽 3.8 厘米（图二八∶1）。

标本 G1 上∶106，夹草木灰橙红陶，手制。扁铲形，下部已残，沿面内凹，凹面内饰按窝。残长 8、宽 6 厘米（图二八∶2）。

标本 G1 上∶96，夹草木灰橙红陶，手制。扁铲形，足根部较宽厚，底部较窄薄。残长 8.5、上宽 4.9 厘米（图二八∶3）。

标本 G1 上∶101，夹草木灰浅灰陶，手制。呈扁方形，侧面呈扁条形，略显弯曲。长 8、宽 6.2 厘米（图二八∶4）。

标本 G1 上∶104，夹草木灰的灰褐陶，手制。仅存足根部，足呈扁条状，足面内凹，中部有按窝。残长 5.5、宽 6 厘米（图二八∶5）。

标本 G1 上∶31，夹草木灰的灰黄陶，手制。呈扁条形，略显外撇，剖面呈扁圆形，足根部有一按窝。残长 12 厘米（图二八∶6）。

标本 G1 上∶141，夹草木灰红陶，手制。扁三角形，侧视呈凿状，外撇，断面呈椭圆形，足面内有条状刻槽。残长 11.8、中宽 5 厘米（图二八∶7）。

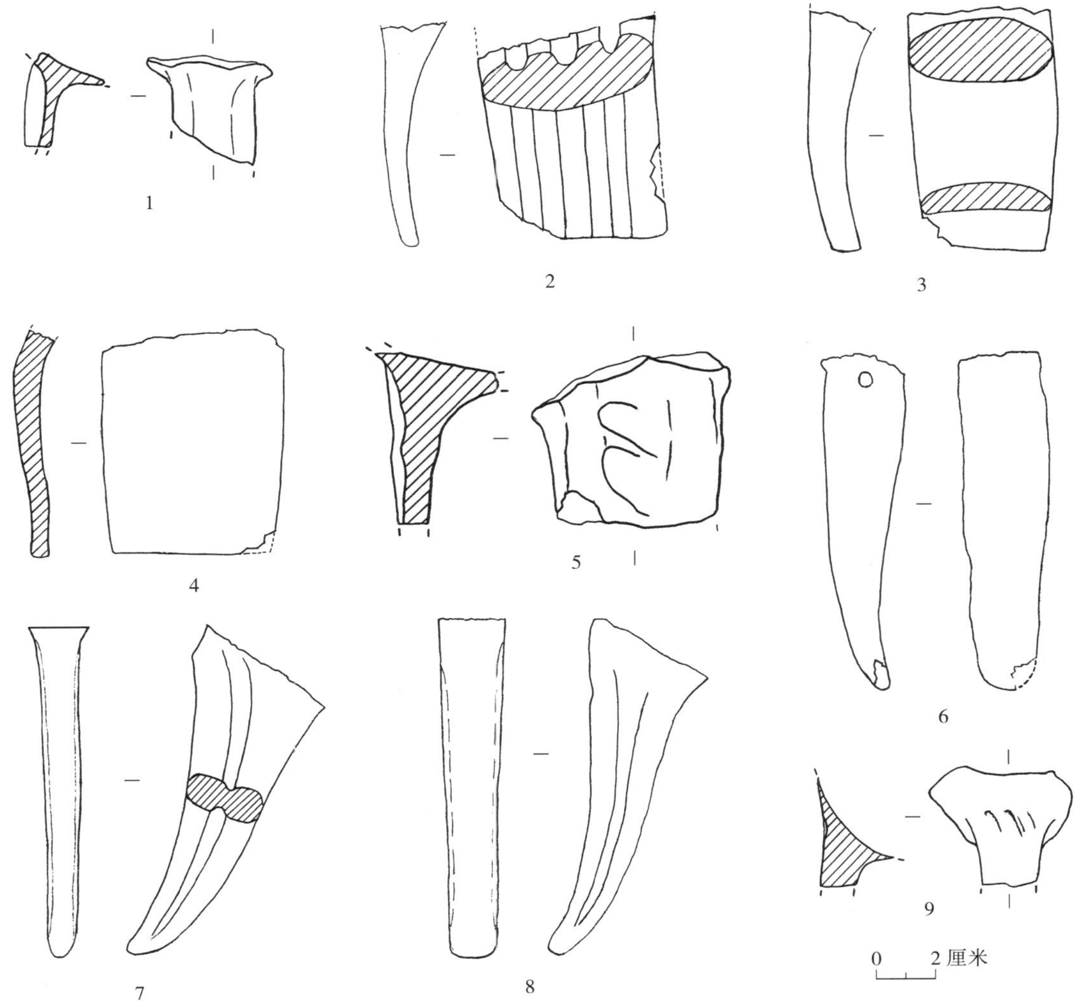

图二八　G1 出土陶鼎足

1. G1 上：138　2. G1 上：106　3. G1 上：96　4. G1 上：101　5. G1 上：104　6. G1 上：31　7. G1 上：141　8. G1 上：142　9. G1 上：159

标本 G1 上：142，夹草木灰的灰陶，手制。扁三角形，侧视呈凿状，外撇，断面呈椭圆形，足面内有条状刻槽。残长 12.1、中宽 2 厘米（图二八：8）。

标本 G1 上：159，夹砂红褐陶，手制。仅存足根部，足呈扁圆柱状，根部有斜条状刻划纹。残长 2.8、宽 1.4 厘米（图二八：9）。

（2）鼎口沿　13 件。

标本 G1 上：47，夹草木灰的灰黄陶，轮制。平折沿，口部微敛，斜直颈，颈部饰有弦纹，下部已残。残高 6.7 厘米（图二九：1）。

标本 G1 上：160，夹草木灰的灰黑陶，轮制。侈口，折沿，圆唇，短束颈，斜直肩，肩部饰有弦纹，下部已残。复原口径 24、残高 4.6 厘米（图二九：2）。

标本 G1 上：163，夹草木灰的灰黄陶，轮制。侈口，折沿，尖圆唇，斜束颈，颈下饰弦纹，折肩，肩部饰附加堆纹，下部已残。复原口径 24、残高 9 厘米（图二九：3）。

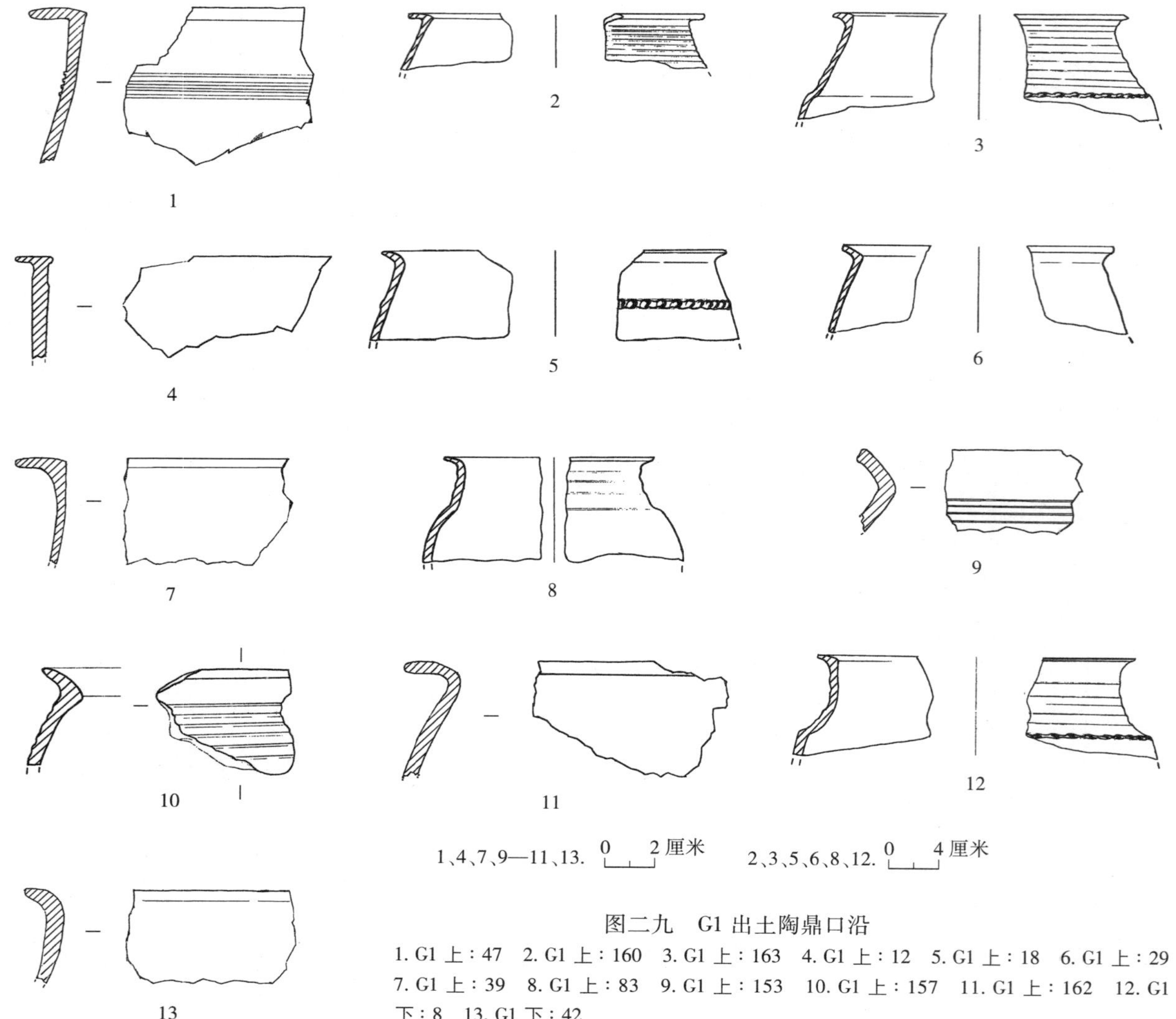

图二九 G1出土陶鼎口沿

1. G1上：47 2. G1上：160 3. G1上：163 4. G1上：12 5. G1上：18 6. G1上：29 7. G1上：39 8. G1上：83 9. G1上：153 10. G1上：157 11. G1上：162 12. G1下：8 13. G1下：42

标本G1上：12，夹草木灰的灰黄陶，轮制，素面。直口，平折沿，尖圆唇，直颈，下部已残。残长8.5、宽4.4厘米（图二九：4）。

标本G1上：18，夹草木灰黄灰陶，轮制。侈口，尖圆唇，短束颈，斜直颈，颈下贴饰一周附加堆纹，腹下部已残。复原口径28、残高7.6厘米（图二九：5）。

标本G1上：29，夹草木灰红陶，轮制，素面。侈口，圆唇，短束颈，斜直肩，下部已残。复原口径22、残高7.4厘米（图二九：6）。

标本G1上：39，夹草木灰橙红陶，轮制，素面。宽直口，平折沿，圆唇，斜直颈，下部已残。残长7、宽4.5厘米（图二九：7）。

标本G1上：83，夹砂灰黑陶，轮制。侈口，尖圆唇，短束颈，肩部饰弦纹，鼓腹，下部已残。复原口径18、残高8.8厘米（图二九：8）。

标本G1上：153，夹草木灰的灰黄陶，轮制。敞口，方唇，沿面内凹，短束颈，肩部饰弦纹，下部已残。残长5.6、宽3.5厘米（图二九：9）。

标本G1上：157，夹草木灰的灰红陶，轮制。侈口，尖圆唇，短束颈，斜直肩，肩上饰有弦纹，下部已残。复原口径 18、残高 4.2 厘米（图二九：10）。

标本 G1 上：162，夹草木灰灰黄陶，轮制，素面。平折沿较宽，圆唇，束颈，斜弧腹内收。残长 8、宽 5 厘米（图二九：11）。

标本 G1 下：8，夹草木灰红陶，轮制。敞口，尖圆唇，平折沿，直颈微束，肩处堆饰一周附加堆纹，肩下部已残。复原口径 26、残高 8.4 厘米（图二九：12）。

标本 G1 下：42，夹草木灰的灰陶，轮制，素面。侈口，尖圆唇，平折沿，微束颈，下部已残。残长 7、宽 4 厘米（图二九：13）。

2. 罐　37 件。

标本 G1 上：50，泥质红陶，轮制。侈口，圆唇，束颈，颈部饰有弦纹，下部已残。复原口径 16、残高 3.2 厘米（图三〇：1）。

标本 G1 上：55，夹草木灰的灰陶，轮制，素面。侈口，卷沿，圆唇，短束颈，斜直肩略鼓，下部已残。复原口径 10、残高 6.8 厘米（图三〇：2）。

标本 G1 上：80，泥质黑陶，轮制，素面。敞口，圆唇，微束颈，鼓腹，上、下腹间有一周凸棱，下部已残。残长 6、宽 6.4 厘米（图三〇：3）。

标本 G1 上：150，夹砂灰陶，轮制，素面。敞口，短束颈，溜肩，下部已残。复原口径 20、残高 5.4 厘米（图三〇：4）。

标本 G1 下：24，泥质黄灰陶，轮制，素面。侈口，尖唇，短束颈，斜弧腹内收，下部已残。复原口径 18、残高 6.6 厘米（图三〇：5）。

标本 G1 下：30，泥质灰陶，轮制。敞口，尖圆唇，斜直肩略鼓，下部已残，器表施有黑色陶衣，剥落较甚。复原口径 16、残高 5.4 厘米（图三〇：6）。

标本 G1 上：65，泥质橙红陶，轮制，素面。敞口，圆唇，束颈，广肩，肩部饰有弦纹，下部已残。复原口径 18、残高 6.6 厘米（图三〇：7）。

标本 G1 上：71，夹草木灰的灰黑陶，轮制。敞口，方唇，短束颈，斜直肩，肩部饰弦纹，下部已残。复原口径 20、残高 6.2 厘米（图三〇：8）。

标本 G1 上：122，夹草木灰红褐陶，轮制。侈口，圆唇，短束颈，斜肩，肩部饰有弦纹，下部已残。复原口径 26、残高 3.2 厘米（图三〇：9）。

标本 G1 下：3，夹草木灰红陶，轮制。侈口，圆唇，短束颈，颈部饰有弦纹，斜直肩，肩上有横向篮纹戳印，下部已残。复原口径 28、残高 6 厘米（图三〇：10）。

标本 G1 上：1，夹粗砂灰黄陶，轮制，素面。敞口，圆唇，束颈，广肩，肩下部已残。复原口径 20、残高 3.4 厘米（图三〇：11）。

标本 G1 上：27，夹砂黄灰陶，轮制，素面。侈口，圆方唇，束颈，斜鼓腹，下部已残。复原口径 26、残高 4.4 厘米（图三〇：12）。

标本 G1 上：30，夹砂灰黄陶，轮制，素面。侈口，圆唇，束颈，斜鼓腹，下部已残。复原口径 26、残高 4.4 厘米（图三〇：13）。

标本 G1 上：33，夹粗砂灰陶，轮制，素面。侈口，圆方唇，短束颈，下部已残。复原口径 24、残高 3.6 厘米（图三〇：14）。

标本 G1 上：35，夹砂浅黄陶，轮制，素面。侈口，方唇，束颈，圆鼓腹，下部已残。残长 7、宽 7.8 厘米（图三〇：15）。

标本 G1 上：59，夹砂黄灰陶，轮制，素面。侈口，方圆唇，短束颈，圆鼓腹，下部已残。复原口径 26、残高 7.6 厘米（图三〇：16）。

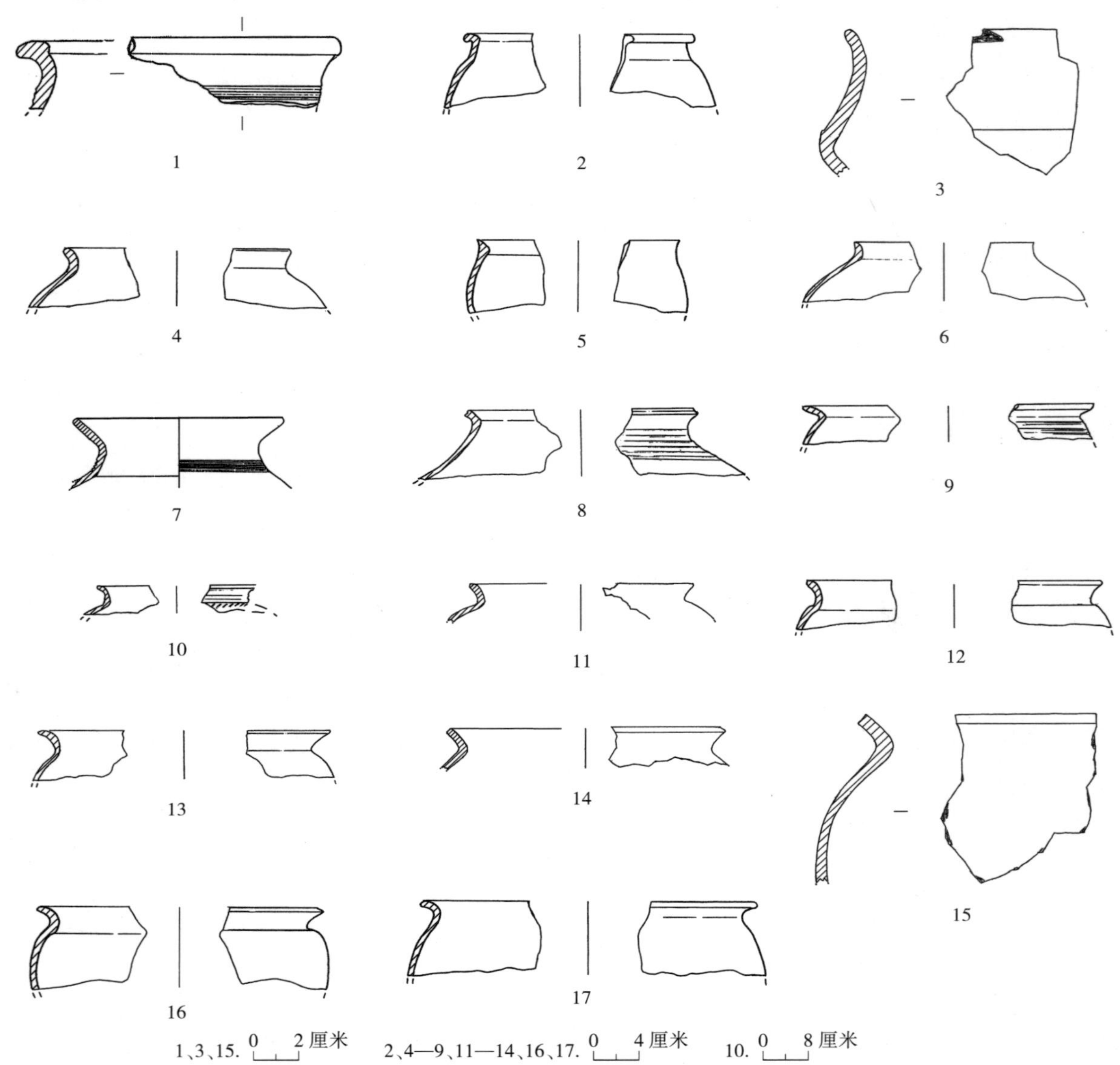

图三〇 G1 出土陶罐口沿

1. G1 上：50 2. G1 上：55 3. G1 上：80 4. G1 上：150 5. G1 下：24 6. G1 下：30 7. G1 上：65 8. G1 上：71 9. G1 上：122 10. G1 下：3 11. G1 上：1 12. G1 上：27 13. G1 上：30 14. G1 上：33 15. G1 上：35 16. G1 上：59 17. G1 上：66

标本 G1 上：66，夹粗砂红褐陶，轮制，素面。侈口，圆唇，短束颈，斜鼓肩，下部已残。复原口径 30、残高 6.8 厘米（图三〇：17）。

标本 G1 上：112，夹砂橙红陶，轮制，素面。侈口，圆唇，束颈，广肩，圆鼓腹，下部已残。复原口径 22、残高 5 厘米（图三一：1）。

标本 G1 上：113，夹砂褐灰陶，轮制，素面。侈口，圆唇，束折颈，鼓腹，下部已残。复原口径

29、残高 4.4 厘米（图三一：2）。

标本 G1 上：114，夹草木灰黄陶，轮制，素面。侈口，圆唇，卷沿，束颈，广肩，肩下部已残。复原口径 20、残高 5.4 厘米（图三一：3）。

标本 G1 上：115，夹粗砂褐红陶，轮制，素面。侈口，圆唇，束折颈，下部已残。复原口径 21、残高 7.6 厘米（图三一：4）。

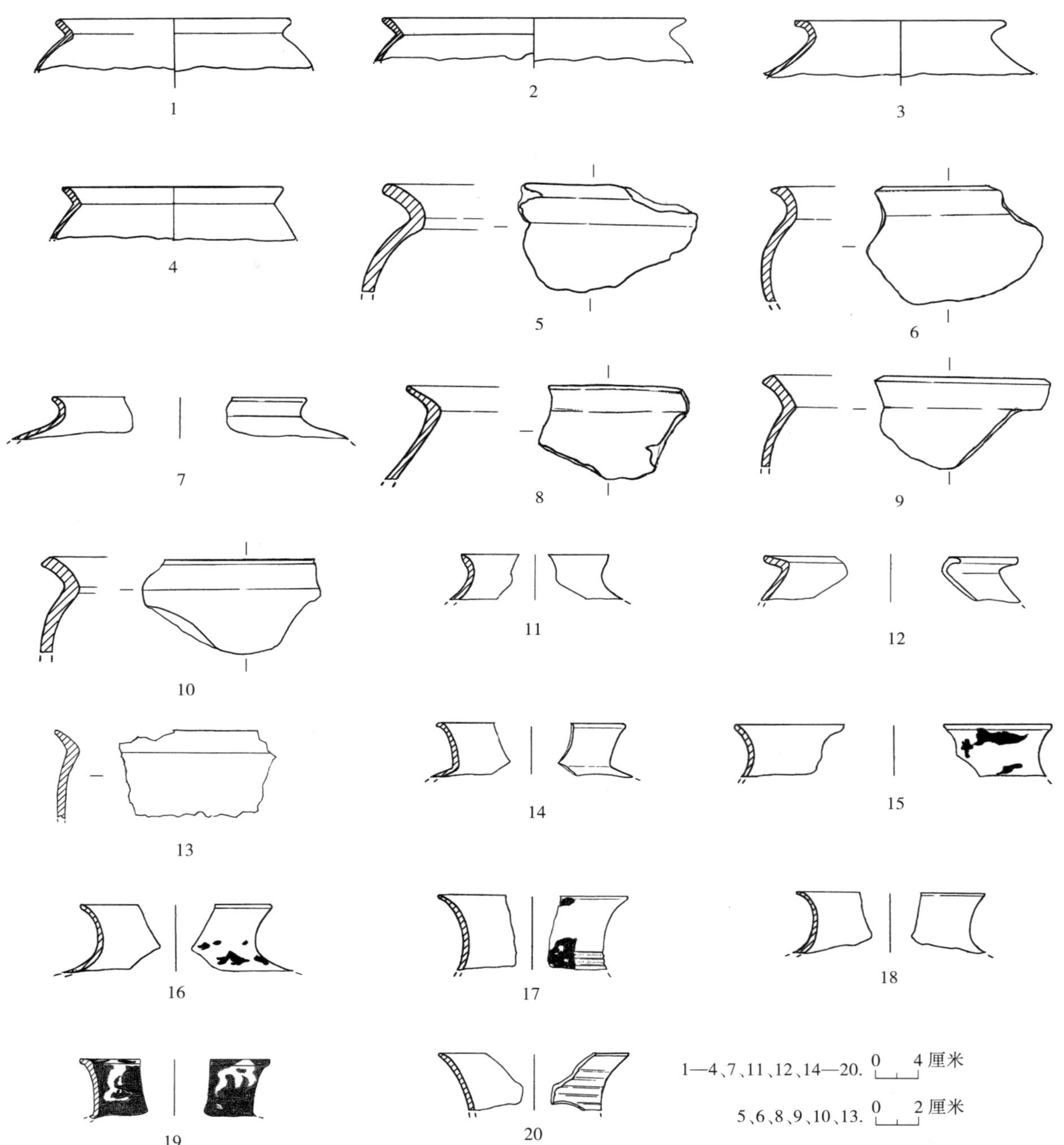

图三一　G1 出土陶罐口沿

1. G1 上：112　2. G1 上：113　3. G1 上：114　4. G1 上：115　5. G1 上：120　6. G1 上：121　7. G1 上：124　8. G1 上：125　9. G1 上：127　10. G1 上：128　11. G1 下：5　12. G1 下：25　13. G1 下：48　14. G1 上：20　15. G1 上：84　16. G1 上：98　17. G1 上：109　18. G1 上：123　19. G1 上：143　20. G1 下：6

标本 G1 上：120，夹砂红褐陶，轮制，素面。侈口，圆唇，束颈，斜鼓腹，下部已残。复原口径28、残高5厘米（图三一：5）。

标本 G1 上：121，夹粗砂灰褐陶，轮制，素面。敞口，方唇，短束颈，斜直肩略鼓，下部已残。复原口径26、残高5.4厘米（图三一：6）。

标本 G1 上：124，夹粗砂红褐陶，轮制，素面。敞口，圆唇，短束颈，斜直肩，下部已残。复原口径24、残高5.8厘米（图三一：7）。

标本 G1 上：125，夹草木灰橙红陶，轮制，素面。敞口，尖圆唇，短束颈，斜直肩，下部已残。复原口径20、残高4.6厘米（图三一：8）。

标本 G1 上：127，夹细砂红褐陶，轮制，素面。敞口，方唇，短束颈，斜肩，下部已残。复原口径24、残高4.4厘米（图三一：9）。

标本 G1 上：128，夹粗砂灰黄陶，轮制，素面。侈口，方唇，短束颈，斜鼓腹，下部已残。复原口径30、残高4.6厘米（图三一：10）。

标本 G1 下：5，泥质橙红陶，轮制。侈口，尖圆唇，束直颈，斜肩，器表残存有零星的红衣，下部已残。复原口径14、残高4.4厘米（图三一：11）。

标本 G1 下：25，夹砂黄灰陶，轮制，素面。侈口，平折沿，方唇，短束颈，斜直肩，肩下部已残。复原口径24、残高4.4厘米（图三一：12）。

标本 G1 下：48，夹砂红陶，轮制，素面。侈口，圆唇，束颈，鼓腹，下部已残。残长7.5、宽4.4厘米（图三一：13）。

标本 G1 上：20，夹草木灰的灰黄陶，轮制，素面。敞口，方圆唇，高领，束直颈，斜直肩，下部已残。复原口径18、残高5.2厘米（图三一：14）。

标本 G1 上：84，泥质橙红陶，轮制。敞口，圆唇，长束颈，颈部残留红衣痕迹，下部已残。复原口径30、残高5厘米（图三一：15）。

标本 G1 上：98，泥质橙红陶，轮制。敞口，圆唇，高领微束，颈部残留红衣痕迹，斜直肩，下部已残。复原口径18、残高6.6厘米（图三一：16）。

标本 G1 上：109，泥质橙红陶，轮制。敞口，圆唇，高领，微束颈，颈部下饰有弦纹，并施有红衣，下部已残。复原口径18、残高7.2厘米（图三一：17）。

标本 G1 上：123，泥质橙红陶，轮制，素面。敞口，尖圆唇，高领，束颈，斜肩，下部已残。复原口径18、残高5.8厘米（图三一：18）。

标本 G1 上：143，泥质橙红陶，轮制。敞口，圆唇，高领，斜直颈，颈部内、外施红衣，下部已残。复原口径18、残高5.6厘米（图三一：19）。

标本 G1 下：6，夹草木灰的灰黄陶，轮制。敞口，圆唇，直颈，颈部饰数道弦纹，下部已残。复原口径18、残高5.5厘米（图三一：20）。

3. 釜　10件。

标本 G1 上：49，夹砂红褐陶，轮制。侈口，圆唇，束折颈，鼓腹，腹上贴附鋬手，鋬的沿面下有按窝，下部已残。残高7.6厘米（图三二：1）。

标本 G1 上：6，夹砂浅灰陶，轮制。侈口，尖圆唇，束直颈，圆鼓腹，腹中部堆贴一周附加堆纹，

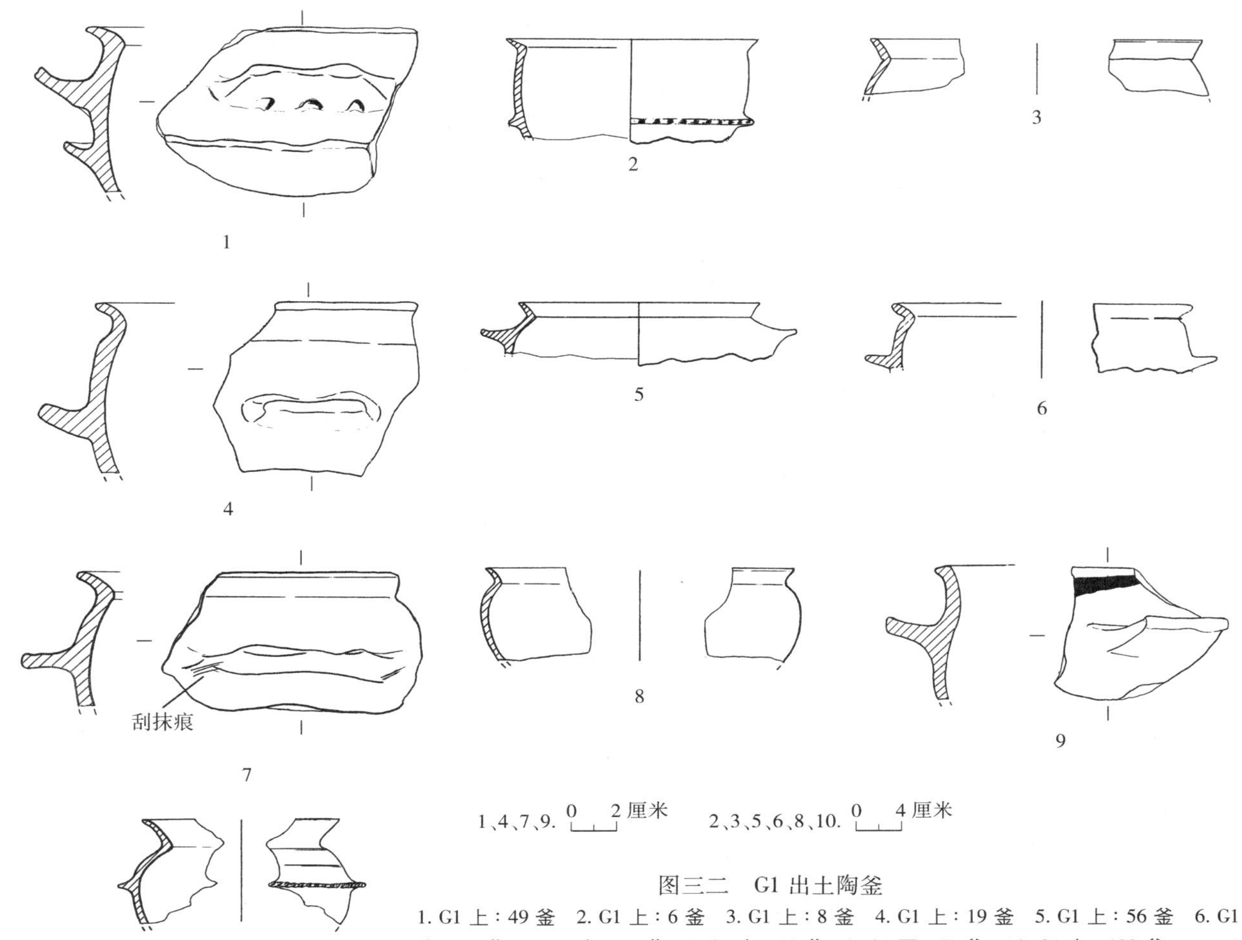

图三二　G1出土陶釜

1. G1上：49釜　2. G1上：6釜　3. G1上：8釜　4. G1上：19釜　5. G1上：56釜　6. G1上：57釜　7. G1上：74釜　8. G1上：92釜　9. G1下：51釜　10. G1上：129釜

下部已残。复原口径23、残高9.4厘米（图三二：2）。

标本G1上：8，夹砂红陶，轮制，素面。敞口，方圆唇，折沿，束颈，斜直肩，下部已残。复原口径30、残高5.2厘米（图三二：3）。

标本G1上：19，夹砂黄灰陶，轮制，素面。侈口，圆唇，短束颈，肩上贴附有鋬手，下部已残。残长12.5、宽8.5厘米（图三二：4）。

标本G1上：56，夹砂橙红陶，轮制。侈口，圆唇，束折颈，鼓腹，腹上贴附鋬手，鋬的沿面有按窝，下部已残。口径22、残高5.2厘米（图三二：5）。

标本G1上：57，夹粗砂灰黄陶，轮制，素面。侈口，卷沿，束颈，鼓腹，腹上贴附鋬手，下部已残。口径27、残高6厘米（图三二：6）。

标本G1上：74，夹砂红褐陶，轮制。侈口，尖圆唇，短束颈，肩下贴附鋬手，下部已残。复原口径20、残高6.2厘米（图三二：7）。

标本G1上：92，夹粗砂灰褐陶，轮制，素面。敞口，尖圆唇，短束颈，斜鼓腹内收，底部已残。复原口径28、残高8.8厘米（图三二：8）。

标本G1下：51，夹砂红陶，器体为轮制，鋬为手制后贴附。侈口，方唇，宽鋬上翘，唇下存留红衣。鋬长6、宽2.2厘米（图三二：9）。

标本 G1 上：129，夹砂红褐陶，轮制，素面。敞口，尖圆唇，短束颈，鼓肩，肩下部贴一周附加堆纹，下部已残。复原口径 18、最大腹径 22. 4、残高 10（图三二：10）。

4. 缸 2 件。

标本 G1 上：94，夹细砂橙红陶，轮制。敞口，折沿，尖圆唇，斜直腹，口沿下饰有弦纹，下部已残。复原口径 4、残高 9. 6 厘米（图三三：1）。

标本 G1 上：117，夹粗砂黄褐陶，轮制。直口微敞，圆唇，直腹，口沿至颈下饰有弦纹，胎体厚重，下部已残。残高 8. 2、胎厚 1. 8 厘米（图三三：2）。

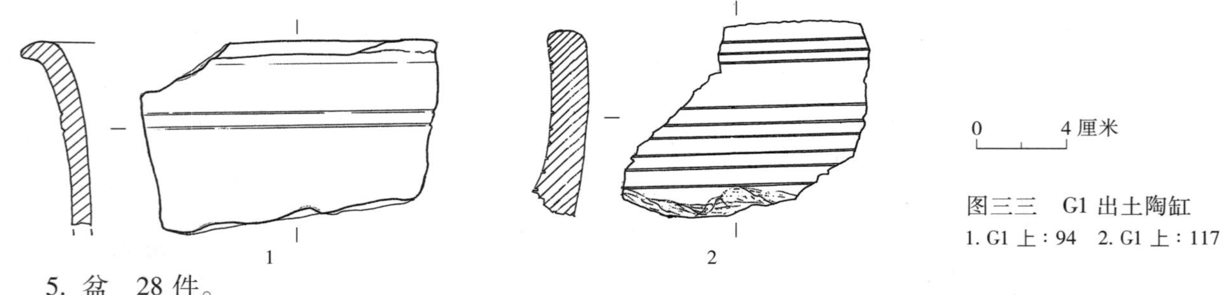

图三三 G1 出土陶缸
1. G1 上：94 2. G1 上：117

5. 盆 28 件。

标本 G1 上：43，泥质黄灰陶，轮制，素面。敛口，平折沿，束颈，腹部斜鼓内收，下部已残。残长 6. 5、宽 3 厘米（图三四：1）。

标本 G1 下：12，夹草木灰的灰褐陶，轮制，素面。敞口，尖圆唇，斜弧腹，下部已残。残长 7. 4、宽 6. 7 厘米（图三四：2）。

标本 G1 下：20，夹砂红褐陶，轮制。敞口，尖圆双垂唇，斜鼓腹内收，腹上部堆贴腰沿一周，下部已残。复原口径 36、残高 11. 2 厘米（图三四：3）。

标本 G1 上：154，泥质浅灰陶，轮制，素面。圆唇，平折沿，斜腹内收，下部已残。残长 7、宽 3. 5 厘米（图三四：4）。

标本 G1 上：155，泥质红陶，轮制，素面。圆唇，平折沿，斜腹内收，下部已残。残长 6. 2、宽 2. 2 厘米（图三四：5）。

标本 G1 上：161，泥质浅灰黄陶，轮制，素面。圆唇，平折沿，斜腹内收，下部已残。残长 9、宽 4 厘米（图三四：6）。

标本 G1 上：9，泥质橙红陶，轮制，素面。侈口，尖圆唇，短束颈，斜鼓腹内收，下部已残。复原口径 24、残高 5 厘米（图三四：7）。

标本 G1 上：24，泥质橙红陶，轮制，素面。大敞口，圆唇，斜腹内收，腹上部有一鋬，下部已残。残长 8. 7、宽 7 厘米（图三四：8）。

标本 G1 上：70，泥质红陶，轮制，素面。侈口，方圆唇，短束颈，斜鼓腹内收，下部已残。复原口径 22、残高 5 厘米（图三四：9）。

标本 G1 上：91，泥质橙红陶，轮制。敞口，圆唇，微折肩，肩下贴附鋬耳，下部已残。复原口径 30、残高 6 厘米（图三四：10）。

标本 G1 上：108，夹细砂红褐陶，轮制，素面。敞口，圆唇，斜直腹内收，底部已残。复原口径 24、残高 5. 6 厘米（图三四：11）。

标本 G1 上：147，泥质灰黄陶，轮制，素面。敞口，圆唇，斜直腹，下部已残。复原口径 28、残高 4.8 厘米（图三四：12）。

标本 G1 上：17，夹砂灰黄陶，轮制，素面。侈口，圆唇，短束颈，斜鼓腹内收，下部已残。复原口径 22、残高 8 厘米（图三四：13）。

标本 G1 上：37，泥质橙红陶，轮制。侈口，圆方唇，折沿，折肩部内凹，腹部斜直略鼓，内收至平底，器表施有红衣。口径 22.2、底径 10、高 6.4 厘米（图三四：14；彩版一二：1）。

标本 G1 上：58，夹砂橙红陶，轮制，素面。侈口，圆唇，短束颈，斜弧腹内收，下部已残。复原口径 24、残高 5.8 厘米（图三四：15）。

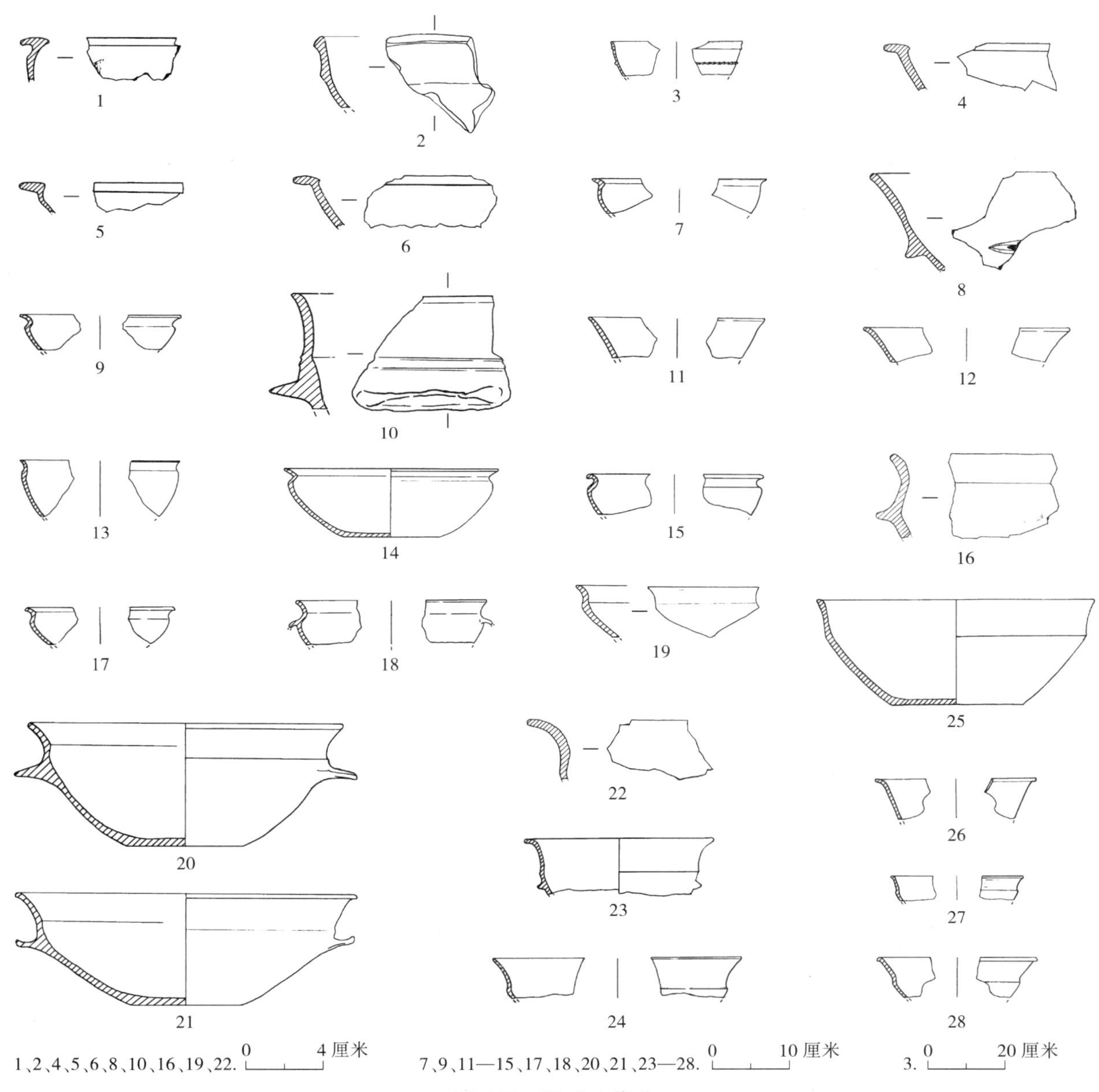

图三四　G1 出土陶盆

1. G1 上：43　2. G1 下：12　3. G1 下：20　4. G1 上：154　5. G1 上：155　6. G1 上：161　7. G1 上：9　8. G1 上：24　9. G1 上：70　10. G1 上：91　11. G1 上：108　12. G1 上：147　13. G1 上：17　14. G1 上：37　15. G1 上：58　16. G1 上：103　17. G1 上：110　18. G1 上：144　19. G1 上：149　20. G1 上：4　21. G1 上：13　22. G1 上：64　23. G1 上：116　24. G1 上：119　25. G1 下：11　26. G1 下：15　27. G1 下：33　28. G1 下：40

标本G1上：103，泥质橙红陶，轮制。敞口，圆唇，肩下贴附錾耳，下部已残。残长8、高6厘米（图三四：16）。

标本G1上：110，夹砂红褐陶，轮制，素面。侈口，方圆唇，短束颈，鼓腹内收，下部已残。复原口径20、残高5.2厘米（图三四：17）。

标本G1上：144，泥质黑陶，轮制。敞口，圆唇，微束颈，鼓腹内收，腹上贴附錾耳，下部已残，通体施黑衣磨光。复原口径26、残高6.2厘米（图三四：18）。

标本G1上：149，泥质橙红陶，轮制，素面。敞口，尖圆唇，束颈，折腹，斜直腹内收，下部已残。复原口径22、残高3.2厘米（图三四：19）。

标本G1上：4，泥质橙红陶，轮制。敞口，圆唇，卷折沿，折肩，斜直腹内收，腹部上端对称贴有下斜錾耳，直腹内收至平底，器表通体施有红衣。口径32.4、底径12、高13.2厘米（图三四：20；彩版一二：2）。

标本G1上：13，泥质红陶，轮制。敞口，尖圆唇，卷折沿，斜直腹内收，腹部上端对称贴有上翘錾耳，直腹内收至平底，器表通体施有红衣。口径35、底径11、高12厘米（图三四：21；彩版一二：3）。

标本G1上：64，泥质橙红陶，轮制，素面。敞口，卷沿，圆唇，斜腹内收，下部已残。残长7.5、宽4.2厘米（图三四：22）。

标本G1上：116，泥质灰黄陶，轮制，素面。敞口，圆唇，卷沿，下腹部斜内收，腹上部对饰两錾。复原口径26、残高7.8厘米（图三四：23）。

标本G1上：119，泥质橙红陶，轮制，素面。敞口，圆唇，束直颈，折腹，下部已残。复原口径34、残高5.6厘米（图三四：24）。

标本G1下：11，泥质橙红陶，轮制，素面。敞口，圆唇，卷沿，颈部微束，下腹部斜内收至平底。口径19.4、底径9.2、高7.5厘米（图三四：25；彩版一二：4）。

标本G1下：15，泥质橙红陶，轮制，素面。敞口，圆唇，微束颈，斜直腹内收，下部已残。复原口径22、残高5.5厘米（图三四：26）。

标本G1下：33，泥质黄灰陶，轮制。敞口，方唇，斜直颈，颈部以下饰弦纹，折腹内收，下部已残。复原口径18、残高3.2厘米（图三四：27）。

标本G1下：40，夹砂黄褐陶，轮制，素面。敞口，方唇，束颈，斜弧腹内收，下部已残。复原口径22、残高4.6厘米（图三四：28）。

6. 豆 33件。

（1）豆座 16件。

标本G1上：3，泥质橙红陶，轮制。仅存豆座，较矮，呈喇叭状，顶部与盘底的接痕明显。复原底径14、残高6.4厘米（图三五：1）。

标本G1上：46，泥质浅黄灰陶，轮制。仅存豆座，呈喇叭状，近底部饰有弦纹。复原底径20、残高4.2厘米（图三五：2）。

标本G1上：87，泥质灰陶，轮制。仅存豆柄一段，呈喇叭状外撇，上饰有弦纹，上部弦纹间有三角形的半镂孔。残高5厘米（图三五：3）。

标本G1下：14，泥质红褐陶，轮制，素面。折敛口，圆方唇，斜直深腹，粗柄，喇叭形豆座。口

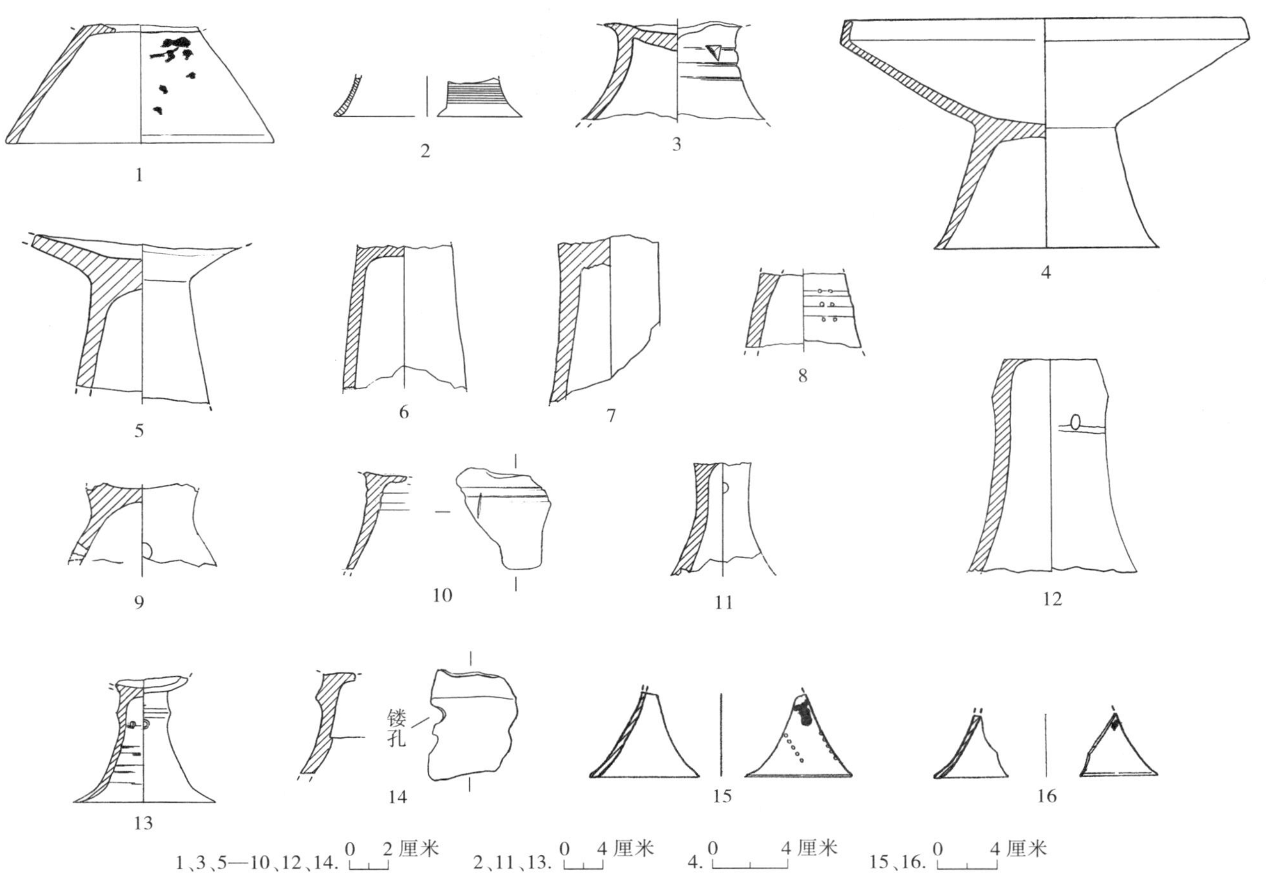

图三五　G1 出土陶豆座

1. G1 上：3　2. G1 上：46　3. G1 上：87　4. G1 下：14　5. G1 上：16　6. G1 下：17　7. G1 下：50　8. G1 上：85　9. G1 上：95　10. G1 上：158　11. G1 下：1　12. G1 上：107　13. G1 上：146　14. G1 上：7　15. G1 上：48　16. G1 下：26

径 21.3、底径 12、高 12.7 厘米（图三五：4；彩版一一：2）。

标本 G1 上：16，泥质黄灰陶，轮制，素面。现存豆盘下腹部及部分豆柄，盘呈斜腹内收，豆柄较细直。残高 8.8 厘米（图三五：5）。

标本 G1 下：17，泥质红陶，轮制，素面。仅存豆柄，呈筒形。残高 7.8 厘米（图三五：6）。

标本 G1 下：50，泥质红陶，轮制，素面。仅存豆柄，呈筒形。残高 9.5 厘米（图三五：7）。

标本 G1 上：85，泥质灰陶，轮制。仅存豆柄一段，呈喇叭状外撇，上饰有两周弦纹，弦纹间有两两相对的圆形半镂孔。残高 4 厘米（图三五：8）。

标本 G1 上：95，泥质黑褐陶，轮制。仅存豆柄一段，呈喇叭状外撇，上有 4 个圆形镂空。残高 4.4 厘米（图三五：9）。

标本 G1 上：158，泥质灰陶，轮制。残甚，仅存豆柄的一部分，呈喇叭状外撇，上部残留有弦纹、条状半镂孔。残长 5.4、宽 5 厘米（图三五：10）。

标本 G1 下：1，泥质灰黑陶，轮制。仅存豆柄及部分豆座，呈喇叭状，豆柄上部有圆形镂空。残高 12.4、孔径 1.2 厘米（图三五：11）。

标本 G1 上：107，泥质黑褐陶，轮制。上、下部皆已残失，仅存竹节形豆把，把上饰三个圆形镂空。残高 11.6、孔径 0.8 厘米（图三五：12）。

标本 G1 上：146，泥质灰陶，轮制。上部豆盘大部分已残失，现存豆柄，柄部上端呈竹节状，凸棱下部一周均匀分布 3 个镂孔，喇叭状底部，柄内有明显的轮制痕迹，通体施黑衣磨光。底径 17.8、残高 6.8 厘米（图三五：13）。

标本 G1 上：7，泥质灰黑陶，轮制，素面。残甚，仅存豆柄的一部分，呈喇叭状外撇，上部有镂孔。残长 5.5、宽 4.8 厘米（图三五：14）。

标本 G1 上：48，泥质黄灰陶，轮制。仅存豆座，呈喇叭状外撇，近底处饰条状圆形半镂孔，表面施有红衣。复原底径 19、残高 6.4 厘米（图三五：15）。

标本 G1 下：26，泥质黄灰陶，轮制。仅存器座部分，呈喇叭状外撇，尚不保留有红衣痕迹。复原底径 16、残高 4.6 厘米（图三五：16）。

（2）豆盘 16 件。

标本 G1 上：72，泥质红陶，轮制，素面。盘口及豆柄已残，仅存腹部，腹部斜直略鼓内收，盘与豆柄相接处有明显的制作痕迹。底径 5.5、残高 3.8 厘米（图三六：1）。

标本 G1 上：78，泥质灰黑陶，轮制，素面。敛口，圆唇，腹部饰一周折棱，下部已残。复原口径 18、残高 3.4 厘米（图三六：2）。

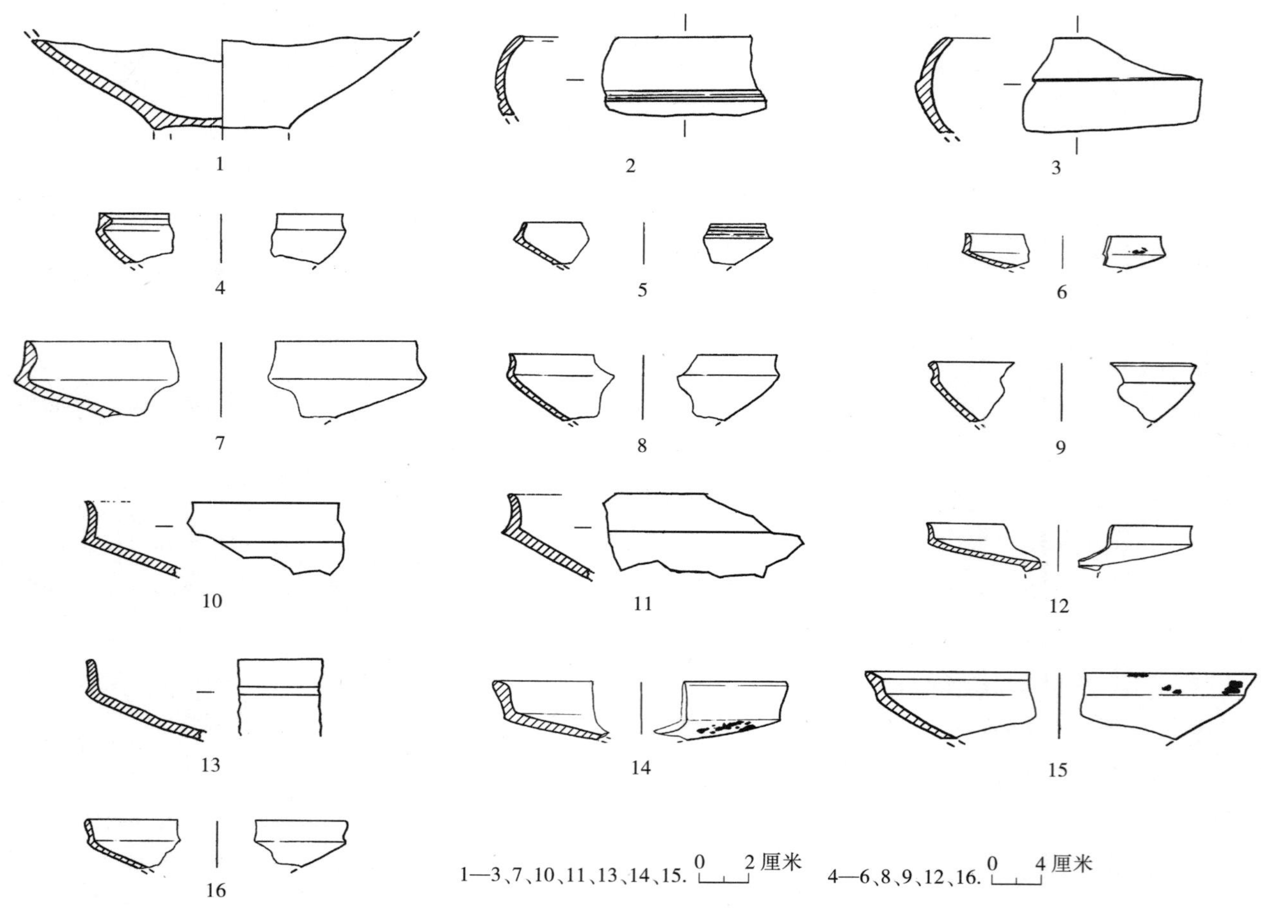

图三六　G1 出土陶豆盘

1. G1 上：72　2. G1 上：78　3. G1 上：132　4. G1 上：45　5. G1 上：100　6. G1 下：7　7. G1 上：28　8. G1 上：76　9. G1 上：133　10. G1 下：45　11. G1 下：52　12. G1 下：35　13. G1 下：43　14. G1 下：9　15. G1 上：38　16. G1 上：77

标本 G1 上：132，泥质灰陶，轮制，素面。敛口，圆唇，腹部饰一周折棱，下部已残。复原口径 20、残高 4 厘米（图三六：3）。

标本 G1 上：45，泥质灰陶，轮制，素面。微敞口，圆方唇，深斜直腹，下部已残。复原口径 20、残高 4.2 厘米（图三六：4）。

标本 G1 上：100，泥质灰陶，轮制。折敛口，圆唇，肩部饰弦纹，斜直腹内收，底部已残。复原口径 20、残高 3.6 厘米（图三六：5）。

标本 G1 下：7，泥质橙红陶，轮制。微侈口，圆唇，折腹斜直内收，器表残留少量红衣，下部已残。复原口径 16、残高 3 厘米（图三六：6）。

标本 G1 上：28，泥质黄灰陶，轮制，素面。敞口，圆唇微敛，腹下部斜折，底部已残。复原口径 16、残高 3.3 厘米（图三六：7）。

标本 G1 上：76，泥质灰陶，轮制，素面。敞口，尖圆唇，折肩，弧腹内收，下部已残。复原口径 22、残高 5.6 厘米（图三六：8）。

标本 G1 上：133，泥质灰黑陶，轮制，素面。敞口，方圆唇，唇部微敛，下腹部斜内收，豆盘底部已残。复原口径 22、残高 5 厘米（图三六：9）。

标本 G1 下：45，泥质灰陶，轮制，素面。直口微侈，圆唇，斜直壁，下部已残。残长 6.5、宽 3.2 厘米（图三六：10）。

标本 G1 下：52，泥质灰陶，轮制，素面。直口微侈，圆唇，斜直壁，下部已残。残长 8.5、宽 3.7 厘米（图三六：11）。

标本 G1 下：35，泥质红陶，轮制，素面。直口，尖圆唇，折腹内收至豆柄部，下部已残。复原口径 22、残高 3.4 厘米（图三六：12）。

标本 G1 下：43，泥质灰陶，轮制，素面。直口，圆方唇，折腹内收，下部已残。残长 3.5、宽 3.3 厘米（图三六：13）。

标本 G1 下：9，泥质橙红陶，轮制。敞口，方圆唇，折腹，下腹斜直内收。复原口径 12、残高 2.5 厘米（图三六：14）。

标本 G1 上：38，泥质灰陶，轮制。侈口，圆唇，束颈，折腹斜直内收，口沿部残留少量红衣，下部已残。复原口径 16、残高 2.8 厘米（图三六：15）。

标本 G1 上：77，泥质灰陶，轮制，素面。敞口，圆唇，折肩，腹部斜直内收，下部已残。复原口径 23、残高 4 厘米（图三六：16）。

7. 壶　3 件。

标本 G1 上：2，泥质灰陶，轮制，素面。仅存折腹部，腹部较扁，折棱处残留一鋬。残长 13.6、宽 6.1 厘米（图三七：1）。

标本 G1 上：10，夹砂黄灰陶，轮制，素面。侈口，微束颈，斜直腹，下部已残。复原口径 28、残高 6 厘米（图三七：2）。

标本 G1 上：126，夹粗砂黄灰陶，轮制，素面。敞口，方圆唇，短束颈，斜直腹，下部已残。复原口径 20、残高 3.2 厘米（图三七：3）。

8. 鋬耳　29 件。

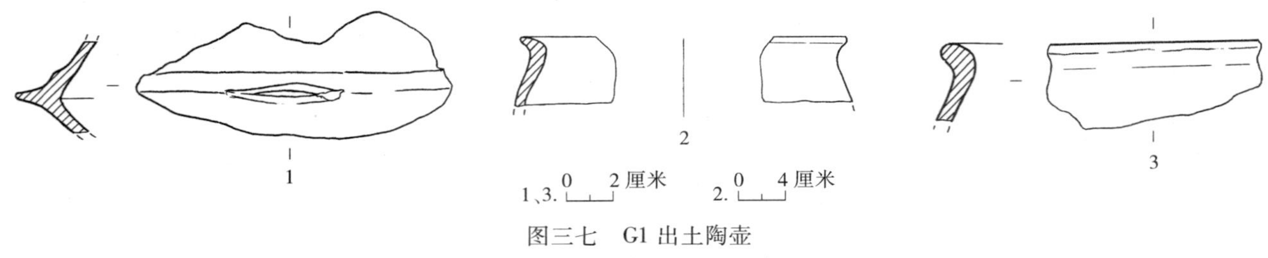

图三七 G1出土陶壶
1. G1上：2 2. G1上：10 3. G1上：126

标本G1上：90，夹砂红褐陶，手制。器体为轮制，耳部手制贴附，耳呈扁环形，中部穿孔。长6.5、宽3厘米（图三八：1）。

标本G1下：2，夹砂红陶，手制。器体为轮制，耳部手制贴附，耳呈扁环形，中部穿孔。长7.2、宽2.4厘米（图三八：2）。

标本G1上：82，泥质灰黄陶，手制。器体为轮制，耳部手制贴附，耳呈环形，中部穿孔，耳面上自上至下饰有按窝。长7.8、宽6.3厘米（图三八：3）。

标本G1上：152，夹草木灰的灰陶，手制。器体一侧已残失，耳呈扁环形，中部穿孔，耳面两侧捏出花边，耳面上自上至下饰满按窝。长6.5、宽5.7厘米（图三八：4）。

标本G1上：60，泥质灰陶，手制。器体为轮制，耳部手制贴附，耳呈扁环形，中部穿孔，耳面两侧捏出边沿，类似牛鼻形，器表施黑衣，磨光。长8、宽3.4厘米（图三八：5）。

标本G1上：97，泥质灰黄陶，手制。器体为轮制，耳部手制贴附，耳呈扁环形，中部穿孔，耳面两侧捏出边沿，类似牛鼻形，已残，器表施黑衣，磨光。长6.7、宽2.3厘米（图三八：6）。

标本G1上：44，夹草木灰橙红陶，手制。器体为轮制，耳部手制贴附，耳呈环形，中部穿孔，耳面两侧捏出边沿，耳面上自上至下满饰按窝。长7.7、宽6.9厘米（图三八：7）。

标本G1上：135，泥质橙红陶，手制。器体为轮制，耳部手制贴附，耳呈环形，中部穿孔，耳面两侧捏出边沿，耳面上自上至下饰满按窝。长5.4、宽3.5厘米（图三八：8）。

标本G1上：14，泥质灰陶，手制，贴附于轮制器体。鋬为两块厚泥片上下贴合而成，上翘，近外端处留有一穿孔。鋬长4.5、宽4厘米（图三八：9）。

标本G1下：47，夹砂灰褐陶，手制，贴附于轮制器体。鋬为两块厚泥片上下贴合而成，上翘，近器体处留有一穿孔。鋬长7.5、宽4.7厘米（图三八：10）。

标本G1上：105，泥质黑陶，手制。器体为轮制，鋬部为手制贴附，鋬较窄扁，沿面上翘。鋬残长45、宽4.3厘米（图三八：11）。

标本G1上：131，泥质橙红陶，手制。器体为轮制，鋬部为手制贴附，鋬较短，沿面略上翘，器表保留有红衣痕迹。鋬残长7.4、宽1.7厘米（图三八：12）。

标本G1下：34，夹草木灰橙红陶，手制。器体为轮制，鋬部为手制贴附，鋬宽扁，沿面上有浅按窝痕且略显上翘。鋬残长9.5、宽2厘米（图三八：13）。

标本G1上：32，夹草木灰橙红陶，手制。器体为轮制，鋬部为手制贴附，鋬宽扁，沿面上翘。鋬残长12、宽2.7厘米（图三八：14）。

标本G1上：69，泥质橙红陶，手制。器体为轮制，鋬部为手制贴附，鋬沿面上翘。鋬长12、宽2.1厘米（图三八：15）。

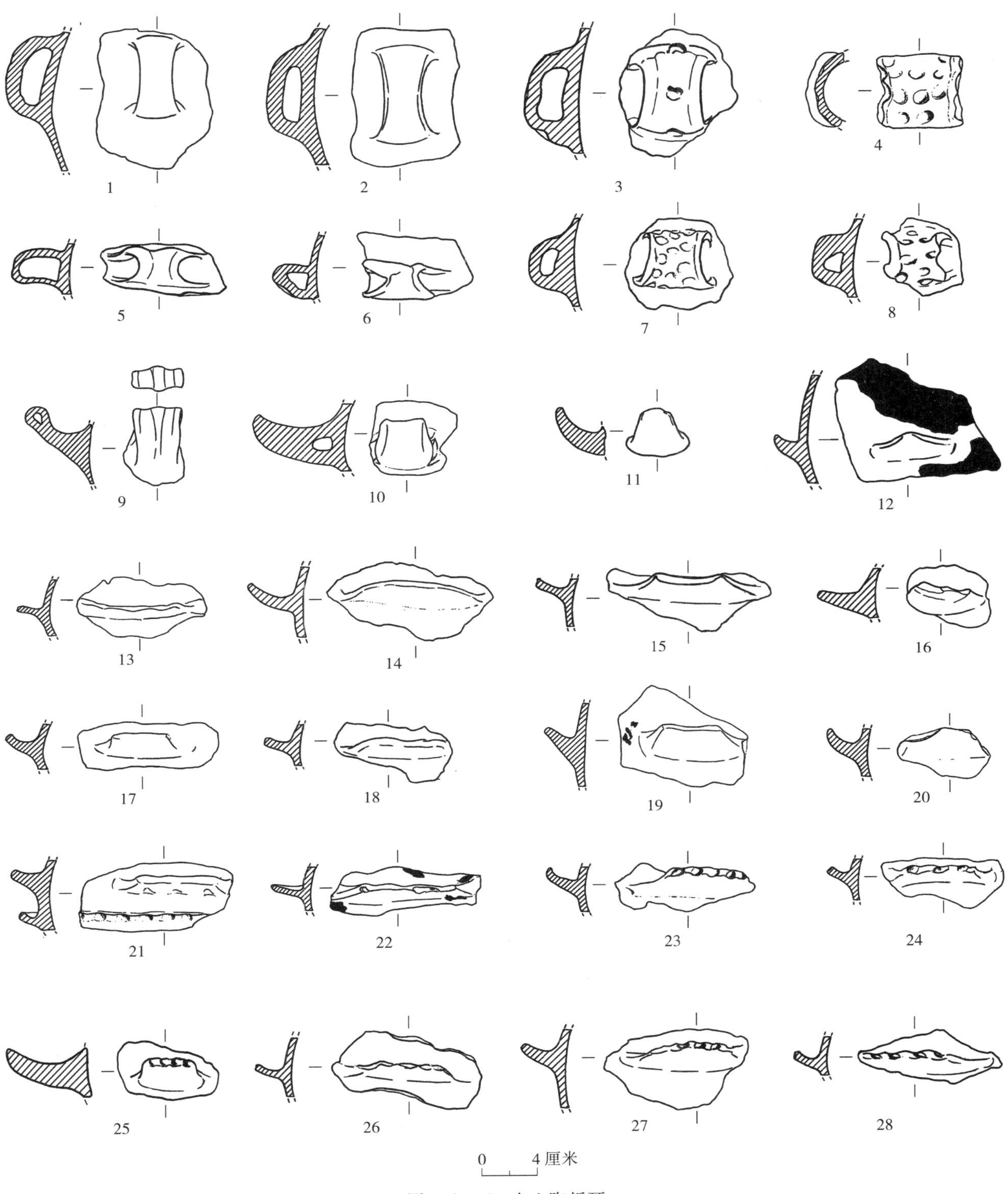

0　4厘米

图三八　G1出土陶鋬耳

1. G1上：90　2. G1下：2　3. G1上：82　4. G1上：152　5. G1上：60　6. G1上：97　7. G1上：44　8. G1上：135　9. G1上：14　10. G1下：47　11. G1上：105　12. G1上：131　13. G1下：34　14. G1上：32　15. G1上：69　16. G1上：102　17. G1下：4　18. G1上：136　19. G1下：10　20. G1下：27　21. G1下：28　22. G1下：36　23. G1上：2　24. G1下：38　25. G1上：63　26. G1上：75　27. G1上：89　28. G1上：130

标本 G1 上：102，夹砂红褐陶，手制，贴附于轮制器体。鋬部较窄厚，上翘，沿面上有按窝痕。鋬残长 7.9、宽 2.4 厘米（图三八：16）。

标本 G1 下：4，夹砂红陶，手制。器体为轮制，鋬部为手制贴附，鋬沿面上翘。鋬残长 7.3、宽 2.2 厘米（图三八：17）。

标本 G1 上：136，泥质灰黄陶，手制。器体为轮制，鋬部为手制贴附，鋬较宽扁，沿面略显上翘。鋬残长 8.7、宽 1.7 厘米（图三八：18）。

标本 G1 下：10，泥质橙红陶，手制。器体为轮制，鋬部为手制贴附，鋬较宽，器体残留红衣痕迹。鋬残长 8、宽 5.8 厘米（图三八：19）。

标本 G1 下：27，泥质黄灰陶，手制。器体为轮制，鋬部为手制贴附，鋬沿面上翘。鋬残长 6.8、宽 2.4 厘米（图三八：20）。

标本 G1 下：28，夹砂红褐陶，手制。器体为轮制，鋬部为手制贴附，鋬较宽扁，沿面上翘，沿面下有按窝痕，鋬下贴一周附加堆纹。鋬残长 8.5、宽 2.4 厘米（图三八：21）。

标本 G1 下：36，泥质橙红陶，手制。器体为轮制，鋬部为手制贴附，鋬较短，沿面上翘，沿面上有按窝痕，器体残留红衣痕迹。鋬残长 11、宽 2.4 厘米（图三八：22）。

标本 G1 上：2，夹草木灰黄灰陶，手制。器体为轮制，鋬部为手制贴附，鋬较宽扁，沿面上翘，沿面上有按窝痕。鋬残长 9.9、宽 2.4 厘米（图三八：23）。

标本 G1 下：38，夹草木灰黄灰陶，手制。器体为轮制，鋬部为手制贴附，鋬较短，沿面略显上翘。鋬残长 8.8、宽 2.1 厘米（图三八：24）。

标本 G1 上：63，夹砂红褐陶，手制，贴附于轮制器体。鋬部窄厚，上翘，沿面上有按窝痕。鋬长 5.6、宽 5.8 厘米（图三八：25）。

标本 G1 上：75，夹草木灰橙红陶，手制。器体为轮制，鋬部为手制贴附，沿面上翘，沿面上有按窝痕。鋬残长 11、宽 2.1 厘米（图三八：26）。

标本 G1 上：89，夹草木灰红褐陶，手制。器体为轮制，鋬部为手制贴附，鋬较宽扁，沿面上翘，沿面上有按窝痕。鋬残长 10.4、宽 2.3 厘米（图三八：27）。

标本 G1 上：130，泥质黄灰陶，手制。器体为轮制，鋬部为手制贴附，鋬较宽扁，沿面上翘，沿面上有按窝痕。鋬残长 10.9、宽 1.8 厘米（图三八：28）。

标本 G1 上：151，夹草木灰黄陶，手制。器体为轮制，鋬部为手制贴附，鋬较宽扁，沿面上翘，沿面上有按窝痕。鋬残长 7.5、宽 1.9 厘米。

9. 器底 7 件。

标本 G1 上：15，夹砂红褐陶，轮制，素面。上部已残，仅存留底部及下腹部，下腹部斜直内收至底。底径 14、残高 5 厘米（图三九：1）。

标本 G1 上：22，夹粗砂红褐陶，轮制，素面。上部已残，仅存留底部及下腹部，下腹部斜直内收至底，胎体较厚。底径 9、残高 5 厘米（图三九：2）。

标本 G1 上：68，泥质红陶，轮制，素面。上部已残，仅存留底部及下腹部，下腹部斜直内收至底。底径 14、残高 5.8 厘米（图三九：3）。

标本 G1 上：88，夹砂灰褐陶，轮制，素面。上部已残，仅存留底部及下腹部，下腹部斜直内收至底。底径8.4、残高2厘米（图三九：4）。

标本G1上：139，泥质红陶，轮制，素面。上部已残，仅存留底部及下腹部，下腹部斜直内收至底。底径11、残高4.8厘米（图三九：5）。

标本G1上：140，夹草木灰红陶，轮制。上部已残，仅存留底部及下腹部，下腹部斜直内收至底，腹部残留红衣痕迹。底径14、残高3.6厘米（图三九：6）。

标本G1下：31，夹砂红陶，轮制，素面。上部已残，仅存留底部及下腹部，下腹部斜直内收至底，底部较厚。底径10、残高4厘米（图三九：7）。

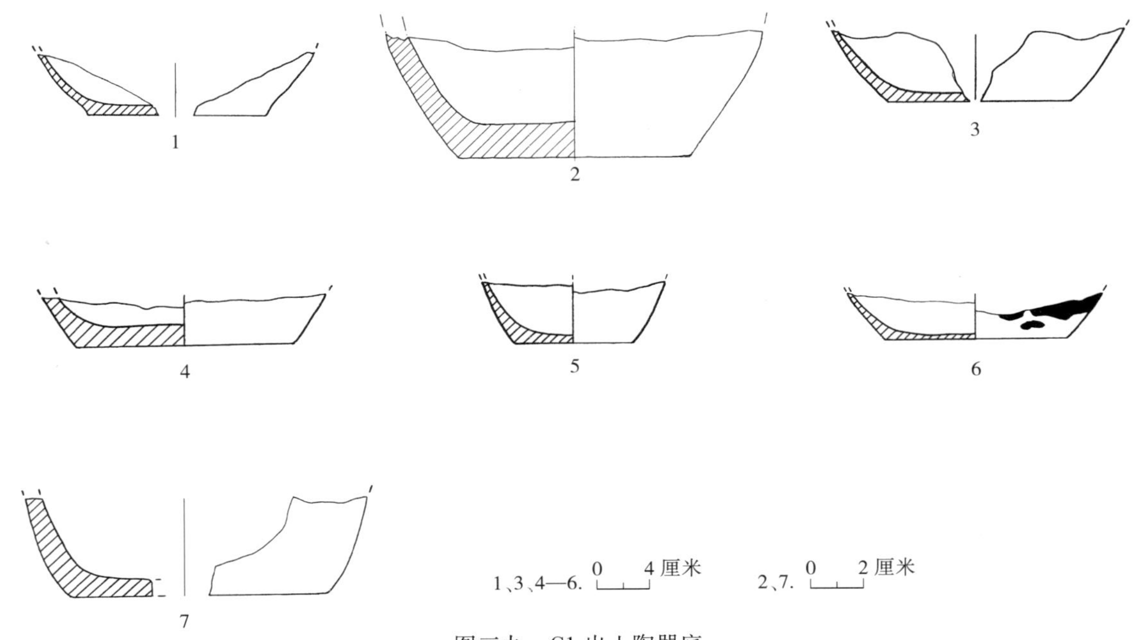

图三九 G1出土陶器底

1. G1上：15器底 2. G1上：22器底 3. G1上：68器底 4. G1上：88器底 5. G1上：139器底 6. G1上：140器底 7. G1下：31器底

10. 炉箅 1件。

标本G1上：81，夹砂褐陶，手制。长条形，已残断，推测为横向炉条，一端尚留有与纵向炉条的接痕。残长13.1、直径2厘米（图四〇：1）。

11. 杯 2件。

标本G1上：54，泥质红陶，手制，素面。敛口，圆唇，斜腹内收至平底，胎体厚重。口径6.4、高4.5厘米（图四〇：2；彩版一一：3）。

标本G1上：99，泥质灰黄陶，手制，素面。敞口，尖圆唇，浅腹，圜底，制作粗糙。口径4.1、高2.4厘米（图四〇：3）。

（二）石器 14件

1. 锛 12件。

标本G1上：5，青色石质，磨制。长条状，锛体一面平整，另一面弧凸，器表留有较多的打片疤痕。长6.45、中宽3.35、中厚1.6厘米（图四一：1；彩版一三：1）。

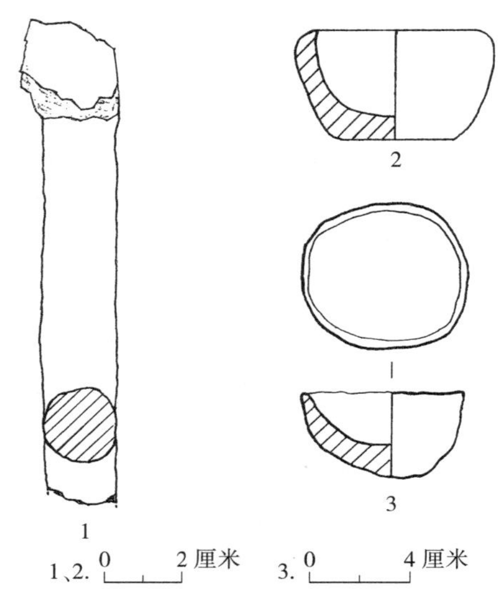

图四〇 G1出土陶炉箅、陶杯
1. 陶炉箅（G1上：81） 2、3. 陶杯（G1上：54、G1上：99）

标本G1上：11，灰白石质，磨制。长条状，刃部已残断，表面风化严重。长7、宽2.8、厚3厘米（图四一：2；彩版一四：1）。

标本G1上：25，青灰石质，磨制。长条形，顶部已残断，体较厚，现存下端刃部，锛体一面平整，另一面弧凸，磨制光滑。残长5.5、中宽3.3、中厚2.2厘米（图四一：3；彩版一三：2）.

标本G1上：26，青灰石质，磨制。长条形，体后，已残断，下部刃已缺失，一面平整，另一面破损严重。残长10.5、宽3.2、中厚2.4厘米（图四一：4；彩版一四：2）。

标本G1上：34，浅灰石质，磨制。长条形，体较厚，顶部已残，刃部完好。残长7.4、中宽4、中厚3厘米（图四一：5；彩版一三：3）。

标本G1上：41，青灰石质，磨制。长条形，刃部略残，表面留有打片疤痕。长6.7、宽2.7、厚2.3厘米（图四一：6；彩版一四：3）。

标本G1上：42，青灰石质，磨制。长条形，锛体一面与刃部相连，较平整，另一面与刃部相连，折棱明显，其表留有打片疤痕。长7、中宽2.7、厚1.6厘米（图四一：7；彩版一四：4）。

标本G1上：93，青灰石质，磨制。长条形，锛体一面与刃部相连，表面平整，另一面与刃部相连，折棱明显，表面留有较多的打片疤痕。长8、中宽2.6、厚1.7厘米（图四一：8）。

标本G1上：118，青灰石质，磨制。长条形，体较厚，刃部平直，与刃部相连的一面折棱明显，表面留有较多的打片疤痕。长6.2、中宽1.5、厚1.75厘米（图四一：9）。

标本G1上：134，青灰石质，磨制。长条形，表面平整，另一面与刃部相连，折棱明显，表面留有打片疤痕。长6、中宽3.1、厚1.4厘米（图四一：10）。

标本G1下：16，青灰色石质，磨制。长条形，顶部已残断，体较厚，现存下端刃部，锛体一面弧凸，表面留有较多的打片疤痕。残长7.5、中宽3.9、中厚2.55厘米（图四一：11；彩版一三：4）。

标本G1上：62，浅红褐砂岩质，磨制。扁长方形，顶部已残断，仅存刃部。残长6.5、宽3.7、中厚2.6厘米（图四一：12；彩版一三：5）。

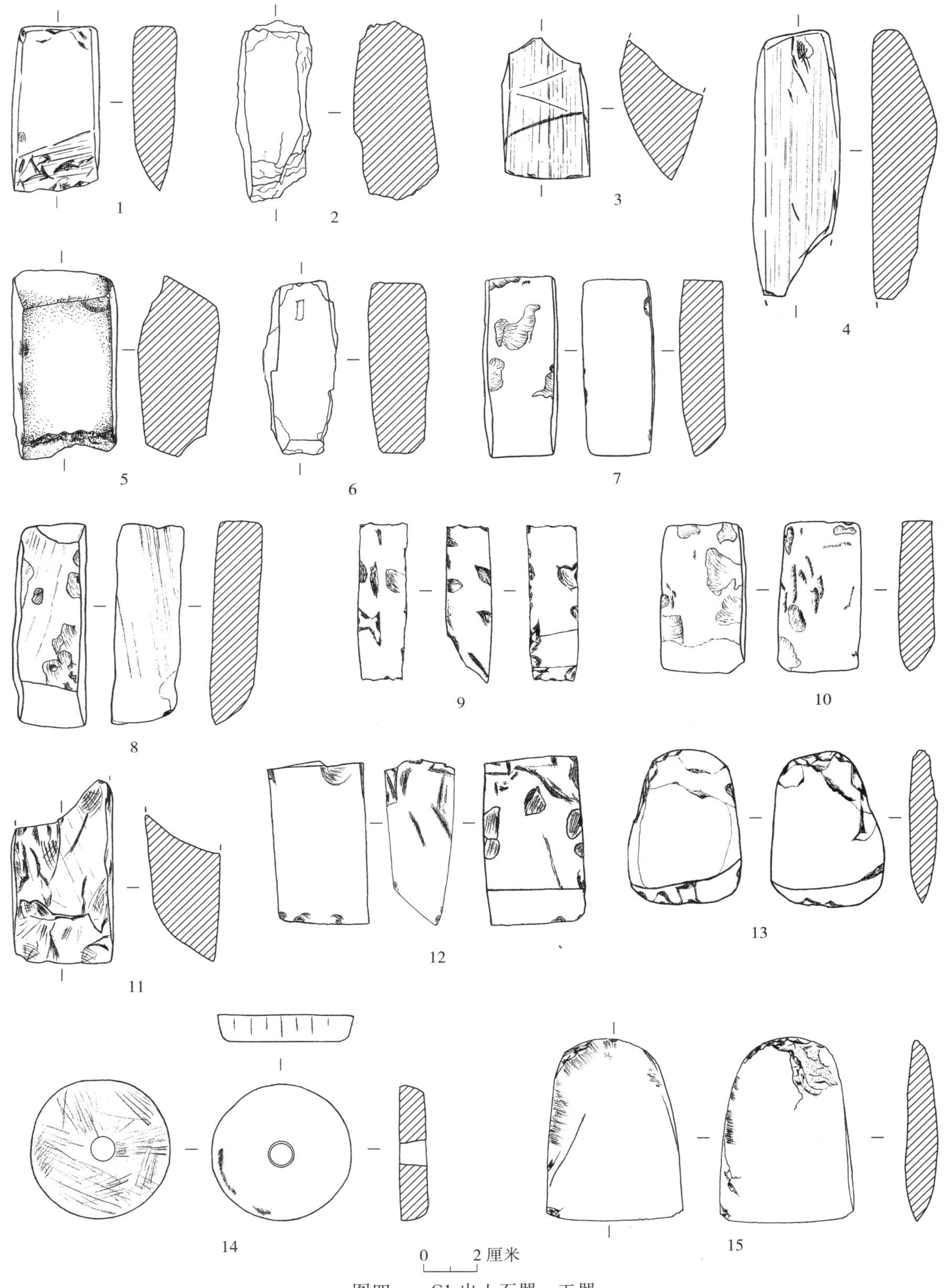

图四一　G1 出土石器、玉器

1. 石锛（G1 上：5）　2. 石锛（G1 上：11）　3. 石锛（G1 上：25）　4. 石锛（G1 上：26）　5. 石锛（G1 上：34）　6. 石锛（G1 上：41）　7. 石锛（G1 上：42）　8. 石锛（G1 上：93）　9. 石锛（G1 上：118）　10. 石锛（G1 上：134）　11. 石锛（G1 下：16）　12. 石锛（G1 上：62）　13. 石斧（G1 上：36）　14. 石纺轮（G1 上：156）　15. 玉斧（G1 上：40）

2. 斧 1件。

标本G1上：36，灰黄砂岩，磨制。顶部略呈弧形，刃部弧平状，斧体面平，刃部外弧。长6、宽4.3、体厚1厘米（图四一：13；彩版一三：6）。

3. 纺轮 1件。

标本G1上：156，褐红石质，磨制。扁圆形，中部有一穿孔，器体侧面有竖条状刻划。直径5.3、孔径0.9、厚1厘米（图四一：14；彩版一五：1、2）。

（三）玉器 1件

斧 1件。

标本G1上：40，橙黄色玉质，光润，半透光，内含少量石花、石绺，磨制。斧体短而厚，上端圆弧，下端刃部较平直，平面整体呈梯形，上端仍存留有打片疤痕及修饰痕迹，下端斧体及刃部修饰规整，打磨光滑。表面附着有机质朽痕。长7.25、宽4.7、中厚1.15、刃长5.1厘米（图四一：15；彩版一五：3、4）。

二 灰坑

发掘区发现的新石器时代的灰坑有1个（H19）。

H19

平面形状呈不甚规则的圆形，分布在T0507的东北部，部分在北隔梁内，未发掘。开口在第3层下，打破第4层。东西长径0.88、南北短径0.55、深0.3米。坑内填土呈黄褐色，土质硬，内含红烧土颗粒。出土陶片有泥质和夹砂的橙红陶、橙黄陶等，以泥质为主。可辨器形的有釜、鋬等陶器残片（图四二）。

陶釜 1件。

标本H19：1，泥质橙红陶，素面，施红衣。圆唇，敞口，束颈，斜直腹，下部已残。残高4.5、口径28厘米（图四三）。

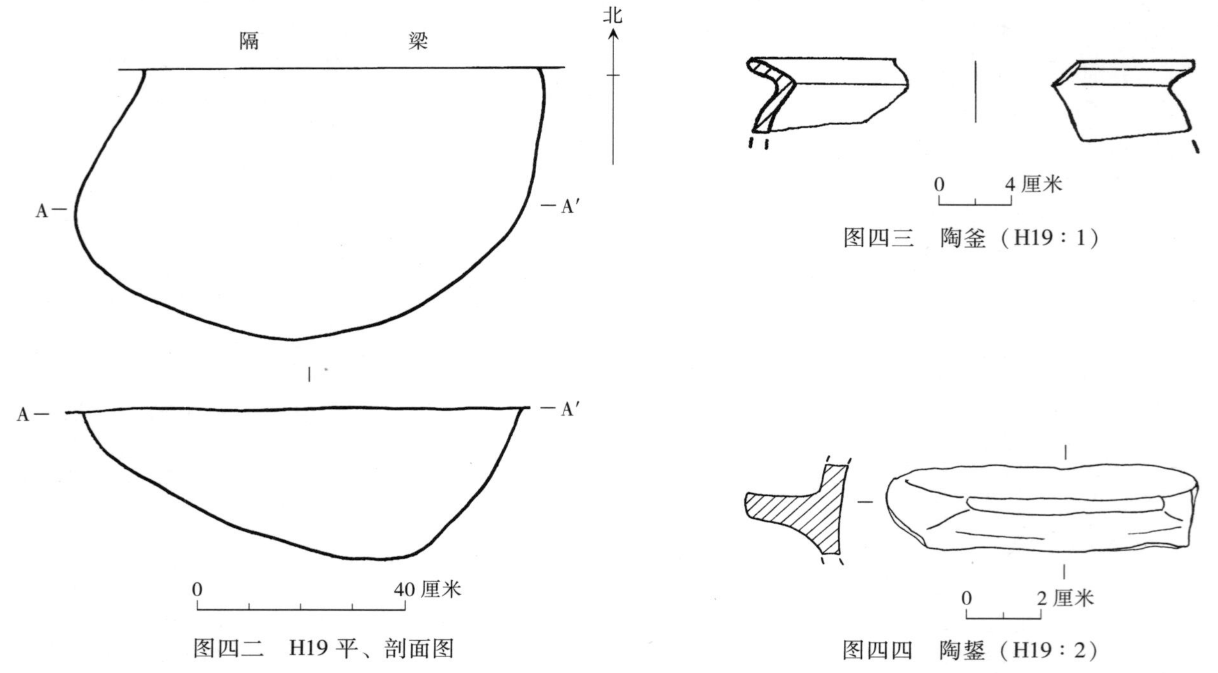

图四二 H19平、剖面图

图四三 陶釜（H19：1）

图四四 陶鋬（H19：2）

陶錾　1件。

标本H19：2，夹砂橙红陶，素面。器体为轮制，錾部为手制贴附。錾长10厘米（图四四）。

三　房址

在南楼遗址共发掘房址4座，编号为F1、F2、F3、F4。还有T0507、T0607中的柱洞群，柱洞群编号D1—D27。

（一）F1

F1位于发掘区西部，包括T0707的大部，以及T0708、T0706、T0807的一部分，开口于第1层下，打破生土，据地表0.27米，中部和东北部被机器挖的沟打破，西部被H4和H5打破，东部为F2，东南部为F3。F1平面略呈圆形，残存的遗迹有垫土、柱洞、墙体基槽和排水沟（图四五；彩版一六）。

1. 垫土

F1内共发现有两层垫土，其中下层土直接叠压在生土层上。上层为黄土夹细黑斑点，较硬、无包含物；下层为灰黄土，松软无包含物。两层垫土厚薄不均，总厚度在0.05米至0.1米之间（彩版一七：1）。

2. 柱洞（F1D1—F1D41）

共发现41个，排列情况如下：D1—D18排列成一组，平面略呈方形，面积约7平方米。其中东侧由北往南为D1—D6，共6个柱洞；西侧柱洞由西往东为D9—D13，共5个柱洞，东、西两排柱洞间距为2.2米左右；北侧柱洞由西往东为D14—D18，共5个柱洞；南侧柱洞由东往西分别为D7—D9，共3个柱洞，南北间距约2.9米。柱洞为浅坑式，深浅不一，平面以圆形为主，也有不规则形的。D19—D41分布于墙体基槽的两侧，其中D19—D25位置与F2基槽相近。此类柱洞的形制为深洞式，洞口平面较小，有一定的深度，填土与坑壁的剥落清晰，从个别尚存柱痕的遗迹判断，柱径在0.1—0.2米之间，柱洞内填土为大黄斑土，夹杂有零星陶片（彩版一七：2、3，彩版一八：2）。

3. 墙体基槽（F1J1、F1J2）

F1J1为内侧墙体基槽，平面呈圆形，可封闭，槽体宽0.2—0.3米，深度为0.05—0.1米，直径约5.5米，内侧墙体的建筑面积约23.8平方米（彩版一七：4）。

F1J2为外侧墙体基槽，平面略呈圆形，半封闭，其西北端与东南端与排水沟有重合现象，最大直径8米，最小直径7米，建筑面积约45平方米（彩版一七：5）。

墙体基槽内的填土呈灰色，松软细腻，土质较黏，遇风和光照后坚硬，脱落感明显，夹零星陶片。

4. 排水沟（F1G1）

F1J2外侧为一排水沟，分布在F1西南部和东北部，沟宽0.2—0.3米、深度为0.1—0.2米。沟内填土呈灰黑色，黏性大，夹杂的陶片也较多（彩版一七：6，彩版一八：1、3、4）。

5. F1出土陶器

F1中各类遗迹的填土内出土陶片以泥质陶为主，夹砂陶次之，可辨器形的有罐、盆、豆和錾，纹饰以素面为主，个别陶片上有弦纹或者施红陶衣。下面按器形介绍代表性遗物标本。

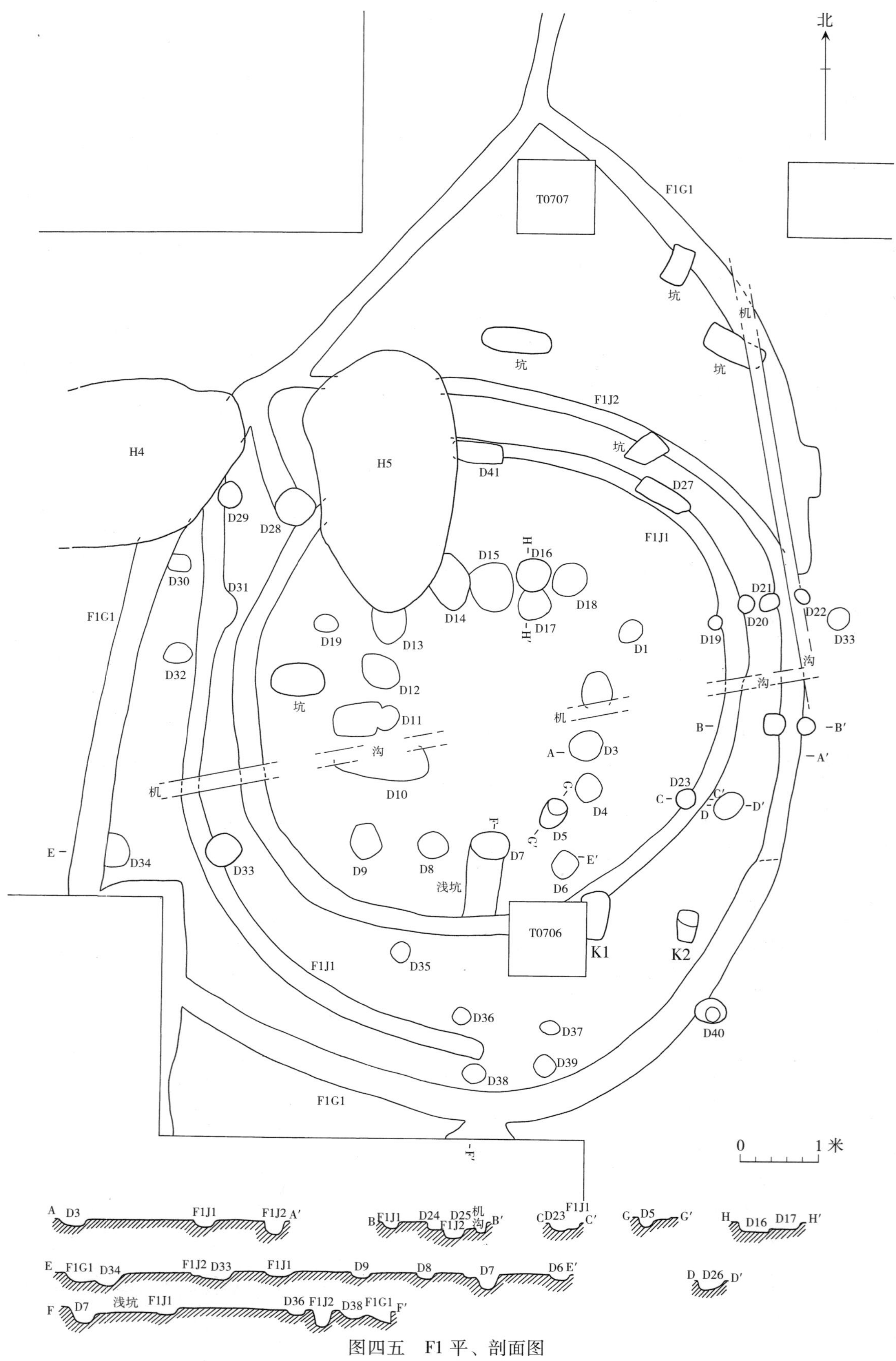

图四五　F1平、剖面图

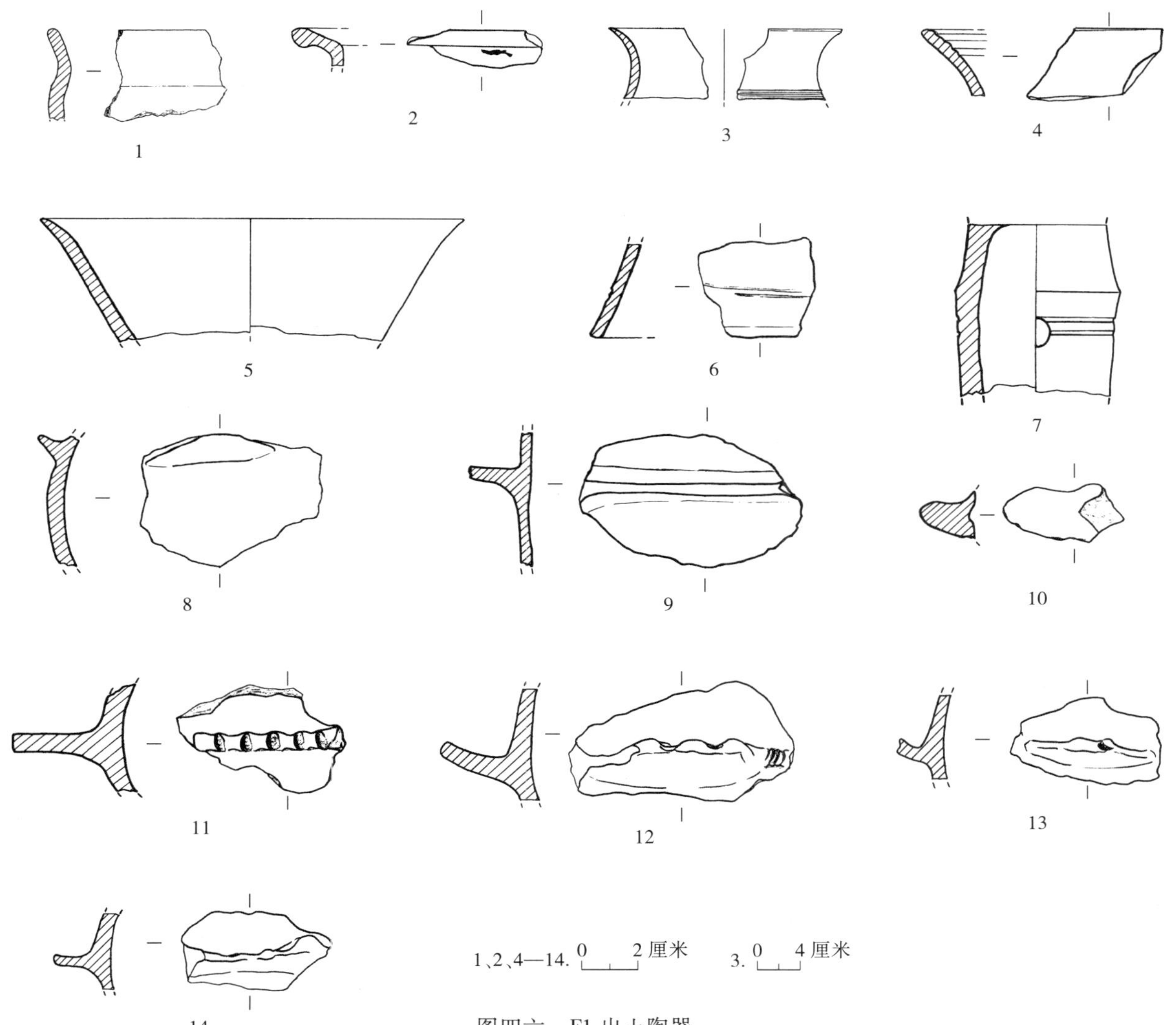

图四六　F1出土陶器

1. 罐（F1J2：3）　2. 罐（F1J1：1）　3. 罐（F1G1：1）　4. 罐（F1G1：4）　5. 盆（F1J2：9）　6. 豆（F1J2：2）　7. 豆（F1J2：4）　8. 鋬（F1J2：5）　9. 鋬（F1J2：6）　10. 鋬（F1J2：7）　11. 鋬（F1J2：8）　12. 鋬（F1J2：1）　13. 鋬（F1G1：2）　14. 鋬（F1G1：3）

罐　4件。

标本F1J2：3，夹粗砂褐陶，轮制，素面。敞口，圆唇，口部微敛，束颈，肩处有道折棱，下部已残。残高3.4厘米（图四六：1）。

标本F1J1：1，泥质橙红陶，轮制。侈口，圆垂唇，短束颈，器表表残留红衣，下部已残。残长6.6、宽1.6厘米（图四六：2）。

标本F1G1：1，泥质橙红陶，轮制。尖圆唇，敞口，下部已残，颈底饰弦纹，器口内施红衣。残高7、复原口径22厘米（图四六：3）。

标本F1G1：4，泥质灰黑陶，轮制。敞口，圆方唇，束颈，口沿内饰4周弦纹，下部已残。残长7.1、宽4厘米（图四六：4）。

盆　1件。

标本F1J2：9，泥质浅灰陶，轮制，素面。尖圆唇，大敞口，颈斜直内收，下部已残。残高6.3、口径17厘米（图四六：5）。

豆 2件。

标本F1J2：2，泥质灰陶，轮制。仅存豆座下部一段，呈喇叭口外撇，近底部饰两周刻划弦纹。残长4.5、宽3.8厘米（图四六：6）。

标本F1J2：4，泥质褐陶，轮制。上、下部皆已残，仅存豆把部，呈竹节状，凸棱下部有一穿孔。残高6.4、孔径1厘米（图四六：7）。

鋬

标本F1J2：5，泥质红陶，轮制。器体为轮制，鋬部为手制贴附，鋬较短，沿面上翘。鋬残长1.2、宽1.3厘米（图四六：8）。

标本F1J2：6，夹粗砂黑陶，手制。器体为轮制，鋬部为手制贴附，鋬沿面较平整。鋬残长8.5、宽2厘米（图四六：9）。

标本F1J2：7，泥质浅灰陶，手制。仅存鋬部，鋬沿面上翘。鋬残长4.8厘米（图四六：10）。

标本F1J2：8，夹粗砂红陶，手制。器体为轮制，鋬部为手制贴附，鋬沿面上有按窝痕。鋬长5.5、宽3.3厘米（图四六：11）。

标本F1J2：1，夹草木灰的灰黄陶，手制。器体为轮制，鋬部为手制贴附，鋬沿面上翘，沿上及两侧有按窝痕。鋬长10、宽2.7厘米（图四六：12）。

标本F1G1：2，夹草木灰橙红陶，手制。器体为轮制，鋬部为手制贴附，鋬沿面上翘，沿上有按窝痕。鋬残长6.7、宽1.7厘米（图四六：13）。

标本F1G1：3，泥质橙红陶，手制。器体为轮制，鋬部为手制贴附，鋬沿面上翘，沿上有按窝痕。鋬残长7、宽1.8厘米（图四六：14）。

（二）F2

F2位于T0807内，在F1的东侧、F3的东北部，与G1相距约4米。开口于第1层下，打破生土，据地表0.25米，中部被机器挖的沟打破。平面略呈圆形，残存的遗迹为垫土、柱洞、墙体基槽（图四七；彩版一九）。

1. 垫土

F2垫土与F1相似而且较薄，上层为黄土夹细黑斑点，较硬，无包含物；下层为灰黄土，松软无包含物。总厚度为0.05—0.15米，无包含物。

2. 柱洞（F2D1—F2D33）

共发现柱洞33个，编号为F2D1—F2D33[①]，房址中心位置的柱洞排列有序，平面略呈方形。其中西侧柱洞由南而北为D8①、D8②、D9、D10、D12，南侧柱洞由西往东为D7、D6、D5、D4，北侧柱洞由西往东为D13、D14①、D14②、D15，东侧柱洞由南而北为D3③、D3①、D3②、D2②、D2①、D1、D17、D16。东、西两排柱洞间距2.6米，南、北两排柱洞间距2.5米，由这四组柱洞组成的方形空间面积约6.5平方米。其他柱洞则散布于墙体基槽的两侧或者直接打破基槽。柱洞的形制大部分为

① 柱洞之间有相互打破关系以及同属于一个大柱洞的小柱洞，分别以①、②编号。

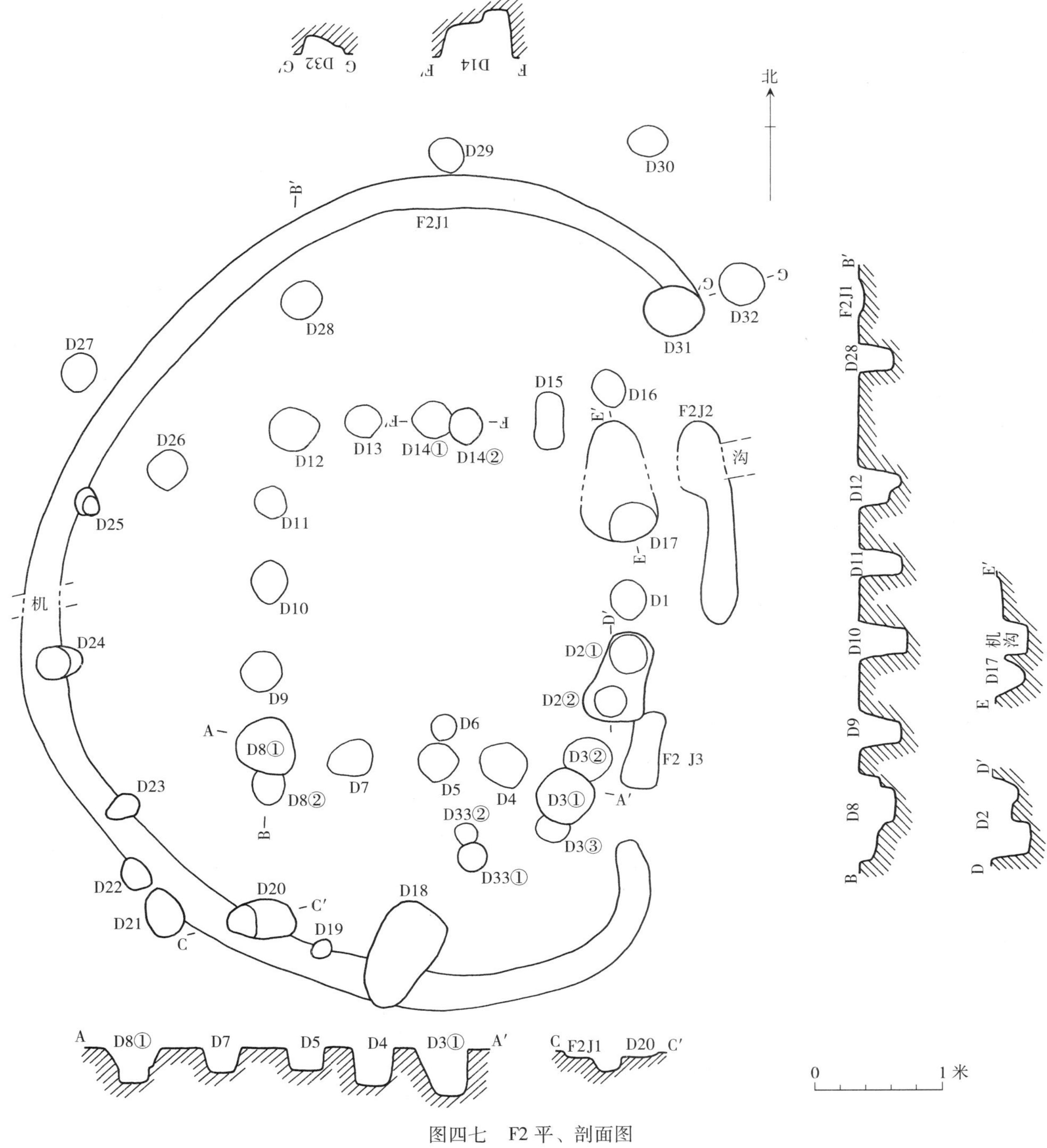

图四七　F2平、剖面图

深洞式，洞口略小，深度平均在0.3米左右。而D10的深度达到0.38米，另有个别柱洞为浅坑式的。柱洞内的填土为大黄斑黏土，土中因夹杂有灰色带状土而形成了大黄斑，黄多灰少，较硬，填土中夹杂着零星陶片（彩版二〇）。

3. 墙体基槽（F2J1、F2J2、F2J3）

J1、J2、J3组成的F2的墙体并未形成真正意义上的圆形，J1略呈半圆形，东侧未见到可封闭之圆形基槽，代之以柱洞和两段略直墙基F2J2、F2J3。基槽内的填土呈灰黄色，土质较黏，刚暴露时土质松软、细腻，黏性大，遇风和光照后即变得坚硬，有脱落感，填土中含零星陶片。

4. F2 出土陶器

F2 中各类遗迹的填土出土陶片较少，有夹砂陶和泥质陶，陶色以黑灰和橙红为主，可辨器形的有罐和器鋬，纹饰为素面。下面按器形介绍代表性遗物标本。

罐 2 件。

标本 F2D8：1，夹砂红褐陶，轮制，素面。敞口，厚圆唇，下部已残。残长 5.8、宽 2.3 厘米（图四八：1）。

标本 F2D23：1，夹粗砂红褐陶，轮制，素面。敞口，圆唇，束颈，斜直肩，下部已残。残长 5.2、宽 3.3 厘米（图四八：2）。

鋬 1 件。

标本 F2D3：1，夹砂红褐陶。从残存部分看，器体为轮制，鋬部为手制贴附。长 4.3、宽 4.2 厘米（图四八：3）。

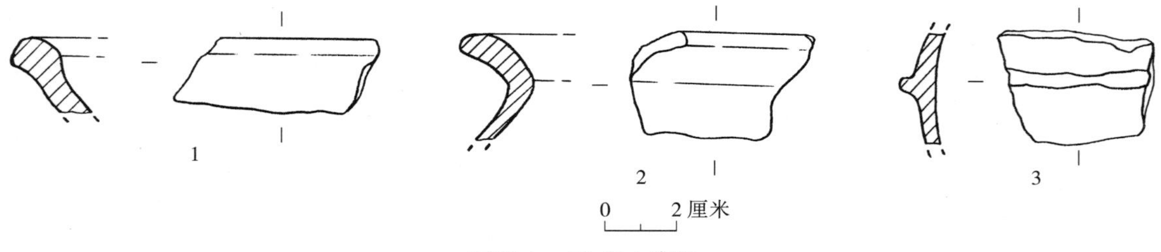

图四八 F2 出土陶器

1. 罐（F2D8：1） 2. 罐（F2D23：1） 3. 鋬（F2D3：1）

（三）F3

F3 主体位于 T0806 内，东距 G1 约 4 米，其东北侧为 F2，西北侧为 F1。开口于第 1 层下，打破生土，据地表 0.25 米，被 H9、H10 打破。平面略呈圆形，主要遗迹有垫土、柱洞、墙体基槽和排水沟（图四九；彩版二一，彩版二二：1）。

1. 垫土

F3 垫土与 F1 类似，残存的厚度为 0.05—0.1 米，上层为黄色夹黑斑点黏土，下层为灰黄土，无包含物。

2. 柱洞（F3D1—F3D34）

F3 内柱洞的排列与 F1、F2 的柱洞排列相似，主体柱洞排列成方形空间。其中 D1、D2、D3、D4、D5 为一组，位于北侧，南侧为 F3J3、D10、D11 一组，两者间相距 3.4 米；东侧为 D12、D13，西侧为 D6、D7、D8，两者间距为 2.5 米，面积为 8—9 平方米。其他柱洞则散布于墙基两侧，或打破墙基槽。F3 柱洞的形制有土坑式和深洞式两种。土坑式坑口面积大，坑浅；深洞式坑口面积小，坑深，如 D13 深 0.15 米，D1 深 0.36 米，总体深度在 0.15 米至 0.36 米之间。柱洞排列的密度也极为稀疏，明显不如 F1、F2 严密、有规律。D1、D2 内部出现“二层台”现象，从一些残存柱痕来判断，直径约为 0.15 米（彩版二二：2、3，彩版二三：4、5）。

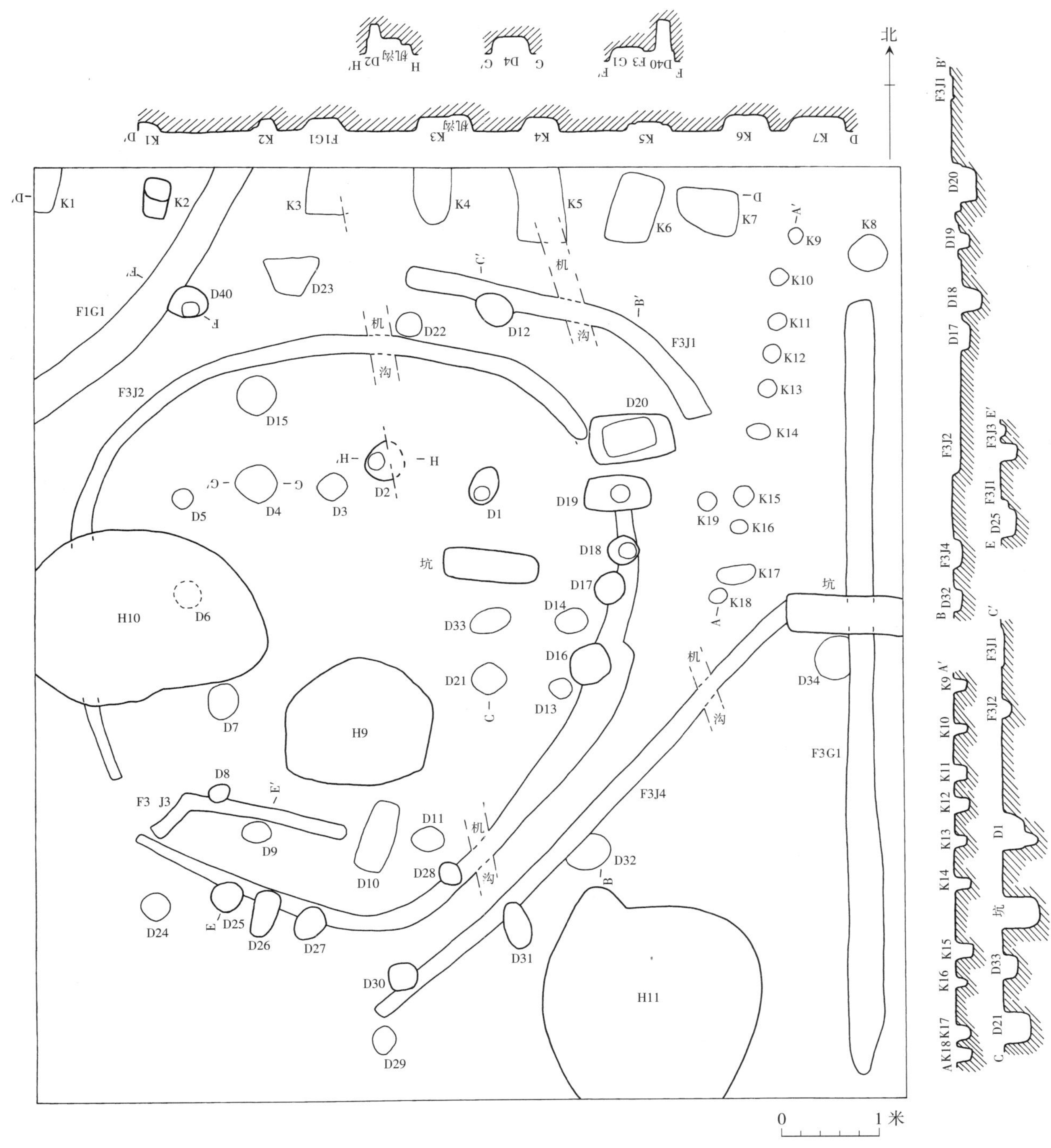

图四九　F3 平、剖面图

3. 墙体基槽（F3J1、F3J2、F3J3、F3J4）

J2 近似圆形，是 F3 的主体墙基槽，其西侧被 H10 打破，西南和东北面各有一个缺口，可能为门的位置。J1 位于房址的东北端，呈弧形，弧度接近于 J2 的走向。J4 位于房址的东南，呈条状。J3 位于房址西南缺口内东侧，呈 L 形。基槽内填土与 F1、F2 类似，为灰黄色黏土，包含零星陶片（彩版二三：1、2）。

4. 排水沟（F3G1）

G1 平面呈条状，位于 F3 的东侧，长 8.3 米、宽 0.3—0.4 米、深 0.2—0.3 米，沟底有许多碎陶片，疑为铺底用，便于流水，沟内填土呈灰黑色，土质松软，含水量大（彩版二三：3）。

F3 中各类遗迹的填土出土陶片较少，有夹砂陶和泥质陶，以夹砂红褐陶最多，陶色以红褐和橙红为主，可辨器形的有罐、豆、器鋬和器底，纹饰以素面为主，有的陶片上有红陶衣和按窝。下面按器形介绍代表性遗物标本。

5. F3 出土陶器

罐　2 件。

标本 F3J2：2，夹粗砂灰褐陶，轮制。圆方唇，敞口，束颈，下部已残。残长 4.4、宽 3.5 厘米（图五〇：1）。

标本 F3G1：3，夹草木灰的灰黄陶，轮制，素面。尖圆唇，侈口，束颈，下部已残。残长 5.8、残宽 2.5 厘米（图五〇：2）。

豆　1 件。

标本 F3D17：1，泥质橙红陶，轮制。侈口，尖圆唇，束颈，折腹，下腹斜直内收，盘底已残。残长 6.4、高 3.3 厘米（图五〇：3）。

鋬　3 件。

标本 F3G1：1，夹细砂红褐陶，手制。仅存鋬部，鋬沿面上翘。鋬残长 4.8 厘米（图五〇：4）。

标本 F3D30：1，夹草木灰橙红陶，手制。器体为轮制，鋬部为手制贴附，鋬沿面上翘，沿上有按窝痕，其表残留有红衣痕迹。鋬残长 7.5、宽 2.8 厘米（图五〇：5）。

标本 F3G1：2，夹草木灰黄褐陶，手制。器体为轮制，鋬部为手制贴附，鋬沿面上翘，沿上有按窝痕，其表残留有红衣痕迹。鋬残长 9、宽 2.4 厘米（图五〇：6）。

器底　1 件。

标本 F3J2：1，夹砂红褐陶，轮制。上部已残，仅存留底部及下腹部，下腹部斜直内收至底，底厚实，内壁涂有红衣。底径 6.5、残高 2.6 厘米（图五〇：7）。

（四）F1 至 F3 之间的其他遗迹

1. K1—K7

在 F1 北部与 F3 之间发现一排略呈方形的小坑，东西向排列，开口于第 1 层下，打破生土，并延伸至 F1 内。为了与 F1—F3 区别，将其编号为 K1—K7。它们有别于土坑式和深洞式柱洞，但由于地层缺失，而且西部未发掘，所以不能确定这组小坑与三座房址之间的关系（图五一；彩版二四、彩版二五：1）。

2. K8—K19

位于 F3 东北。在 F3J1 与 F3G1 之间发现有柱洞，共 11 个，开口于第 1 层下，打破生土，为了与 F2、F3 区别，编号为 K8—K19。其中 K9—K18 排列规整，东北—西南向，K8 位于 K9 东部 0.5 米处，K19 位于 K15 西部约 0.15 米处。K8—K16、K18、K19 为圆形深洞式，K7 略呈椭圆形。这些柱洞的深度在 0.12 米至 0.2 米之间，尚不能确定其与 F3 之间的关系（彩版二五：2）。

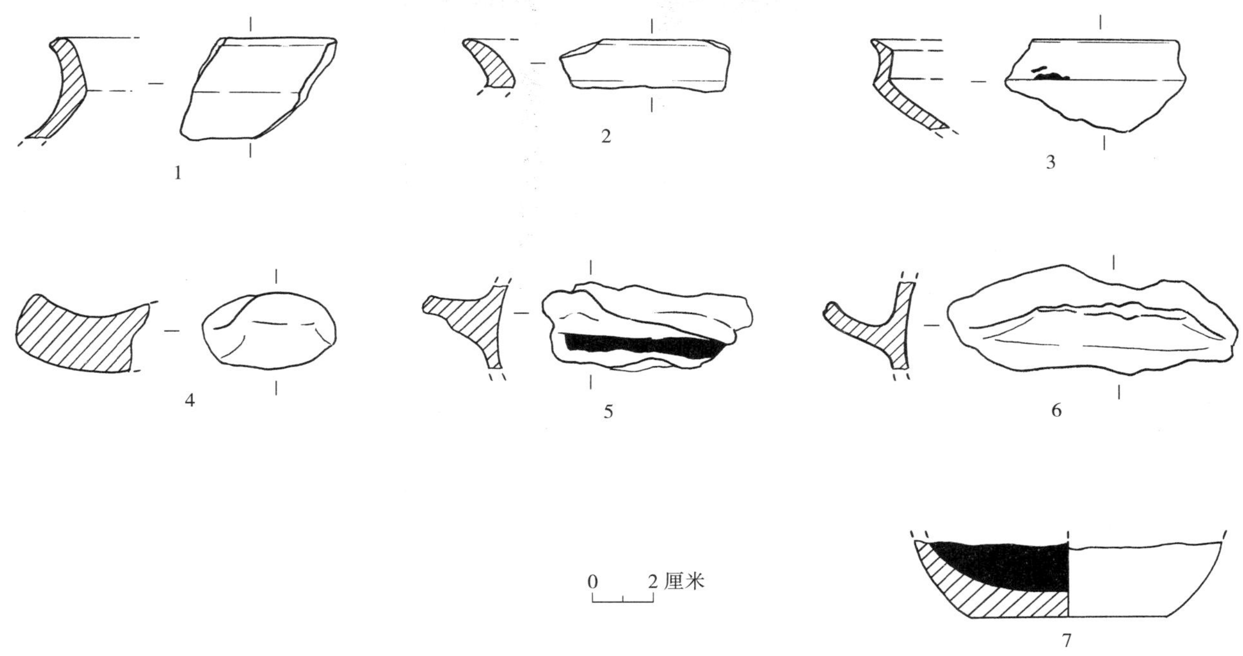

图五〇　F3出土陶器

1. 罐（F3J2：2）　2. 罐（F3G1：3）　3. 豆（F3D17：1）　4. 錾（F3G1：1）　5. 錾（F3D30：1）　6. 錾（F3G1：2）　7. 器底（F3J2：1）

3. 其他遗迹

除了以上小坑外，另有分布没有规律的小坑，其分布位置如下：（1）在F1的东北部有4个小坑，打破F1G1和F1J2，平面为椭圆近长方形，无包含物。（2）在F3的中部和东部，中东部的小坑打破F3G1和F3J4，平面为近长方形，无包含物。这些小坑均未编号，它们与F1、F3的关系尚不能确定。

4. F1至F3之间遗迹出土陶器

这些遗迹内出土的陶片较少，有夹砂红褐陶、泥质红褐、橙红陶，均为素面，部分陶片有按窝和红陶衣。可辨器形的有罐和錾。

罐　1件。

标本K3：1，夹细砂红陶，轮制。方圆唇，侈口，短束颈，斜肩，下部已残。残高2、复原口径14厘米（图五二：1）。

錾　1件。

标本K7：1，泥质红陶，手制。器体为轮制，錾部为手制贴附，錾沿面上翘，沿上有按窝痕，器表残留有红衣痕迹。錾残长7.6、宽2.2厘米（图五二：2）。

（五）F4

F4位于G1东部T1006内，开口于第1层下，距地表0.25米，被M9打破。F4直接建于生土之上，保存较差，仅可见其西部、南部的墙基浅沟、垫土层以及部分柱洞（图五三；彩版二六：1）。

1. 垫土

垫土层位于墙基东北，形状不规则，土质软，土色为灰白色，中间厚，边缘薄，最厚处约0.1米，无包含物。

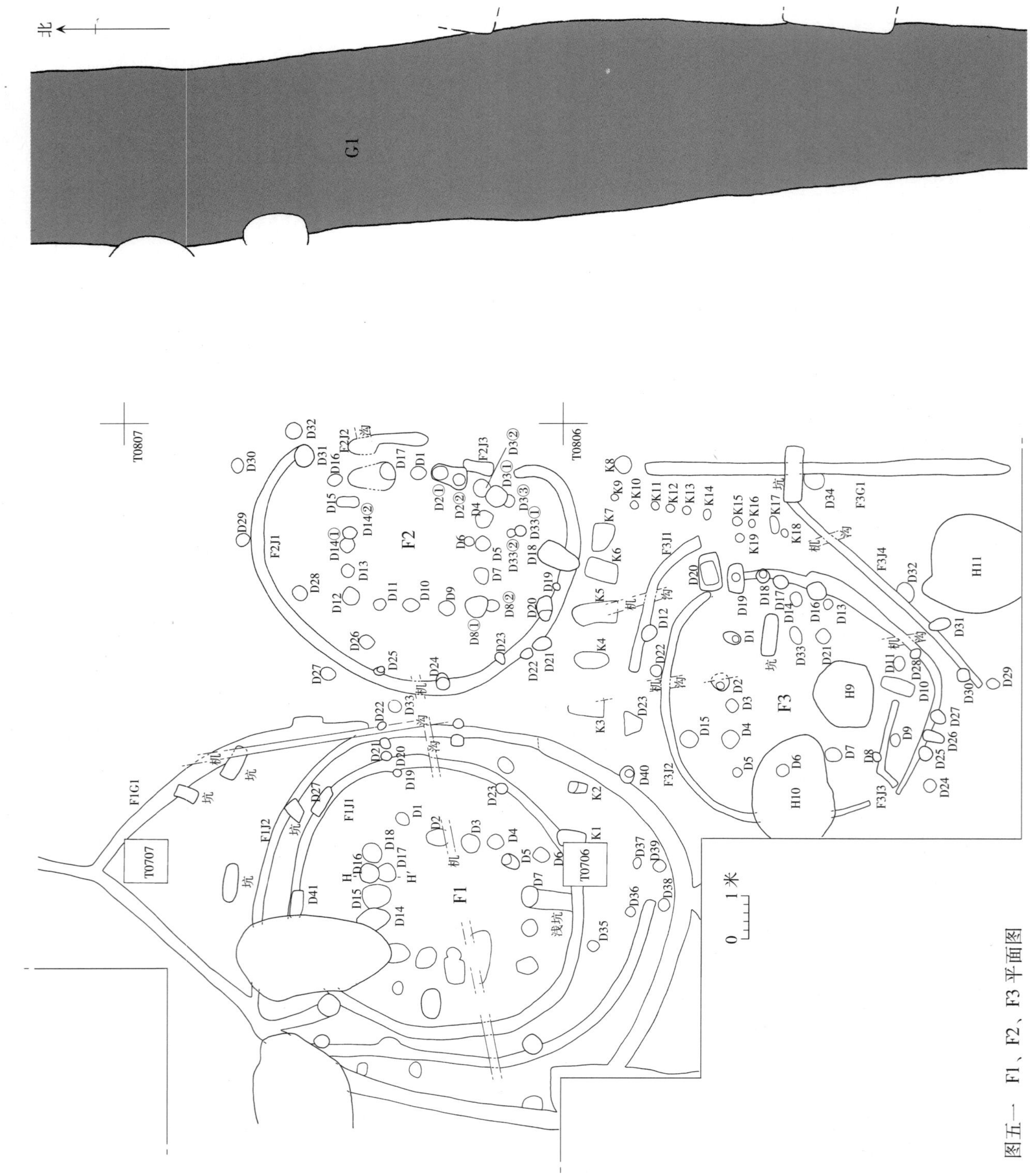

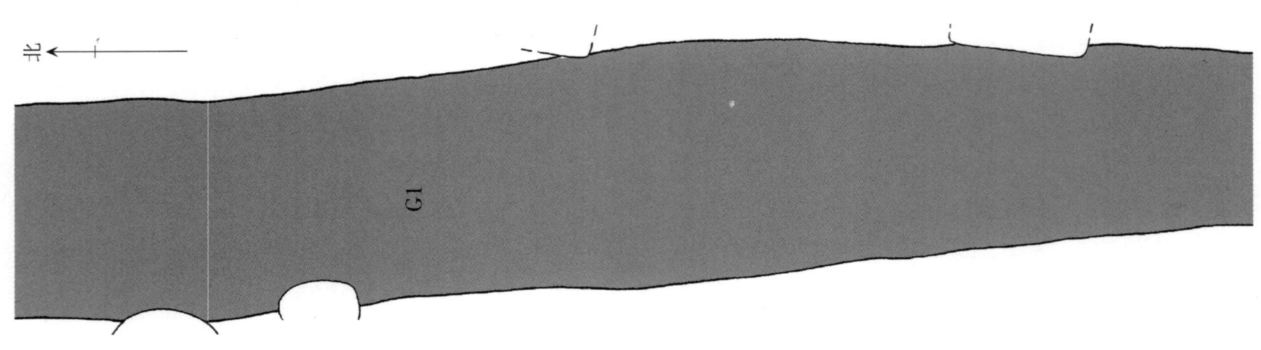

图五一 F1、F2、F3平面图

2. 墙基（F4J1）

墙基深约0.04米，宽0.13—0.16米。西部墙基残长3.2米，南部墙基残长2.16米，西南部墙基相接形成一个拐角，说明F4可能为长方形。

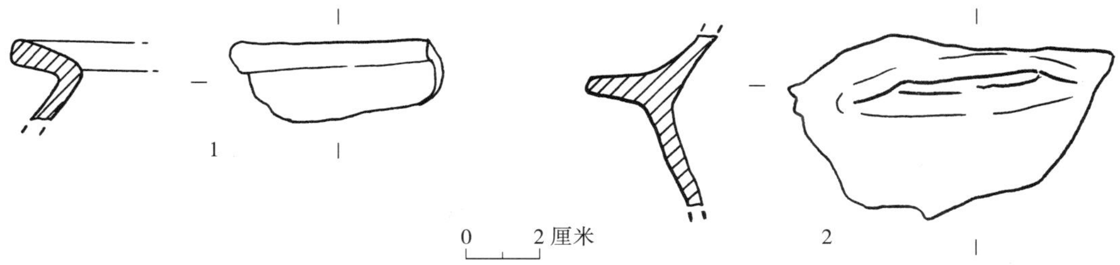

图五二　F1、F2、F3之间遗迹出土陶器

1. 罐（K3：1）　2. 錾（K7：1）

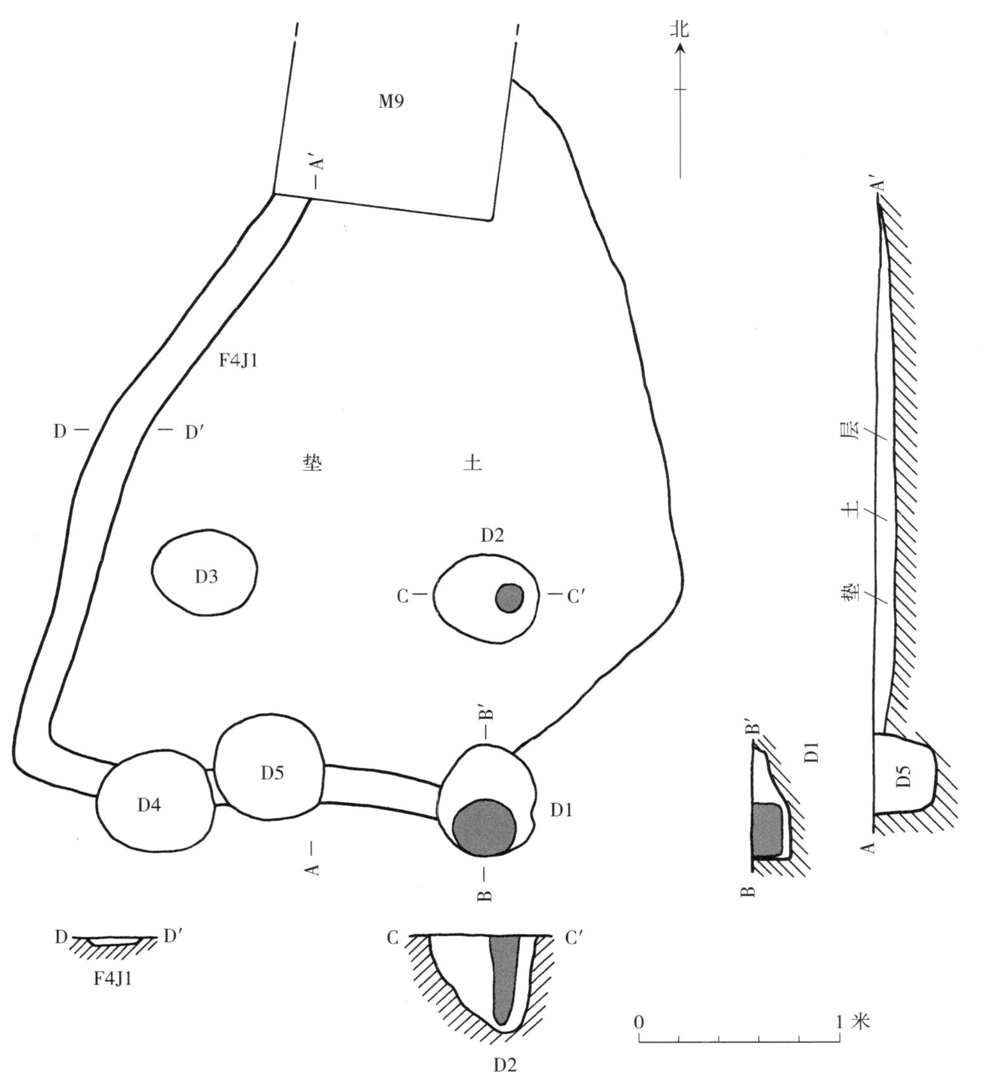

图五三　F4平、剖面图

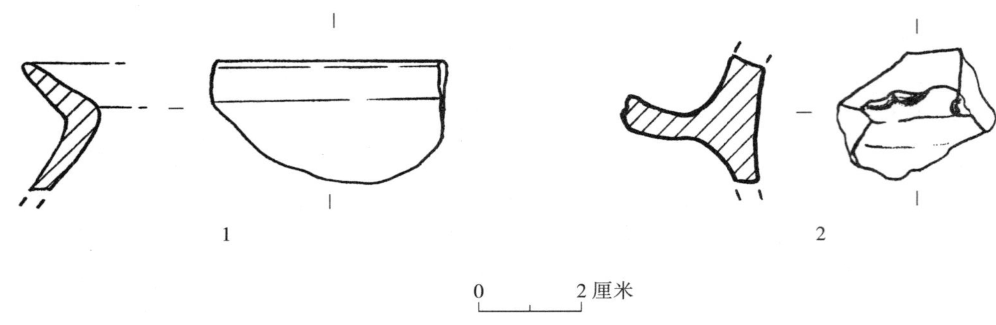

图五四　F4 出土陶器
1. 罐（F4D1∶1）　2. 鋬（F4J1∶1）

3. 柱洞（F4D1—F4D5）

在房址南部发现不规则椭圆形柱洞5个，最大直径0.4—0.6米，最小直径在0.4米至0.5米之间，深0.13—0.5米不等。其中D1、D4、D5位于南部墙基上，D2、D3位于垫土层内。在清理时，发现D1、D2内有立柱痕迹。另外，在墙基、D1、D2、D3、D4内发现若干陶片（彩版二六∶2、3）。

4. F4出土陶片

F4出土陶片以泥质陶为主，夹砂陶次之，泥质红陶最多，纹饰为素面。可辨器形的有罐和鋬。

罐　1件。

标本F4D1∶1，夹砂红褐陶，轮制，素面。尖圆唇，侈口，短束颈，下部已残。残长4.7、宽2.8厘米（图五四∶1）。

鋬　1件。

标本F4J1∶1，泥质橙红陶，手制。器体为轮制，鋬部为手制贴附，鋬沿面上翘，沿上有按窝痕。鋬残长2.3、宽2厘米（图五四∶2）。

（六）T0507、T0607柱洞群

T0507、T0607位于发掘区最西部。第3层土发掘完毕以后，在T0607中部偏西处有不规则的红烧土遗迹。以此红烧土遗迹为界，在东部发现柱洞10个，在西部发现柱洞17个。第4层土分布在这两个探方的西北部、中部和东南部，因此，部分柱洞打破第4层，部分柱洞打破第4层和生土，还有部分柱洞直接打破生土。这些柱洞平面大体呈圆形，直径0.02—0.26米，无包含物（图五五；彩版二七∶1）。

从平面分布看，D2—D10分布较有规律，D2—D5组成略呈东北—西南向的一排，柱洞排列较疏，相对距离近，D6—D10组成东西向的一排，排列较紧密，其中D9打破D8。这两组柱洞形成一个折尺状拐角，可能是房址的一个角（彩版二七∶2、彩版二八）。

D11—D27分布较为凌乱，没有发现一定的规律。D11—D24位置相对集中。其中D11、D12、D22—D24与东部的D6—D10似在同一水平线上，但由于被晚期地层破坏严重，保存较差，未发现明显的垫土，而且发掘面积有限，所以，我们无法推测柱洞与红烧土遗迹的关系以及房址的数量和形状。

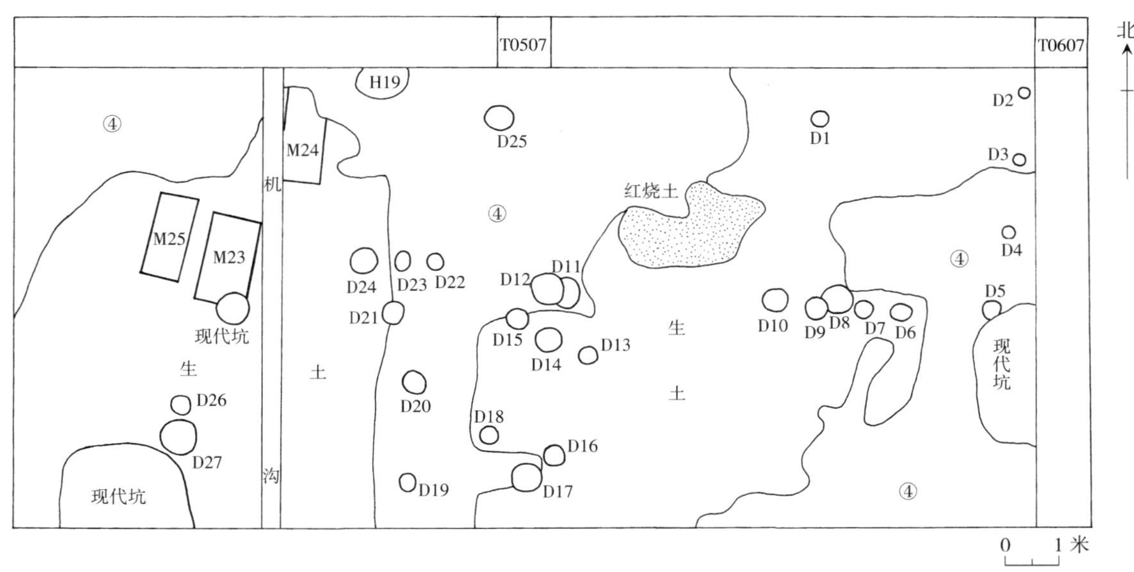

图五五　T0507、T0607 第 3 层下平面图

第四节　商周时期的生活遗迹与遗物

在南楼遗址发掘区，商周时期的生活遗迹仅发现灰坑一类，共 15 个，皆开口于第 1 层下，主要分布在发掘区中部和东部各个探方中（图五六）。现分别介绍如下。

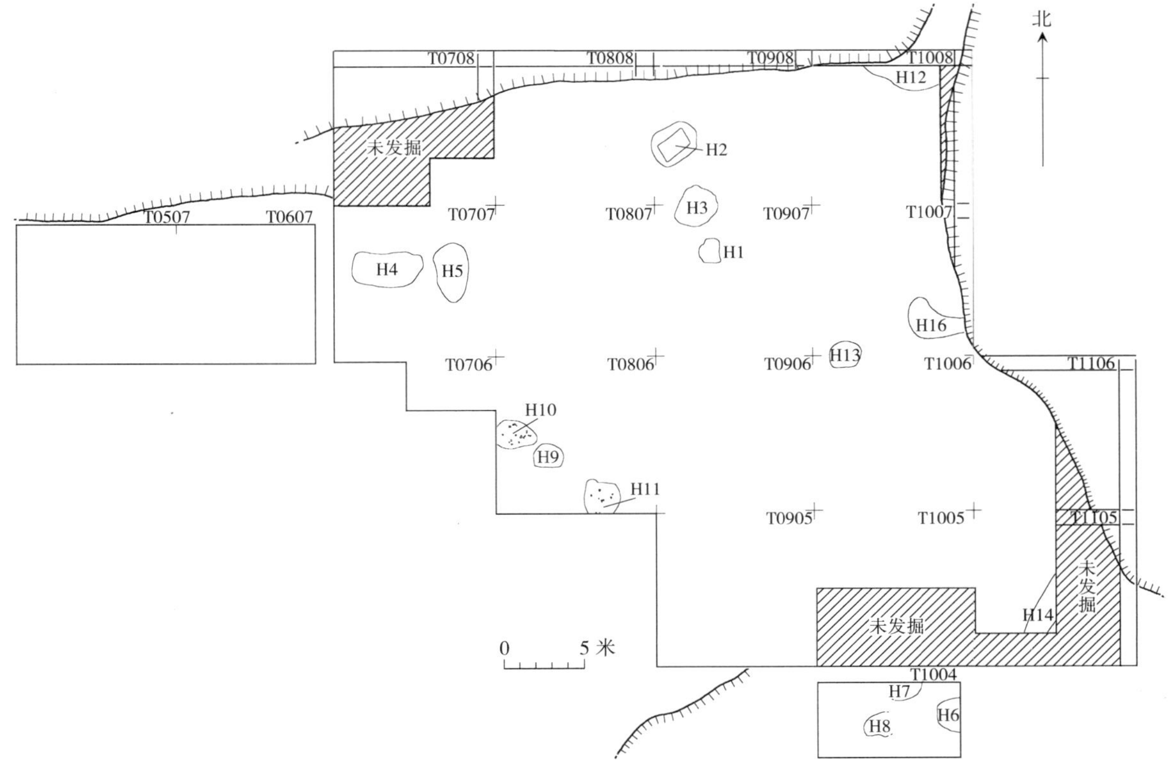

图五六　南楼遗址发掘区商周时期遗迹总平面图

一　H1

H1 位于 T0907 中部，开口于第 1 层下。H1 打破 G1 和生土，其南部被现代机器挖的沟打破。坑口距地表 0.2 米，平面呈不规则形状，南北长径 1.9 米，东西短径 1.5 米，深 0.35 米，坑壁较陡（图五七；彩版二九：1）。

坑内填土灰黑色，土质松软，包含较多烧土块。出土有陶器、石器和铜器。其中陶片最多，以印纹硬陶居多，有少量夹砂红陶和泥质灰陶片。陶器可辨器形的有罐、瓮、瓿，纹饰有绳纹、菱形纹、弦纹、回纹、方格纹等（图五八）。

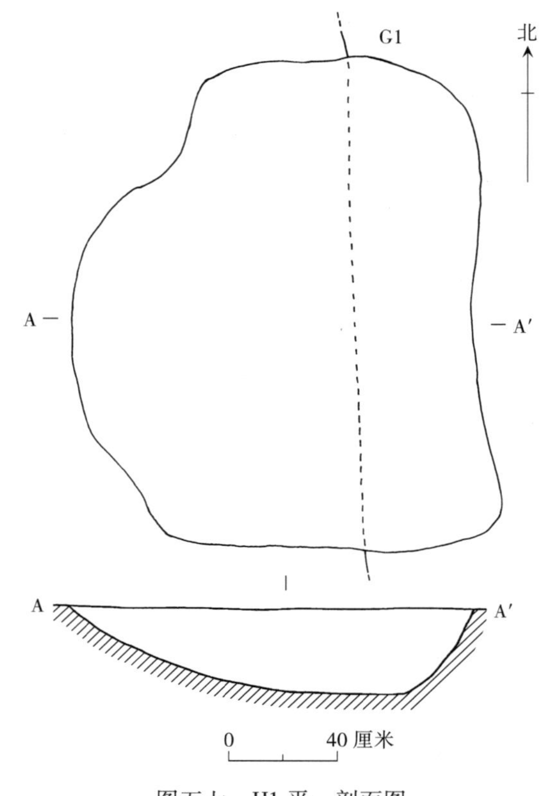

图五七　H1 平、剖面图

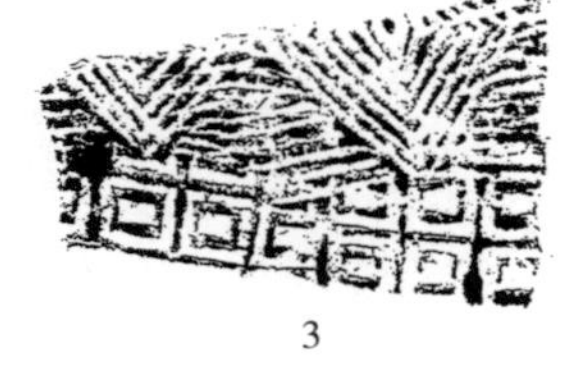

0　2 厘米

图五八　H1 出土陶器的纹饰拓片

1. H1：14 弦纹、菱形纹　2. H1：16 席纹　3. H1：17 弦纹、菱形纹、回纹

1. 陶器　4 件，种类有罐、瓮、瓿。

陶罐　2 件。

标本 H1：15，泥质浅红硬陶，轮制。直口，直颈，颈部饰弦纹若干，肩下拍印菱形纹，下部已残。残高 3.3、复原口径 11 厘米（图五九：1）。

标本 H1：1，泥质灰陶，轮制。侈口，平沿，尖圆唇，束颈，广肩，肩上拍印菱形填线纹，下部已残。复原口径 19 厘米（图五九：2）。

陶瓮　1 件。

标本 H1：6，泥质灰陶，轮制。侈口，束颈，广肩，肩上拍印小方格纹。从残存口沿来看，器形较大，下部已残。残高 4.7、复原口径 24 厘米（图五九：3）。

陶瓿　1 件。

标本 H1：2，泥质灰硬陶，轮制。侈口，卷沿，方唇，束颈，腹部呈扁圆形，平底，假圈足，肩部下拍印菱形方格纹。高 9、口径 12.2、底径 13.2 厘米（图五九：4；彩版二九：4）。

2. 石器　1 件。

石锛　1 件。

标本 H1：3，磨制，石色浅白，磨制光滑。平面呈扁方形，刃部略残。长 2.9、宽 2.5 厘米（图五九：5；彩版二九：3）。

3. 铜器　1 件。

铜削　1 件。

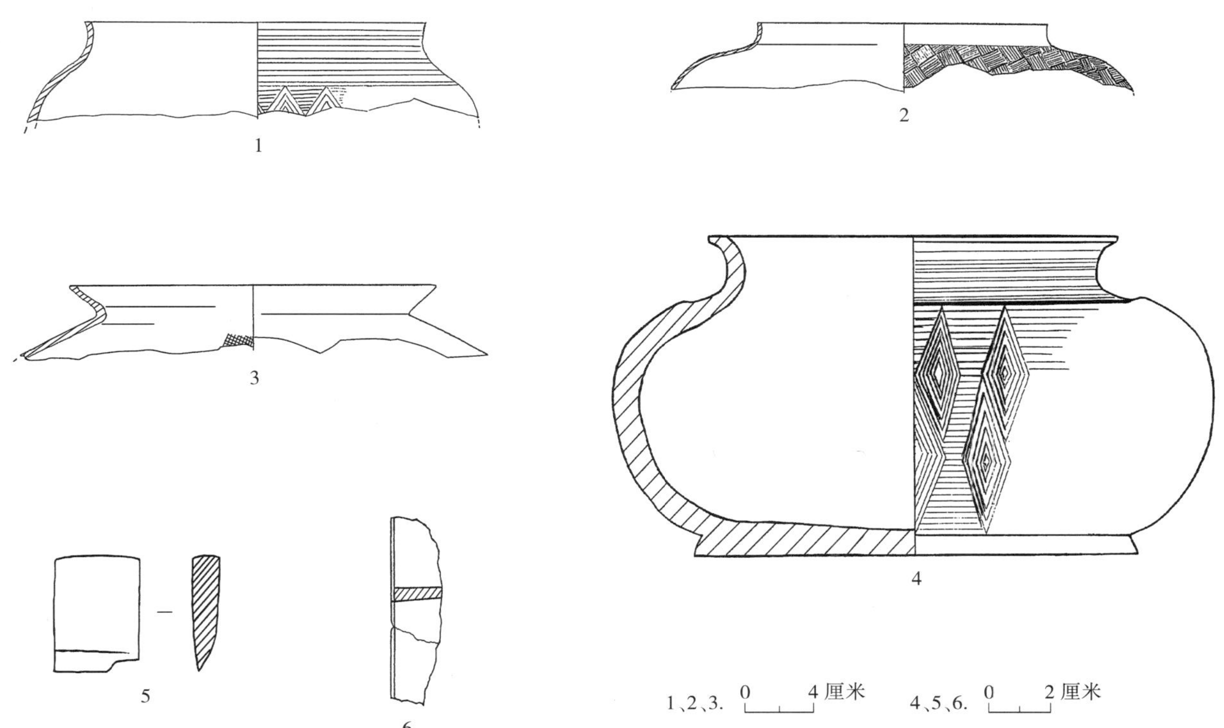

图五九　H1 出土器物

1. 陶罐（H1：15）　2. 陶罐（H1：1）　3. 陶瓮（H1：6）　4. 陶瓿（H1：2）　5. 石锛（H1：3）　6. 铜削（H1：4）

标本 H1:4，削仅残存中部一小段，刃部已残。残长 3.8、残宽 1.4、脊厚 0.3 厘米（图五九:6；彩版二九:2）。

二　H2

H2 位于 T0908 西部与 T0808 东隔梁内，开口于第 1 层下，打破生土。坑口距地表 0.2 米，平面略呈方圆形，底部略呈长方形，最大直径 3.06 米，最小直径 2.3 米，深 1.5 米。壁上部侈口，中部以下变得斜直，平底（图六〇；彩版三〇）。坑内填土土质松软，土色灰黑色，含有较多的红烧土块及少量陶片。陶片有印纹硬陶、夹砂红陶、夹砂灰陶、泥质黑陶、泥质橙黄陶等，泥质陶最多，夹砂陶次之，印纹硬陶最少。陶器可辨器形的有尊、刻槽盆，纹饰有弦纹、绳纹、云雷纹、刻划纹等（图六一:1）。

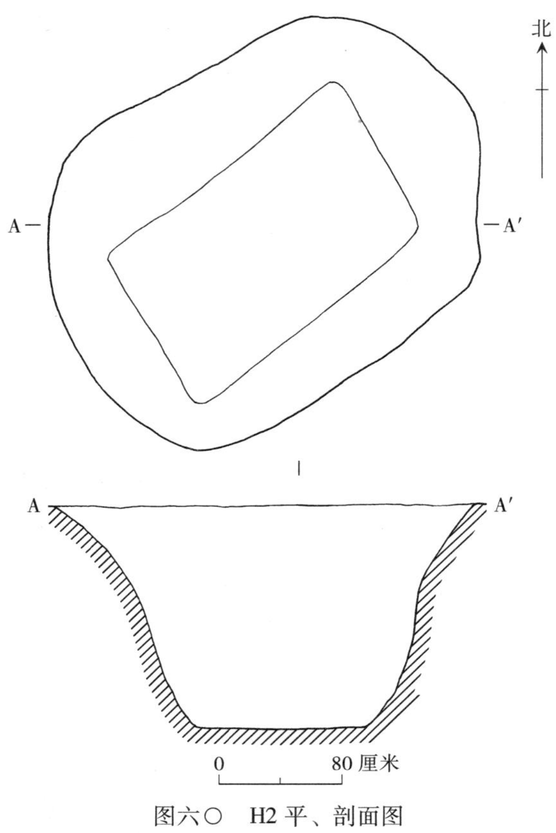

图六〇　H2 平、剖面图

陶尊　1 件。

标本 H2:6，夹砂黄褐陶，轮制。侈口，圆唇略显外翻，斜直颈，颈下部饰绳纹，下部已残。残高 3.5、口径 25 厘米（图六一:2）。

陶刻槽盆　1 件。

标本 H2:10，泥质橙红陶，轮制。方唇内敛，圆鼓腹，下斜内收，器表饰绳纹，器内壁有交叉的条状刻槽，口部及底已残。残高 6.5、复原口径 26 厘米（图六一:3）。

陶器足　2 件。

标本 H2：11，夹砂灰褐陶，手制。扁凿形，侧面呈三角形，足面内有条状刻槽。长 9.5、中厚 1.8 厘米（图六一：4）。

标本 H2：1，夹砂红褐陶，手制，素面。扁平状，中部略厚，两侧略薄，断裂处剖面呈扁圆形。残高 5.5、中厚 1.7 厘米（图六一：5）。

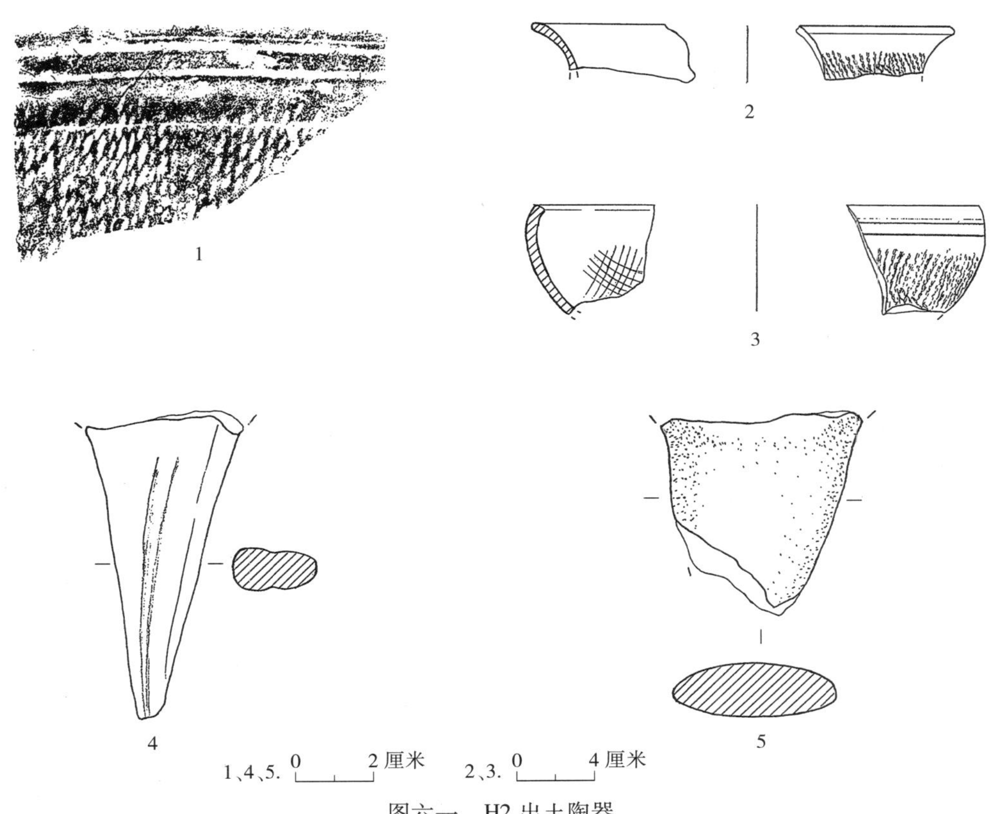

图六一　H2 出土陶器

1. H2：10 绳纹、弦纹拓片　2. 尊（H2：6）　3. 盆（H2：10）　4. 器足（H2：11）　5. 器足（H2：1）

三　H3

H3 位于 T0908 南部，部分在 T0907 北部及北隔梁内。开口于①层下，打破 G1 和生土，被现代机沟打破。坑口距地表 0.25 米，平面呈不规则形，东西长径 2.06 米，南北宽径 2 米，深 0.33 米，圜底（图六二；彩版三一：1）。填土土质松软，为灰黑色，内含较多红烧土块。出土陶片较多，有夹砂橙红、灰黄、褐红陶片，泥质红、灰陶片和灰色印纹硬陶。纹饰有绳纹、云雷纹、方格纹等。陶器可辨器形有罐、盆、鼎（鬲）口沿等。

陶罐　2 件。

标本 H3：4，泥质红陶，轮制。侈口，方圆唇，束颈，斜肩，肩下饰有绳纹，下部已残。残高 6、复原口径 33 厘米（图六三：1）。

标本 H3：5，泥质褐红硬陶，轮制。颈部饰有弦纹，肩部以下饰变体云雷纹。长 7.1、宽 6.3 厘米（图六三：5）。

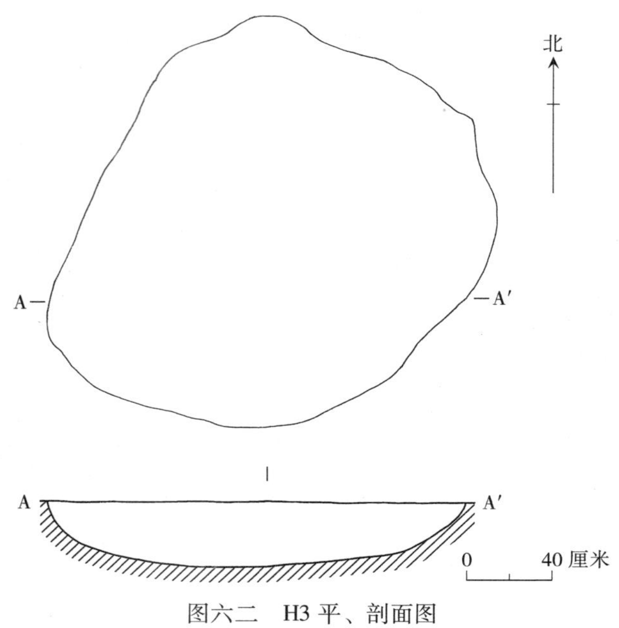

图六二　H3 平、剖面图

陶鼎（鬲）口沿　2 件。

标本 H3：6，夹细砂橙红陶，轮制。侈口，口沿内有若干周弦纹，圆唇，束颈，腹部略外鼓，下部已残，器表饰绳纹。残高 10，复原口径 38 厘米（图六三：2）。

标本 H3：7，夹细砂灰黄陶，轮制。尖唇，平折沿，束直颈，斜鼓腹，颈下部饰绳纹，下部已残。残高 6.8、复原口径 20 厘米（图六三：3）。

陶刻槽盆　1 件。

标本 H3：1，泥质灰陶，轮制。口沿平面呈圆形，口部微敛，上有一外侈流，盆最大腹径在中腹部，下部内收至圜底近平。盆近底部饰中绳纹，盆内壁刻有交叉的条状刻槽。高 12、流宽 7.4、复原最长口径 29 厘米（图六三：6；彩版三一：2、3）。

陶器耳　1 件。

标本 H3：3，夹砂褐红陶，手制。体弯曲，呈条状，两端贴有泥片，用以加固。残长 6.5、中宽 2 厘米（图六三：4）。

四　H4

H4 位于 T0707 北部，开口于第 1 层下，打破 F1 和生土。坑口距地表 0.27 米，平面呈不规则形状，东西长径 4.4 米，南北宽径 2.2 米，深 0.4 米，圜底。填土土质松软，为灰褐色，内含较多红烧土块（图六四）。出土陶片有夹砂红陶、橙黄陶，泥质红陶、灰陶以及灰色和红色硬陶。其中泥质陶最多，硬陶次之，夹砂陶最少。纹饰有绳纹、弦纹、方格纹、席纹、云雷纹、折线纹以及回纹等（图六五）。陶器可辨器形的有罐、鼎（鬲）口沿等。

陶罐　2 件。

标本 H4：1，泥质灰陶，轮制。直口，圆唇，短直颈，溜肩，肩部饰弦纹，圆鼓腹，下部已残。复原口径 18 厘米（图六六：1）。

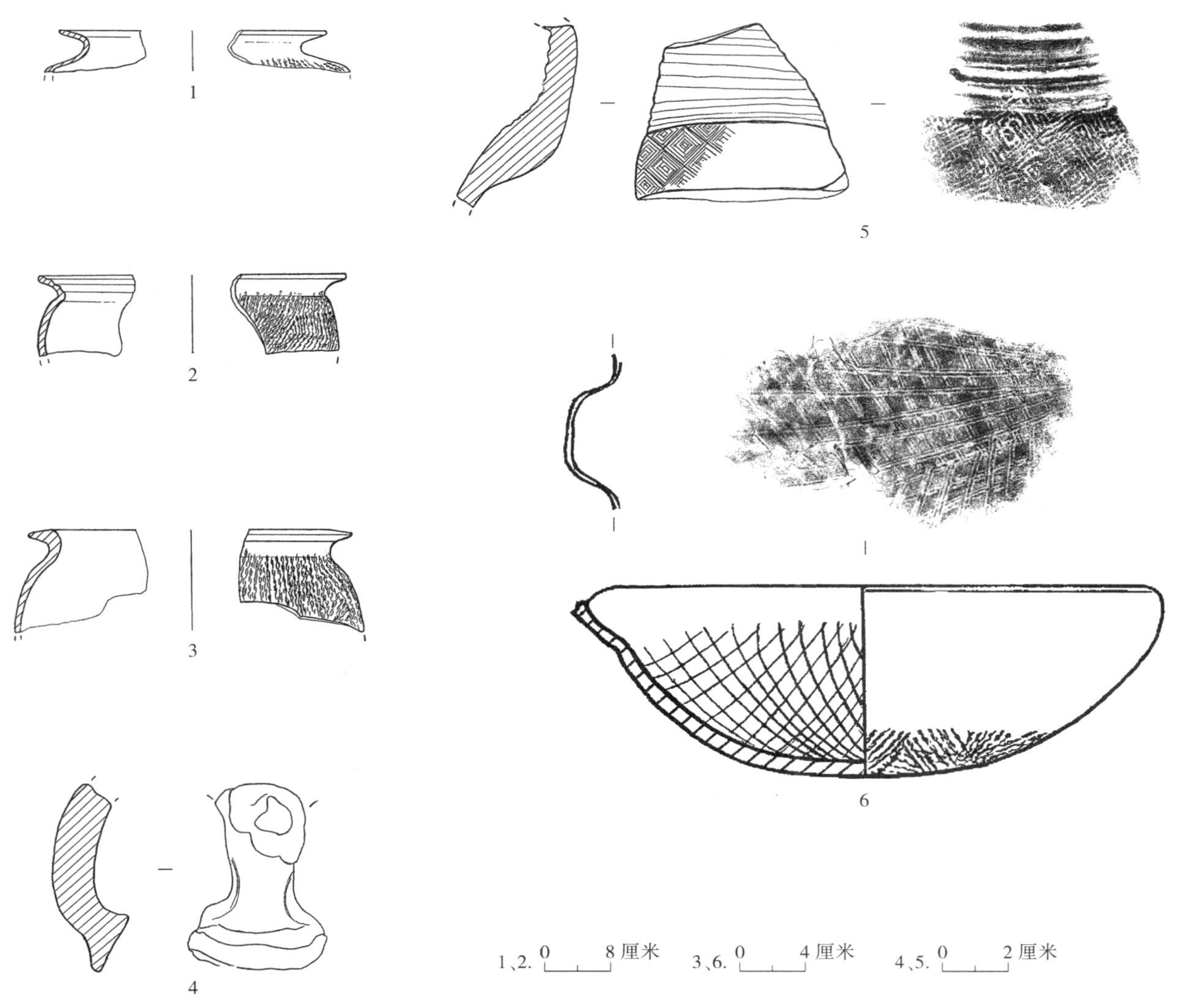

图六三　H3出土陶器

1. 罐（H3∶4）　2. 鼎（鬲）口沿（H3∶6）　3. 鼎（鬲）口沿（H3∶7）　4. 器耳（H3∶3）　5. 罐（H3∶5）　6. 刻槽盆（H3∶1）

标本H4∶4，泥质灰黑硬陶，轮制。侈口，圆唇外翻，束颈，斜直肩，肩下饰方格纹，下部已残。复原口径18厘米（图六六∶2）。

陶鼎（鬲）口沿　1件。

标本H4∶3，夹砂灰黑陶，轮制。方圆唇，折沿，短束颈，颈下部饰绳纹，下部已残。复原口径20厘米（图六六∶3）。

五　H5

H5位于T0707中部偏西，开口于第1层下，打破F1和生土。坑口距地表0.3米，平面呈不规则形，东西长3.56米，南北宽1.98米，深0.18米，斜壁，平底。填土土质松软，土色为褐色，内含红烧土块。出土有陶器和石器。陶片有夹砂红、黑陶，泥质灰、红陶等，泥质陶居多。纹饰有绳纹和云雷纹。可辨器形的陶器有罐、器足，石器有锛、锄等（图六七）。

1. 陶器　3 件，种类有罐和器足。

陶罐　2 件。

标本 H5：10，泥质浅红陶，轮制。敛口，宽沿内凹，颈、腹部饰有弦纹和竖向绳纹，下部已残。残高 6.5、沿宽 2、口径 18 厘米（图六八：1）。

标本 H5：3，泥质灰黑硬陶，轮制，表面有零星褐色釉块，风化呈灰白色。侈口，圆唇，束颈，垂鼓腹，肩部以下拍印云雷纹，口沿部分为后接，接痕明显。器腹内壁有明显的指痕，应为拍印纹饰所遗留。残高 15、复原腹径 41.5、复原口径 24 厘米（图六八：5）。

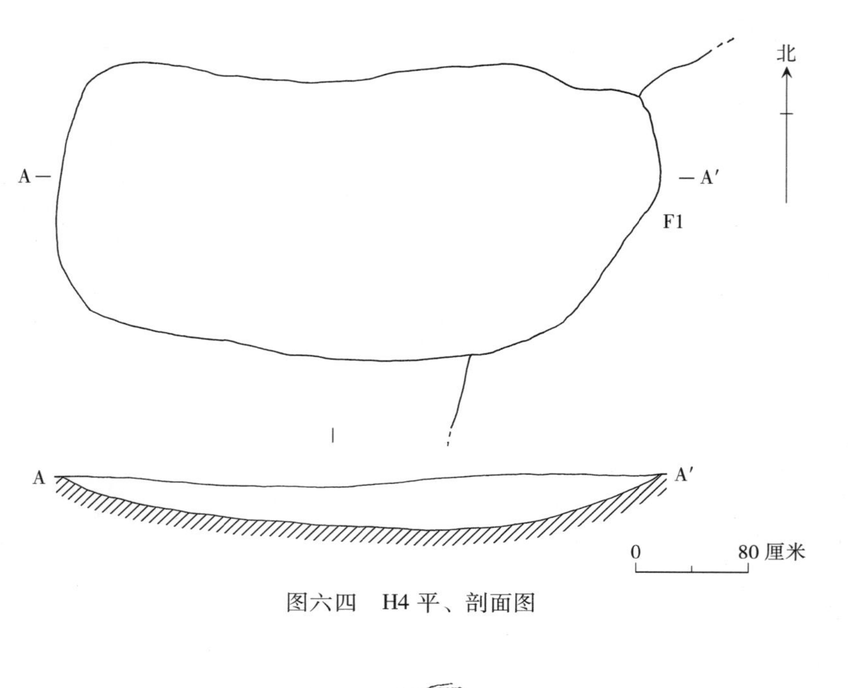

图六四　H4 平、剖面图

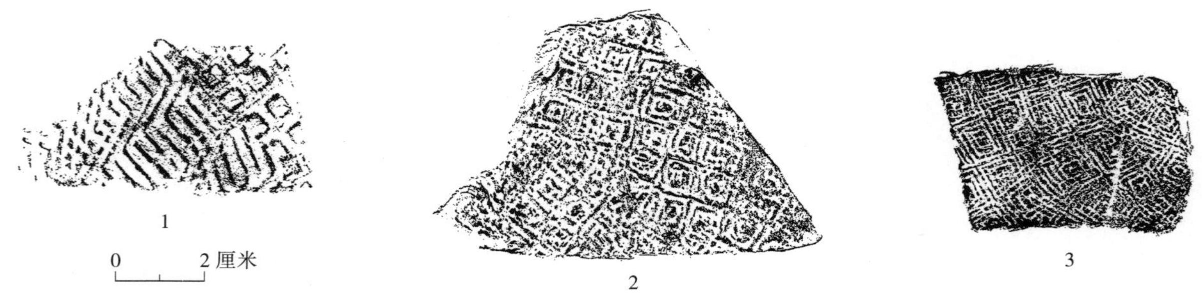

图六五　H4 出土陶器的纹饰拓片

1. H4：15 折线纹、回纹　2. H4：15 云雷纹　3. H4：16 云雷纹

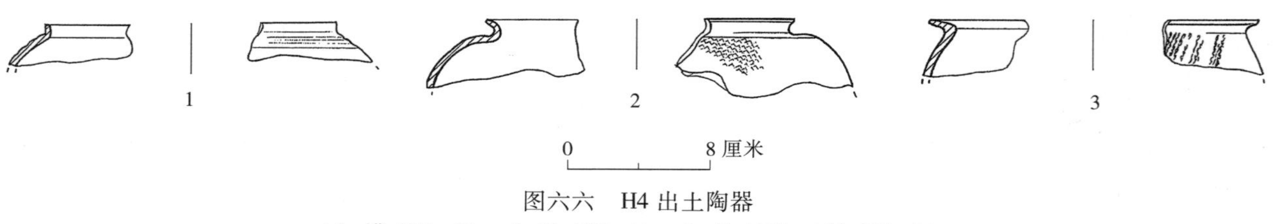

图六六　H4 出土陶器

1. 罐（H4：1）　2. 罐（H4：4）　3. 鼎（鬲）口沿（H4：3）

陶器足　1件。

标本H5：2，泥质浅红陶，手制，素面。长条棒状，剖面呈不规则椭圆形。长10、直径2.5厘米（图六八：2）。

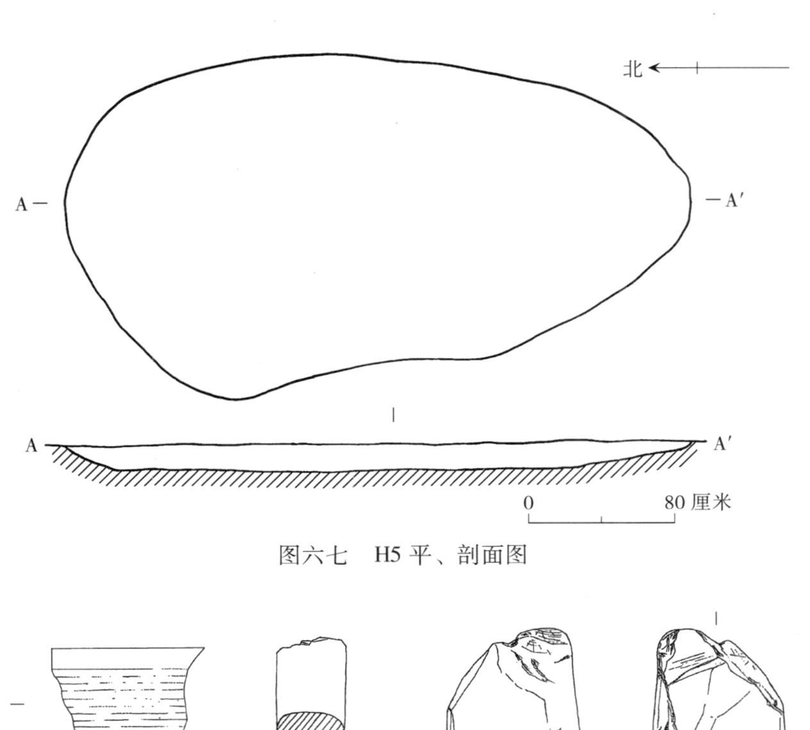

图六七　H5平、剖面图

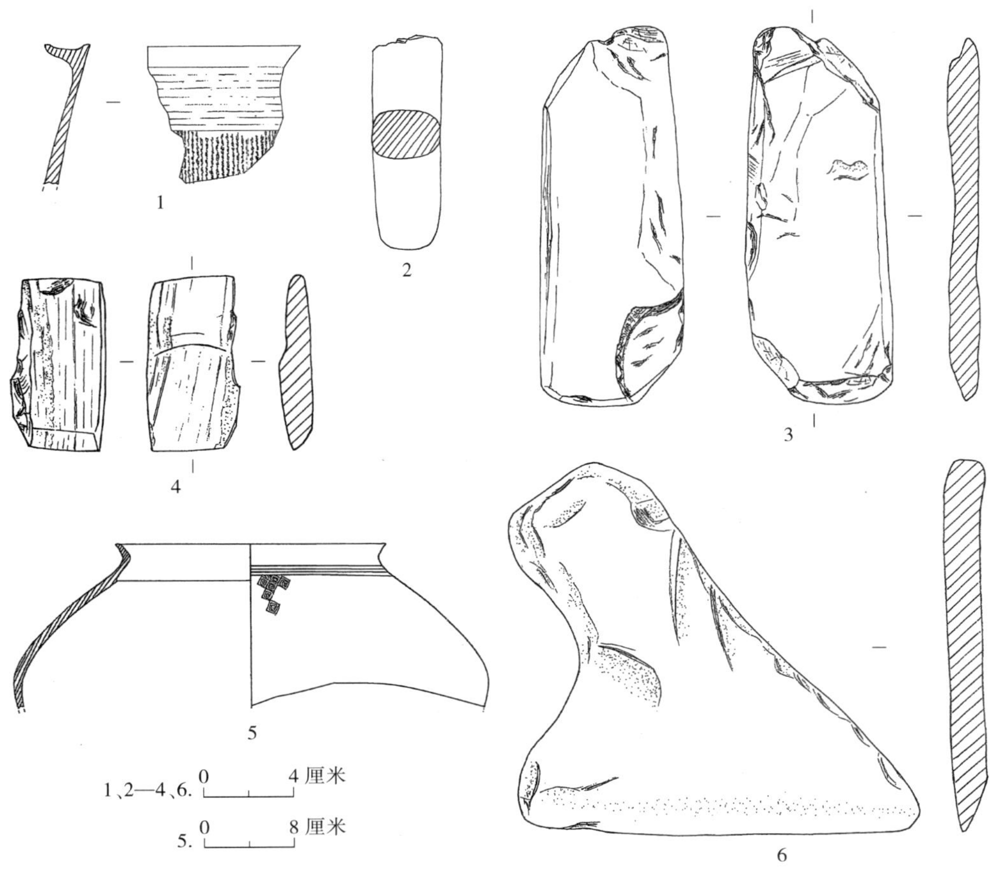

图六八　H5出土陶器、石器

1. 陶罐（H5：10）　2. 陶器足（H5：2）　3. 石器（H5：5）　4. 石锛（H5：4）　5. 陶罐（H5：3）　6. 石锄（H5：1）

2. 石器 3件，种类有锛、锄以及不明用途石器。

石锄 1件。

标本H5∶1，磨制，长条状斜把，直长刃，把部较厚实，尚留有打制痕迹。刃长13.2、高13、中厚1.2厘米（图六八∶6；彩版三二∶1、2）。

石锛 1件。

标本H5∶4 磨制，长条形，上部有段，有段一面锛体与刃部相连，另一面较平整。刃部与锛面之间琢棱明显，体表略有风化。长4、宽1.9、中厚0.75厘米（图六八∶4；彩版三二∶3）。

石器 1件。

标本H5∶5，磨制，长条形，两面较平整，其中一面内凹，另一面略显外凸。平整面下端破裂，内凹一侧的上端磨出肩状下凹面，两侧边均有磨痕。长12.5、中宽4.4、中厚0.7厘米（图六八∶3；彩版三二∶4）。

六 H6

H6位于T1004东部及东隔梁内。开口于第1层下，打破生土。坑口距地表0.29米，已发掘面略呈半圆形，南北长径2.24米，东西宽径1.4米，深0.58米，圜底（图六九）。填土土质松软，土色为黑褐色，内含少量红烧土块。出土有陶器和石器。陶片质地以泥质陶居多，夹砂陶次之，有泥质橙黄、灰黑、红陶和夹砂黑陶。可辨器形的陶器有杯和鼎足残片，纹饰有素面和席纹。石器有镞。

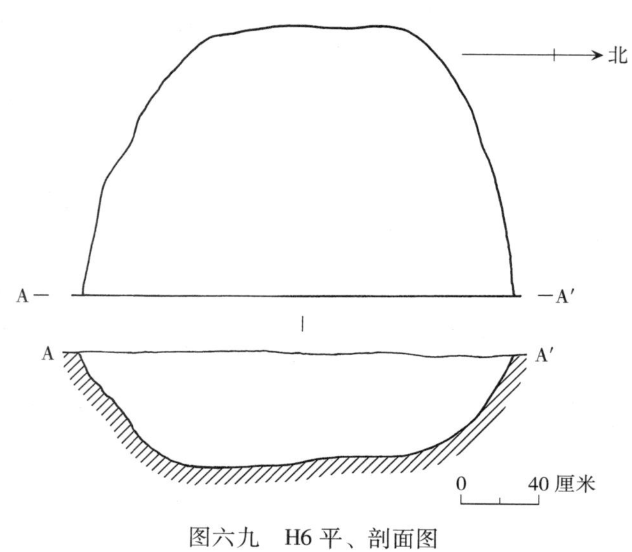

图六九 H6平、剖面图

1. 陶器 1件。

陶杯 1件。

标本H6∶6，泥质灰陶，手制，素面。直口，圆唇，杯壁斜直内收至平底，器形不规整。高5.8、口径9.2厘米（图七〇∶1；彩版三四∶3）。

2. 石器 5件，均为石镞。

石镞 5件。

标本H6∶1，磨制，扁柳叶形，锋、铤部已打出粗胚，应当为半成品，其中铤部已经打磨。长9.5、中宽2.7、中厚1.9厘米（图七〇∶2；彩版三三∶1、2）。

标本 H6：2，打制，狭长条形，一端较尖，另一端较平，上部留有打片疤痕，未见磨制痕迹，应当为半成品。长 12.3、中宽 2.7、中厚 0.9 厘米（图七〇：3；彩版三三：3、4）。

标本 H6：3，打制，长条形，一端厚，另一端尖薄，上部留有打片疤痕，未见磨制痕迹，应当为半成品，推测其厚端为铤部，尖薄一段为锋部。长 11.1、中宽 3、中厚 0.55 厘米（图七〇：4；彩版三三：5、6）。

标本 H6：4，磨制，锋部残断。整体呈扁平状柳叶形，铤部完整。残长 8.2、中宽 2、中厚 0.5 厘米（图七〇：5；彩版三四：4）。

标本 H6：5，打制，长条形，一端较尖，一段较平整，上部留有打片疤痕，未见磨制痕迹，应当为半成品。长 6.1、中宽 2.5、中厚 1.2 厘米（图七〇：6；彩版三四：1、2）。

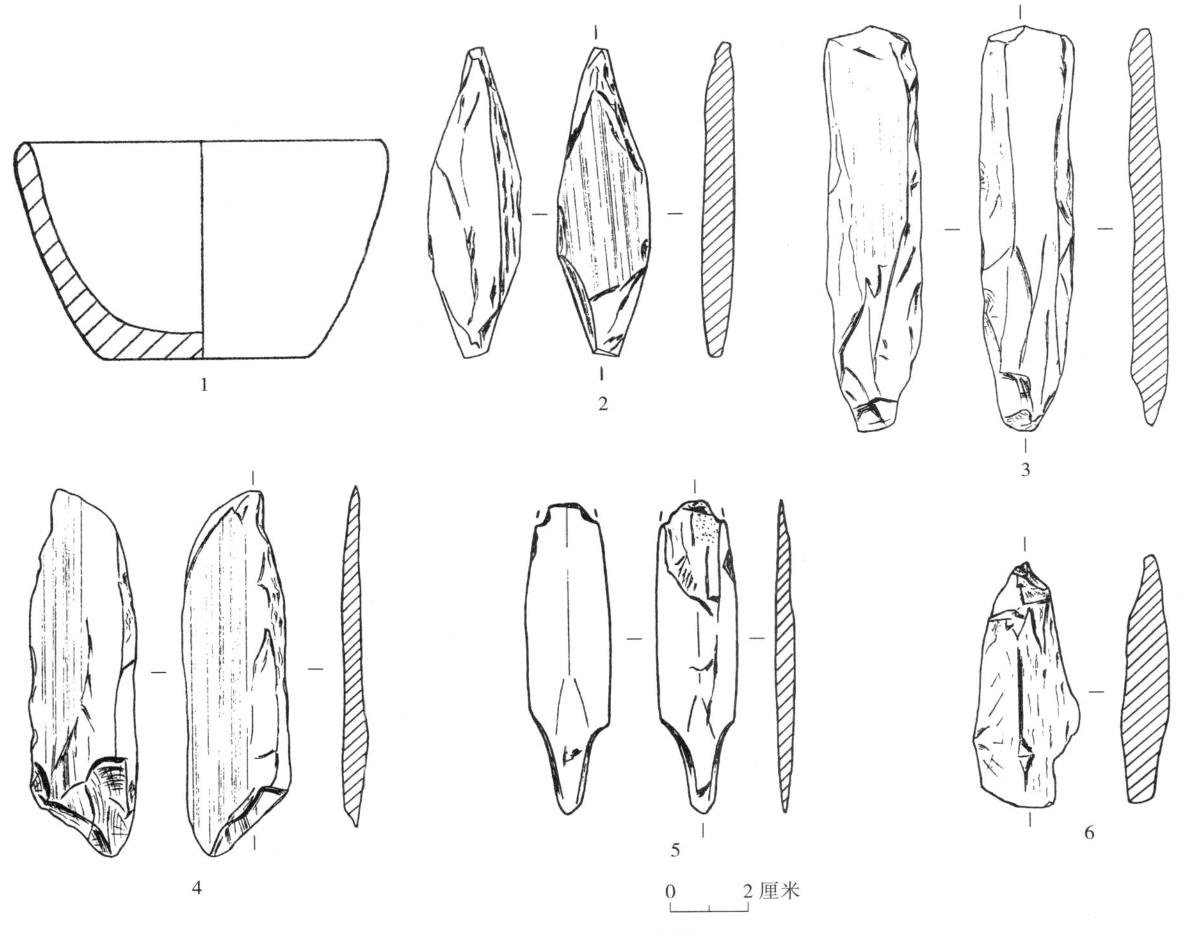

图七〇　H6 出土陶器、石器

1. 陶杯（H6：6）　2. 石镞（H6：1）　3. 石镞（H6：2）　4. 石镞（H6：3）　5. 石镞（H6：4）　6. 石镞（H6：5）

七　H7

H7 位于 T1004 的北部以及北隔梁内，开口于第 1 层下，打破生土，灰坑西部被灰沟（未编号）[①]

① 灰沟（未编号）位于 T1004 中部，南北向，平面北部较窄，南部较宽，打破 H7、H8 和生土，其南北与 T1004 南壁和北壁接壤，因 T1004 南北都未发掘，且沟内无出土物，性质不明，可能是晚期耕作沟，故暂未编号。

打破。坑口距地表0.32米，已发掘面略呈椭圆形，东西长2.36米，南北宽1.21米，深0.38米，圜底（图七一）。填土土质松软，土色为黄褐色。出土有陶器和石器。陶片有夹砂红陶、灰陶片和泥质橙黄、灰黑、红陶片，还有浅红色印纹硬陶、灰褐色印纹硬陶等。其中泥质陶最多，印纹硬陶次之，夹砂陶最少。可辨器形的陶器有器盖，纹饰有素面、水波纹、云雷纹和绳纹（图七二）。石器有锛和镞。

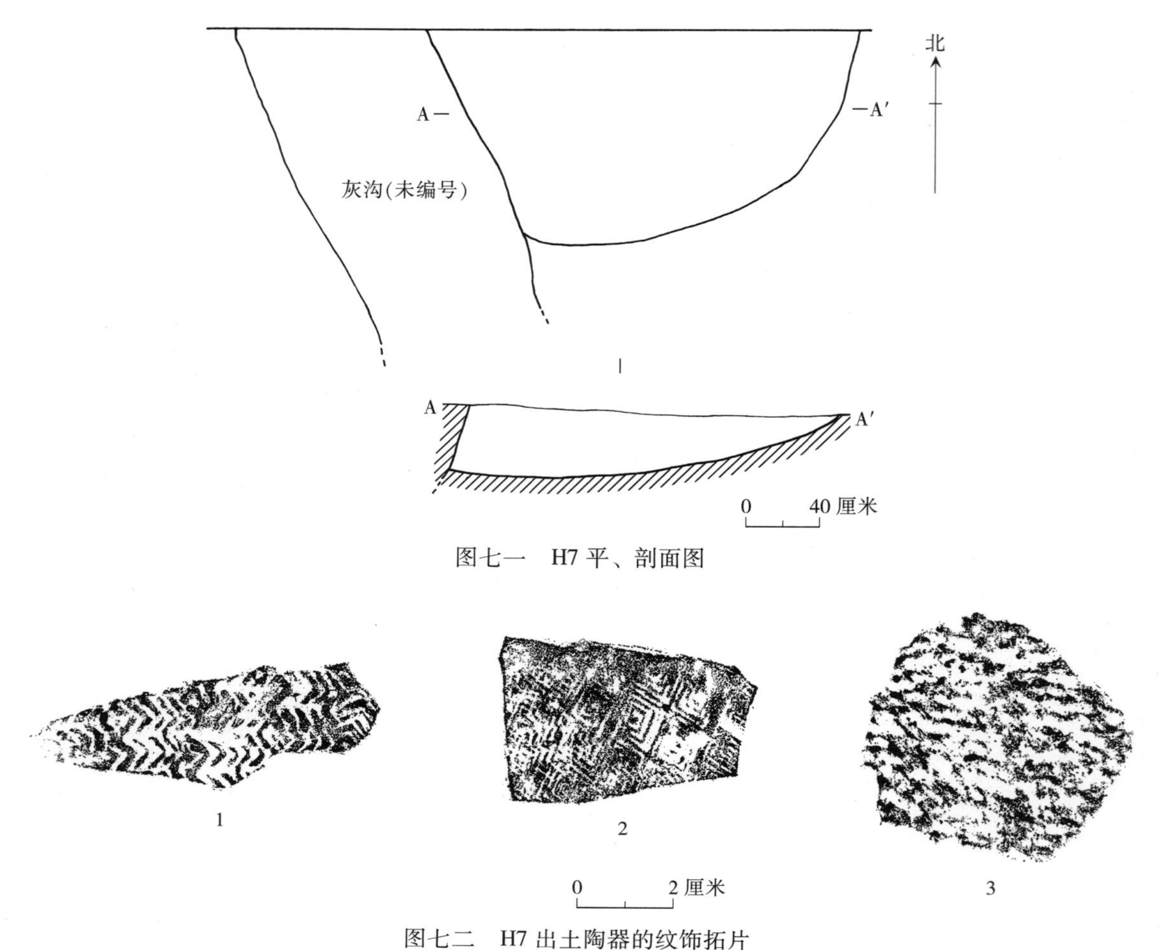

图七一　H7 平、剖面图

图七二　H7 出土陶器的纹饰拓片

1. H7：11 叶脉纹　2. H7：12 云雷纹　3. H7：13 绳纹

1. 陶器　1 件。

陶器盖　1 件。

标本 H7：6，泥质灰黄陶，轮制，素面。盖顶部有喇叭状纽，盖面斜直，下部已残，体较厚重。纽径9.4、残高4 厘米（图七三：1）。

2. 石器　5 件，种类有锛、镞。

石镞　3 件。

标本 H7：1，打制，长条形。一端较尖，应为顶部；另一端窄圆，应为底部。器体留有打片疤痕，应当为半成品，仅边缘留有磨制痕迹。长8.25、中宽2.35、中厚0.9 厘米（图七三：4；彩版三五：1、2）。

标本 H7：2，打制，条形石片，一端较尖，器体留有打片疤痕，应当为半成品。长7.05、中宽2、中厚0.5 厘米（图七三：5；彩版三五：3、4）。

标本 H7：4，打制，长条形，器体留有打片疤痕，应当为半成品。长 7.9、中宽 2.5、中厚 0.7 厘米（图七三：6；彩版三五：5、6）。

石锛　2 件。

标本 H7：3，磨制，扁长条形，通体留有较多的打片疤痕，其中刃部、器体两侧已经修磨。长 5.7、中宽 2.95、中厚 0.8、刃长 2.6 厘米（图七三：2；彩版三六：1、2）。

标本 H7：5，打制，宽长条形，器体留有打片疤痕，应当为半成品。长 7.5、中宽 3.6、中厚 1.85 厘米（图七三：3；彩版三六：3、4）。

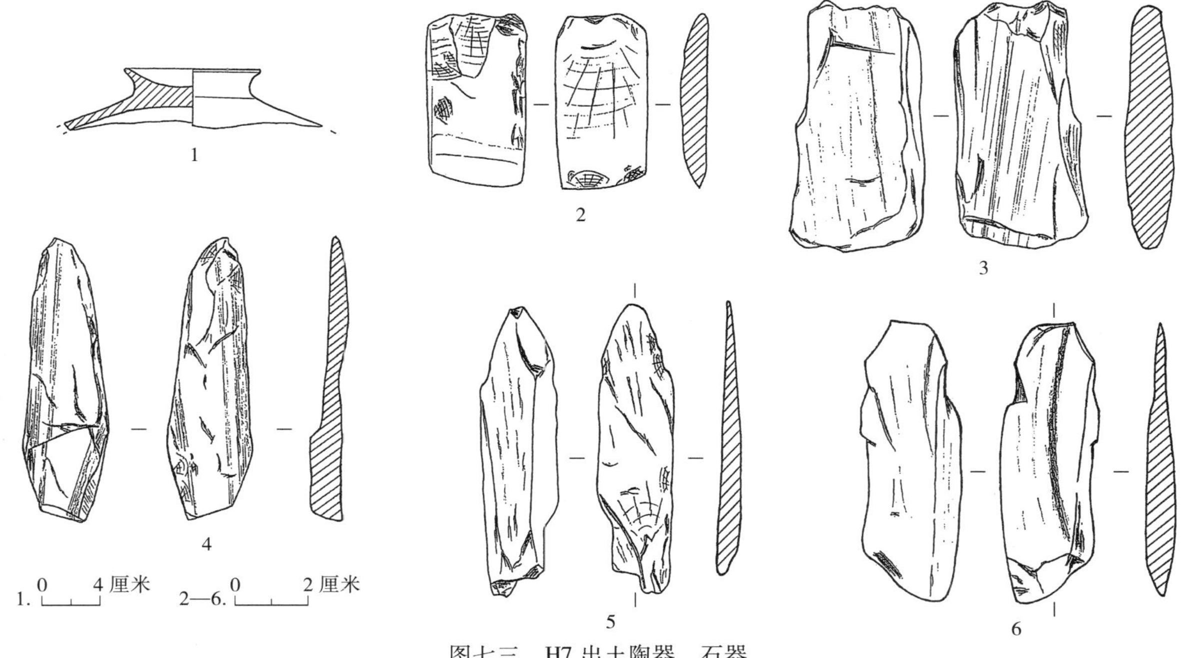

图七三　H7 出土陶器、石器

1. 陶器盖（H7：6）　2. 石锛（H7：3）　3. 石锛（H7：5）　4. 石镞（H7：1）　5. 石镞（H7：2）　6. 石镞（H7：4）

八　H8

H8 位于 T1004 中部，开口于第 1 层下，打破生土，东部被灰沟（未编号）打破。坑口距地表 0.34 米，平面略呈不规则形，东西长径 1.5 米，南北宽径 1.36 米，深 0.26 米，圜底（图七四）。填土土质松软，土色为灰褐色。出土有陶器和石器。陶片有夹砂橙黄陶片，泥质红褐陶、黑陶、橙黄陶片以及橙红、灰褐、灰白色印纹硬陶等。其中印纹硬陶最多，泥质陶次之，夹砂陶极少。可辨器形的陶器有罐，纹饰有素面、弦纹、篮纹、方格纹、叶脉纹和绳纹（图七五）。石器有镞和钻。

1. 陶器　4 件，种类有罐、钵、器底。

陶罐　2 件。

标本 H8：7，泥质灰陶，轮制。敞口，尖圆唇，直束颈，下部已残。残高 4.5、复原口径 20 厘米（图七六：3）。

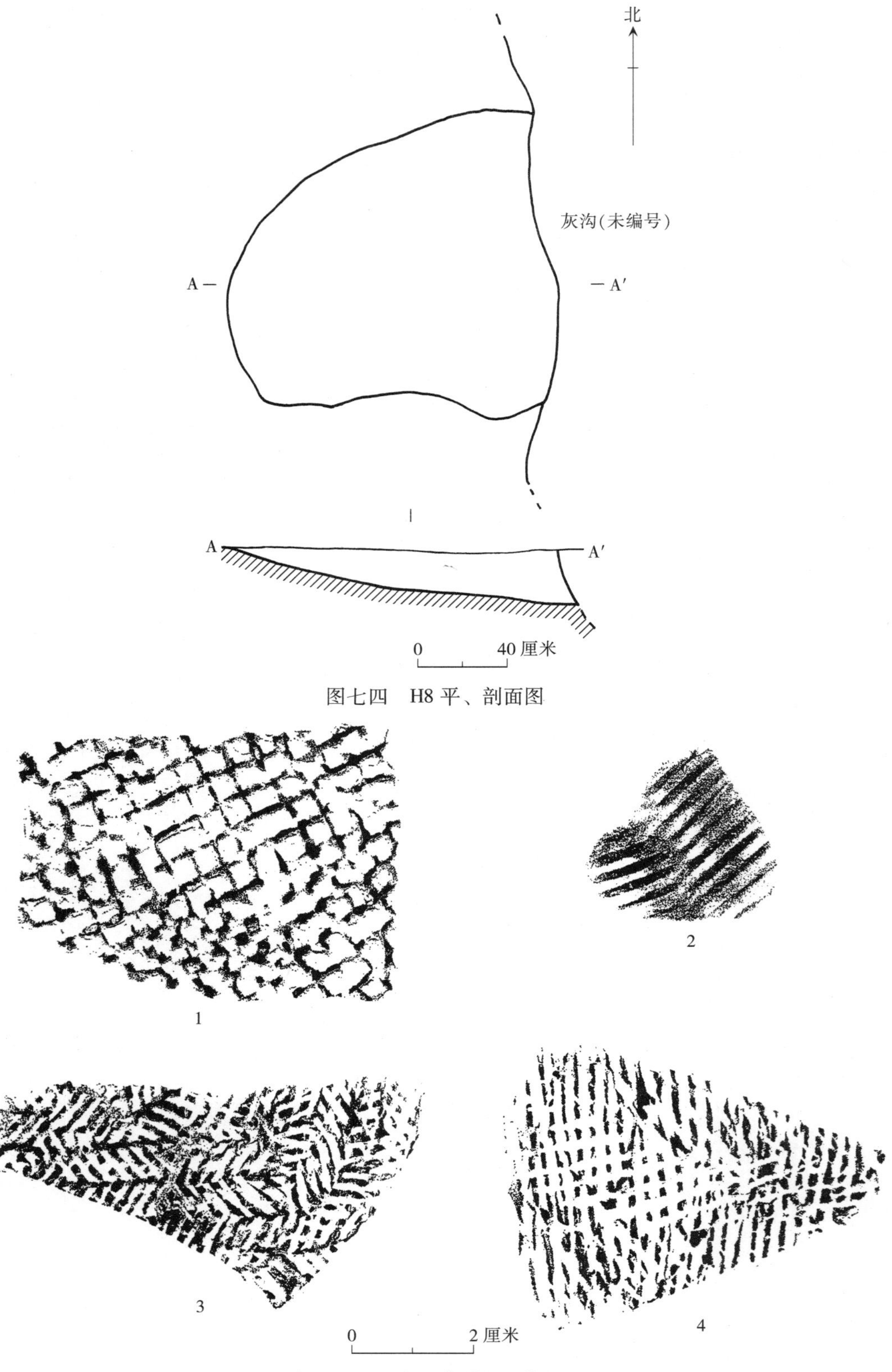

图七四　H8平、剖面图

图七五　H8出土陶器的纹饰拓片

1. H8：11 方格纹　2. H8：10 篮纹　3. H8：13 叶脉纹　4. H8：14 间断绳纹

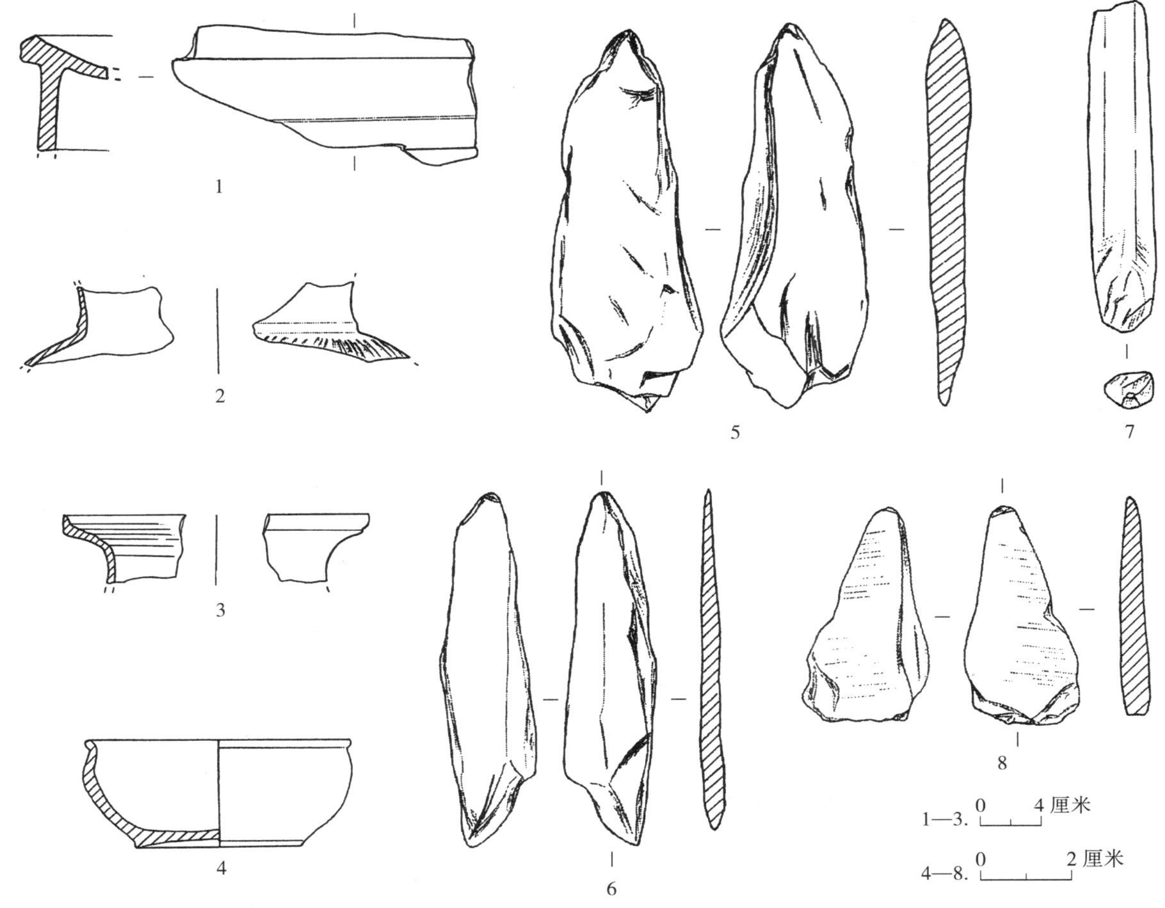

图七六　H8 出土陶器、石器

1. 陶器底（H8：1）　2. 陶罐（H8：8）　3. 陶罐（H8：7）　4. 陶钵（H8：5）　5. 石镞（H8：4）　6. 石镞（H8：3）　7. 石钻（H8：1）　8. 石器（H8：2）

标本 H8：8，泥质红陶，轮制。侈口，高领，直颈，颈与肩相接处有一周凸棱，广肩，肩部以下饰篮纹，下部已残。复原口径 18 厘米（图七六：2）。

陶钵　1 件。

标本 H8：5，泥质灰褐陶，轮制，素面。微敛口，圆唇，折沿，上腹部有两道折棱，弧腹内收至平底，底部内凹。高 5.4、口径 13、底径 7.8 厘米（图七六：4；彩版三七：3）。

陶器底　1 件。

标本 H8：6，泥质灰陶，轮制，素面，施有黑色陶衣。上部已残，仅存部分底，可以看出是圈足，上部饰有两周弦纹。残长 10.5 厘米（图七六：1）。

2. 石器　4 件，种类有镞、钻等。

石钻　1 件。

标本 H8：1，磨制，细长条形，断面略呈扁椭圆形。四周经过打磨，一端向内磨出尖状锋部，后部已经残断，从外观上来看，这似乎是半成品。残长 7.6、中宽 1.5、中厚 1.1 厘米（图七六：7；彩版三七：1）。

石器 1件。

标本H8:2，磨制，扁尖长条形，一侧略厚，另一侧较薄，两面均有打磨痕迹。长6.2、中宽2.3、中厚6.5厘米（图七六:8；彩版三七:2）。

石镞 2件。

标本H8:3，打制，长条形，一端较尖，另一端较宽。上部留有打片疤痕，其中铤部已粗成型，未见磨制痕迹，应当为半成品。长8.25、中宽1.9、中厚0.45厘米（图七六:6；彩版三八:1、2）。

标本H8:4，打制，扁长条形，一端较尖，另一端较宽，上部有打片疤痕，其中铤部已粗成型，未见磨制痕迹，应当为半成品。长9.5、中宽2.85、中厚0.8厘米（图七六:5；彩版三八:3、4）。

九 H9

H9位于T0806中部，开口于第1层下，打破F3和生土。坑口距地表0.26米，平面呈不规则形状，东西最大径1.54米，南北最大径1.3米，深0.21米，壁近直，圜底（图七七；彩版三九:1）。土质松软，填土为灰黄色，含有红烧土块、炭粒等，且越近坑底含炭量越高，底部接近黑灰色。出土陶片有泥质红陶、黑衣陶和橙黄陶，纹饰以素面为主，少量印纹硬陶有叶脉纹、梯格纹、方格纹等（图七八）。陶器没有可辨的器形。

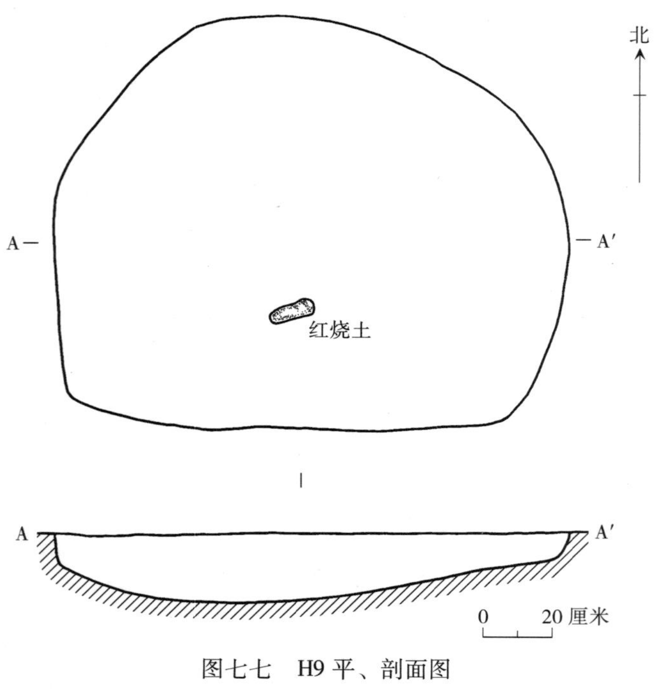

图七七 H9平、剖面图

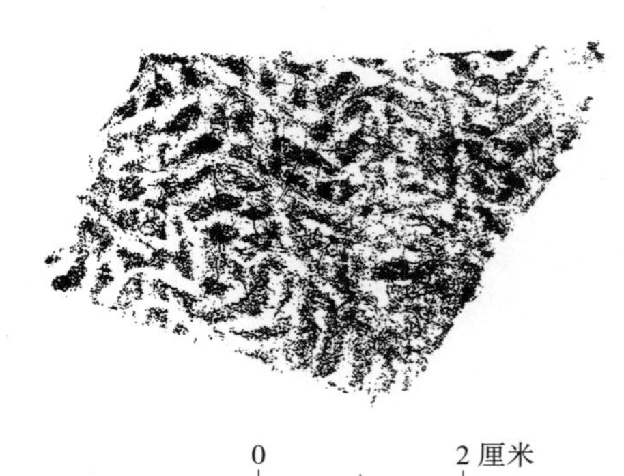

图七八 H9出土陶器（H9:1）叶脉纹拓片

一〇 H10

H10位于T0806西部，部分在T0706的东隔梁内，开口于第1层下，打破F3和生土。坑口距地表0.28米，平面呈不规则形状，东西最大径2.48米，南北最大径1.81米，深0.2米。坑底部西边较陡，东部较平缓（图七九）。土质松软，填土为灰黄色，含有大量炭块、炭粒，且越近底含炭量越高，底部接近黑灰色。出土陶片以泥质陶为主，印纹硬陶次之，夹砂陶极少。泥质陶有橙黄陶、灰陶、红陶、红褐色陶等，夹砂陶有橙黄陶、红色陶，印纹硬陶为灰色。纹饰有绳纹、叶脉纹等。可辨陶器的器形有罐和支座（彩版三九：2）。

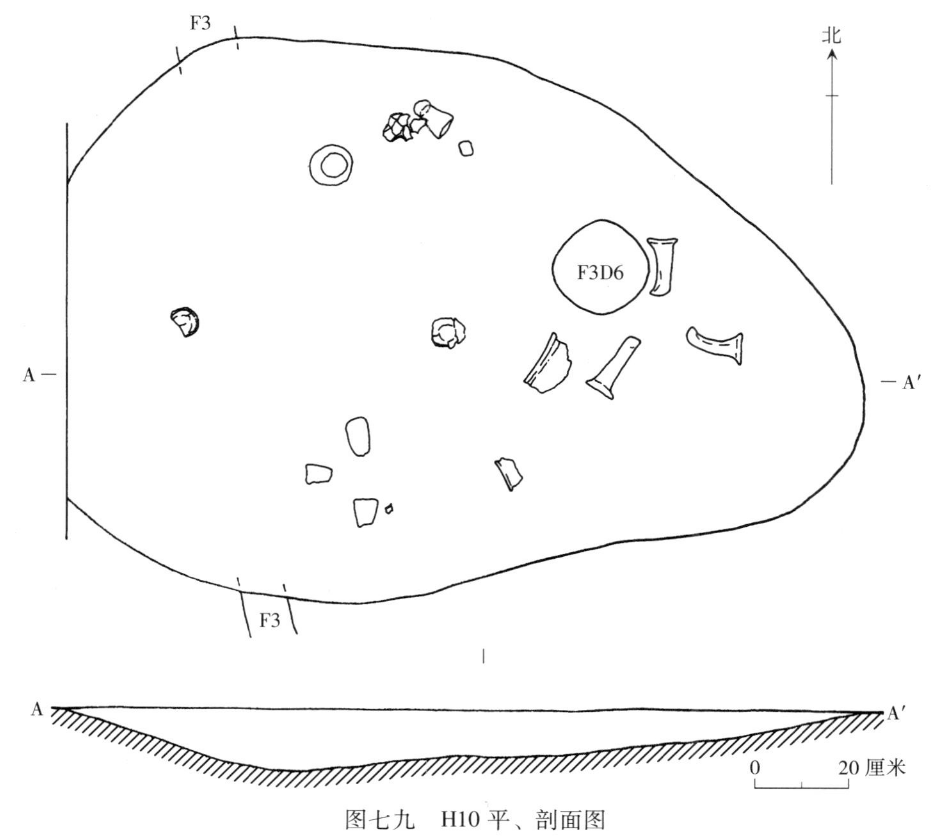

图七九　H10 平、剖面图

陶罐　1 件。

标本 H10：17，泥质红陶，轮制。侈口，圆唇，平折沿，束直颈，斜肩，肩下部饰横向叶脉纹，下部已残。复原口径 28 厘米（图八〇：1）。

陶器底　1 件。

标本 H10：16，泥质灰陶，轮制，素面，施有黑色陶衣。上部已残，仅存留底部及下腹部，下腹部斜直内收至底，底厚实。底径 5.7、残高 4.2 厘米（图八〇：2）。

陶支座　3 个。

标本 H10：1，泥质橙红陶，手制，素面。主体呈上细下敞的喇叭形，顶部弯折出支座面，表面粗糙，手制痕迹明显。高 18.2、中径 6.4、底径 10 厘米（图八〇：3；彩版四〇）。

标本 H10：2，泥质橙红陶，手制，素面。主体呈上细下敞的喇叭形，上部较细，顶部弯折出支座面，表面粗糙，手制痕迹明显。高 19.8、中径 6.6、底径 12.2 厘米（图八〇：4）。

标本 H10：3，泥质橙红陶，手制，素面。主体呈上细下敞的喇叭形，顶部弯折出支座面，整体粗矮，表面粗糙，手制痕迹明显。高 16、中径 7.4、底径 12.4 厘米（图八〇：5）。

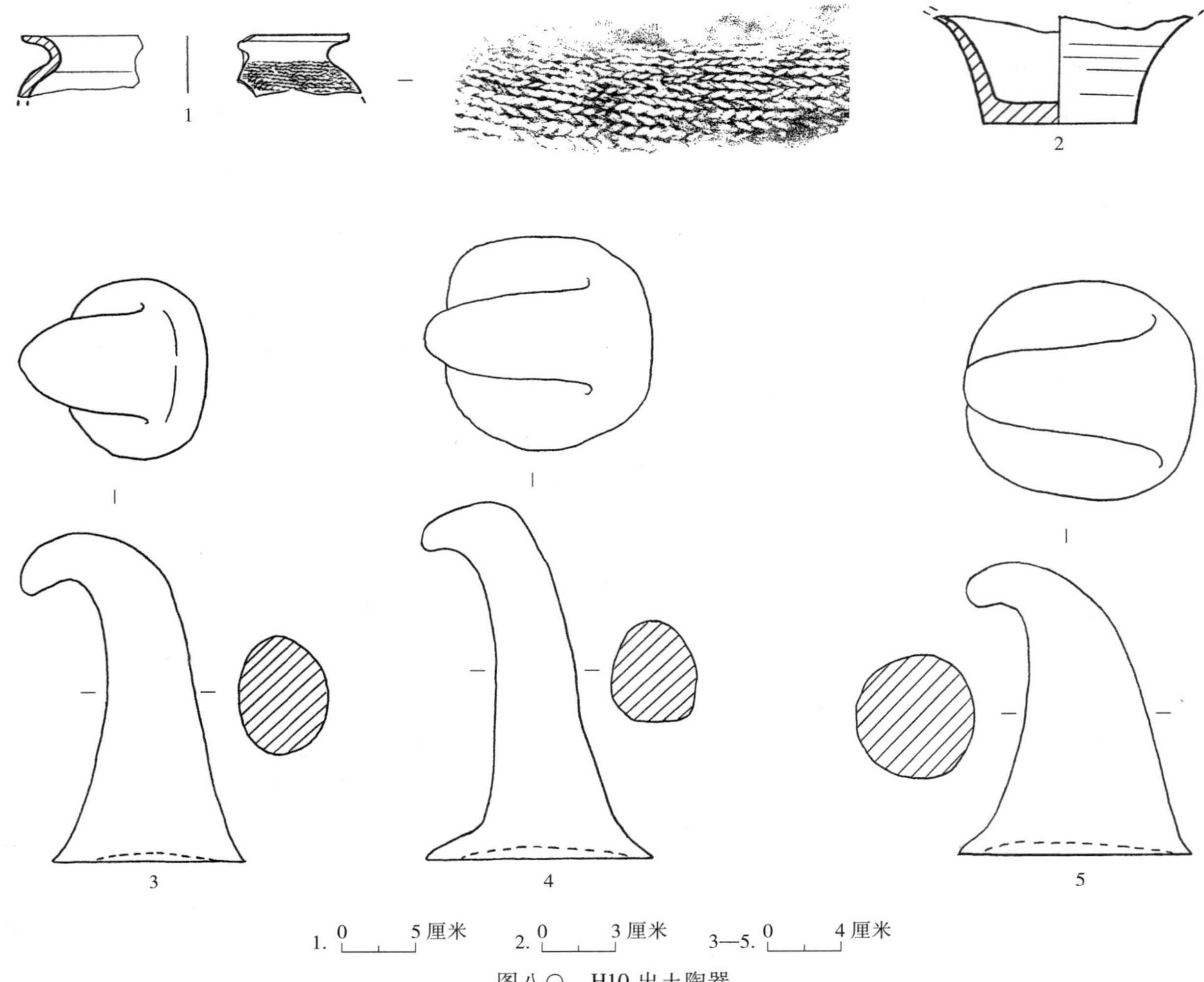

图八〇　H10出土陶器

1. 陶罐（H10∶17）及纹饰拓片　2. 陶器底（H10∶16）　3. 陶支座（H10∶1）　4. 陶支座（H10∶2）　5. 陶支座（H10∶3）

一一　H11

H11位于T0806东南角，东部部分在T0806的东隔梁内，开口于第1层下，打破生土。坑口距地表0.27米，平面呈坑口为不规整形，东西最大径2.25米，南北最大径2.19米，深0.35米，圜底（图八一）。坑内填土为黄灰色，土质松软，含有少量红烧土块、大量木炭颗粒，出土陶片以泥质陶为主，其中以红陶最多，黑陶次之，还有少量灰陶、灰黄陶、灰黑陶等。夹砂陶以红陶为主，还有少量红褐陶、橙黄陶、黑陶。可辨器形的有豆、鬲（鼎）。纹饰以素面为主，还有少量弦纹、方格纹、刻划纹等（彩版四一∶1、2）。

陶鬲（鼎）　1件。

标本H11∶1，夹粗砂红褐陶，轮制。侈口，圆唇，束颈，斜鼓腹，下部已残。残高7、口径28厘米（图八二∶1）。

陶豆　1件。

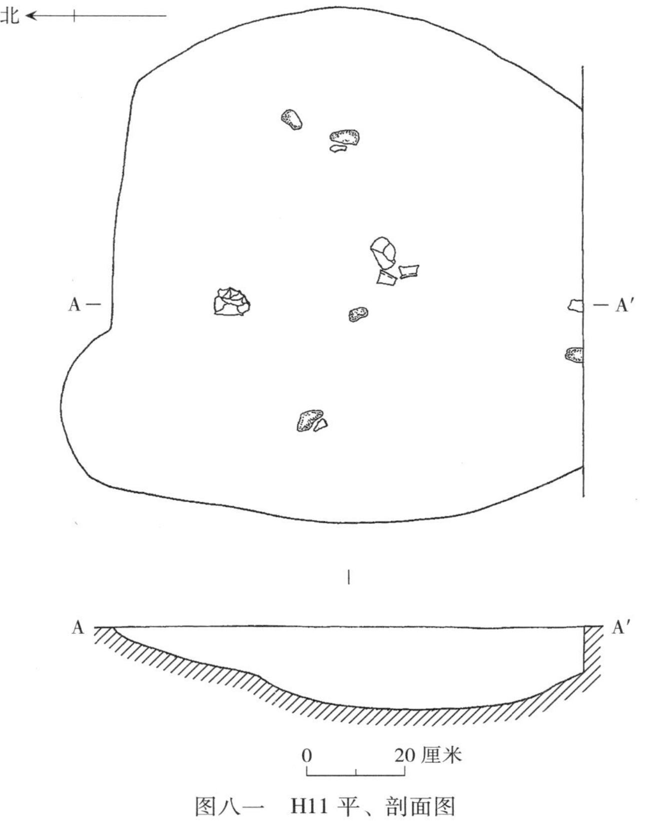

图八一　H11 平、剖面图

标本 H11∶2，泥质灰黑陶，轮制。仅存豆柄一段，上部有间距相近的两个镂孔。残长 9 厘米（图八二∶3）。

陶器底　1 件。

标本 H11∶3，泥质灰黑陶，轮制，素面。上部残甚，下腹部斜直，平底内收。残高 2.5、底径 7.5 厘米（图八二∶2）。

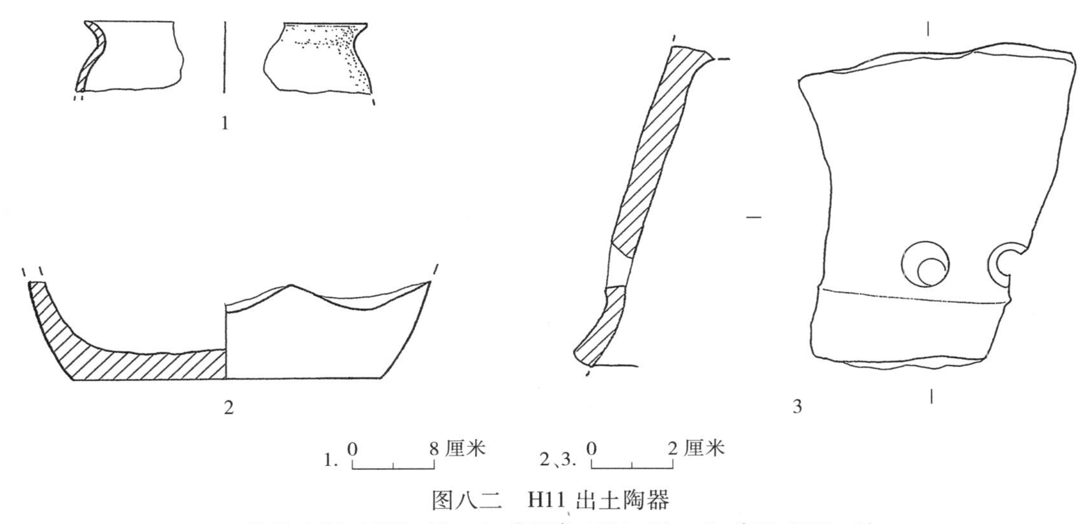

图八二　H11 出土陶器

1. 陶鬲（鼎）（H11∶1）　2. 陶器底（H11∶3）　3. 陶豆（H11∶2）

一二　H12

H12 位于 T1008 东北部，部分在东部和北部的隔梁内，未发掘。开口于第 1 层下，打破 M21、M22 和生土。坑口距地表 0.3 米，未完全发掘，平面形状不规则，东西最大径 5 米、南北最大径 2 米，深 0.9 米，底部略呈锅底状（图八三）。土质松软，填土为黑灰色，包含红烧土块和炭粒。出土有泥质红陶、泥质黑陶以及黑褐色印纹硬陶。可辨器形的有罐、鼎（鬲）口沿、盛滤器等，纹饰主要有云雷纹、绳纹、梯格纹和刻划的纹饰（图八四：1、2）。

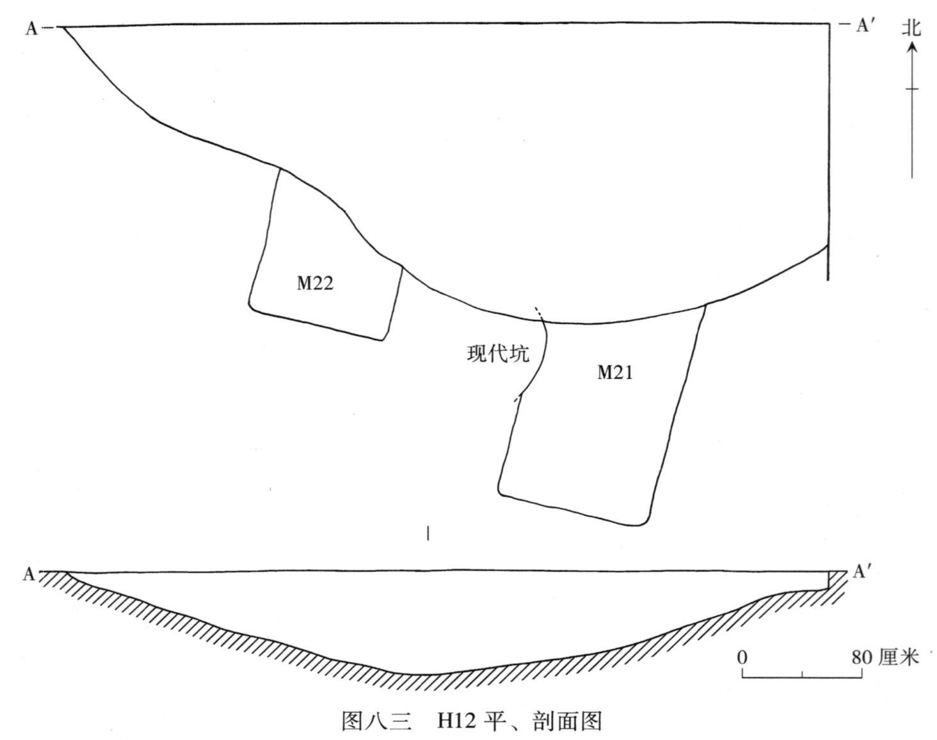

图八三　H12 平、剖面图

陶鼎（鬲）　1 件。

标本 H12：1，夹砂灰黑陶，轮制。方圆唇，平折沿，短束颈，斜直腹略鼓，颈下部饰绳纹，下部已残。残高 8.5、口径 24 厘米（图八四：4）。

陶罐　1 件。

标本 H12：2，泥质红陶，轮制。直口，圆唇，广肩，颈部下饰横向梯格纹，下部已残。残高 4.5、口径 22 厘米（图八四：3）。

一三　H13

H13 位于 T1007 的南部，部分在 T1006 的北隔梁内。开口于第 1 层下，打破 M11 和生土。坑口距地表 0.22 米，平面略呈椭圆形，最大径 2.9 米，最小径 2.48 米，深 0.58 米，灰坑较浅，坑底较平，微圜底（图八五）。土质松软，填土为灰白色，包含少量红烧土颗粒和炭粒。出土陶片较少，以印纹硬陶居多，泥质红陶、灰陶相对较少。器形可辨的有盆，纹饰有方格纹、叶脉纹、弦纹、菱形填线纹等（图八六：1）。

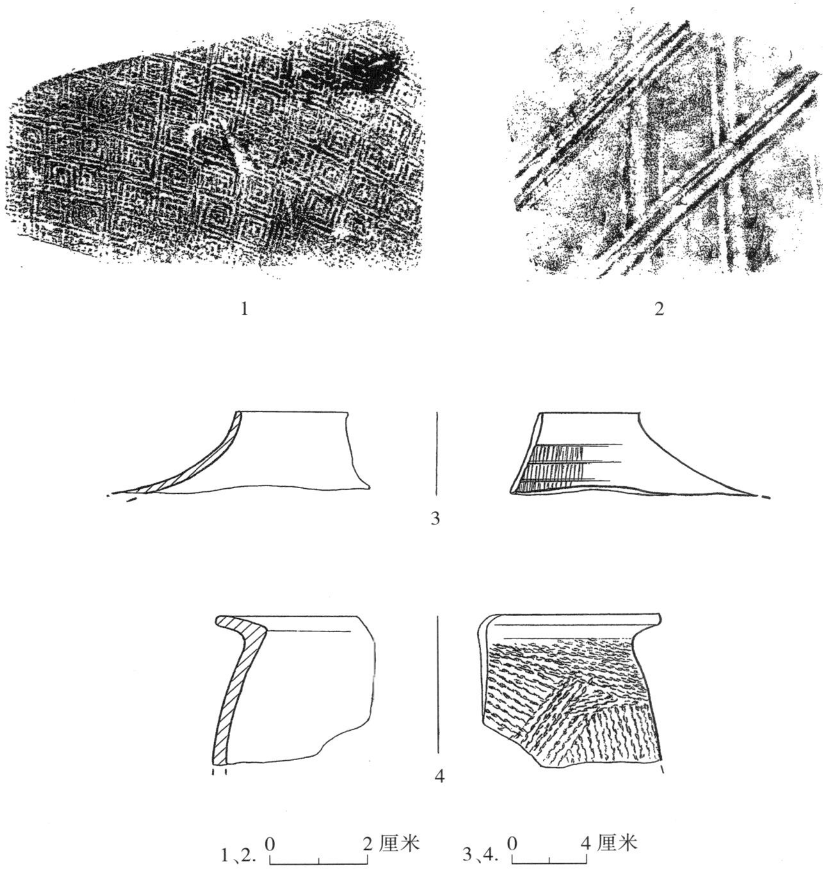

图八四　H12 出土陶器

1. H12：15 云雷纹拓片　2. 陶盛滤器（H12：14）内壁的刻划　3. 陶罐（H12：2）　4. 陶鼎（鬲）（H12：1）

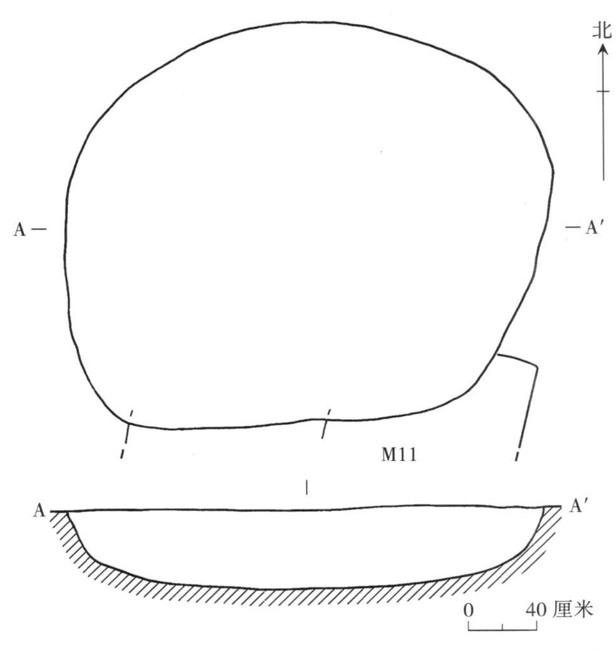

图八五　H13 平、剖面图

陶盆 1件。

标本H13：5，泥质灰陶，轮制，素面。尖圆唇，侈口，束颈，鼓腹下斜内收。残高8.4、复原口径21厘米（图八六：2）。

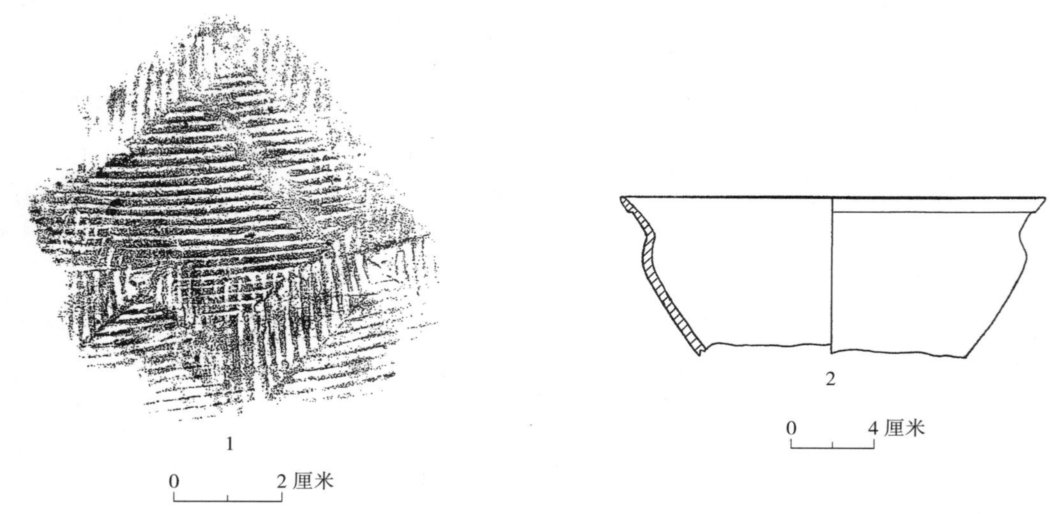

图八六 H13出土陶器

1. H13：11弦纹与菱形填线纹拓片 2. 陶盆（H13：5）

一四 H14

H14位于T1105东南角，开口于第1层下，打破生土。坑口距地表0.38米，灰坑的东部、南部均深入隔梁之下，限于发掘面积，未完全揭露。从已发掘的平面看略呈长条形，长1.9米，宽0.6—0.7米，圜底（图八七）。土质松软，填土为灰白色，包含红烧土颗粒。出土陶片较少，有印纹硬陶、泥质红、灰褐陶片和夹砂灰黄陶片，可辨器形的有壶、盆、鼎（鬲）等。纹饰有素面、弦纹、叶脉纹等。

陶壶 1件。

标本H14：4，泥质灰褐陶，轮制，素面，器表施有黑衣。直口微敞，长直颈，球形腹内收至圈足。高9.2、口径6、底径5厘米（图八八：1；彩版四一：3）。

陶罐 1件。

标本H14：1，泥质红硬陶，轮制。侈口，尖圆唇，长束颈，斜直肩，颈至肩部饰弦纹，肩部以下拍印叶脉纹，下部已残。残高7.4、复原口径15厘米（图八八：3）。

陶鼎（鬲） 1件。

标本H14：3，夹草木灰黄灰陶，轮制。圆唇，大敞口，束颈，下部已残。残高4、复原口径28厘米（图八八：4）。

陶盆 1件。

标本H14：2，泥质红陶，轮制。折沿，方唇，束颈，鼓腹内收，腹部饰叶脉纹，腹下部已残。残高3.6、复原口径15厘米（图八八：2）。

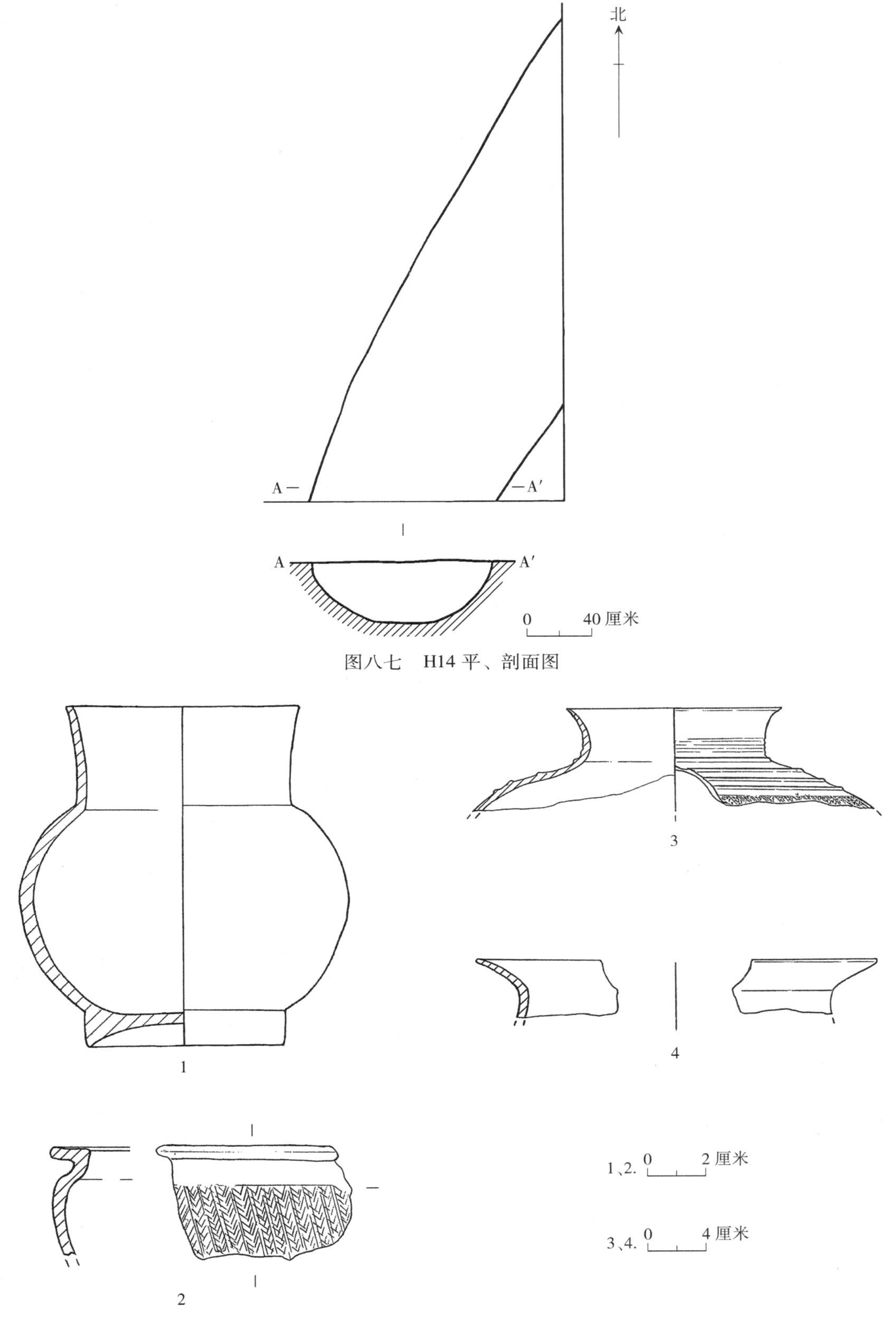

图八七 H14平、剖面图

图八八 H14出土陶器

1. 陶壶（H14：4） 2. 陶盆（H14：2） 3. 陶罐（H14：1） 4. 陶鼎（鬲）（H14：3）

一五　H16

H16 位于 T1107 东南部，开口于第 1 层下，打破 M8、M9 和生土。坑口距地表 0.31 米，灰坑东部位于东隔梁内，未完全揭露，平面呈不规则形，东西长径 2.08 米，南北宽径 1.64 米，深 0.2 米，斜壁平底（图八九）。土质松软，填土为黄褐色，包含红烧土颗粒和炭粒。出土石锛。出土陶片较少，有泥质红陶和夹砂红、橙黄陶片，可辨器形的有豆、罐等。纹饰有素面、弦纹、云雷纹和叶脉纹等（图九〇：1、3）。

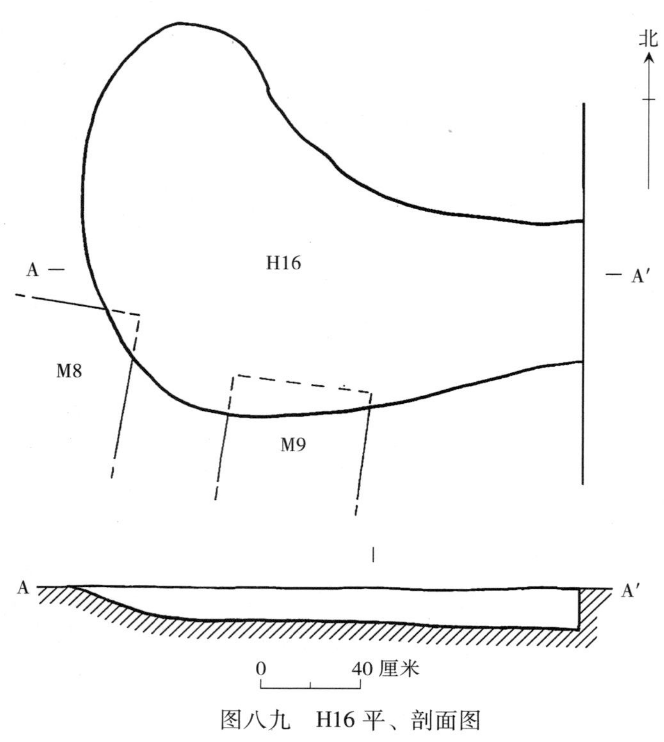

图八九　H16 平、剖面图

1. 陶器　4 件。

陶豆　3 件。

标本 H16：1，泥质灰陶，轮制。仅存部分口沿，直腹，底部弧平，腹底部相接处有明显的接痕。残高 1.8 厘米（图九〇：2）。

标本 H16：3，泥质灰陶，轮制。仅存圈足部分，器底较薄，圈足外饰两周凸弦纹。残高 4、径 14 厘米（图九〇：6）。

标本 H16：5，泥质灰陶，轮制，器表施黑衣。由上、下两部分构成，上部呈侈口深腹状豆盘，豆盘外壁饰若干周弦纹，下部豆柄上部略粗，底部略细，其中分为两块区域，内填满云雷纹，豆根部呈喇叭状外撇，残甚，上部有修补的钻孔若干。残高 18.5 厘米（图九〇：1）。

陶罐　1 件。

标本 H16：2，泥质红陶，轮制。敞口，仅存颈、肩部饰凸弦纹。残高 8.5 厘米（图九〇：5）。

2. 石器　1 件。

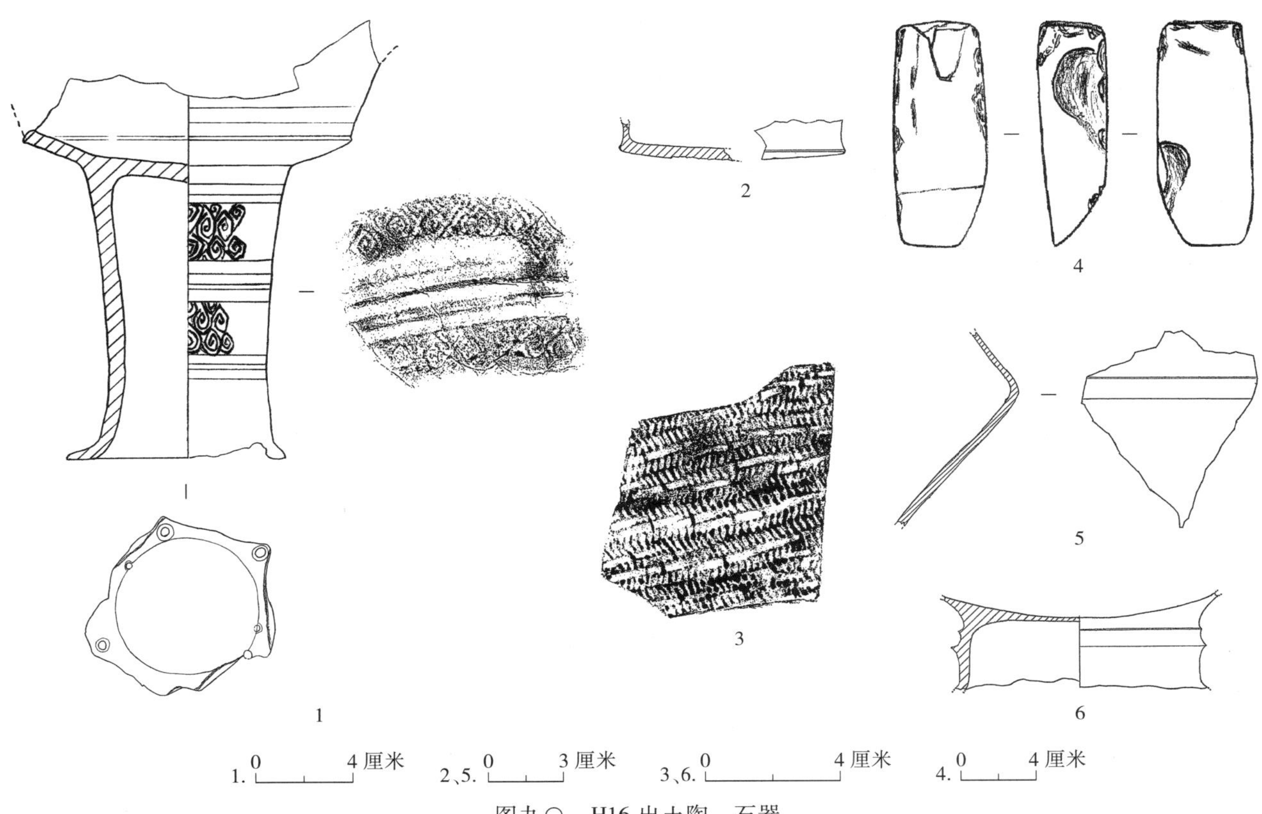

图九〇　H16 出土陶、石器

1. 陶豆（H16∶5）　2. 陶豆（H16∶1）　3. H16∶6 叶脉纹拓片　4. 石锛（H16∶4）　5. 陶罐（H16∶2）　6. 陶豆（H16∶3）

石锛　1 件。

标本 H16∶4，磨制，青色石质，长条形，刃部与锛面之间折棱明显，器表留有打片疤痕。长 12、宽 5.25、中厚 3.9 厘米（图九〇∶4）。

第三章　墓　葬

经过2006年的抢救性发掘，南楼遗址共发现墓葬25座，编号为M1—M25。以G1为界，可分为东、西两区，其中东区揭露墓葬22座（彩版四二、彩版四三、彩版四四），西区揭露墓葬3座。从出土器物特征来看，属新石器时代，墓葬之间也有早晚之别。

关于这些墓葬的分布，从层位上看，M1—M22开口位于第1层下，M23—M25开口位于第4层下，其中墓葬间的打破关系如下：

M1→M2

M4→M8

M12→M13

M16→M17

从空间位置上看，以G1为界，西区的墓葬较少（图九一），东区的墓葬较多（图九二），可分为相对距离较小、排列有序的四组墓葬：

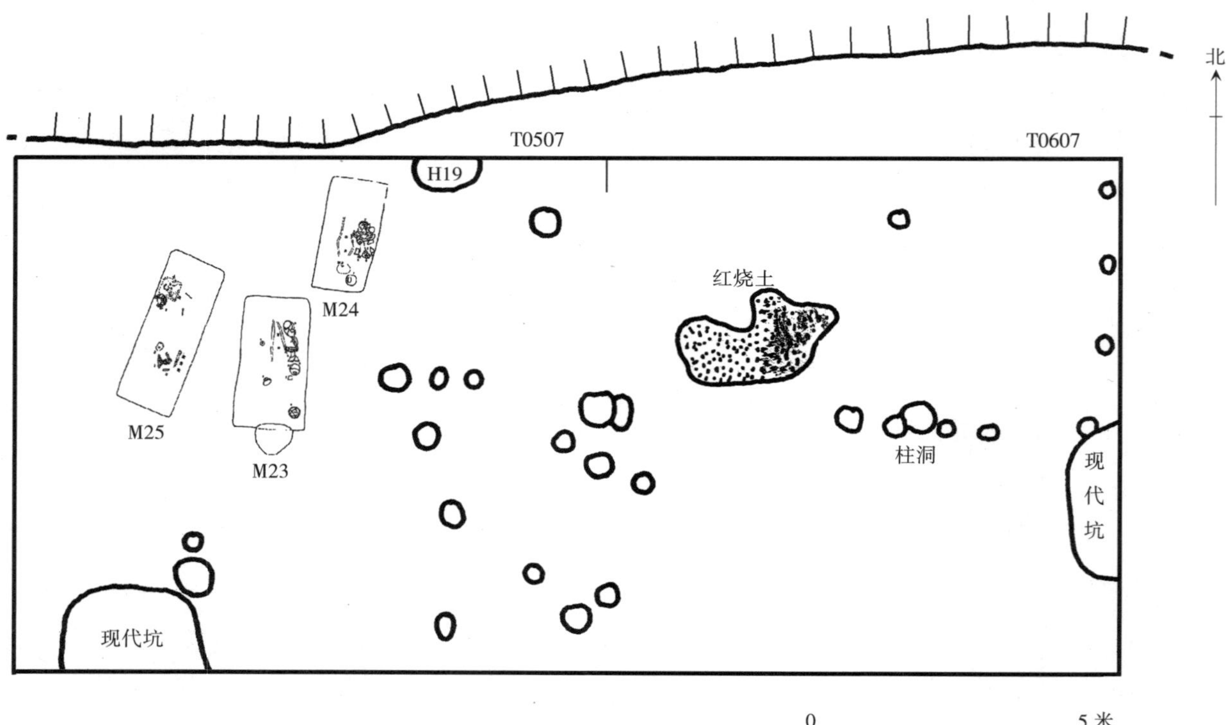

图九一　西区墓葬分布图

1. M1—M3、M21、M22 为一组，位于发掘区东北角；
2. M4、M7—M11 为一组，位于发掘区东中部；
3. M12—M20 为一组，位于发掘区东南角；
4. M23—M25 为一组，位于发掘区最西部。

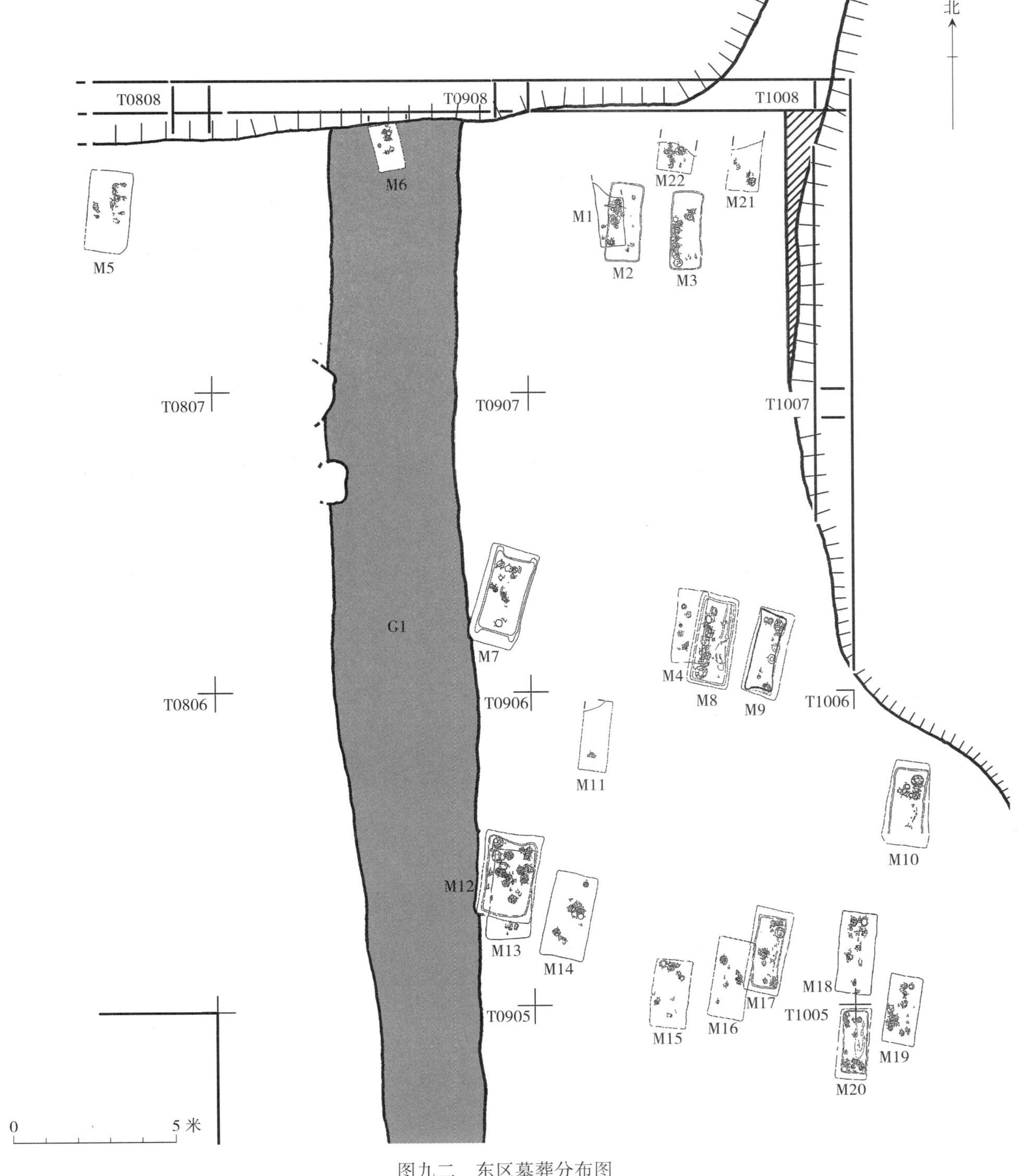

图九二　东区墓葬分布图

其中 M5、M6 与其他墓葬相对较远，相对独立，位于发掘区中北部。

这 25 座墓葬皆为长方形土坑竖穴墓，其中 M2、M3、M7—M10、M12、M17、M20 发现有葬具痕迹。人骨基本上都已腐朽，从残存的牙齿和人骨痕迹等来判断，这些墓葬墓主的头部都是位于西南方向。

这些墓葬中随葬有陶器、石器、玉器、骨器等，共有 315 件。其中陶器有 245 件，种类有鼎、罐、壶、杯、豆、钵、盉、鬶、釜、甗、器盖、纺轮等。石器有 36 件，种类有钺、锛、凿等。玉器有 33 件，种类有璜、环、琀以及各类玉饰。骨器有 1 件，种类为璜。

以下按照墓葬的发现顺序，对墓葬逐一加以介绍。

第一节 一号墓

一 墓葬形制

M1 位于 T1008 的西北部①，它叠压在 M2 西部上，东北部为 M3、M21，东北部为 M22，西部有 M6。2006 年 3 月 2 日上午对 TG1 西半部进行清理时，发现 M2 内的陶器。在我们为全面揭露 M2、进行扩方的过程中，发现了叠压在 M2 上部的 M1，据此找出墓葬的边线。由于该墓距地表较浅，已被早年耕地所破坏。在找出墓葬边框后，我们对墓坑内部由上至下逐层清理，清理完毕后，照相、绘图以及取出器物。

M1 墓坑开口于第 1 层下，打破 M2 以及生土层，北部被一晚期灰沟打破，开口距地表 0.23 米，墓坑深 0.07 米，为长方形土坑竖穴式，墓坑口现存长 2.4、宽 0.92 米，墓底距地表 0.3 米，墓向 170°。坑壁剥落自然，墓坑内填土灰黄，略泛灰，内含少量红烧土、炭粒及陶片。土质干硬，偏沙质。由于破坏较为严重，葬具情况已不清楚，墓内有人骨架 1 具，已朽甚，仅能从少量粉状骨渣以及残玉璜判断，其头向向南，而其面向、葬式、性别及年龄皆不明。

随葬品共 7 件，以陶器为主，共 6 件，破损严重，仅能看出鼎、杯两类。玉器仅璜 1 件。陶器集中于墓坑的西南、东北两处，玉器位于中部偏西南处（图九三；彩版四五）。

二 随葬器物

1. 陶器 6 件，种类有鼎、杯等（彩版四六：1）。

标本 M1：1，陶器。泥质浅褐陶，轮制，素面。仅存底部，上部残甚，从残存来看，其下腹部斜直，收至平底。底径 5.6、残高 2.6 厘米（图九四：1）。

标本 M1：3，陶杯。泥质黑陶，外部施灰色陶衣，轮制，素面。杯的口部已残缺，束颈，鼓腹，下有 8 个花瓣形足。胎体厚薄不均。残高 9.6、最大腹径 10、底径 7.6 厘米（图九四：3；彩版四六：2、3）。

标本 M1：4，陶器。泥质灰黑陶，残甚，不可辨别器形。

---

① M1、M2、M3 原本发现于 TG1 中，现统一归于探方中，下略。

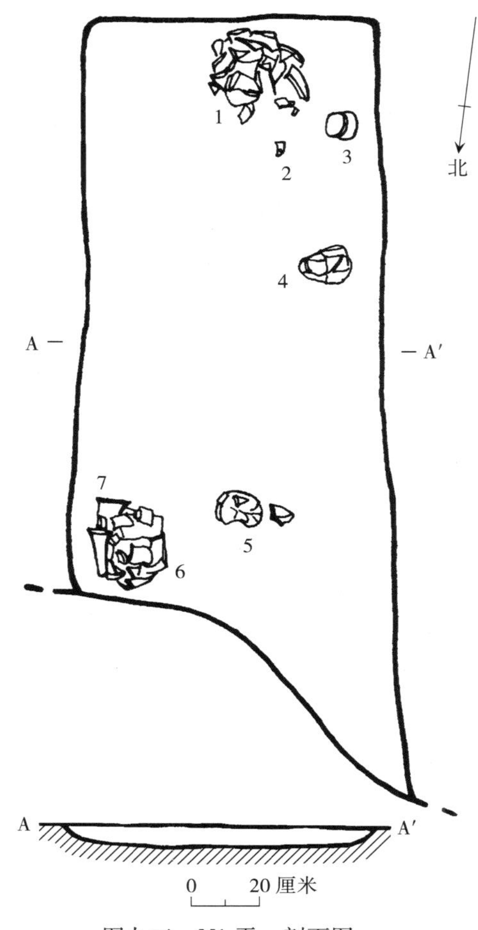

图九三　M1 平、剖面图
1、4、7. 陶器　2. 玉璜　3、5. 陶杯　6. 陶鼎

标本 M1：5，陶杯。泥质浅褐灰陶，器表施有黑衣，轮制。觚形，上部已残甚，仅存下部及底。下腹部器壁较直，饰有弦纹，底部圈足为花瓣形，足面上刻有半镂空三角形饰。残高 3.4、底径 9 厘米（图九四：4）。

标本 M1：6，陶鼎。粗泥质灰黄陶，手制。已残断，长度不明。从残存的情况看为扁铲形足，足上部饰有一按窝。残长 6、中厚 1.1 厘米（图九四：5）。

标本 M1：7，陶器。泥质浅灰陶，轮制，素面，通体施有黑色陶衣。上部已残，仅存底及下腹部，腹部从上至下斜直内收至圈足，平底。圈足刻成花瓣形，其上有圆形半镂孔。残高 5.8，底径 9.1 厘米（图九四：6）。

2. 玉器　1 件。

标本 M1：2，玉璜。鸡骨白，少量透光处呈黄红色，部分呈牙白色。半璧形，两端略长，其上各穿一孔，便于系挂。在孔内有明显的通向两端上部的系挂磨损痕迹，使得系绳处的厚度明显薄于它处。璜片一面有多处线切割痕迹，另一面较光洁。在璜体中部内凹处，有明显的线切割痕。璜体一侧未经打磨，尚留有开料的断裂面，故推测此璜为边角料改制。出土时断裂，已修复。长 6.5，中厚 0.4，孔径 0.3 厘米（图九四：2；彩版四七）。

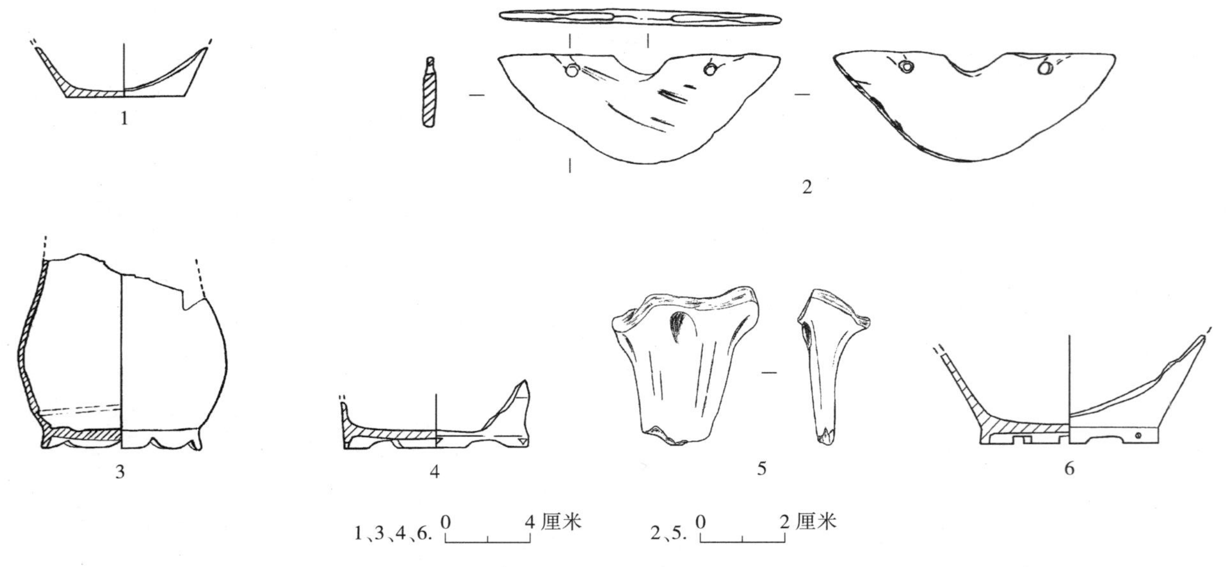

图九四　M1 出土陶器、玉器

1. 陶器（M1∶1）　2. 玉璜（M1∶2）　3. 陶杯（M1∶3）　4. 陶杯（M1∶5）　5. 陶鼎（M1∶6）　6. 陶器（M1∶7）

第二节　二号墓

一　墓葬形制

M2 位于 T1008 的西北部，东北部为 M3、M21，北部为 M22，西部有 M6。2006 年 3 月 2 日上午对 TG1 西半部进行清理时，发现 M2 内的陶器，在我们为全面揭露 M2、进行扩方的过程中，发现了叠压在 M2 上部的 M1。3 月 3 日在清理完 M1 后，M2 墓葬的边线完整暴露，后对墓坑内部由上至下逐层清理，清理完毕后，照相、绘图以及取出器物。

M2 墓坑开口于第 1 层下，被 M1 打破，北部被一晚期灰沟打破，M2 打破生土层。开口距地表 0.12 米，为长方形土坑竖穴式，墓坑口现存长 2.32、宽 1.15 米，墓坑深 0.24 米，墓底距地表 0.36 米①，墓向 190°。坑壁剥落自然，墓坑内的填土灰中略泛黄，内含少量红烧土、炭粒及陶片。土质较疏松，偏沙质。

在清理距开口约 0.18 米时，发现葬具痕迹，整体置于墓坑内偏东部。葬具呈长方形，木质已朽，朽痕呈灰白色。棺残长 2.2、宽 0.98、残高 0.24 米，盖板情况已不清楚，但棺底呈弧底状，推测为独木弧底棺。墓内有人骨架 1 具，已朽甚，仅能从玉器摆放位置和少量牙齿痕迹判断其头向向南，而其面向、葬式、性别及年龄皆不明。

随葬品共 20 件，以陶器为主，共 15 件，器形有鼎、壶、豆、罐四类。玉器有璜、环、三角形饰等 5 件。陶器集中于墓坑的西北，其中一件陶豆置于墓主头部西侧，玉器璜、环类位于墓主头部附近，两件三角形玉饰出土于棺内中部偏东，应是墓主的腰部装饰（图九五；彩版四八、彩版四九）。

---

①　此处所谓墓底，即除去葬具的墓坑底部，下同。

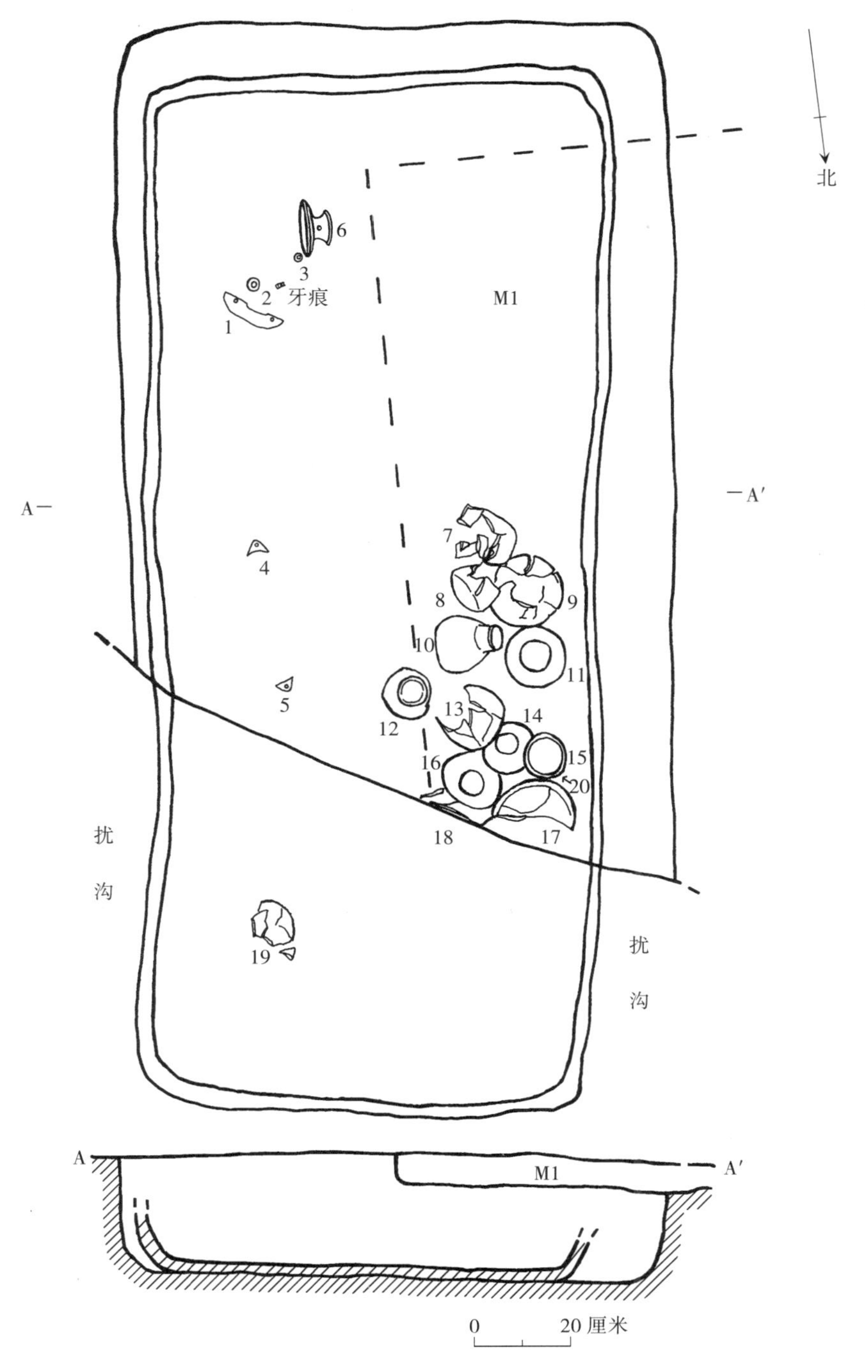

图九五　M2 平、剖面图

1. 玉璜　2. 玉环　3. 穿孔玉饰　4、5. 三角形玉饰　6. 陶豆　7、13、19、20. 陶器　8、10、12、16. 陶壶　9、17、18. 陶鼎　11、14、15. 陶罐

二　随葬器物

1. 陶器　15 件，种类有鼎、豆、壶、罐等。

标本 M2：6，陶豆。泥质灰陶，器表施有黑衣，轮制。上部豆盘为圆唇，平折沿，沿部较宽，盘腹较浅。下部呈喇叭形，柄与豆盘相接处为束颈状，豆柄上饰有圆形加竖长三角状镂孔共四组，其上还饰有两周弦纹。底部呈喇叭形外撇。盘径 13.2、底径 9、高 7.2 厘米（图九六：1；彩版五〇：1）。

标本 M2：7，陶器。泥质红褐陶，残甚，器形不明。

标本 M2：8，陶壶。泥质红褐陶，通体施黑衣，脱落较甚，轮制。尖圆唇，侈口，卷沿，束直颈，鼓肩斜直向下，垂鼓腹，肩部至腹上饰有弦纹，小平底。口径 6.6、最大腹径 12.6、底径 6.6、高 11.3 厘米（图九六：2；彩版五〇：2）。

标本 M2：9，陶鼎。粗泥质褐陶，手制。上部已残，仅存足部，可看出为锥形足。残长 4.8 厘米（图九六：3）。

标本 M2：10，陶壶。泥质浅灰褐陶，素面，轮制，器形不规整。微侈口，尖圆唇，直颈，垂腹，腹部较圆，腹下部内收成平底。其肩部至腹部间似饰有宽弦纹，已剥落不清。口径 6.6、最大腹径 14.4、底径 7.6 厘米（图九六：4；彩版五〇：3）。

标本 M2：11，陶罐。泥质红褐陶，轮制。直口微侈，溜肩，折腹，肩上饰有一周绳索纹，大部分已剥落。腹下部内收，小平底。口径 8、最大腹径 12.6、底径 6.8、高 9.4 厘米（图九六：6；彩版五〇：4）。

标本 M2：12，陶壶。泥质灰陶，器表施有黑衣，素面，轮制，器形不规整。微侈口，方唇，直颈。肩部略折，垂折腹，腹部下内收，平底。口径 7.8、最大腹径 12.4、高 13.1 厘米（图九六：5；彩版五一：1）。

标本 M2：13，陶器。泥质灰陶，残甚，器形不明。

标本 M2：14，陶罐。泥质灰陶，器表施有黑衣，轮制，素面。方唇微侈，折颈，溜肩，折腹，腹部略鼓，平底。口径 5.8、最大腹径 11、底径 6.2、高 7 厘米（图九六：7；彩版五一：2）。

标本 M2：15，陶罐。泥质浅灰陶，素面，轮制。口部已残缺，圆鼓腹，平底。腹部外壁上残留有红色彩绘痕迹。最大腹径 11.4、底径 6.8、残高 7.3 厘米（图九六：8；彩版五一：3）。

标本 M2：16，陶壶。泥质浅灰陶，器表施有黑衣痕迹，素面，轮制。直口微侈，圆唇，鼓腹，腹部有两处折棱，平底。口径 5.6、底径 6.4、高 10.4 厘米（图九六：9；彩版五一：4）。

标本 M2：17，陶鼎。粗泥质浅灰陶，上部为轮制，足为手制。口沿残，斜肩，圆鼓腹，下部已残。足呈扁方形，足尖下部略外卷。口径 9、足长 8.8 厘米（图九六：10）。

标本 M2：18，陶鼎。粗泥制橙红陶，手制。扁铲形，下部已残断，表面残留有红彩痕迹。残长 3.7 厘米（图九六：11）。

标本 M2：19，陶器。泥质红褐陶，残甚，器形不明。

标本 M2：20，陶器。泥质浅褐陶，上部轮制，足部手制，器表施有黑衣，素面，轮制。上部已残甚，仅存下腹部及三足，腹部略鼓内收至底。底部平整，下有三足，足面为泥片叠压而成。残高 4.2 厘米（图九六：12）。

2. 玉器　5 件，种类有璜、环、穿孔玉饰、三角形玉饰等（彩版五二）。

标本 M2：1，玉璜。鸡骨白，除璜体两端以外均不透光，中部透光处呈牙黄色。璜体表面有玉料风化的蚀洞，另在表面附着有少量的有机质锈痕。整体呈长条桥形，中部缺口较长，两端略微上翘，各有两穿孔，其中一孔不规整，应是两面钻，钻孔未对应所致。璜体一端略厚，一端略

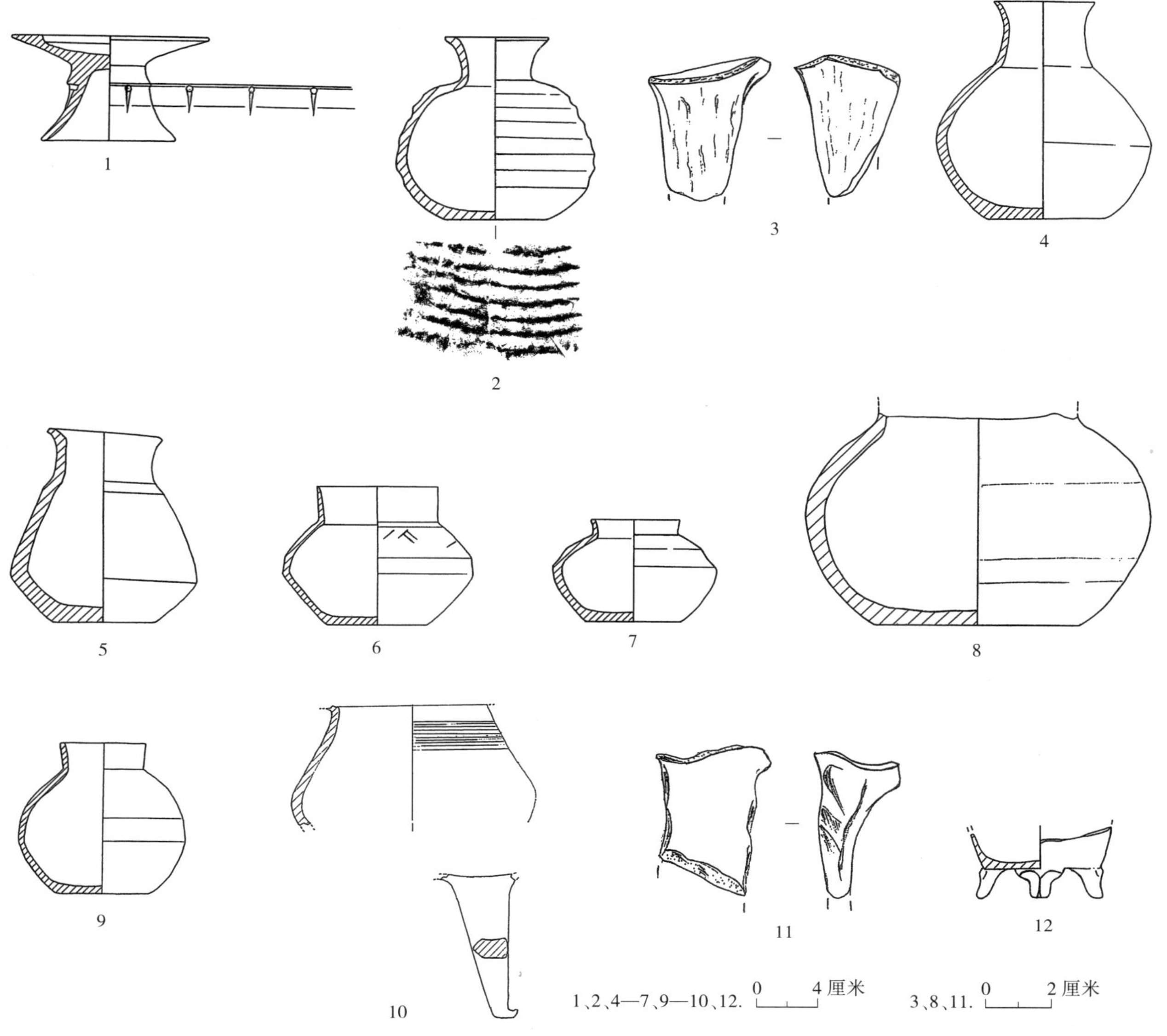

图九六 M2 出土陶器

1. 豆（M2∶6） 2. 壶（M2∶8） 3. 鼎（M2∶9） 4. 壶（M2∶10） 5. 壶（M2∶12） 6. 罐（M2∶11） 7. 罐（M2∶14） 8. 罐（M2∶15） 9. 壶（M2∶16） 10. 鼎（M2∶17） 11. 鼎（M2∶18） 12. 陶器（M2∶20）

薄。一面为凸面拱形，表面光滑；另一面上有密集的线切割痕迹。两穿孔处又有长期系挂磨损的凹痕。在璜体较薄一侧边保留有玉料的破裂面。长9.7、中厚0.5、孔径0.4厘米（图九七∶1；彩版五三）。

标本M2∶2，玉环。玉质大部分已风化为鸡骨白色，部分透光处为湖绿色。环状，整体磨制不甚规整。侧面上仍保留有管钻台痕，应由钻芯改制。一面留有较多的线切割痕迹，另一面平整。外径2.15、内径1、中厚0.25厘米（图九七∶2；彩版五四∶1、2）。

标本M2∶3，穿孔玉饰。鸡骨白色，不透光，玉质内有明显的结晶斑，其表面附着少量有机质朽痕。圆形，中部有一个对钻成的穿孔。边缘一侧两面上保留有片状切割痕，呈半V形，两对切割痕中部有断裂痕。该器四周磨制不甚规整，推测为片状切割边角料打磨制成。直径1.55、孔径0.35、中厚

0.25 厘米（图九七：3；彩版五四：3、4）。

标本 M2：4，玉三角形饰。鸡骨白色，少部分透光处呈牙黄色，其表面附着少量有机质朽痕。整体呈三角形片状，底边内凹，两端较尖。上端对钻一孔，由于两侧打孔位置的偏差，使钻孔略有错位。器表一面保留有原玉料的断裂面，其左侧一边尚保留有两道线切割痕迹及少量磨痕；另一面磨制较光滑，其两端均保留有明显的线切割痕迹。底边内侧线的切割痕迹保留较好，接近中部有一断裂面，推测应当是在线切割至一定程度时，将玉料掰断分离。最长处 4.1、中宽 2、中厚 0.3 厘米（图九七：4；彩版五五）。

标本 M2：5，玉三角形饰。鸡骨白色，少部分透光，上部透光处呈牙黄色，下部边角透光处呈浅湖绿色，器表附着有少量有机质朽痕。呈三角形片状，上端棱角圆滑，下部两端较尖。上端对钻一孔，由于对钻略有偏差，孔中部略显台面。器表一面光润，剖面呈凸弧状，留有原玉料的皮壳；另一面内凹，保留有明显的线割痕迹，大致由三道割痕与若干条小割痕组成。底边内侧线割痕保留较好，其接近中段有一处断裂面，推测当是在线切割至一定程度时，将玉料掰断分离。最长处 4.5、中宽 2.9、中厚 0.4 厘米（图九七：5；彩版五六）。

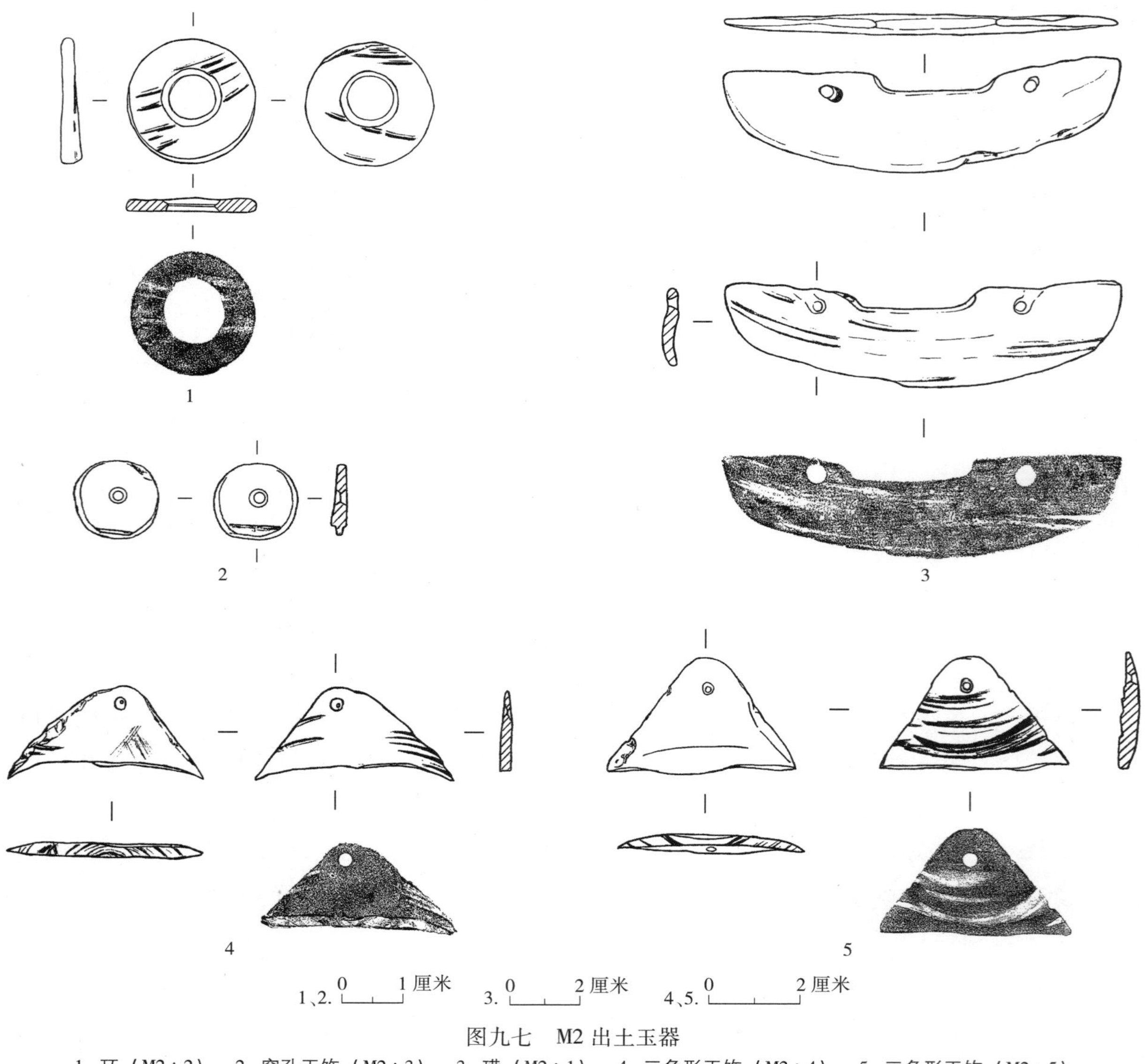

图九七　M2 出土玉器

1. 环（M2：2）　2. 穿孔玉饰（M2：3）　3. 璜（M2：1）　4. 三角形玉饰（M2：4）　5. 三角形玉饰（M2：5）

第三节 三号墓

一 墓葬形制

M3 位于 T1008 的北部，东北部为 M21，西部为 M1、M2，西北部为 M22。2006 年 3 月 3 日上午对 TG1 北部进行铲面时发现 M3。3 月 4 日对 TG1 进行扩方，使 M3 墓葬的边线完整暴露，然后对墓坑内部由上至下逐层清理，清理完毕后照相、绘图以及取出器物。

M3 墓坑开口于第 1 层下，中部被一晚期灰沟所打破，M3 打破生土层。开口距地表 0.15 米，为长方形土坑竖穴式，墓坑口长 2.52、宽 1.1 米，墓坑深 0.38 米，墓底距地表 0.53 米，墓向 198°。坑壁剥落自然，墓坑内填土灰黄，内含少量红烧土、炭粒及陶片。土质较疏松，偏沙质。

在清理距开口约 0.16 米时，发现葬具痕迹，整体置于墓坑内偏南部，葬具呈长方形，木质已朽，朽痕呈灰白色，棺长 2.2、宽 0.85、残高 0.12 米。盖板的情况已不清楚，棺底呈弧底状，推测为独木弧底棺。墓内有人骨架 1 具，已朽甚，仅能从玉器摆放位置判断其头向向南，而其面向、葬式、性别及年龄皆不明。

随葬品共 20 件，以陶器为主，共 17 件，器形有鼎、壶、豆、罐、钵、盆、纺轮等。玉器有环、玦等 3 件。其中陶器紧靠于棺内西南及西部，少量集中放置在中部偏北；玉器环、玦类则置于棺内偏南端，应是墓主的头部的装饰（图九八；彩版五七、彩版五八）。

二 随葬器物

1. 陶器 17 件，种类有鼎、豆、钵、盆、壶、罐、纺轮等。

标本 M3∶4，陶钵。泥质灰陶，残甚，未修复。

标本 M3∶5，陶盆。泥质灰陶，轮制。尖圆唇微敞，直壁略内弧，折腹，斜直壁内收，小平底。沿下部有两道弦纹，腹部饰有一道弦纹。口径 19、底径 5.4、高 7 厘米（图九九∶4；彩版五九∶1）。

标本 M3∶6，陶豆。泥质褐陶，器表施有黑衣，轮制。敛口，内折沿，圆唇，斜直壁内收，底近平，竹节束状豆柄，上部饰圆形镂孔 4 个，下部饰圆形、三角形镂空 4 组，其中圆形为全镂空，三角形为半镂空，底部呈喇叭状外撇。盘径 21、底径 17、高 18 厘米（图九九∶5；彩版五九∶2）。

标本 M3∶7，陶器，泥质红褐陶，表面留有黑衣痕迹，轮制。上部残甚，下部略鼓内收，平底。底径 7.2 厘米（图九九∶6）。

标本 M3∶8，陶壶。泥质灰陶，通体施黑色陶衣，轮制。侈口，圆唇，束颈，溜肩，圆鼓腹，下部弧收，大平底。肩部有两道弦纹。口径 7.6、最大腹径 12.2、底径 7.6、高 12.4 厘米（图九九∶7；彩版五九∶3）。

标本 M3∶9，陶罐。泥质灰陶，残甚，未修复。

标本 M3∶10，陶壶。泥质浅褐陶，轮制。直口，尖唇，折肩，折腹，下腹部斜内收成平底，内凹。素面，器表剥落较甚，制作粗糙。口径 5.6、最大腹径 11、底径 6.4、高 10 厘米（图九九∶8；彩版五九∶4）。

标本 M3∶11，陶罐。泥质浅灰陶，通体施有黑衣，素面，轮制，錾为手制。方圆唇外撇，侈口，长直颈，广肩，折腹，折腹处有对称錾手。腹上部圆鼓，下部斜直内收，小平底。口径 9.6、最大腹径 15.8、底径 7、高 13 厘米（图九九∶9；彩版六〇∶1）。

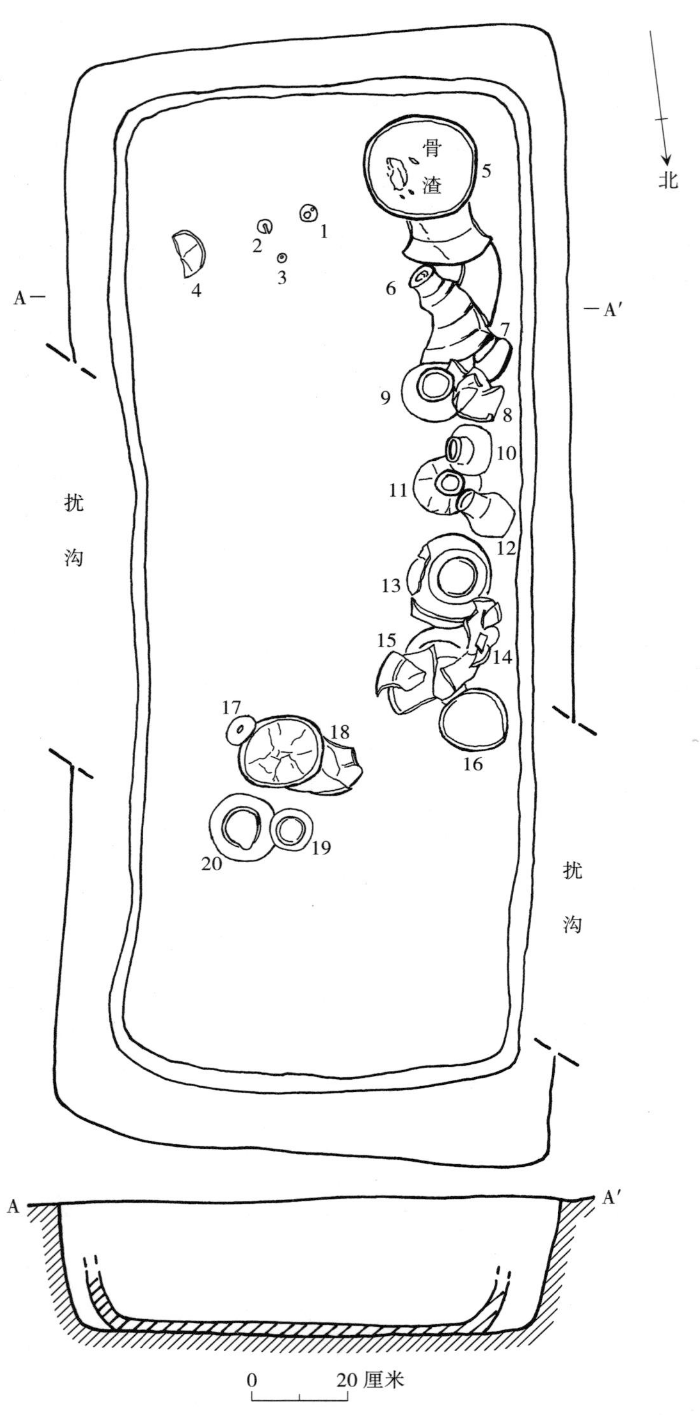

图九八　M3 平、剖面图

1. 玉环　2. 玉玦　3. 玉饰（琀）　4、14、19、20. 陶钵　5. 陶盆　6、18. 陶豆　7. 陶器　8、10、12、13、15. 陶壶　9、11. 陶罐　16. 陶鼎　17. 陶纺轮

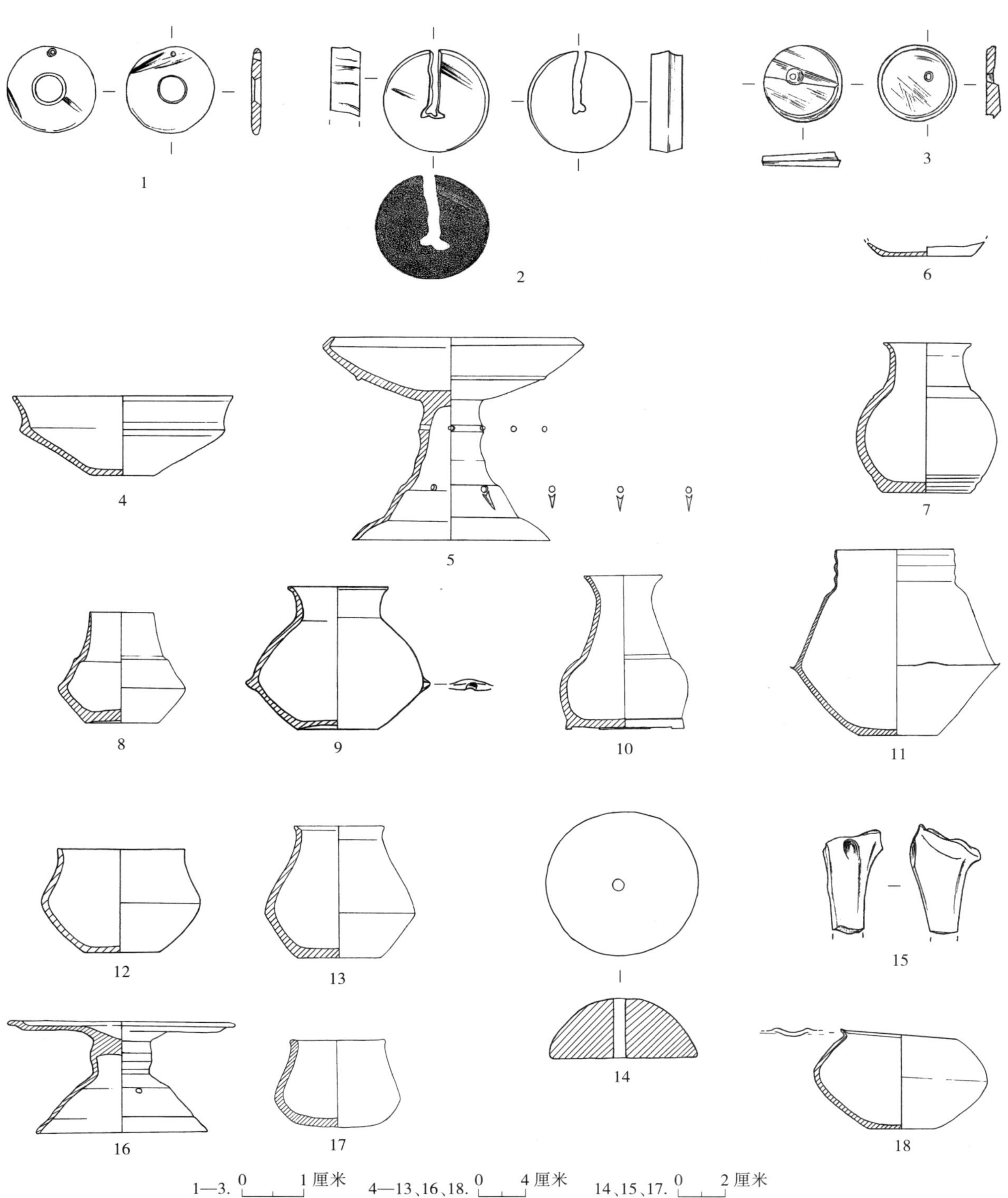

图九九　M3 出土玉器、陶器

1. 玉环（M3：1）　2. 玉玦（M3：2）　3. 玉饰（琀）（M3：3）　4. 陶盆（M3：5）　5. 陶豆（M3：6）　6. 陶器（M3：7）
7. 陶壶（M3：8）　8. 陶壶（M3：10）　9. 陶罐（M3：11）　10. 陶壶（M3：12）　11. 陶壶（M3：13）　12. 陶钵（M3：14）
13. 陶壶（M3：15）　14. 陶鼎（M3：16）　15. 陶纺轮（M3：17）　16. 陶豆（M3：18）　17. 陶钵（M3：19）　18. 陶钵（M3：20）

标本 M3：12，陶壶。泥质灰陶，轮制。敞口，卷沿，圆唇，束颈较长，肩腹外鼓，平底较大，下有极矮的圈足。圈足有 4 个缺口，宽窄不一，制作较规整。口径 6.8、腹径 11、颈径 4.8、底径 10.2、高 13.8 厘米，圈足高 0.2、宽 4.4—4.8 厘米，缺口宽 2—3.3 厘米（图九九：10；彩版六〇：2）。

标本 M3：13，陶壶。泥质灰陶，轮制。直口微侈，尖圆唇，上腹斜直，下腹内收，折腹处有等距离分布的 6 个泥片状的小耳鋬，平底。口部外饰三道较宽的弦纹。口径 10.2、底径 6.8、高 16.8 厘米（图九九：11；彩版六〇：3）。

标本 M3：14，陶钵。泥质灰陶，轮制。微敛口，方唇，斜直肩外斜，折腰，弧腹，平底。口径 10.8、底径 6.4、高 9.2 厘米（图九九：12；彩版六〇：4）。

标本 M3：15，陶壶。泥质浅褐陶，器表有磨光痕迹，素面，轮制。方唇，侈口微张，内折沿，斜直颈，折腹，腹下部内收，平底。口径 7.8、最大腹径 13、底径 7.2、高 10.6 厘米（图九九：13；彩版六一：3）。

标本 M3：16，陶鼎。粗泥质浅褐陶，手制。上部已残，仅存足部。方锥形足，足面正中有一按窝。足残高 4 厘米（图九九：14）。

标本 M3：17，陶纺轮。泥质褐陶，手制，素面。半球形，顶面为凸弧面，底面呈平面。外径 6.5、内径 0.5、中心高 2.7 厘米（图九九：15；彩版六一：4）。

标本 M3：18，陶豆。泥质红陶，轮制。敛口，平沿，圆唇，浅盘状，竹节状腰，矮把，底座呈喇叭状。底座上有圆形镂空装饰。盘径 19.8、底径 14.8、高 9.9 厘米（图九九：16；彩版六一：1）。

标本 M3：19，陶钵。粗泥质红褐陶，施黑皮陶衣，素面，轮制。侈口，平沿，腹部下垂，圜底近平。口径 6.2、底径 5.6、高 5.8 厘米（图九九：17；彩版六一：5）。

标本 M3：20，陶钵。泥质浅灰褐陶，轮制，素面。敛口，圆唇，宽扁状流口，口略上翘，肩与腹部相接处略有折棱，不甚明显，下腹内收，小平底，器形整体不甚规整。口径 9.4、最大腹径 14.8、底径 5.6、流宽 2.4、高 8.4 厘米（图九九：18；彩版六一：2）。

2. 玉器 3 件，种类有环、玦和其他玉饰（彩版六二）。

标本 M3：1，玉环。浅湖绿色，部分已风化成鸡骨白色，透光处呈浅湖绿色。器表附着有机质朽痕。圆形，略显不规整。中部有一穿孔，为两面对钻而成，一侧钻孔较深，另一侧钻孔较浅，两孔相接处台痕明显。近边缘处还有一小穿孔，一边大，另一边小，为单钻孔。两面均有切割痕迹，由于两侧打磨较精细，所以切割痕不甚明显。外径 2.95、中孔内径 1.1、穿孔径 0.25、中厚 0.3 厘米（图九九：1；彩版六三：1、2）。

标本 M3：2，玉玦。鸡骨白色，不透光，极小部分有绿色结晶，推测可能为绿色，玉料内含黑色斑点。表面被有机质朽痕附着。圆饼状，原为对钻下来的钻芯，侧面有一周对钻台痕。两面均平整，玦口开口较长，从玦口内痕迹可以看出，其做法是先在平面正中并排单面钻两孔，两孔打通后，再由里向外进行线割，拉切出玦口，玦一面上存留有线切割痕，当为开料时的痕迹。直径 1.7 厘米，玦口长 1.05、厚 0.5 厘米（图九九：2；彩版六三：3、4，彩版六四：1、2）。

标本 M3：3，玉饰（琀）。湖绿色，表面有白色风化，玉质内有白色绒状颗粒。圆形，扁平状，为对管钻钻芯改制成的玉饰。对钻稍有偏差，故台痕较清晰。一面有线割残留的深凹槽，内有线割痕；另一面亦存有线割痕。一小孔位于中部偏边缘，打孔精细。两面留有打磨痕迹。直径 1.3、孔径 0.3 厘米，最厚处 0.25 厘米（图九九：3；彩版六四：3—6）。

第四节　四号墓

一　墓葬形制

M4 位于 T1107 的东南部，东北部为 M9，西部为 M7。2006 年 3 月 26 日上午对 T1107 东南部进行铲面时发现 M4。3 月 26 日对 T1107 南部进行扩方，使 M4 墓葬的边线完整暴露，后对墓坑内部由上至下逐层清理，清理完毕后照相、绘图以及取出器物。

M4 墓坑开口于第 1 层下，打破 M8、生土层，中部和东南部被两条机沟所打破。墓葬开口距地表 0.2 米，为长方形土坑竖穴式，墓坑口长 2.05、宽 0.95 米，墓坑深 0.07 米，墓底距地表 0.27 米，墓向 195°。坑壁剥落自然，墓坑内填土灰黄，偏灰，内含少量红烧土、炭粒及陶片。土质较疏松，偏沙质。由于距地表较近，所以被破坏严重，葬具情况已不清晰。墓内有人骨架 1 具，已朽甚，仅能从玉璜摆放位置判断其头向向南，略偏于墓坑内西部，而其面向、葬式、性别及年龄皆不明。

随葬品共 7 件，以陶器为主，共 6 件，器形有鼎、豆、罐、纺轮等。玉器仅有璜 1 件。其中陶器置于棺内偏西部；玉璜则置于棺内偏西南端，应是墓主颈部的装饰（图一〇〇；彩版六五）。

二　随葬器物

1. 陶器　6 件，种类有鼎、豆、罐、纺轮等。

标本 M4：2，陶豆。泥质红褐陶，轮制，器表施黑色陶衣，剥落较甚。上部豆盘呈折敛口，豆盘斜直腹内收，与下部豆柄相接。豆柄上部微束，其下部饰有 4 道凸棱，凸棱下饰有三角形镂孔，镂孔下端有窗格条状刻划。下部豆座呈喇叭状外撇。豆盘口径 18.8、豆座底径 15、通高 14.2 厘米（图一〇一：2；彩版六六：3）。

标本 M4：3，陶纺轮。泥质灰黑陶，手制。整体为圆台形，剖面呈梯形，表面不甚平整；底面有多角星形刻画图案，现已模糊不清。上径 3.2、下径 6.3、厚 1.2 厘米（图一〇一：6；彩版六六：1、2）。

标本 M4：4，陶器。泥质灰陶，轮制。已残甚，不可辨别器形。

标本 M4：5，陶器。泥质灰陶，轮制。上部已残，仅存下腹部及底，器形不可辨。可看出其下腹呈斜直状内收，平底。底径 6.6 厘米（图一〇一：4）。

标本 M4：6，陶鼎。粗泥质灰黑陶，器身为轮制，下部足为手制。残甚，仅可看出为圜底，侧扁方形足。底径 17.4、足部残高 3、足厚 1 厘米（图一〇一：5）。

标本 M4：7，陶罐。泥质红褐陶，轮制，素面，器表施有黑衣，剥落较甚。圆唇，微敞口，直颈，扁鼓腹，平底，胎壁较厚。口径 8.6、底径 6.3、高 9.6 厘米（图一〇一：3；彩版六六：4）。

2. 玉器　1 件。

标本 M4：1，玉璜。出土时呈深湖绿色，现已部分风化成鸡骨白，部分有结晶斑，少部分透光处呈湖绿色。器表附着有机质朽痕。半璧形，两端平整，其上各有一穿孔，穿孔处有明显的由孔内向外侧长期佩戴的磨损痕迹。孔为两面对钻，一面钻孔较深，另一面较浅。该璜一端顶面上存有较深的线切割痕，璜体下端亦有明显的线割痕。璜长 6.5、宽 2.95、中厚 0.3、最大孔径 0.3 厘米，璜体表面的线割痕深0.1厘米（图一〇一：1；彩版六七）。

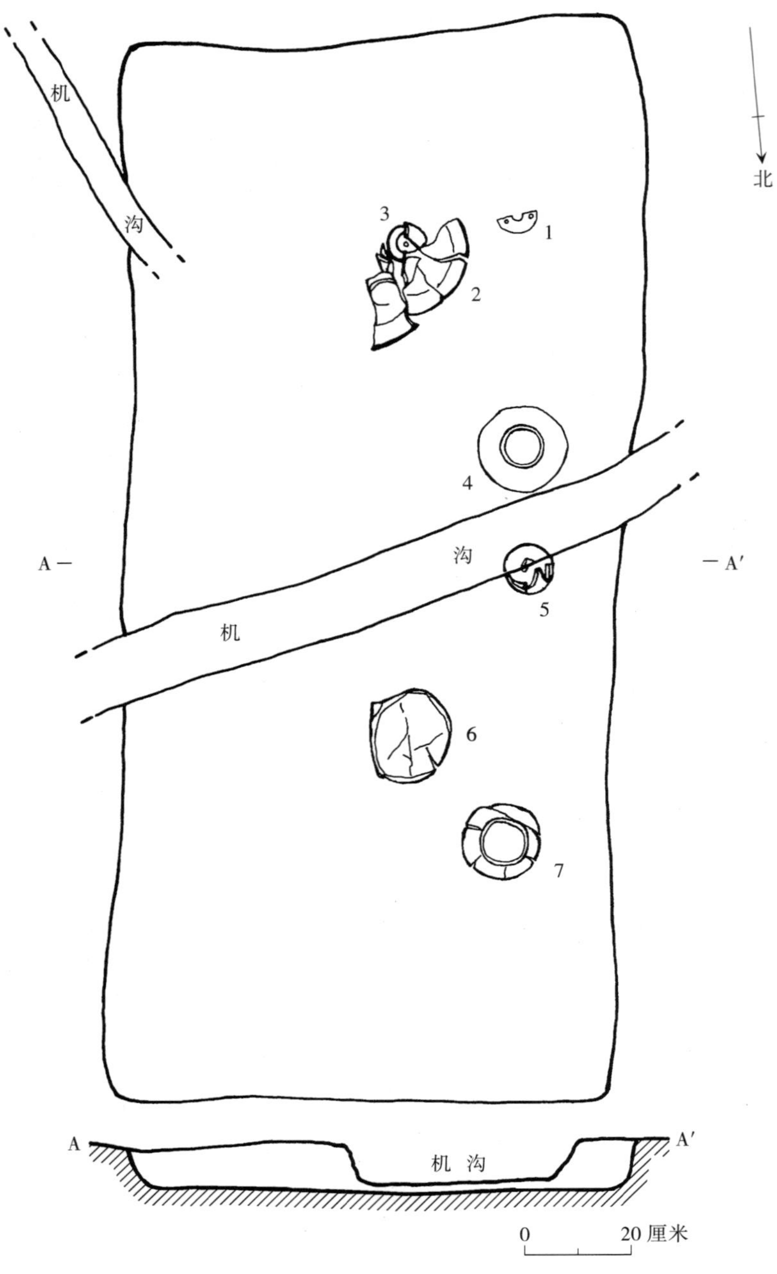

图一〇〇 M4平、剖面图

1. 玉璜 2. 陶豆 3. 陶纺轮 4、5. 陶器 6. 陶鼎 7. 陶罐

第五节 五号墓

一 墓葬形制

M5位于T0808东北部，东部为G1、M6，南部为房址区。2006年3月26日对T0808东北部进行

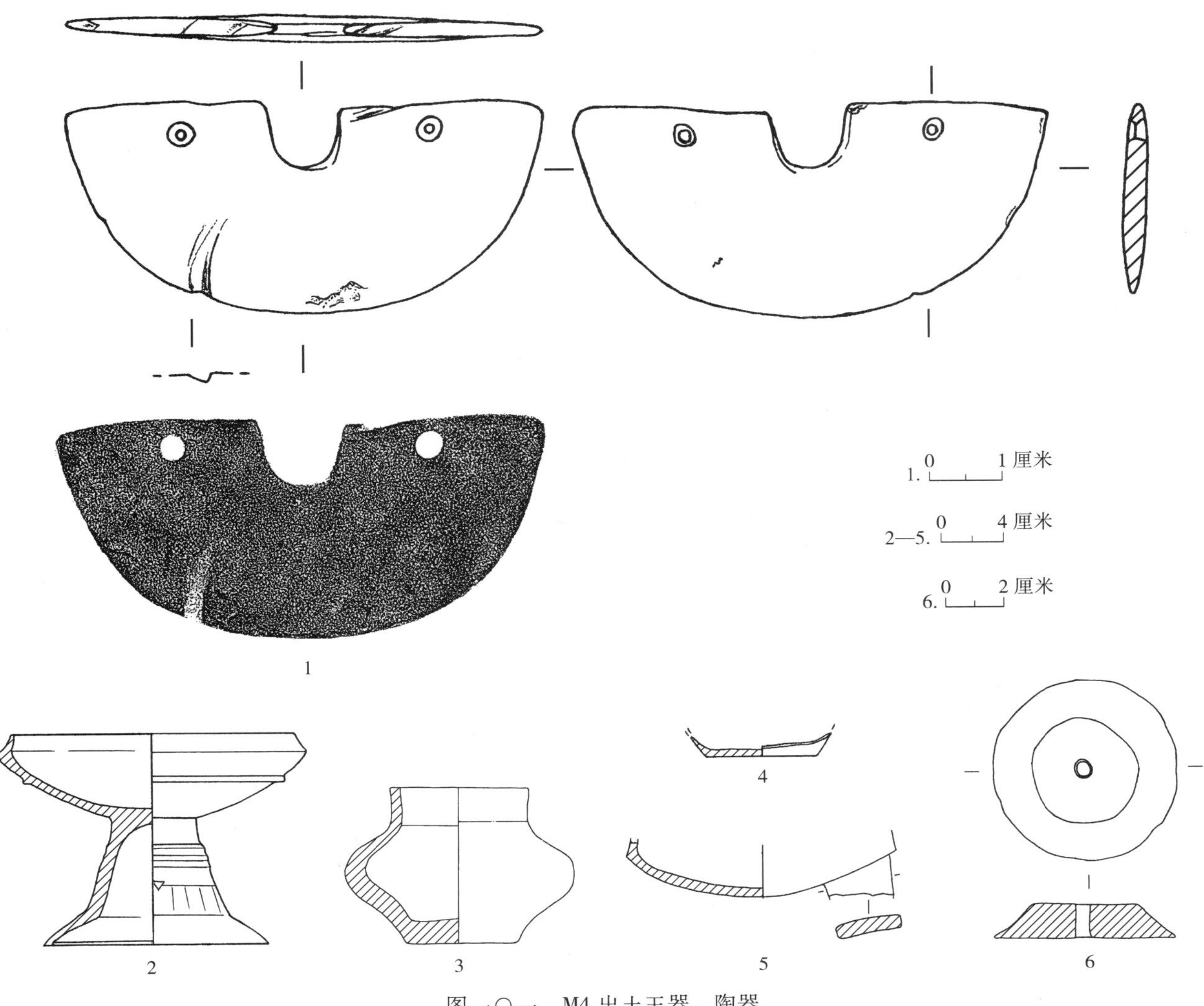

图一〇一 M4出土玉器、陶器

1. 玉璜（M4∶1） 2. 陶豆（M4∶2） 3. 陶罐（M4∶7） 4. 陶器（M4∶5） 5. 陶鼎（M4∶6） 6. 陶纺轮（M4∶3）

铲面时发现M5，3月27日对墓坑内部由上至下逐层清理，清理完毕后，照相、绘图以及取出器物。

M5墓坑开口于第1层下，打破生土层，中部、西南部被两条机器挖的沟打破。墓葬开口距地表0.1米，为长方形土坑竖穴式，墓坑口长2.4、宽1.1米，墓底距地表0.15米，墓坑深0.05米，墓向188°。由于上部破坏较深，坑壁保留不明显，仅能看出大致墓框范围。墓坑内填灰黄土，偏黄，内含少量红烧土、炭粒及陶片。土质较疏松，偏沙质。由于距地表较近破坏较为严重，葬具、人骨架情况已不清楚。

随葬品共13件，以陶器为主，共9件，器形有杯、壶、罐等。石器4件，种类有钺、锛。其中陶器多置于墓坑内偏东部，石钺、石锛则置于坑内偏中部（图一〇二；彩版六八、彩版六九）。

二 随葬器物

1. 陶器 9件，种类有杯、壶、罐等。

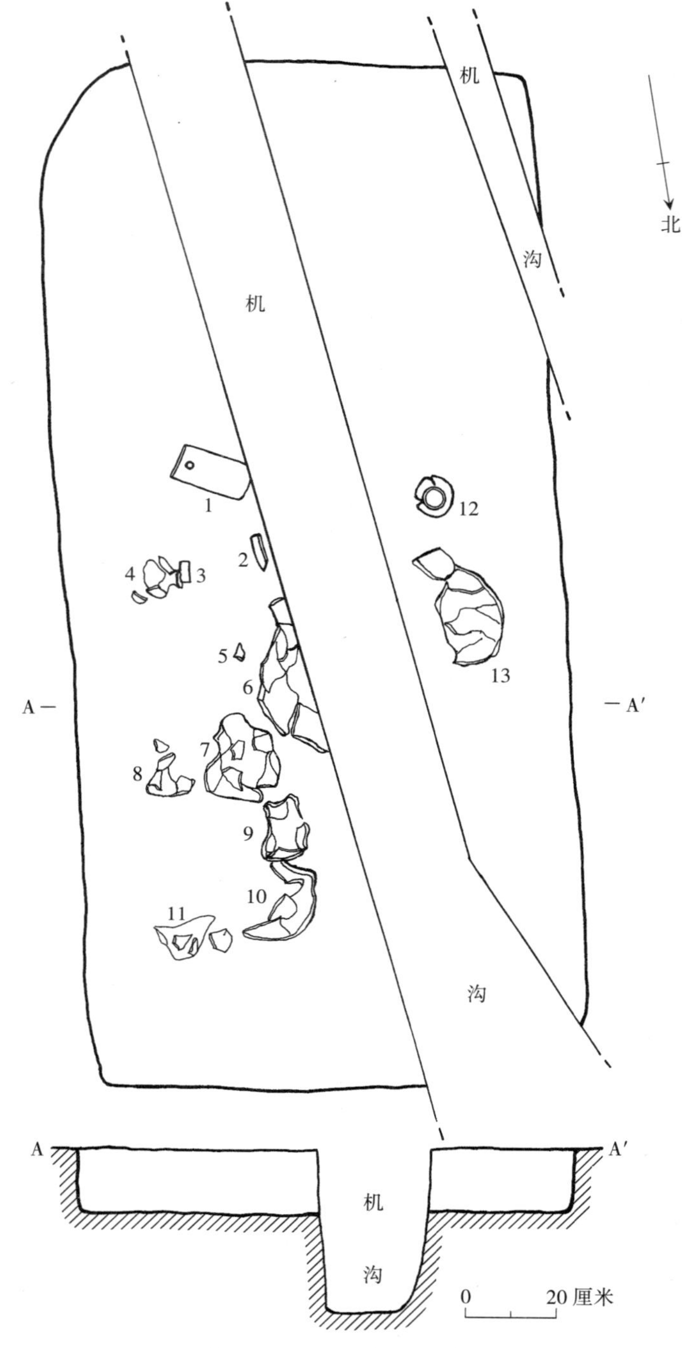

图一〇二　M5 平、剖面图

1. 石钺　2、3、5. 石锛　4. 陶壶　6. 陶罐　7、9、10、11、12、13. 陶器　8. 陶杯

标本 M5：4，陶壶。泥质灰陶，轮制，素面。尖唇，直颈微束，折肩，肩下部略鼓，下腹部内收至底，底部有花瓣形三足。口径 8、最大腹径 11.6、高 13.2 厘米（图一〇三：7；彩版七〇：1）。

标本 M5：6，陶罐。泥质灰陶，轮制。侈口圆唇，微卷沿，长直颈，溜肩鼓腹，大平底。器表由颈至腹部饰有弦纹。口径 17.2、底径 12、高 19.6 厘米（图一〇三：8；彩版七〇：2）。

标本 M5：7，陶器。粗泥灰褐陶，残甚，不可复原。

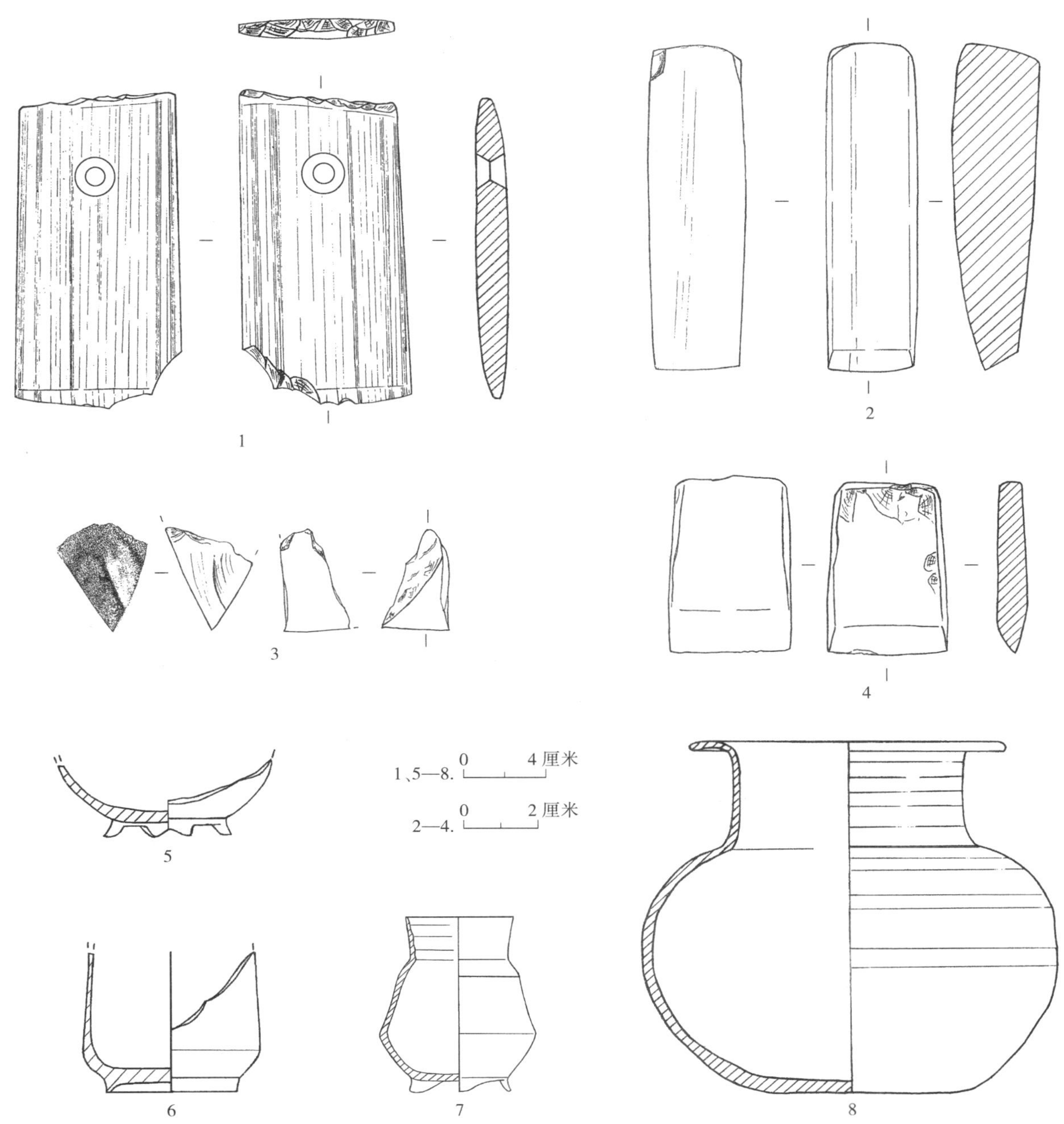

图一〇三　M5出土石器、陶器

1. 石钺（M5∶1）　2. 石锛（M5∶2）　3. 石锛（M5∶5）　4. 石锛（M5∶3）　5. 陶器（M5∶12）　6. 陶杯（M5∶8）　7. 陶壶（M5∶4）　8. 陶罐（M5∶6）

标本M5∶8，陶杯。泥质浅灰陶，素面，轮制。杯上部已残，高度不明。存留部分杯壁斜直，略显垂腹，腹部有一折棱。下部圈底足，内凹。残高6、底径6.2厘米（图一〇三∶6）。

标本M5∶9，陶器。泥质灰陶，残甚，不可修复。

标本M5∶10，陶器。泥质浅灰陶，残甚，不可修复。

标本M5∶11，陶器。泥质橙红陶，残甚，不可修复。

标本M5∶12，陶器。泥质灰陶，轮制。器物上部已残失，仅存下腹部及足。下腹略鼓内收，四足呈花瓣形，两两相对称，置于底部。残高4、底径6.2厘米（图一〇三∶5）。

标本 M5：13，陶器。泥质橙红陶，残甚，不可修复。

2. 石器　4 件，种类有钺和锛。

标本 M5：1，石钺。青灰色石质，磨制精细，制作规整。整体呈扁长方形，上部台面未经打磨，尚留有清晰的打片疤痕。钺体中部偏上端，对钻有一孔，钻痕不明显，台痕较清晰。钺刃部略有残失，从存留的刃部来看，较锋利。长 17.6、中宽 8.8、刃宽 9、中厚 1.8 厘米（图一〇三：1；彩版七一：1、2）。

标本 M5：2，石锛。灰黑色石质，磨制精细。呈长条形，体厚实，顶端有一近方形台面，锛体一面较弧凸，刃部与弧面相接；另一面平整，刃、面间有明显的折棱。锛体光滑，少量部位存留有磨制痕迹。长 9.05、中宽 2.6、刃长 2.4、中厚 2.1 厘米（图一〇三：2；彩版七一：3）。

标本 M5：3，石锛。灰白色石质，磨制比较精细。扁长形，上端较窄，下部的刃边较宽。锛体上部存留有若干打片疤痕。长 5、中宽 3.3、中厚 0.9、刃长 3.25 厘米（图一〇三：4；彩版七一：4）。

标本 M5：5，石锛。青灰色石质，已残断，可以看出其为石锛的刃部。一面较平整，另一面弧凸，残存的侧面上留有明显的线切割痕迹。残长 2.9、残宽 1.8 厘米（图一〇三：3；彩版七一：5）。

第六节　六号墓

一　墓葬形制

M6 位于 T0908 的北部，东部为 M1、M2、M3、M21、M22，南部为 G1。2006 年 3 月 24 日上午对 T0908 东北部进行铲面时发现 M6，3 月 27 日对墓坑内部由上至下逐层清理，清理完毕后，照相、绘图以及取出器物。

M6 墓坑开口于第 1 层下，墓葬整体打破 G1，其北部被晚期灰沟打破。墓葬开口距地表 0.18 米，为长方形土坑竖穴式，墓坑口部残长 1.9、宽 1.1 米，墓底距地表 0.3 米，墓坑深 0.12 米，墓向 193°。墓坑内填土灰黄，偏灰，内含少量红烧土、炭粒及陶片。土质较疏松，略黏。由于距地表较近破坏较为严重，葬具情况已不清晰。

残存随葬品共 11 件，以陶器为主，共 10 件，器形有豆、罐、器盖、纺轮等。玉器仅有璜 1 件。其中陶器置于坑内偏东部和中部偏南；玉璜发现于墓坑内南侧，应是扰乱所致（图一〇四；彩版七二、七三）。

二　随葬器物

1. 陶器　10 件，种类有豆、壶、盆、罐、纺轮、器盖等。

标本 M6：2，陶盆。泥质灰陶，轮制，器表施有黑色陶衣，剥落较甚。宽圆唇，微侈，颈部略显内敛，鼓腹，下腹部有一折棱。底部已残，可看出为花瓣形底。口径 16、残底径 8.6、残高 7.2 厘米（图一〇五：2；彩版七四：3）。

标本 M6：3，陶器。粗泥灰褐陶，残甚，不可复原。

标本 M6：4，陶壶。泥质橙红陶，残甚，不可复原。

标本 M6：5，陶器。泥质橙红陶，轮制，器表施有红色陶衣。上部残甚，仅存腹部与底部。腹部

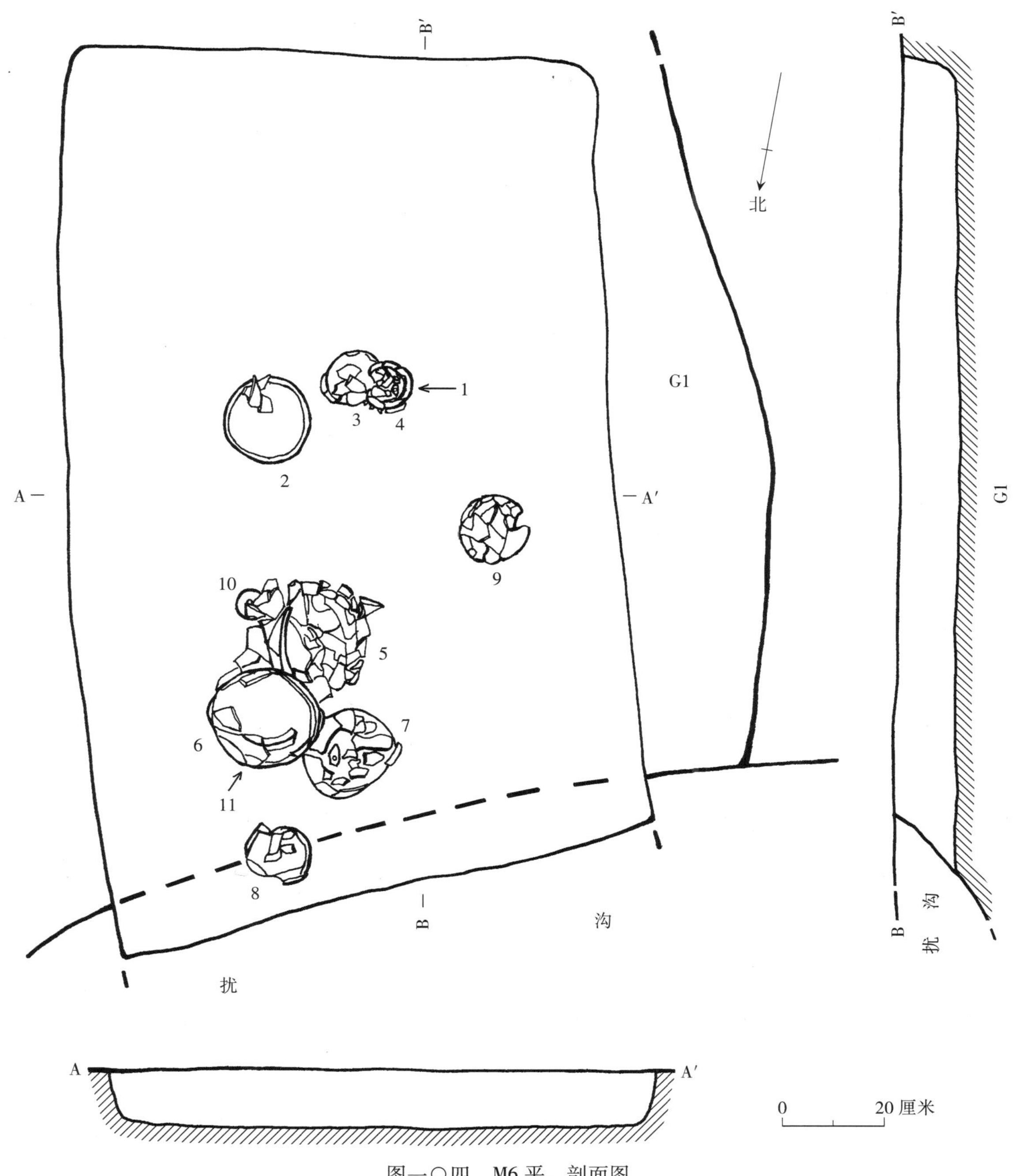

图一〇四　M6 平、剖面图

1. 玉璜　2. 陶盆　3、5、7、9. 陶器　4. 陶壶　6. 陶罐　8. 陶豆　10. 陶纺轮　11. 陶器盖

略显折腹，鼓腹内收成平底。残腹径 18.8、底径 9.6、高 8 厘米（图一〇五：3；彩版七四：4）。

标本 M6：6，陶罐。泥质浅橙红陶，轮制，器表施有黑衣，剥落较甚。外口方圆唇，短直径，内口下凹，较外口小，平沿方唇。广肩，腹部较鼓，斜直，上部装饰有宽瓦楞纹，下腹部饰凸棱一周，其上对称分布 4 个板耳。下腹部圆鼓内收，小平底。内口径 8、外口径 10.6、最大腹径 24、底径 9、高 15 厘米（图一〇五：4；彩版七四：5）。

标本 M6：7，陶器。泥质红褐陶，残甚，不可复原。

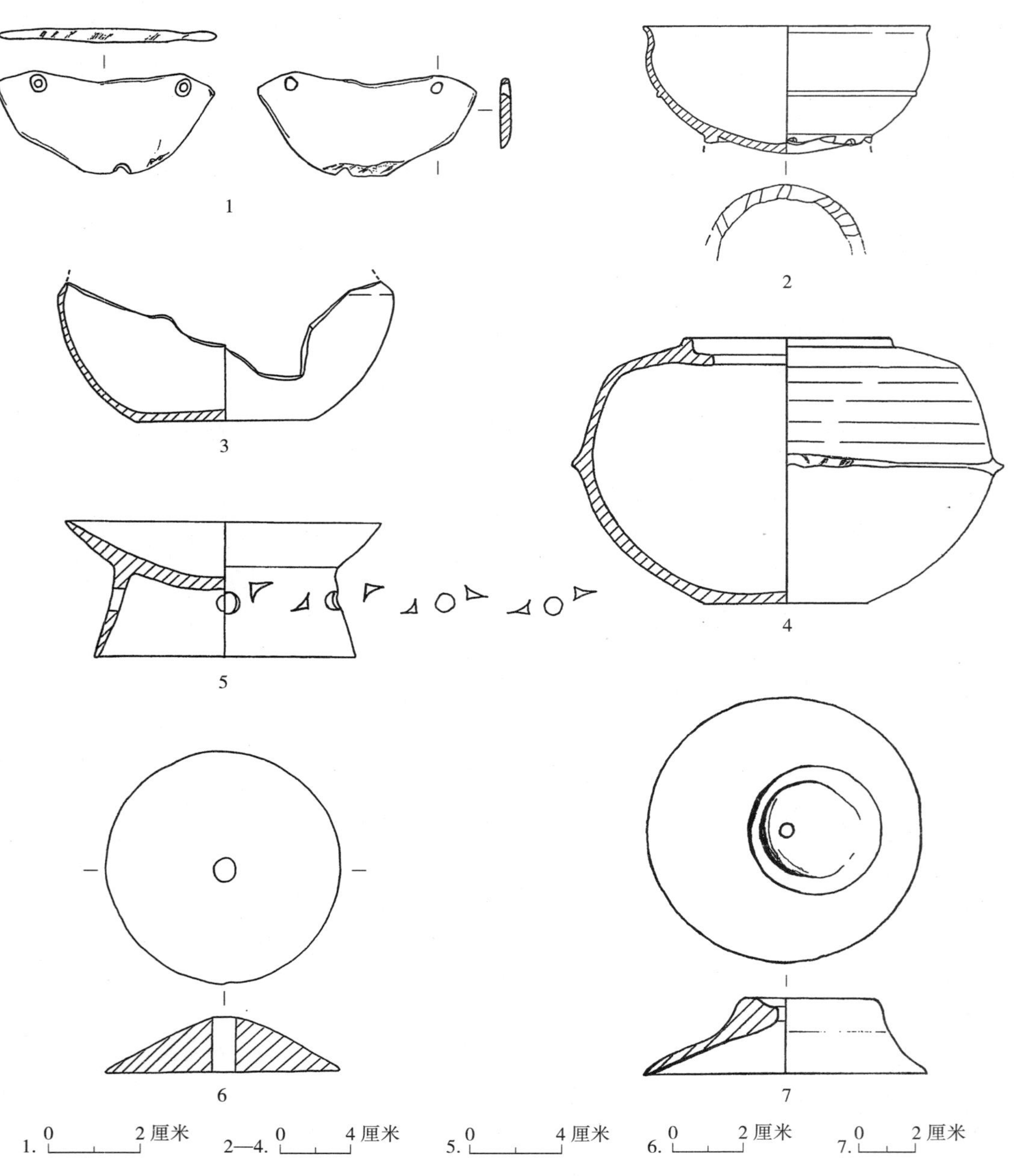

图一〇五 M6出土玉器、陶器

1. 玉璜（M6：1） 2. 陶盆（M6：2） 3. 陶器（M6：5） 4. 陶罐（M6：6） 5. 陶豆（M6：8） 6. 陶纺轮（M6：10） 7. 陶器盖（M6：11）

标本 M6∶8，陶豆。泥质红褐陶，轮制。上部豆盘为尖圆唇，敞口，斜直壁，圜底。下部豆柄为矮圈足状，柄上饰有一周圆形、三角形镂孔，其中圆形镂孔 4 个，为全镂孔，三角形镂孔两两对称，为半镂孔。豆盘口径 13.6、底径 11.2、高 6 厘米（图一〇五∶5；彩版七四∶6）。

标本 M6∶9，陶器。夹砂橙红陶，残甚，不可复原。

标本 M6∶10，陶纺轮。泥质灰黑陶，手制。呈扁锥状，表面不甚平整。底径 6.6、孔径 0.6、厚 2.5 厘米（图一〇五∶6；彩版七四∶1）。

标本 M6∶11，陶器盖。标本粗泥质红褐陶，轮制，其表施有黑色陶衣，剥落较甚。扁圆形，上部有圆形凸起的捉手，其正中有一穿孔，与盖内相通。直径 9.8、高 2.6 厘米（图一〇五∶7；彩版七四∶2）。

2. 玉器　1 件。

标本 M6∶1，玉璜。鸡骨白色，不透光，部分呈牙黄色，玉质内含有成条状分布的黑点，器表附着有机质残痕。璜体呈扁平状，半弧形，较平整，中部略凹，两端各钻有一孔，皆为单面钻，孔内均有由内向外的单向磨痕。璜体一面略凹处，残存有明显的打磨痕迹。璜体下端亦钻有一孔，单面钻，已残破。该璜出土时断裂，现已修复。长 4.7、宽 2.3、中厚 0.25、最大孔径 0.4 厘米（图一〇五∶1；彩版七五）。

第七节　七号墓

一　墓葬形制

M7 位于 T0907 的东南部，其东北角小部分已进入 T1007，东南部为 M4、M8、M9，西部为 G1，北部为 M1、M2、M3、M21、M22。2006 年 3 月 24 日上午对 T0907 东南部进行铲面时发现 M7，由于它的大部分被压于东隔梁下，3 月 27 日对东隔梁进行清理后，M7 墓葬完整暴露。后对墓坑内部由上至下逐层清理，清理完毕后，照相、绘图以及取出器物。

M7 墓坑开口于第 1 层下，打破生土层，其东南打破 G1。墓葬开口距地表 0.21 米，为长方形土坑竖穴式，墓坑口长 2.74、最宽处为 1.4 米，墓坑深 0.2 米，墓底距地表 0.41 米，墓向 198°。坑壁剥落自然，墓坑内填灰褐色五花土，内含少量红烧土、炭粒及陶片。土质较疏松，偏沙质。

葬具痕迹明显，从平面上看，棺置于墓坑中部偏东南，略呈长方形，南、北两头各有两个突出，整体棺呈 H 状，长 2.47、宽 1.16、侧板高约 0.2 米。木质，朽痕呈灰白色，棺壁厚 0.05 米，其底部由两边向中间呈弧底状，剖面呈 U 形。棺内器物上存有盖板朽塌痕迹，从剖面上看呈不规则条状，上下起伏覆盖于器物之上，两头紧贴棺壁，朽痕呈灰白色，厚约 0.05 米。盖板朽痕与底板之间有明显的淤土痕迹，说明盖板在墓葬回填后一定时间内保持了棺内存在的空间，而随着水分的渗入和盖板的糟朽，盖板承受不了上层回填土的积压而塌落至棺内。棺内人骨仅保存有牙齿痕迹，可以看出，位于棺内偏东部，仰身直肢，头向西南，性别不可辨。

该墓随葬品共 16 件，其中玉器 2 件，器形有琀、环；石器 3 件，仅有锛一类；陶器 11 件，器形有鼎、豆、罐、壶、杯等。随葬器物集中摆放于墓主的头部、腹部和脚部三个区域，其中头部牙痕下部出土玉琀，头部西侧放置陶豆，豆下部有玉环 1 件，腹部置有 2 件石锛、陶觚形杯、陶罐等，脚部摆放有陶罐、陶壶、陶豆、陶鼎等物（图一〇六；彩版七六、彩版七七、彩版七八）。

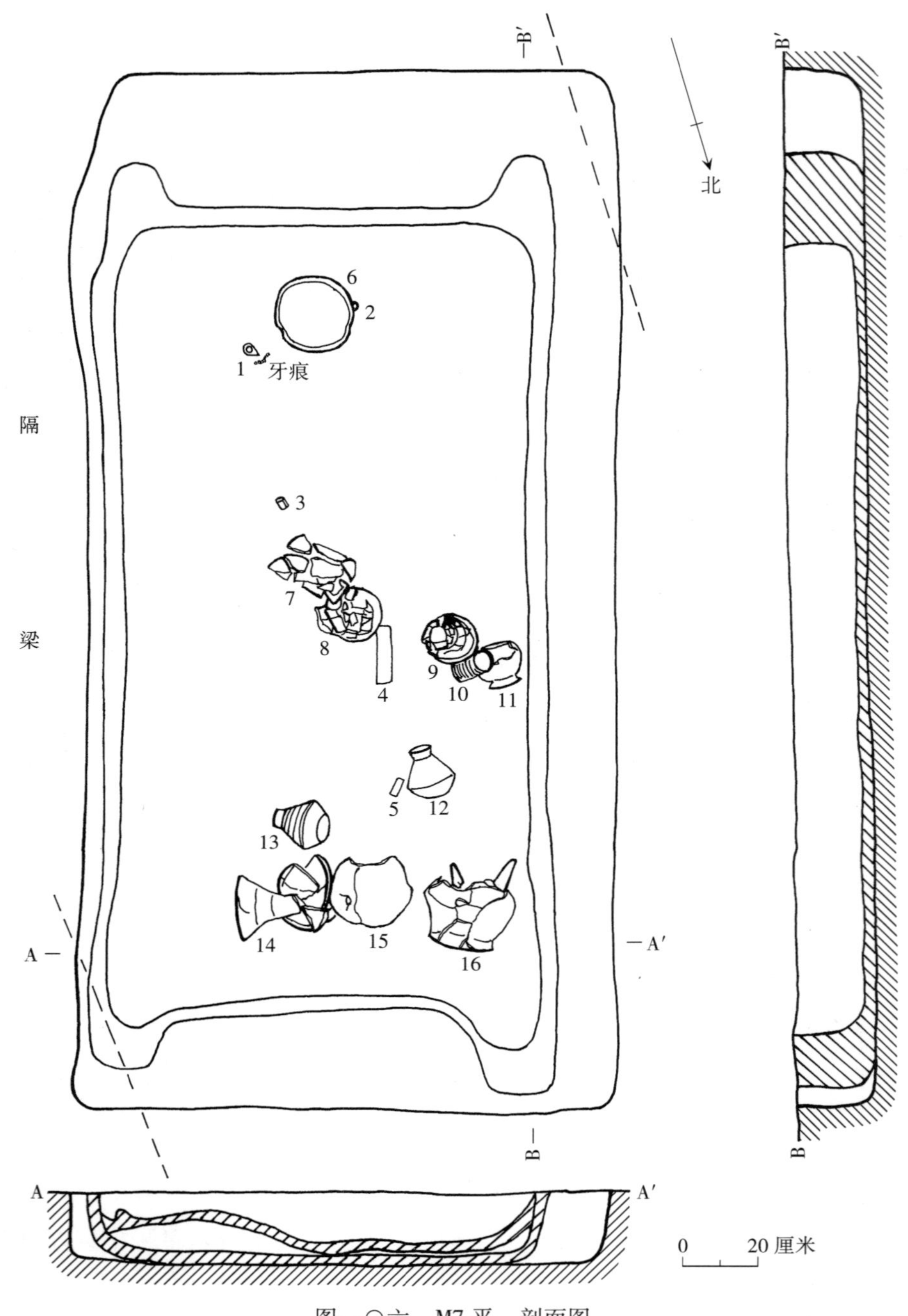

图一〇六 M7 平、剖面图

1. 玉饰（琀） 2. 玉环 3—5. 石锛 6、14. 陶豆 7、10. 陶杯 8、9. 陶罐 11—13. 陶壶 15. 陶器 16. 陶鼎

二 随葬器物

1. 陶器 11 件，种类有鼎、壶、豆、杯、罐等。

标本 M7：6，陶豆。泥质浅褐陶，轮制。上部豆盘为尖圆唇，折敛口，盘腹中部有一道折棱。豆柄呈喇叭状，柄上有一周有长条形、三角形、圆形组合纹案的镂孔。其中长条形镂孔共计 6 个，为全镂孔；圆形镂孔有2对共4个纵形排列镂孔，亦为全镂孔，其余皆为半镂孔；三角形镂孔下部为横梯形刻划纹。盘径16.6、底径14、高12.2厘米（图一〇七：8；彩版七九：1、2）。

标本M7：7，陶杯。泥质灰陶，轮制。整体呈觚形，圆唇，敞口，深腹内收，腹下近底处外撇，平底略内凹。口径8.4、底径8.6、高15厘米（图一〇七：9；彩版七九：3）。

标本M7：8，陶罐。泥质橙红陶，轮制，素面。圆唇，侈口，斜直颈，溜肩，圆鼓腹，平底。口径10、最大腹径14、高10厘米（图一〇七：10；彩版八〇：1）。

标本M7：9，陶罐。泥质灰陶，轮制，器表饰有黑衣，脱落较甚。大口近直，尖圆唇，颈、肩、腹上有三道折棱，折腹下斜直内收，小平底。口径8.6、底径6.6、高11.2厘米（图一〇七：7；彩版八〇：2）。

标本M7：10，陶杯。泥质灰黑陶，轮制。敞口，直腰，颈部微内敛，浅瓦楞状腹，整体呈觚形。底部有三足。口径6.4、底径8.2、高15.2厘米（图一〇七：6；彩版七九：4）。

标本M7：11，陶壶。泥质灰陶，轮制，素面。圆唇，敞口，束颈，斜弧肩，鼓腹内收，下部已残失。口径8.8、残高13厘米（图一〇七：5；彩版八〇：3）。

标本M7：12，陶壶。泥质灰褐陶，轮制，素面。圆唇，直口外敞，肩部微折，折腹，腹部最大径偏下，下部斜直内收，平底。口径5.5、底径6.6、高14厘米（图一〇七：12；彩版八〇：4）。

标本M7：13，陶壶。泥质灰陶，轮制。圆唇，直口微敞，上腹部饰有6道瓦楞纹，折腹位置略偏下部，下部斜直内收，平底。口径5.5、底径8.8、最大腹径14.2、高13.3厘米（图一〇七：13；彩版八一：3）。

标本M7：14，陶豆。泥质浅褐陶，轮制，器表施有黑衣。上部豆盘为尖圆唇，斜直壁，浅平底豆。喇叭状豆柄，柄上部略显束节形，下部饰有圆形、横短长条形镂孔，由于残失较多，纹饰的组合关系不明。盘口径21、底径13.8、高12厘米（图一〇七：11；彩版八一：1、2）。

标本M7：15，陶器。夹砂灰黑陶，轮制，残甚，不可修复。

标本M7：16，陶鼎。夹草木灰浅褐陶，轮制，素面。侈口，折沿，弧肩，圆鼓腹下垂，圜底，锥形三足。口径14.6、最大腹径17.8、高19.4、足高9.4厘米（图一〇七：14；彩版八一：4）。

2. 玉器 2件，种类有玉琀、玉环。

标本M7：1，玉饰（琀）。鸡骨白色，少部分呈牙黄色，玉质内有绿色块斑，少量透光处呈湖绿色，器表附着有少量有机质朽痕。平面呈水滴形，中部孔为单面管钻，因略有偏差，孔底部存有台痕。上、下两面均存有线割痕迹，较浅，其尖端侧面上留有两道相对的线割痕迹。出土时断裂，已修复。长3.8、最大孔径1.7、最大厚度0.5厘米（图一〇七：1；彩版八二：3、4，彩版八七：5）。

标本M7：2，玉环。鸡骨白色，少部分呈牙黄色，有绿色块斑，少部分透光，孔部附着有机质朽痕。圆环形，内圈较外圈规整，内圈管钻而成，痕迹明显。外径2.6、内径1.3、厚0.2厘米（图一〇七：4；彩版八二：1、2）。

3. 石器 3件，种类只有石锛。

标本M7：3，石锛。青灰色石质，已风化，出土时观察，体形较小。

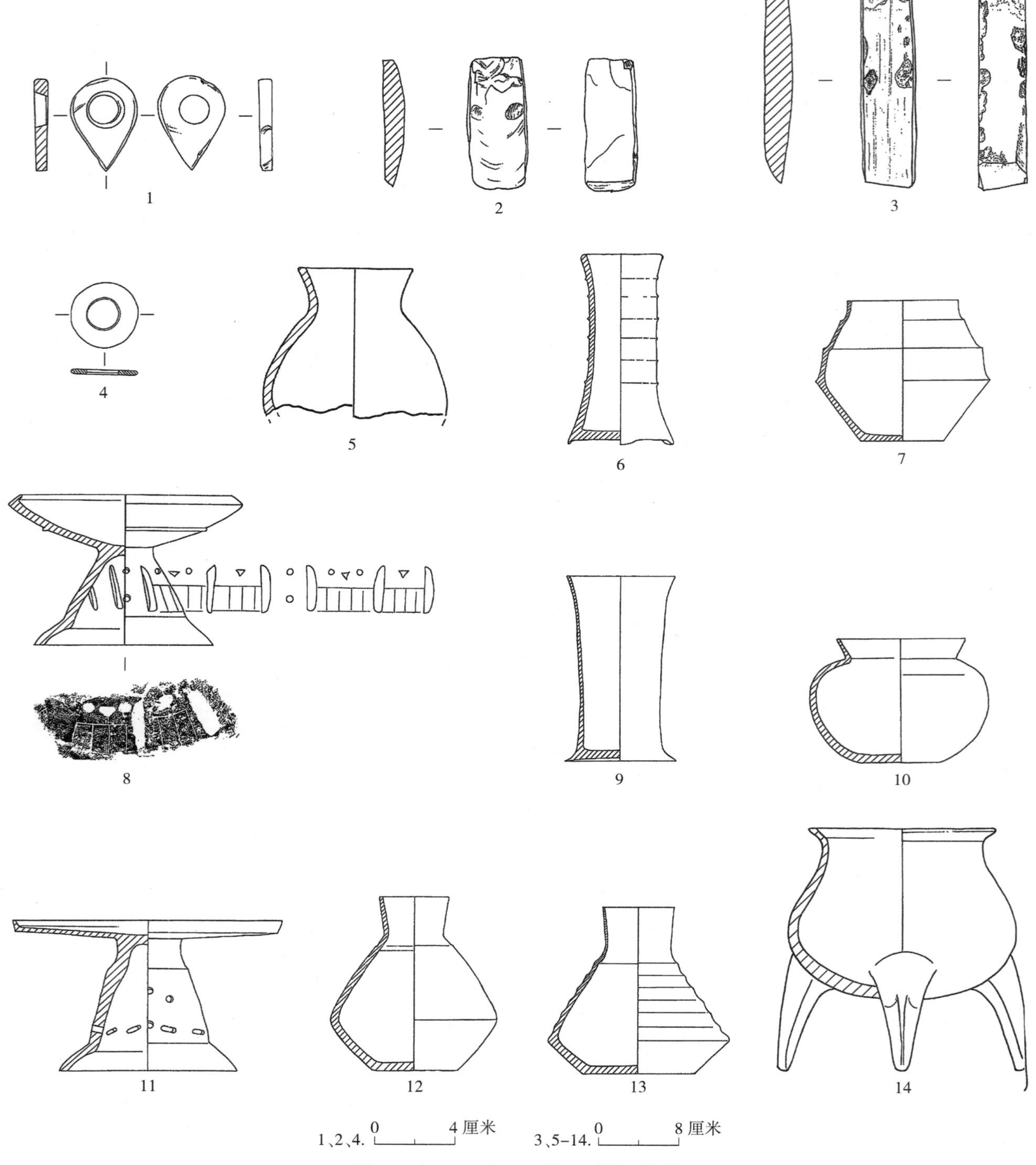

图一〇七　M7出土玉器、石器、陶器

1. 玉琀（M7：1）　2. 石锛（M7：5）　3. 石锛（M7：4）　4. 玉环（M7：2）　5. 陶壶（M7：11）　6. 陶杯（M7：10）　7. 陶罐（M7：9）　8. 陶豆（M7：6）　9. 陶杯（M7：7）　10. 陶罐（M7：8）　11. 陶豆（M7：14）　12. 陶壶（M7：12）　13. 陶壶（M7：13）　14. 陶鼎（M7：16）

标本 M7：4，石锛。青灰色石质，磨制精细。长条形，体较厚，一面刃与锛上体相连，表面光滑平整；另一面刃与锛体相接处有折棱，该面上还留有打片疤痕。长 16.2、宽 3.8、厚 2.2 厘米（图一〇七：3；彩版八三：1、2）。

标本 M7：5，石锛。青灰色石质，磨制。长条形，形制较小。锛体一面光滑平整，另一面留有较多的打片疤痕。长 5、宽 2.2、厚 0.8 厘米（图一〇七：2；彩版八三：3、4）。

第八节　八号墓

一　墓葬形制

M8 位于 T1007 的东南部，其东南角小部分已进入 T1006 北隔梁，东南部为 M9、M10，西部为 M7、M11。2006 年 3 月 26 日上午清理 M4 底部时发现 M8，后将压于 M8 之上的东部土层扩开，使得 M8 完整暴露。4 月 19 日开始对墓坑内部由上至下逐层清理，4 月 20 日清理完毕，之后照相、绘图以及取出器物。

M8 墓坑开口于第 1 层下，被 M4、H16 打破，墓底打破生土层。墓葬开口距地表 0.27 米，为长方形土坑竖穴式，墓坑口长 2.83 米，最宽处为 1.46 米，墓坑深 0.43 米，墓底距地表 0.7 米，墓向 192°。坑壁剥落自然，墓坑内填灰褐色五花土，内含少量红烧土、炭粒及陶片。土质较疏松，偏沙质。

葬具痕迹明显，从平面上来看，棺置于墓坑中部略偏南，略呈长方形，棺长 2.58、宽 1.45 米，板厚 0.05 米，侧板高约 0.43 米。木质，朽痕呈灰白色，棺壁厚 0.05 米，其底部由两边向中间呈弧底状，剖面呈 U 形。棺内器物上存有盖板朽塌痕迹，说明原先存有盖板。棺内人骨已朽，但保留有大体痕迹，可以看出墓主位于棺内偏东部，仰身直肢，头向西南，性别不可辨。

该墓随葬品共 18 件，其中玉器 2 件，器形有环和玉饰；石器 3 件，仅有锛一种；陶器 13 件，器形有鼎、豆、罐、壶、杯等。随葬器物集中摆放于紧靠棺内西壁，仅一件陶觚置于墓主下体膝盖部分。墓主头部、胸部有小玉璧、玉饰，其中玉璧处发现有较明显的牙痕。在墓主腹部置有 2 件石锛，另一件小石锛放于头顶处（图一〇八；彩版八四）。

二　随葬器物

1. 陶器　13 件，种类有鼎、豆、罐、壶、杯等。

标本 M8：6，陶杯。泥质灰陶，轮制。圆唇，敞口，直腹略显内收，平底内凹，觚形。口径 8、底径 6.6、高 13.5 厘米（图一〇九：9；彩版八五：1）。

标本 M8：7，陶杯。泥质灰黑陶，轮制。觚形，直口，圆唇，上腹部饰凹弦纹，下部外撇，底部有足。口径 6、底径 8.6、高 14.2 厘米（图一〇九：10；彩版八五：2）。

标本 M8：8，陶罐。泥质灰褐陶，轮制，素面。敞口，圆唇，弧肩，圆鼓腹，腹部对饰两个錾手，平底。口径 17.4、高 21.2、底径 16 厘米（图一〇九：6；彩版八六：3）。

标本 M8：9，陶罐。夹草木灰（炭）粗泥浅褐陶，轮制，素面上部施有红衣。尖圆唇，卷沿，束直颈，肩部有一周凹弦纹。腹部偏下处对称饰 4 个錾手，底部已残。口径 14.7、最大腹径 34、残高 32

厘米（图一〇九∶4）。

标本 M8∶10，陶器。夹草木灰（炭）粗泥灰黑陶，残甚，不可修复。

标本 M8∶11，陶器。泥质橙红陶，残甚，不可修复。

标本 M8∶12，陶器。夹草木灰（炭）粗泥灰黑陶，残甚，不可修复。

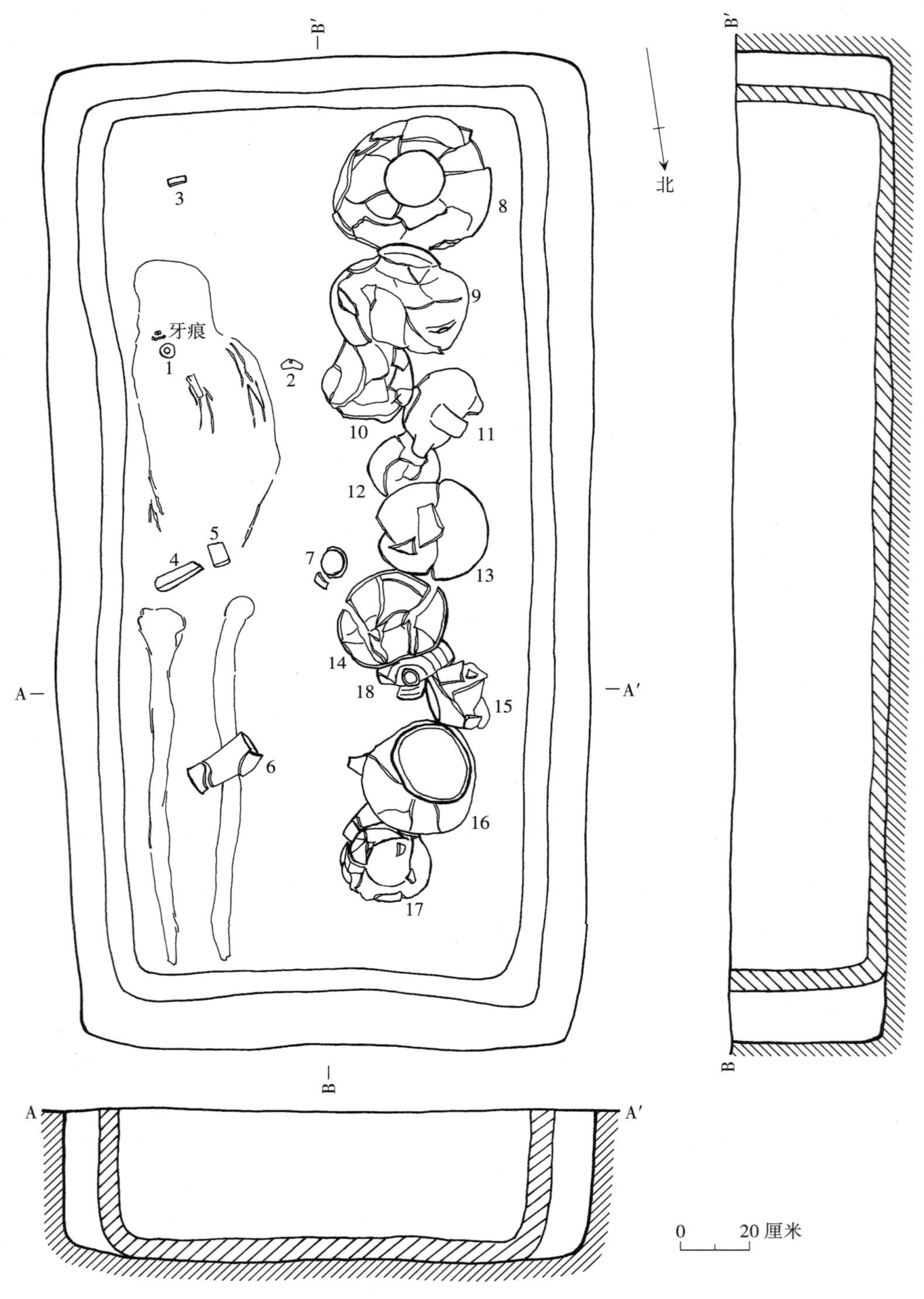

图一〇八　M8 平、剖面图

1. 玉璧（琀）　2. 玉饰　3—5. 石锛　6、7. 陶杯　8、9、15. 陶罐　10—12、18. 陶器　13、14. 陶豆　16. 陶鼎　17. 陶壶

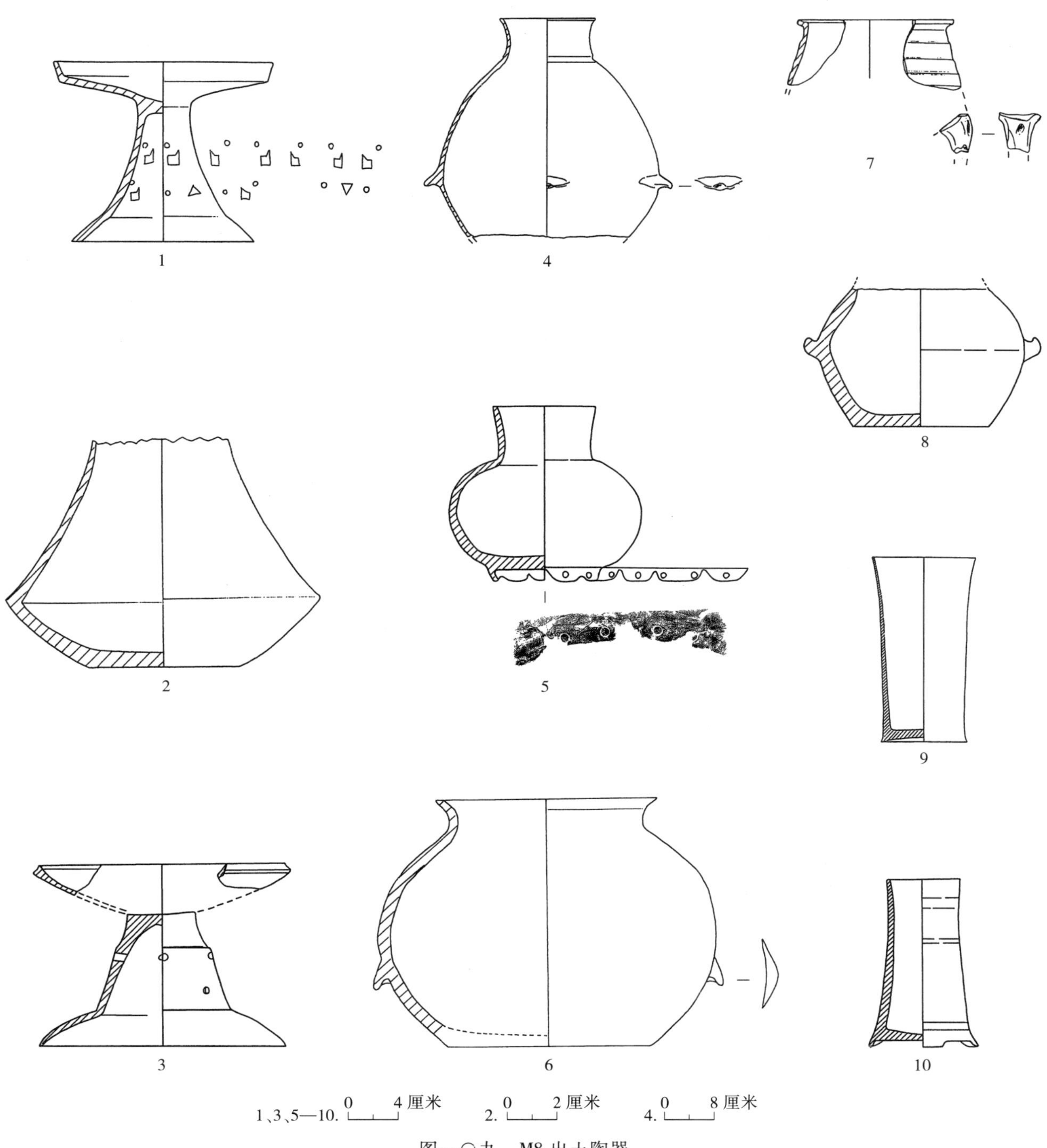

图一〇九 M8 出土陶器

1. 陶豆（M8：13） 2. 陶壶（M8：18） 3. 陶豆（M8：14） 4. 陶罐（M8：9） 5. 陶壶（M8：17） 6. 陶罐（M8：8） 7. 陶鼎（M8：16） 8. 陶罐（M8：15） 9. 陶杯（M8：6） 10. 陶杯（M8：7）

标本 M8∶13，陶豆。泥质浅灰陶，轮制，器表施有黑衣，脱落较甚。豆盘为侈口，圆唇，折沿。豆柄呈喇叭形，上端较细，其上饰三角形、圆形镂孔。盘口径 18.2、底径 15、高 15.4 厘米（图一〇九∶1；彩版八五∶3、4）。

标本 M8∶14，陶豆。泥质红褐陶，轮制，器表施有黑衣。折敛口，豆盘壁斜直内收至豆柄，柄上部略束，下部外撇，其上装饰有圆形镂孔，底部呈喇叭状外撇。豆盘径 20、底径 18.2、高 14 厘米（图一〇九∶3）。

标本 M8∶15，陶罐。泥质橙红陶，轮制，表面施红衣。口部已残，溜肩，圆鼓腹，上腹部对称贴两个鋬手，胎壁较厚。最大腹径 17.2、底径 11.4、残高 11.8 厘米（图一〇九∶8；彩版八六∶1、2）。

标本 M8∶16，陶鼎。夹草木灰（炭）粗泥灰黑陶，侈口，折沿，颈部有数道凸弦纹，腹部以下残，足仅残存根部，有按窝。口径 12.5、残高 5.4 厘米（图一〇九∶7）。

标本 M8∶17，陶壶。泥质灰陶，轮制，器表施有黑衣。微敞口，圆唇，直颈，圆鼓腹。花瓣形足，足四长三短，长足面饰 2 个圆圈形纹，短足仅饰 1 个。口径 8.6、高 15、足高 1.2 厘米（图一〇九∶5；彩版八六∶4）。

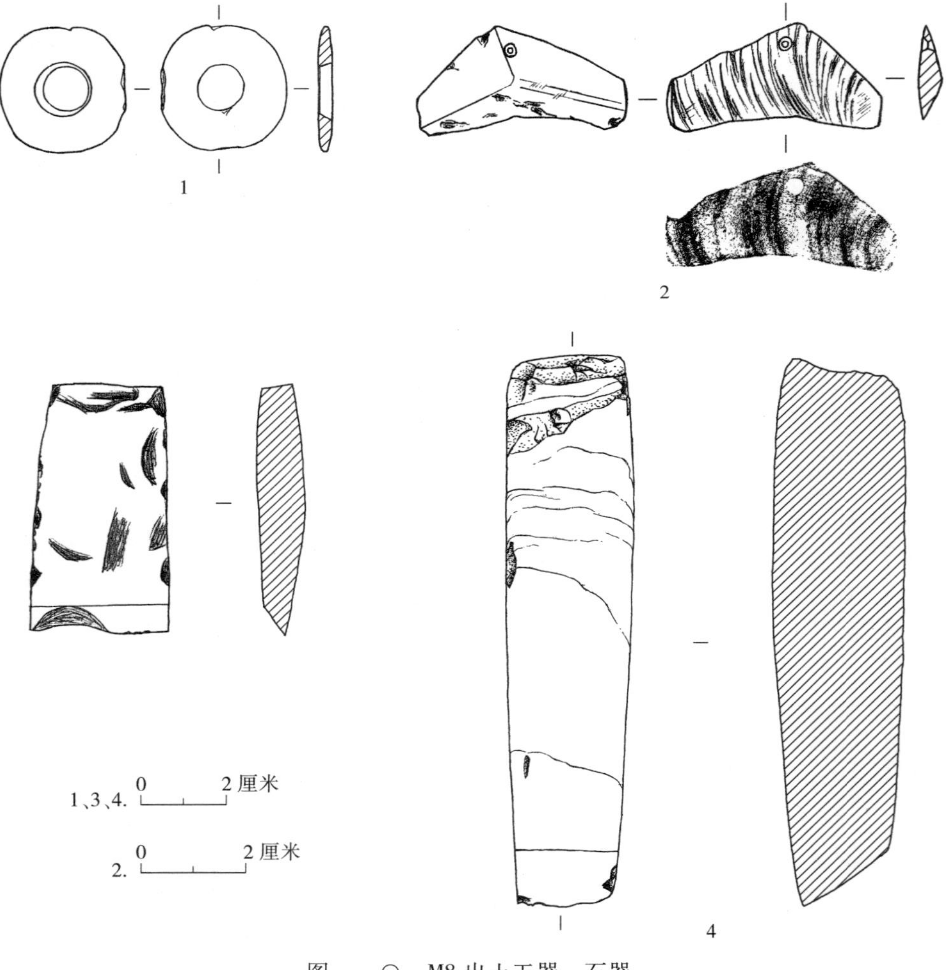

图一一〇 M8 出土玉器、石器

1. 玉环（M8∶1） 2. 玉饰（M8∶2） 3. 石锛（M8∶5） 4. 石锛（M8∶4）

标本 M8：18，陶壶。泥质灰陶，轮制，素面。口部已残，颈部较长，斜直肩，折腹，内收至平底。最大腹径 12、底径 5.8、残高 8.6 厘米（图一〇九：2；彩版八五：5）。

2. 玉器 2 件，种类有环和玉饰。

标本 M8：1，玉环。鸡骨白色，不透光，玉质内含有灰白色结晶与浅绿色颗粒状物，器表附着少量有机质朽痕。器形不规整，略显扁圆形，中部单面管钻有一孔，较规整。从剖面上看，中间略厚于边缘处。外径 3.15、孔径 1.3、厚 0.35 厘米（图一一〇：1；彩版八七：1、2）。

标本 M8：2，玉饰。鸡骨白色，局部呈牙黄色，玉质内有黄绿色结晶斑，表面附着少量有机质朽痕。平面呈磬形，一面略凸起，磨出三道攒尖斜棱；另一面内凹，上部有清晰的线割痕迹。一端钻有一小孔，孔内上大下小，应为砥钻孔。长 4、宽 1.9、孔径 0.2 厘米（图一一〇：2；彩版八七：3、4、6）。

3. 石器 3 件，只有锛一种。

标本 M8：3，石锛。青黄色石质，体形较小，风化严重。

标本 M8：4，石锛。灰白色石质，磨制。长条形，体厚重，磨制光滑，刃部有残失。长 13.3、宽 2.9、厚 3 厘米（图一一〇：4；彩版八八：1、3）。

标本 M8：5，石锛。灰白色石质，磨制。表面风化严重，为长条形，宽端磨出刃部。长 6.1、宽 2.6—3.2、厚 1.1 厘米（图一一〇：3；彩版八八：2、4）。

第九节 九号墓

一 墓葬形制

M9 位于 T1007 的东南部，其东南角小部分已进入 T1006 北隔梁，东南部为 M10，西部为 M8、M11。2006 年 4 月 12 日上午对 T1007 东南铲面时发现该墓。4 月 18 日开始对墓坑内部由上至下逐层清理，4 月 19 日清理完毕之后，照相、绘图以及取出器物。

M9 墓坑开口于第 1 层下，打破 F4 北部，墓底打破生土层，又被 H16 打破。墓葬开口距地表 0.3 米，为长方形土坑竖穴式，墓坑口长 2.3 米，最宽处 1.15 米，墓底距地表 0.64 米，墓坑深 0.34 米，墓向 190°。坑壁剥落自然，墓坑内填黄褐色五花土，内含少量红烧土、炭粒及陶片。土质较疏松，偏沙质（彩版八九）。

葬具痕迹明显，从平面上来看，棺置于墓坑中部偏西，略呈长方形，葬具最长 2.14、最宽 0.9、板厚 0.05 米，侧板高约 0.34 米。木质，朽痕呈灰白色，棺壁厚 0.05 米，其底部由两边向中间呈弧底状，剖面呈 U 形。盖板保存较好，下陷处距墓口 0.17 米。盖板平面呈横向长条形，由南向北比较均匀地分布于棺内，由两根南北纵向木痕与 10 条横向木痕构成，将棺内平面划分成 9 个横向方格。东部纵向木痕较长，至棺内略偏东北部，朽痕从平面上延伸至东壁上消失，宽 0.04—0.06 米；西部纵向木痕仅于棺内西北部保存，变形呈 C 状，其南北与棺壁相接，较东部纵向木痕宽，宽 0.1—0.4 米，厚度为 0.03—0.12 米；东西横向长条状木痕间距 0.05—0.3 米不等，大部分与西部棺壁直接相连，宽 0.02—0.05 米，厚 0.05 米。

棺外土较黄，棺内土较灰，棺内土较棺外土松软。盖板上与盖板下的土可分三层。第1层为上部填土，灰色偏黄；第2层为填土与壁坑土崩落的混合土；第3层为棺内淤积的灰褐色黏土。由此可以看出，盖板在墓葬回填后，一定时间内保持了棺内存在的空间。随着水分的渗入和盖板的糟朽，盖板承受不了上层回填土的积压而塌落至棺内。同时，棺外填土由上部向内积压，棺的南壁、东西壁皆向棺内凹陷，导致棺木变形，棺东壁与墓东壁的间隙较大（图一一一；彩版九○：1—4）。

棺内人骨已朽，仅在玉镯附近发现少量牙痕，可以看出应位于棺内偏西部，头向西南，葬式、性别不可辨。该墓随葬品共11件，其中玉器2件，器形有镯（璜）及玉珠；陶器9件，器形有鼎、豆、罐、纺轮四类。随葬器物集中摆放于紧靠棺内东、北壁，一件陶豆置于棺内东南，一件小陶鼎置于墓主头部，玉饰放置于墓主头部（图一一二；彩版九○：5）。

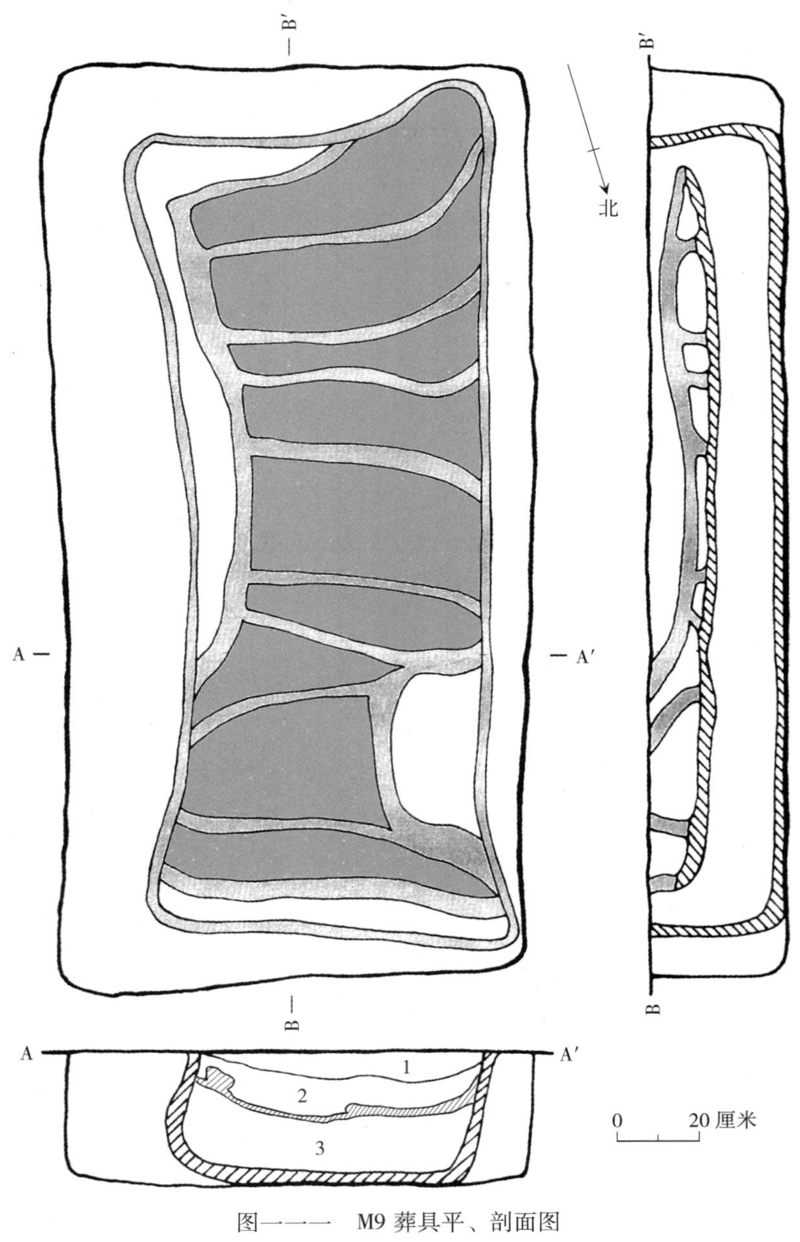

图一一一 M9葬具平、剖面图

图一一二 M9 平、剖面图

1. 玉镯（璜） 2. 玉珠（琀） 3、6. 陶鼎 4. 陶纺轮 5、11. 陶豆 7—10. 陶罐

二 随葬器物

1. 陶器 9 件，种类有鼎、豆、罐、纺轮。

标本 M9∶3，陶鼎。夹草木灰（炭）粗泥灰褐陶，素面。圆唇，侈口，折沿外翻，斜直肩，肩部与腹相接处有道折棱，腹下部内收成圜底。三扁锥状足，其中一足与腹部相接处贴附有鋬手，鋬手已残，但可以看出其略显上翘。折棱以上涂有红色陶衣，剥落较甚。口径8、最大腹径9.4、高8、足高3.4厘米（图一一三：10；彩版九一：1）。

标本M9：4，陶纺轮。泥质红褐陶，手制，风化严重。大体呈圆形，中部穿有一孔。其中一面光素，另一面正中刻划出八角星纹。直径5.5、孔径0.7、中厚0.55厘米（图一一三：4；彩版九一：2）。

标本M9：5，陶豆。泥质浅灰陶，轮制，器表饰有红衣，剥落较甚。尖圆唇，折敛口，斜直腹豆盘，盘腹外部有一道凸棱。豆柄上有两周由圆形、长方形、三角形镂孔组合装饰，底部呈喇叭状。盘径21.6、底径15.8、高17.1厘米（图一一三：1；彩版九一：3、4）。

标本M9：6，陶鼎。夹草木灰（炭）粗泥灰褐陶，上部已残，仅存足部，为扁凿形足，足面两侧有凹槽，正面上端饰有按窝。足长11厘米（图一一三：6）。

标本M9：7，陶罐。泥质橙红陶，轮制，素面，器表施有红衣，无法剔取，从现存情况仅能辨别出为鼓腹、平底。高约10厘米。

标本M9：8，陶罐。泥质灰陶，轮制，素面。敞口，圆唇，束直颈，窄折肩，折腹，腹部略下垂，下部斜直腹内收，大平底。口径8.1、最大腹径11.6、底径7.2、高12厘米（图一一三：5；彩版九二：1）。

标本M9：9，陶罐。泥质红陶，轮制，素面。口部略残，折肩，平底，最大径在折肩处，腹上部对称附两耳，弧腹内收，平底。腹径20、底径10.4、残高12.6厘米（图一一三：9；彩版九二：2）。

标本M9：10，陶罐。泥质红褐陶，轮制，素面。微敛口，直颈，弧肩，圆弧腹内收，平底，腹上对称附两耳。口径8.6、底径8.6、高13.6厘米（图一一三：8；彩版九二：4）。

标本M9：11，陶豆。泥质浅灰陶，轮制。尖圆唇，折敛口，斜直腹状豆盘，盘中部有道凸棱。豆柄上有两周由圆形、长方形、三角形镂孔组合装饰，底部呈喇叭状。盘径19.6、底径14.6、高15.6厘米（图一一三：2；彩版九二：3、5）。

2. 玉器　2件，种类有镯（璜）和珠。

标本M9：1，玉镯（璜）。出土于墓主头部，鸡骨白色，不透光，少部分为牙黄色，玉质内有深绿色结晶斑，表面附着有少量有机质朽痕。整体呈圆环形，已残断为两段，未能拼接完整，应有所缺失。剖面近三角形。一段镯体钻有三孔，另一段上钻有一孔，孔为对钻，呈上大下小喇叭形，台痕明显。在镯体一面，仍能看到开料留下的线割痕迹。复原直径8.2、体宽1.2、厚0.65、最大孔径0.5厘米（图一一三：7；彩版九三，彩版九四：1、2）。

标本M9：2，玉珠（琀）。鸡骨白色，微偏浅绿色，不透光，其表附着有少量有机质朽痕。圆鼓状，体较厚，从侧面观察，中部略鼓，推测是管钻钻芯改制。上下台面略有下凹，偏中部处砥钻一孔，孔形上大下小，由于对钻稍有错位，孔中部台痕明显。直径1.2、厚0.6、中部孔径0.3厘米（图一一三：3；彩版九四：3、4）。

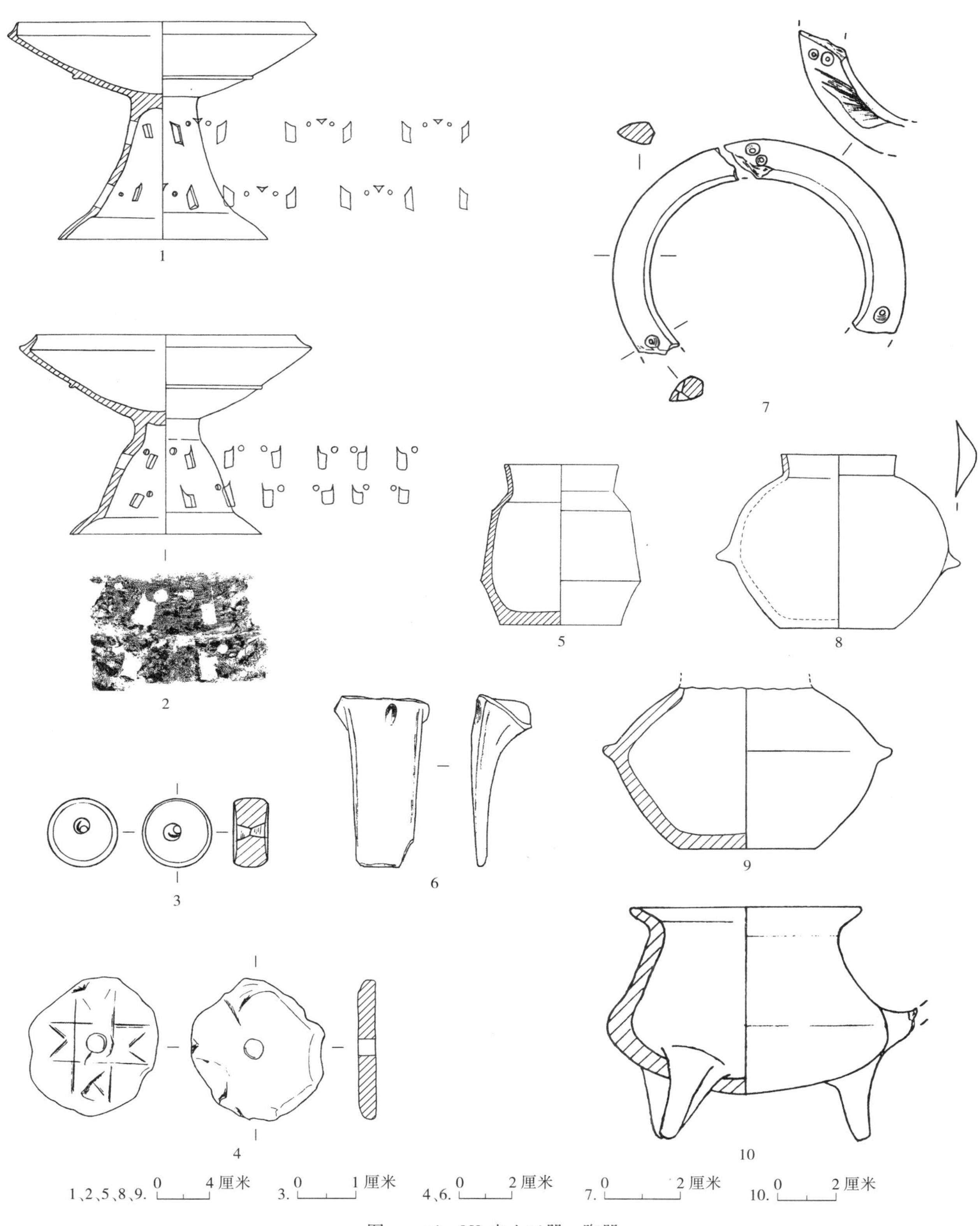

图一一三　M9出土玉器、陶器

1. 陶豆（M9：5）　2. 陶豆（M9：11）　3. 玉珠（琀）（M9：2）　4. 陶纺轮（M9：4）　5. 陶罐（M9：8）　6. 陶鼎（M9：6）　7. 玉镯（璜）（M9：1）　8. 陶罐（M9：10）　9. 陶罐（M9：9）　10. 陶鼎（M9：3）

第十节　十号墓

一　墓葬形制

M10位于T1106的西北部，南部为M18，西北部为M9。2006年4月12日上午对T1106的西北部铲面时发现M10，后将压于其上的东部土层扩开，使M10墓葬的完整暴露。4月18日开始对墓坑内部由上至下逐层清理，4月19日清理完毕之后，照相、绘图以及取出器物。

M10墓坑开口于第1层下，其南部一条机沟所打破，墓底打破生土层。墓葬开口距地表0.25米，为长方形土坑竖穴式，墓坑口长2.35米，最宽处1.23米，墓底距地表0.57米，墓坑深0.32米，墓向185°。坑壁剥落自然，墓坑内填灰褐色五花土，内含少量红烧土、炭粒及陶片。土质较疏松，偏沙质（彩版九五）。

葬具痕迹明显，从平面上来看，棺置于墓坑中部，略呈长方形，葬具残长1.9、宽0.93米，板厚0.04米，侧板高约0.32米。木质，朽痕呈灰白色，棺壁厚0.05米，其底部由两边向中间呈弧状，剖面呈U形。棺内器物上存有盖板朽塌痕迹，说明原先存有盖板。棺内人骨已朽，但保留大体痕迹，可以看出人骨位于棺内偏东部，头向西南，性别不可辨（彩版九六）。

该墓随葬品共12件，其中玉环1件，石锛1件。陶器10件，器形有鼎、豆、罐、壶、盆五类。随葬器物中，陶器集中摆放于紧靠棺中部偏东壁和棺内中部。玉环出土于墓主头部，其中玉环处发现有较明显的牙痕。墓主腹部置有1件石锛（图一一四）。

二　随葬器物

1. 陶器　10件，种类有鼎、豆、盆、罐、壶。

标本M10∶3，陶豆。泥质浅灰陶，轮制，通体施有黑衣。上部豆盘已缺失，仅存柄部，豆柄上端呈竹节状，下部外撇。豆柄上有三角形、圆形镂孔。残高8厘米（图一一五∶3）。

标本M10∶4，陶壶。泥质红褐陶，轮制，通体施黑衣，剥落较甚。圆唇微侈，直颈，折肩，腹部斜直，下腹部折腹内收，平底，底部较大。口径6、最大腹径11.8、底径7.2、高13.2厘米（图一一五∶4；彩版九七∶1）。

标本M10∶5，陶罐。泥质灰褐陶，轮制。敞口，束颈，圆鼓腹，其最大径在罐腹部，下部斜收，平底。口径7.8、底径6、高9.4厘米（图一一五∶5；彩版九七∶3）。

标本M10∶6，陶罐。泥质橙红陶，轮制。圆唇，直口微敛，斜直肩，腹下部已残，仅存平底。复原口径12、底径7厘米（图一一五∶6）。

标本M10∶7，陶鼎。夹草木灰（炭）粗泥红褐陶，轮制。圆唇，侈口，折沿，圆鼓腹下收成圜底，略平。三个扁铲形足，足外侧面由上至下有三个按窝。鼎腹部近中段安置有一鋬手，与其下一足相对应，鋬手近平略显上翘，剖面为三角形，已残断。腹部以上施红色陶衣，剥落较甚。口径13.6、最大腹径16.2、高16.8、足高8.2厘米（图一一五∶7；彩版九七∶2、4）。

标本M10∶8，陶豆。泥质灰陶，残甚，不可修复。

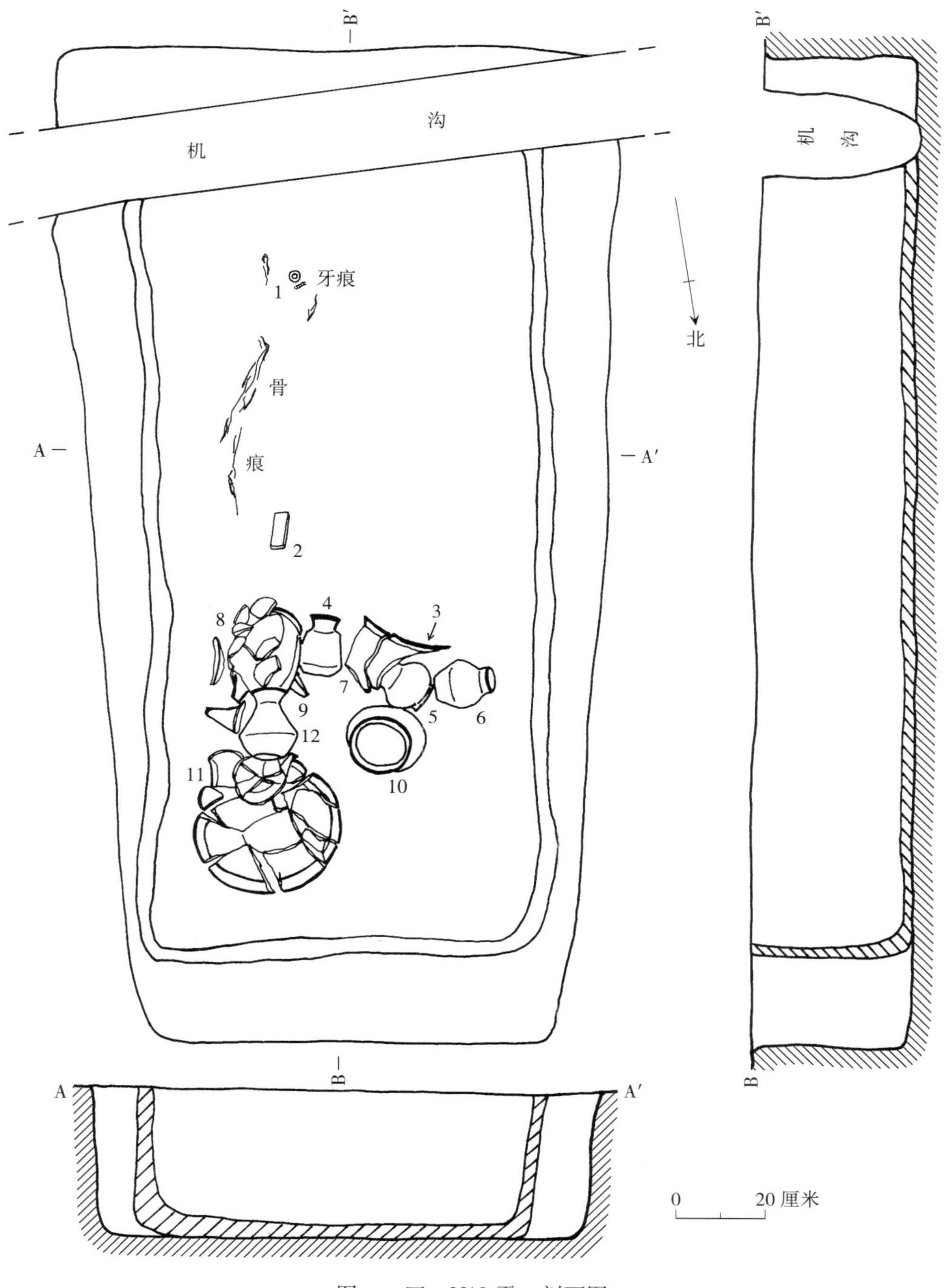

图一一四　M10 平、剖面图
1. 玉环（琀）　2. 石锛　3、8. 陶豆　4、12. 陶壶　5、6、10. 陶罐　7、9. 陶鼎　11. 陶盆

标本 M10：9，陶鼎。夹砂灰褐陶，轮制，器表施红衣痕迹。鼎身呈罐形，侈口，圆唇，圆鼓腹，圜底。鼎腹近中部有一鋬手，曲柄上翘，与其中一足相对应。底部置三个扁铲形足，器形较规整。口径 10.8、最大腹径 14.2、高 16、足高 6.8 厘米（图一一五：8；彩版九八：1）。

标本 M10：10，陶罐。泥质灰褐陶，轮制。侈口、圆唇，圆鼓腹，下部斜收，平底，器形不规整。口径 9.6、底径 7.4、高 11 厘米（图一一五：9；彩版九八：2）。

标本 M10：11，陶盆。泥质红陶，轮制。敞口，卷沿圆唇，束颈，折腹斜直内收，平底。口径 24.2、底径 7.4、高 6.4 厘米（图一一五：10；彩版九八：3）。

标本 M10：12，陶壶。泥质灰褐陶，轮制。侈口，圆唇，短束颈，垂折腹，下部斜收，平底，体较厚重。口径 7.2、底径 6.2、高 14.8 厘米（图一一五：11；彩版九八：4）。

2. 玉器　1 件。

标本 M10：1，玉环（琀）。鸡骨白色，不透光，其表附着有少量有机质朽痕。中部管钻有一孔，外圈上、下一段近直，略显亚腰状。磨制精细，光洁度较好。直径 1.75—1.65、孔径 0.8、中厚 0.25 厘米（图一一五：1；彩版九九：1、2）。

3. 石器　1 件。

标本 M10：2，石锛。灰白色石质，磨制。体厚重，呈长条形。一面刃与锛上体相连，表面光滑平整；另一面刃部与锛体相接处有折棱，该面上存留有打片疤痕。长 7.7、中宽 2.6、厚 2.2 厘米（图一一五：2；彩版九九：3）。

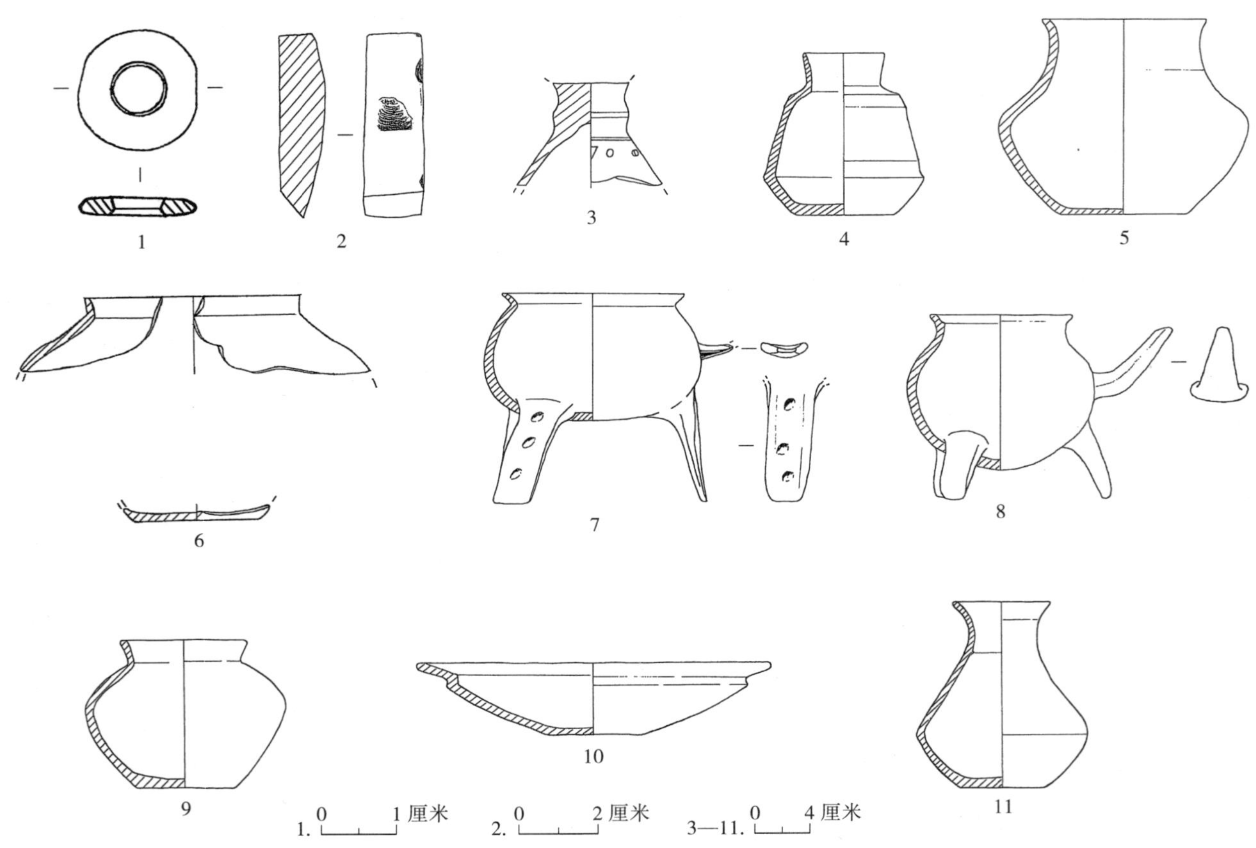

图一一五　M10 出土玉器、石器、陶器

1. 玉环（琀）（M10：1）　2. 石锛（M10：2）　3. 陶豆（M10：3）　4. 陶壶（M10：4）　5. 陶罐（M10：5）　6. 陶罐（M10：6）　7. 陶鼎（M10：7）　8. 陶鼎（M10：9）　9. 陶罐（M10：10）　10. 陶盆（M10：11）　11. 陶壶（M10：12）

第十一节　十一号墓

一　墓葬形制

M11 位于 T1006 的西北部，东北部为 M4，西北部为 M7。2006 年 4 月 15 日上午对 T1006 西北部进行铲面时发现 M11。4 月 19 日开始对墓坑内部由上至下逐层清理，清理完毕后，照相、绘图以及取出器物。

M11 墓坑开口第 1 层下，其西北部被 H13 打破，M11 打破生土层。墓葬开口距地表 0.3 米，为长方形土坑竖穴式，墓坑口长 2.05、宽 0.95 米，墓底距地表 0.8 米，墓坑深 0.5 米，墓向 190°。坑底壁剥落自然，墓坑内填土灰黄，偏灰，内含少量红烧土、炭粒及陶片。土质较疏松，偏沙质。由于距地表较近破坏较为严重，葬具情况已不清晰。墓内有人骨架已朽甚，其头向、面向、葬式、性别及年龄皆不明（彩版一〇〇：1）。

随葬品共 3 件陶器，器形可辨的仅有杯一类（图一一六）。

二　随葬器物

标本 M11：1，陶杯。泥质灰陶，轮制，通体施黑衣。觚形，杯体上部已残，仅存杯身下部及底部。下部呈外撇状，底部略显内凹。杯身底部饰有若干道弦纹，底边刻划出 5 片花瓣形足。底径 9.2、残高 8.2 厘米（图一一七；彩版一〇〇：2、3）。

标本 M11：2，陶器。泥质灰陶，残甚，不可修复。

标本 M11：3，陶器。泥质灰褐陶，残甚，不可修复。

第十二节　十二号墓

一　墓葬形制

M12 位于 T0906 的东部，其东北部分被压于东隔梁下，东北部为 M11，东南部为 M14，西部为 G1，北部为 M7。2006 年 3 月 29 日上午对 T0906 东部进行铲面时发现 M12，由于其大部分被压于东隔梁下，3 月 30 日对东隔梁进行清理后，M12 墓葬才完整暴露，后对墓坑内部由上至下逐层清理，清理完毕后，照相、绘图以及取出器物。

M12 墓坑开口第 1 层下，它打破 M13 与生土层，东部打破 G1。墓葬开口距地表 0.13 米，为长方形土坑竖穴式，墓坑口长 2.47、最宽处 1.6 米，墓底距地表 0.29 米，墓坑深 0.16 米，墓向 190°。由于距地表较近破坏较为严重，坑壁较浅，坑壁剥落自然，墓坑内填灰褐色五花土，内含少量红烧土、炭粒及陶片。土质较疏松，偏沙质。

由于距地表较浅，葬具痕迹保存较差，但尚能看出长方形棺痕，仅北部受回填土挤压内凹。棺长 2.15、最宽处 1.38 米，侧板现高 0.16、厚 0.06 米。木质，棺痕略呈灰白色，保存较差。人骨仅有少

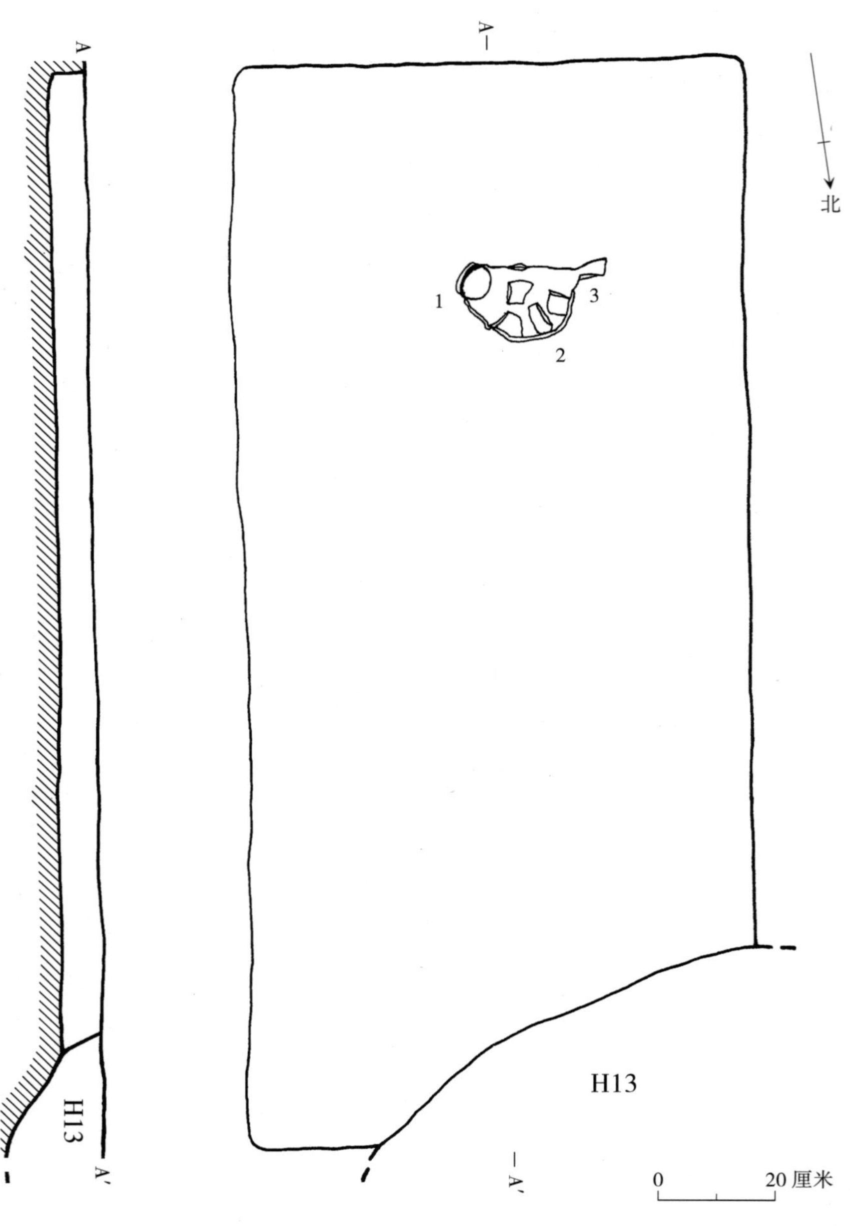

图一一六 M11 平、剖面图
1. 陶杯 2、3. 陶器

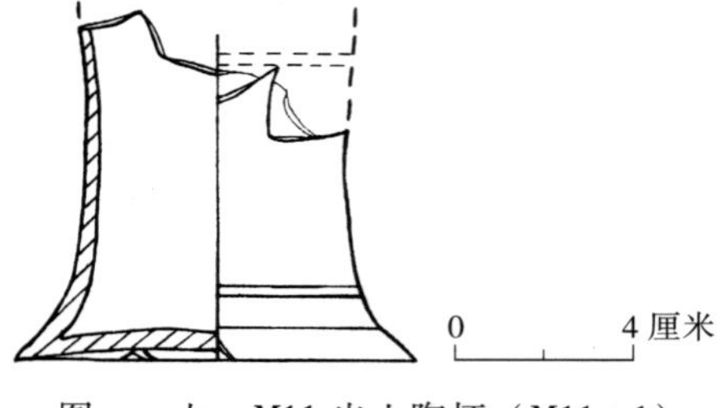

图一一七 M11 出土陶杯（M11∶1）

量牙齿及头骨痕迹，可以看出为位于棺内中部偏东，依据牙痕可推测，墓主头向西南，性别不可辨。棺内器物上存有盖板朽塌痕迹，朽痕呈灰白色。

随葬器物共28件，其中玉器5件、石器1件、陶器22件。器物除了头部玉器与部分陶器外，其他集中置于棺内偏中南部。由于距地表浅，破损情况较严重，大致情况为头骨附近出土有玉环、玉饰、陶豆，颈部出土玉璜，骨痕西侧排列有多件陶豆、罐等，东侧与脚部则以各类陶罐、鼎为主，另外在墓主腰部出土1件三角形玉饰（图一一八；彩版一〇一）。

二　随葬器物

1. 陶器　22件，种类有鼎、壶、杯、罐、豆、器盖、纺轮等。

标本M12∶6，陶豆。泥质橙红陶，残甚，不可修复。

标本M12∶8，陶器盖。泥质浅褐陶，轮制，通体施黑衣。平面为圆形，底部为一弧形圆盖，顶部有一球状纽，纽正中部穿一孔，使盖内、外相通。直径7.6、高5厘米（图一一九∶1；彩版一〇二∶1）。

标本M12∶9，陶罐。泥质红褐陶，轮制，施有黑衣，剥落较甚。直口微外侈，颈部较长，肩部刻划一周绳纹，已剥落不清。底部收成小圜底，原有三足，现已失，从痕迹判断，乃是入葬前人为敲去。口径10.6、最大腹径17、高8.9厘米（图一一九∶2；彩版一〇二∶2）。

标本M12∶10，陶豆。泥质红褐陶，轮制，器表施黑衣。上部为方唇，侈口，折肩，折肩下部有一周凸棱，其下腹壁斜内收至豆柄。豆柄呈喇叭状，上有两周竹节形弦纹，其下有一周圆形、三角形几何纹半镂孔装饰。上部有红彩痕迹。口径10、腹径15.4、底径13.9、高17.2厘米（图一一九∶3；彩版一〇二∶3）。

标本M12∶11，陶豆。泥质灰褐陶，轮制。直口，平底，盘状豆盘。豆的把呈竹节喇叭状，其上均匀分布4个圆形镂孔，竹节下部又饰一周三角形、圆形镂孔。器表有红彩痕迹。盘径20.8、底径15、高17厘米（图一一九∶4；彩版一〇二∶4、彩版一〇三∶1）。

标本M12∶12，陶罐。泥质褐陶，轮制，器表施黑衣。直口，方唇内凹，短直颈，溜肩，肩部饰两周凸弦纹，其上均匀分布4个半环形纽。下部折腹处有一周凸棱，腹部略鼓内收，平底。器表有红彩痕迹。口径8.5、最大腹径20.4、底径10、高10.1厘米（图一一九∶5；彩版一〇三∶3）。

标本M12∶13，陶豆。泥质浅褐陶，轮制，通体施黑衣。侈口，折沿外翻，豆盘壁斜直近平。竹节状豆柄，下部已残失。盘径24、残高10厘米（图一一九∶6）。

标本M12∶14，陶鼎。夹草木灰（炭）粗泥灰褐陶，轮制。卷沿，圆唇外翻，斜鼓腹，腹下部已残，方锥形足。复原口径18厘米（图一一九∶7）。

标本M12∶15，陶纺轮。泥质灰黑陶，手制。扁圆形，一面平整，另一面呈台状，略微内凹，中部穿有一孔，平整面刻有纹饰。直径5.7、孔径0.5、厚0.9厘米（图一一九∶8；彩版一〇三∶2）。

标本M12∶16，陶壶。泥质红褐陶，轮制，通体施黑衣。尖圆唇，侈口，直颈，斜直肩，肩下部饰瓦楞纹，下腹部残失。口径5.5、残高10.2厘米（图一一九∶9）。

标本M12∶17，陶壶。泥质浅灰陶，轮制，有施黑衣痕迹。敞口，圆唇，束颈，折腹，最大径位于下腹部，平底。口径7.4、底径6.4、高12.4厘米（图一一九∶10；彩版一〇三∶4）

标本M12∶18，陶器。泥质橙红陶，轮制，素面。上部已残，腹中部贴附一对鋬手，下腹部较直，

图一一八 M12平、剖面图

1. 玉璜 2. 玉环 3. 玉饰（琀） 4. 三角形玉饰 5. 玉饰 6、10、11、13、22. 陶豆 7. 石锛 8. 陶器盖 9、12、27. 陶罐 14、19、21. 陶鼎 15. 陶纺轮 16、17. 陶壶 18、24—26、28. 陶器 20、23. 陶杯

平底。底径14、残高8.4厘米（图一一九：11）。

标本M12：19，陶鼎足。夹草木灰（炭）粗泥质灰黄陶，轮制，素面。仅余扁锥凿形足，下部比足根处扁宽。残长11厘米（图一一九：12）。

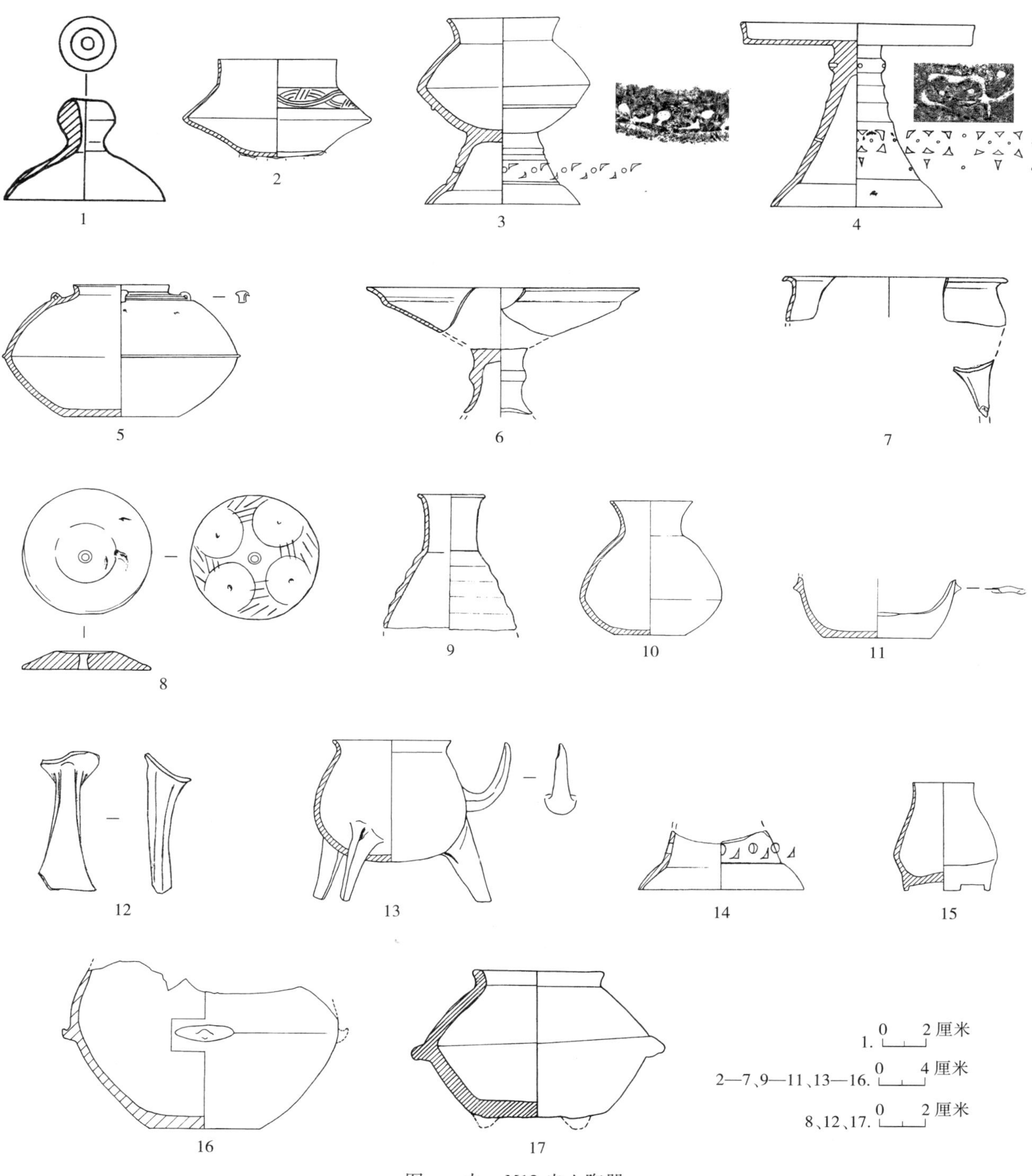

图一一九　M12出土陶器

1. 陶器盖（M12：8）　2. 陶罐（M12：9）　3. 陶豆（M12：10）　4. 陶豆（M12：11）　5. 陶罐（M12：12）　6. 陶豆（M12：13）　7. 陶鼎（M12：14）　8. 陶纺轮（M12：15）　9. 陶壶（M12：16）　10. 陶壶（M12：17）　11. 陶器（M12：18）　12. 陶鼎足（M12：19）　13. 陶鼎（M12：21）　14. 陶豆（M12：22）　15. 陶杯（M12：23）　16. 陶器（M12：26）　17. 陶罐（M12：27）

标本 M12：20，陶杯。泥质灰陶，残甚，不可修复。

标本 M12：21，陶鼎。夹草木灰（炭）粗泥质橙红陶，轮制，素面。侈口圆唇，略微折肩，圆鼓腹，圜底近平。腹上有一把手，曲柄上翘，与口沿齐平。三侧扁足置于下腹部，其中一足与把手相对。口径 10.6、最大腹径 13.6、高 14.8、足高 7.9 厘米（图一一九：13；彩版一〇四：1）。

标本 M12：22，陶豆。泥质红褐陶，轮制，器表施有黑衣。上部已残，仅存豆座，豆座上部有一周圆形、三角形几何纹半镂孔装饰。复原底径 14 厘米（图一一九：14）。

标本 M12：23，陶杯。泥质红褐陶，轮制，素面。微侈口，束颈，垂折腹，底部有 4 个矮方足。口径 5.5、最大腹径 9.2、高 10 厘米（图一一九：15；彩版一〇四：2）。

标本 M12：24，陶器。泥质灰陶，残甚，不可修复。

标本 M12：25，陶器。泥质灰陶，残甚，不可修复。

标本 M12：26，陶器。泥质灰陶，轮制，素面。上部已残缺，仅可看出为弧肩，折腹，折腹处贴附一对鋬耳，斜弧腹内收，平底。最大腹径 23.6、底径 9.8、残高 15.2 厘米（图一一九：16；彩版一〇四：3）。

标本 M12：27，陶罐。泥质灰黄陶，轮制，器表施有黑衣。圆唇，敞口，溜肩折腹，折腹处对称附鋬耳，下腹斜直内收至底，底部有三足，已残。口径 5.8、底径 6、高 6.6 厘米（图一一九：17；彩版一〇四：4）。

标本 M12：28，陶器。夹草木灰（炭）粗泥质灰黑陶，残甚，不可修复。

2. 玉器　5 件，种类有璜、环、三角形饰等。

标本 M12：1，玉璜。鸡骨白色，一面白化较严重，另一面呈牙黄色，部分呈红黄色，部分透光，器表附着少量有机质朽痕。璜体呈半璧形，两端略显斜，近平，下边弧度较大。中部大孔为对钻而成，台痕清晰，略显错位。两端穿孔经长期佩戴已呈椭圆形。璜体两面均有若干道明显的弧形线割痕迹，一面集中于璜体中部，另一面位于两端。长 11.2、中宽 5.7、中厚 0.2、中部孔径 2.5、小孔径 0.4 厘米（图一二〇：1；彩版一〇五，彩版一〇六：1—3）。

标本 M12：2，玉环。鸡骨白色，不透光，部分呈牙黄色，其表附着有机质朽痕。圆形，中部穿一孔，为对钻孔，略错位，台痕明显。环体一面留有切割凹痕，推测为线切割痕。外径 2.7、内径 1.25、厚 0.25 厘米（图一二〇：2；彩版一〇六：5、6）。

标本 M12：3，玉饰（琀）。出土于头骨处，呈鸡骨白色，部分呈牙黄色，不透光，玉质内部有少量青绿色，孔内附着有机质朽痕。圆形，上部被截去一部分，剖面呈梯形。上部台面较小，下部台面较大，一侧较厚，另一侧较薄。推测为单面钻孔芯改制而成。在接近上部台面上砥钻一孔，略有偏差。直径 1.85、最厚处 0.3、最大孔径 0.65 厘米（图一二〇：3；彩版一〇七：1、2）。

标本 M12：4，三角形玉饰。玉质呈湖绿色，部分风化成白色。三角形，上部一端钻有一孔，孔部有经长期佩戴而形成的磨痕。其一端不甚平整，从现存情况推测，应为用璜体一端改制。长 2.15、高 1.9、厚 0.2、孔径 0.15 厘米（图一二〇：4；彩版一〇七：3、4）。

标本 M12：5，玉饰。鸡骨白色，不透光，部分呈牙黄色，玉质内含有浅绿色斑点，器表附着有机质朽痕。圆饼形，为管钻芯改制而成。侧面中部有明显的对钻台痕，上部平整，靠近缘边一侧对钻有一孔，对钻略有偏差。直径 1.45、中厚 0.4、孔径 0.25 厘米（图一二〇：5；彩版一〇六：4，彩版一〇七：5、6）。

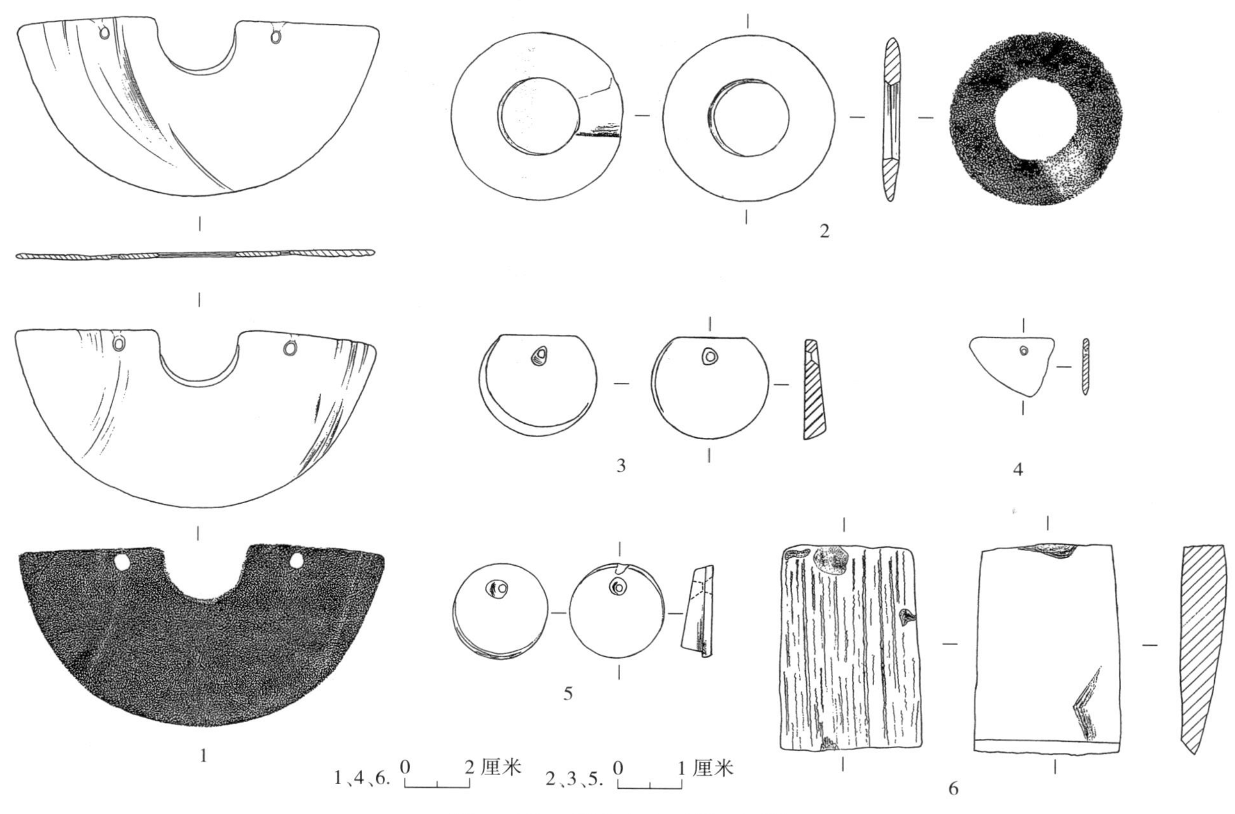

图一二〇　M12出土玉器、石器

1. 玉璜（M12∶1）　2. 玉环（M12∶2）　3. 玉饰（琀）（M12∶3）　4. 三角形玉饰（M12∶4）　5. 玉饰（M12∶5）　6. 石锛（M12∶7）

3. 石器　1件。

标本M12∶7，石锛。灰白石磨制，风化严重。呈扁长方形，器形较规整，刃部较钝。长6.6、宽4.4、厚1.4厘米（图一二〇∶6；彩版一〇八）。

第十三节　十三号墓

一　墓葬形制

M13位于T0906的东南部，东北部为M11，西北部为M7。2006年3月29日上午对T0906东南部进行铲面时，发现M12下部打破一座墓葬，编号M13。待清理M12完毕后，4月30日开始对墓坑内部由上至下逐层清理，清理完毕后，照相、绘图以及取出器物。

M13墓坑开口于第1层下，其北面大部分被M12所打破，打破生土层。墓葬开口距地表0.2米，为长方形土坑竖穴式，墓坑口长2.2、宽1.1米，墓坑深0.16米，墓底距地表0.36米，墓向191°。由于被M12严重破坏，坑壁较浅。墓坑内填灰褐色五花土，偏黄，内含少量红烧土。土质较疏松，偏沙质。葬具、人骨架等情况已不清晰（彩版一〇九∶1）。

随葬品仅在墓坑南部保留5件，其中玉器2件、陶器3件。玉环置于墓坑最南端，两件陶杯倒置于南

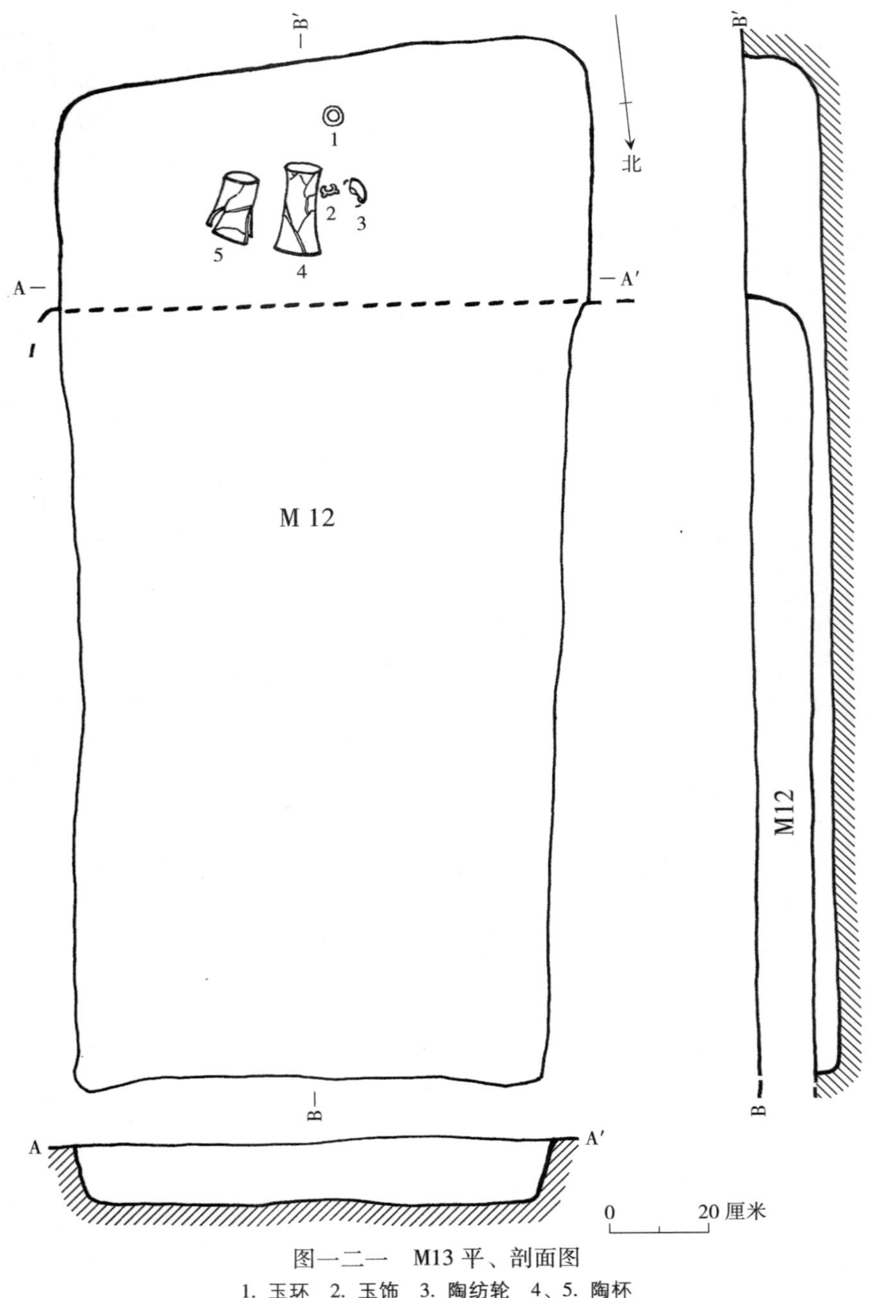

图一二一 M13 平、剖面图
1. 玉环 2. 玉饰 3. 陶纺轮 4、5. 陶杯

端靠中部，一件玉饰发现于靠中部陶杯下，玉饰附近有一件陶纺轮（图一二一；彩版一〇九：2、3）。

二 随葬器物

1. 陶器 3 件，种类有杯、纺轮。

标本 M13：3，陶纺轮。泥质灰褐陶，残甚，不可修复。

标本 M13：4，陶杯。泥质灰陶，轮制，觚形。尖圆唇，微侈口，斜直腹，杯中部略束，近底部饰弦纹一周，平底外撇。口径 8、底径 8.8、高 14 厘米（图一二二：4；彩版一一〇：3）。

标本 M13：5，陶杯。泥质灰褐陶，轮制，觚形，通体施黑衣。方唇，敞口，束腰斜弧腹，外腹下部饰有两周弦纹，近底部饰一周弦纹。平底外撇，底部较厚。口径9.2、底径9.1、高12厘米（图一二二：2；彩版一一〇：4）。

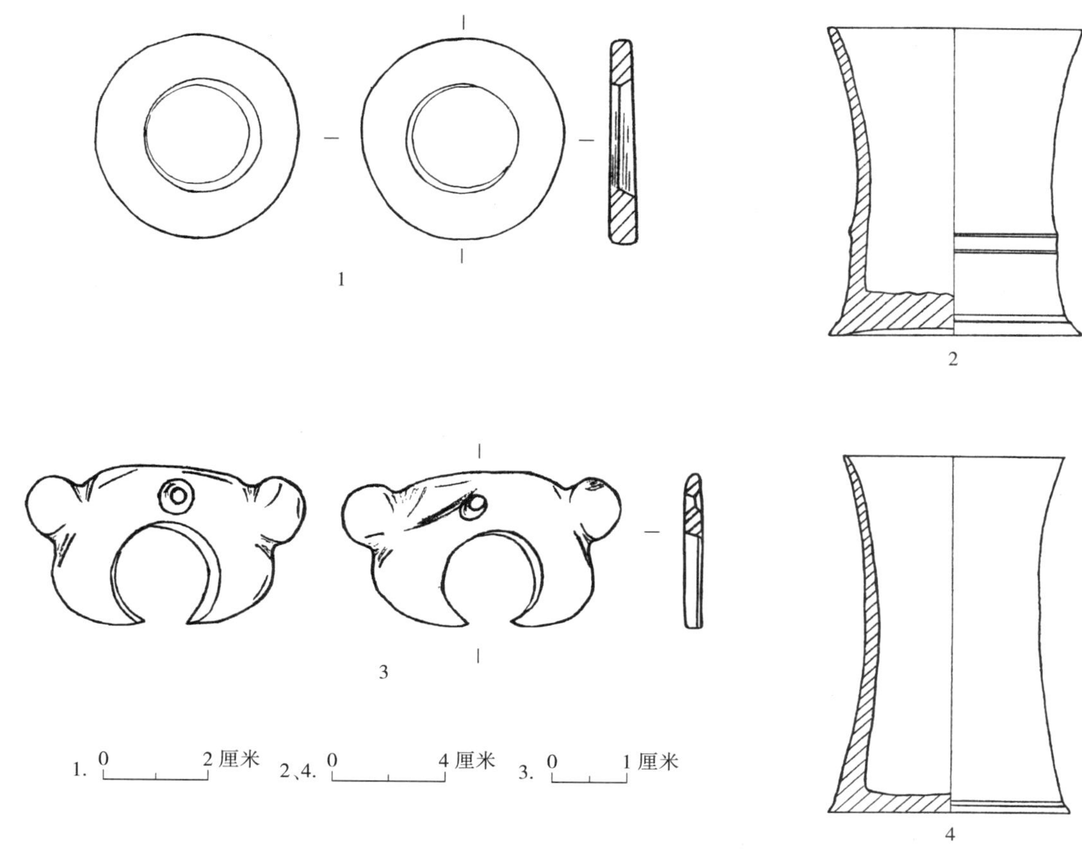

图一二二　M13出土玉器、陶器
1. 玉环（M13：1）　2. 陶杯（M13：5）　3. 玉饰（M13：2）　4. 陶杯（M13：4）

2. 玉器　2件，种类有环、玉饰。

标本M13：1，玉环。玉料部分已呈鸡骨白色，透光处呈灰绿色，玉质内含有白色絮绒状颗粒与灰绿色结晶，表面附着少量有机质朽痕。整体呈圆环形，外部圆周不甚规整，侧面保留有打磨痕迹。中部孔为双面管钻孔，一面管钻痕较深，另一面较浅，钻痕及台痕明显。外径4、内径2.2、中厚0.4厘米（图一二二：1；彩版一一〇：1、2）。

标本M13：2，玉饰。鸡骨白色，部分有牙黄色沁斑，表面附着有机质朽痕。整体为片状，上端较为平整，下呈圆弧状，中部单面钻有一个大圆孔，使内外贯通呈月牙形。大孔上另钻有一小孔，玉饰两侧各磨出一半圆形凸耳，器表尚留有切割痕迹。长3.7、宽2、厚0.3厘米（图一二二：3；彩版一一一）。

第十四节　十四号墓

一　墓葬形制

M14位于T1006的西南部，东南部为M15，西部为M12、M13。2006年3月30日上午对T1006西南部进行铲面时，发现 M14。同年 4 月 16 日，对墓坑内部由上至下逐层清理，4 月 17 日清理完毕后，照相、绘图以及取出器物。

M14 墓坑开口第 1 层下，其北部被一条机沟打破，墓葬打破生土层。开口距地表 0.33 米，为长方形土坑竖穴式，墓坑口长 2.05、宽 0.95 米，墓坑深 0.12 米，墓底距地表 0.45 米，墓向 188°。坑壁剥落自然，墓坑内填灰黄土，偏灰，内含少量红烧土、炭粒及陶片。土质较疏松，偏沙质。由于距地表较近，所以破坏严重，葬具情况已不清晰。墓内有人骨架，已朽甚，其头向、面向、葬式、性别及年龄皆不明。

随葬品 13 件，集中置于坑内中部偏北及西南部。以陶器为主，共 9 件，器形有鼎、盆、罐、器盖、杯五类，石器 4 件，器形有钺、锛两类（图一二三；彩版一一二）。

二 随葬器物

1. 陶器 9 件，种类有鼎、盆、罐、器盖、杯等。

标本 M14∶1，陶杯。泥质浅灰陶，轮制。尖圆唇，直口，斜直腹，近底部略垂，花瓣形圈足。自口至圈足上部满饰弦纹。口径 7、底径 6.3、高 12.2 厘米（图一二四∶1；彩版一一三∶3）。

标本 M14∶2，陶器盖。泥质浅灰陶，轮制，素面。扁圆形，盖面隆起，纽已残失。盖径 8.6、残高 1.6 厘米（图一二四∶2；彩版一一三∶1）。

标本 M14∶3，陶罐。泥质褐陶，轮制，器表施有黑衣。尖唇，直口，广肩，肩略上鼓。腹部斜直，上饰 4 道宽瓦楞纹，下腹略鼓内收，平底。口径 10.2、最大腹径 20、高 14 厘米（图一二四∶3；彩版一一三∶2）。

标本 M14∶6，陶鼎。夹草木灰（炭）粗泥质褐陶，轮制。上部呈盆形，侈口，方唇，折沿，沿面内凹。上腹部饰有数道弦纹，折腹，下腹部内收成圜底。三个宽扁凿形高足，足面上部饰有按窝。腹上部饰有红衣，剥落较甚。口径 16.2、最大腹径 15.4、高 13.7、足高 8.8 厘米（图一二四∶4；彩版一一三∶4）。

标本 M14∶7，陶盆。泥质灰陶，轮制，素面。尖唇，大敞口，平折沿，折腹，下腹内收，小平底。腹内一侧钻有两孔。口径 19.6、底径 5.4、高 4.4 厘米（图一二四∶5；彩版一一四∶1、2）。

标本 M14∶8，陶鼎。夹砂灰陶，轮制，素面。尖圆唇，敞口，折沿，折腹下收成圜底。有三个扁铲形足，足面上端饰有按窝。口径 14.4、高 16.2、足高 9.2 厘米（图一二四∶6；彩版一一四∶3）。

标本 M14∶9，陶鼎。夹草木灰（炭）粗泥质浅褐陶，轮制，素面。折沿，圆唇，束颈，斜直肩，折腹，腹下部斜鼓内收，底部已残。足为宽扁足，上部略厚，下部略薄，足面上端饰有按窝。复原口径 12、足高 11.6 厘米（图一二四∶7）。

标本 M14∶11，陶器。泥质灰褐陶，残甚，不可修复。

标本 M14∶12，陶罐。泥质灰陶，轮制，器表施有黑衣。口部已残，从残存情况来看应为直颈，肩部略折。折腹，下腹内收，平底，下部为花瓣形圈足，足底内凹。最大腹径 13、残高 10 厘米（图一二四∶8；彩版一一四∶4）。

2. 石器 4 件，种类有钺和锛。

标本 M14∶4，石锛。灰白色石质，已风化，不可提取，从现场来看，为扁长方形宽刃石锛。

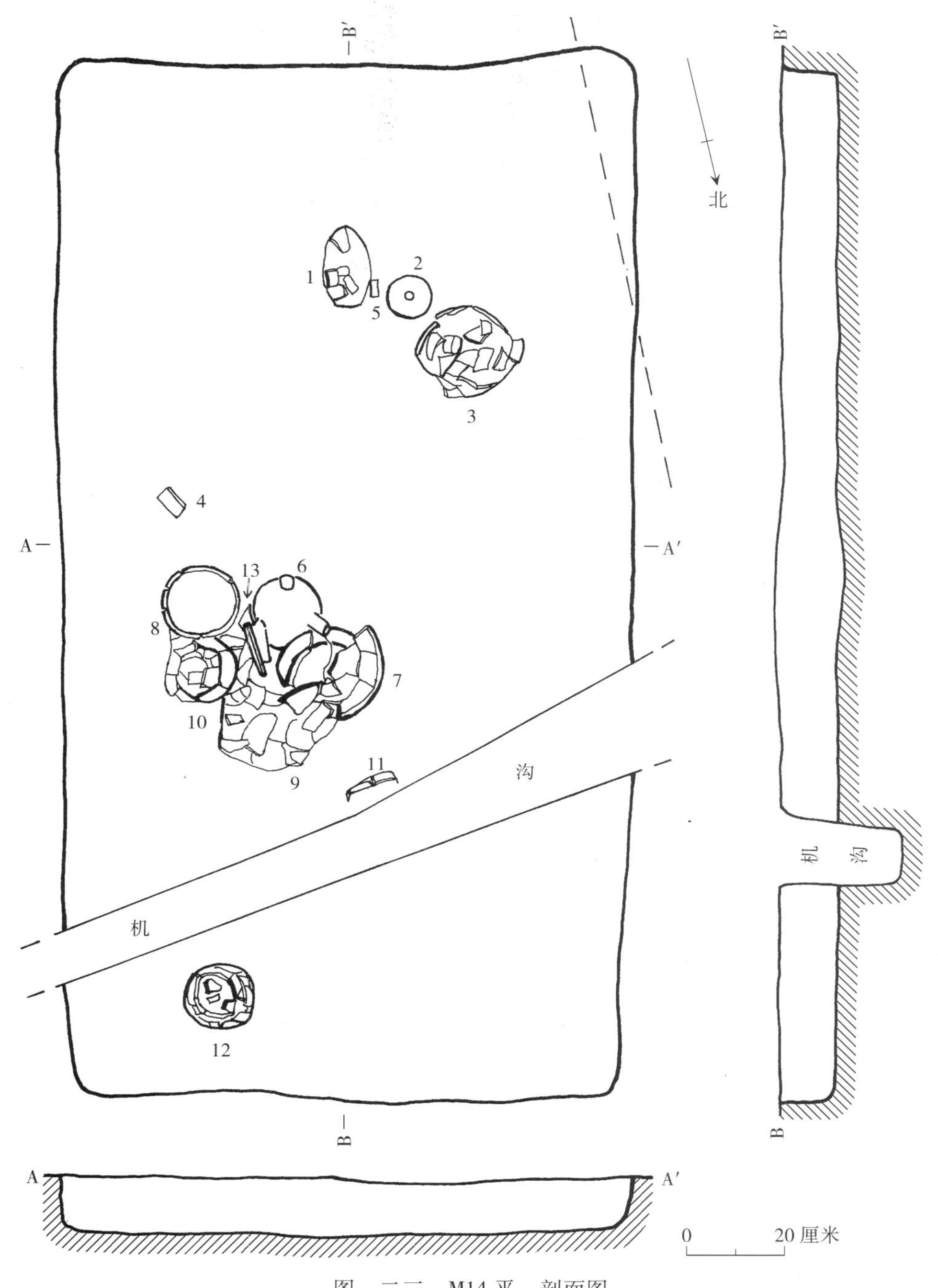

图一二三　M14 平、剖面图

1. 陶杯　2. 陶器盖　3、12. 陶罐　4、5、13 石锛　6、8、9 陶鼎　7. 陶盆　10. 石钺　11. 陶器

标本 M14∶5，石锛。灰白色石质，已风化，不可提取，从现场来看，为形体较小的长条形石锛。

标本 M14∶10，石钺。青石磨制，整体呈扁长方形，形体较薄，边缘略有缺损。中部管钻一孔，台痕清晰，刃部较钝。长 10.4、宽 10.7、厚 1.1 厘米（图一二四∶9；彩版一一五∶1—3）。

标本 M14∶13，石锛。灰白色石质，表面已风化，已残，呈扁长条形。长 4.3、宽 3.4、厚 1 厘米（图一二四∶10；彩版一一五∶4）。

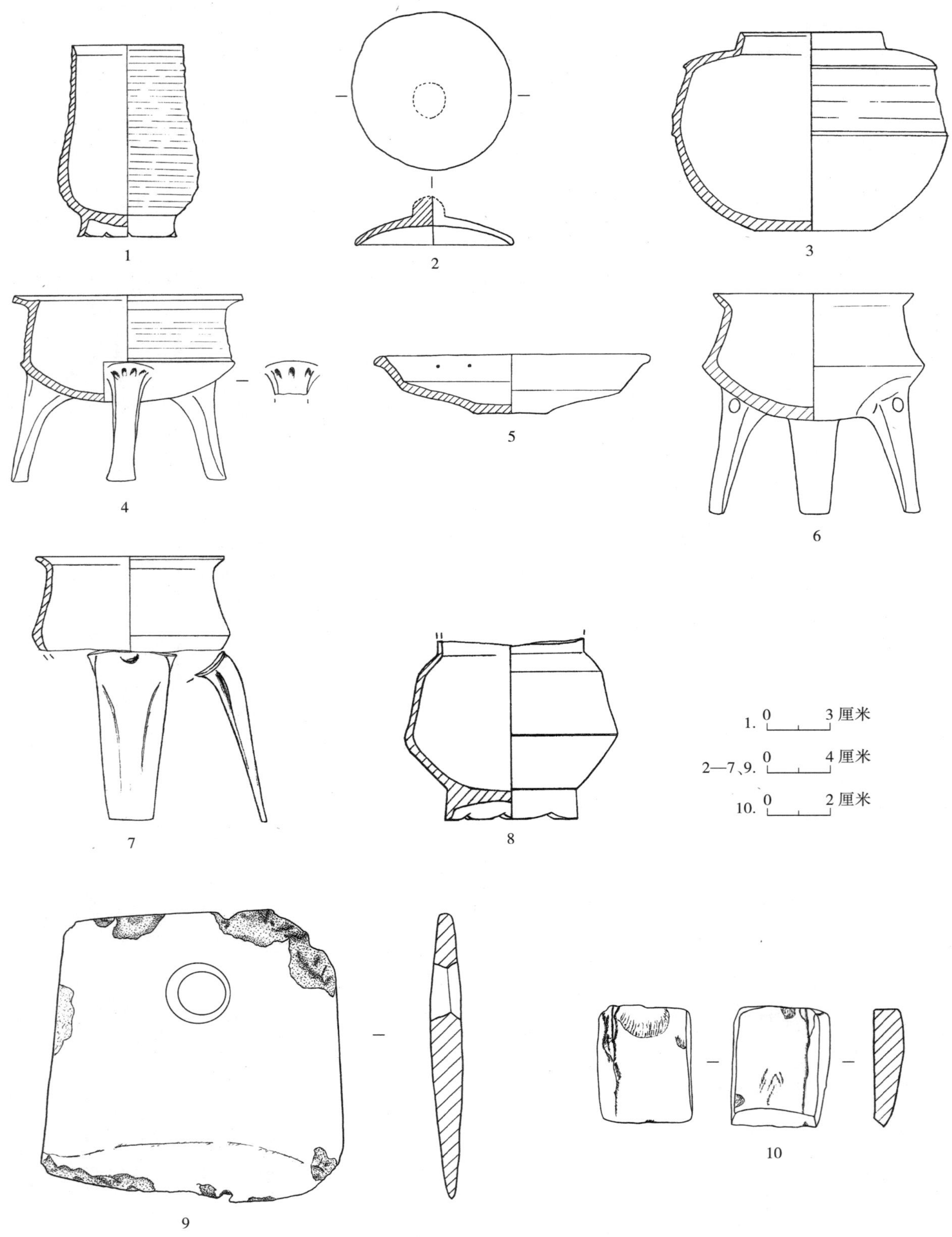

图一二四 M14 出土陶器、玉器

1. 陶杯（M14∶1） 2. 陶器盖（M14∶2） 3. 陶罐（M14∶3） 4. 陶鼎（M14∶6） 5. 陶盆（M14∶7） 6. 陶鼎（M14∶8） 7. 陶鼎（M14∶9） 8. 陶罐（M14∶12） 9. 石钺（M14∶10） 10. 石锛（M14∶13）

第十五节 十五号墓

一 墓葬形制

M15 位于 T1006 的南部略偏西，部分被压于 T1005 北部隔梁下，其东部为 M16，西部为 M14。2006 年 3 月 30 日上午对 T1006 南部进行铲面时发现，同日对 T1005 北部隔梁进行清理，使 M15 墓葬的边线完整暴露。4 月 16 日对墓坑内部由上至下逐层清理，同日清理完毕后，照相、绘图以及取出器物。

M15 墓坑开口第 1 层下，打破生土层。墓葬开口距地表 0.22 米，为长方形土坑竖穴式，墓坑口长 2.18、宽 0.94 米，墓坑深 0.13 米，墓底距地表 0.35 米，墓向 190°。坑壁剥落自然，墓坑内填土灰黄，偏灰，内含少量红烧土、炭粒及陶片。土质较疏松，偏沙质。由于距地表较近，所以破坏严重，葬具情况已不清晰。墓内有人骨架 1 具，已朽甚，仅能从玉饰摆放位置判断其头向朝南，略偏于墓坑内东部，而其面向、葬式、性别以及年龄皆不明。

随葬品共 13 件，以陶器为主，共 11 件，器形有鼎、豆、壶、纺轮等。玉器仅有玉饰 1 件，石器为 1 件石锛。陶器集中置于墓内北部，玉饰则置于棺内偏东南端，应是墓主的颈部的装饰（图一二五；彩版一一六）。

二 随葬器物

1. 陶器 11 件，种类有鼎、壶、豆、纺轮等。

标本 M15∶3，陶壶。泥质红褐陶，轮制，器表施有黑衣。方圆唇，侈口，束直颈，折肩，肩部饰宽瓦楞纹，折腹内收，下部已残。口径 6，最大腹径 12 厘米（图一二六∶3）。

标本 M15∶4，陶纺轮。泥质红褐陶，器表施有黑衣。残甚，仅存少量边缘。复原外径约 6 厘米（图一二六∶4）。

标本 M15∶5，陶豆。泥质橙红陶，轮制。豆把上有镂孔，不可修复。

标本 M15∶6，陶豆。泥质浅灰陶，轮制。柄部饰圆形镂孔，不可修复。

标本 M15∶7，陶器。泥质灰陶，轮制。仅存腹部残片，不可复原。

标本 M15∶8，陶器。泥质灰褐陶，残甚，不可修复。

标本 M15∶9，陶鼎。夹草木灰（炭）粗泥质灰黑陶，轮制，素面。残甚，从出土时看，为三足带鋬鼎，现仅存足部（图一二六∶5）。

标本 M15∶10，陶鼎。夹草木灰（炭）粗泥质红陶，轮制，素面，不可修复。

标本 M15∶11，陶器。泥质红陶，残甚，不可修复。

标本 M15∶12，陶器。泥质灰陶，残甚，不可修复。

标本 M15∶13，陶器。泥质灰陶，残甚，不可修复。

2. 玉器 1 件。

标本 M15∶1，玉饰。牙黄色，不透光，部分呈深黄及红色，与质内含有黑色斑点。呈半环形，原

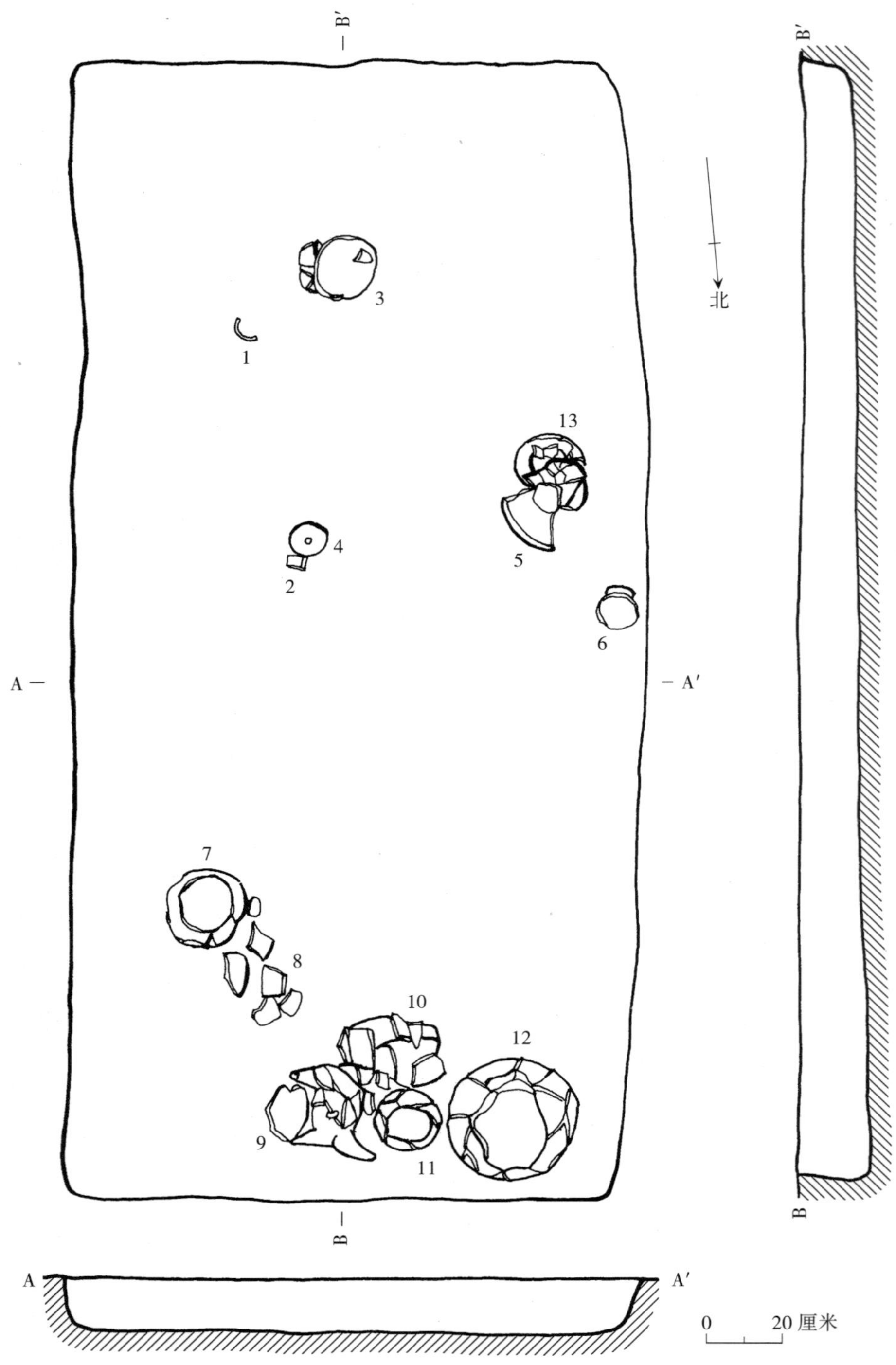

图一二五　M15 平、剖面图

1. 玉饰　2. 石锛　3. 陶壶　4. 陶纺轮　5、6. 陶豆　7、8、11—13. 陶器　9、10. 陶鼎

可能为环，残断后改制。剖面呈椭圆形，两端各钻一孔，孔为单面钻，其中一孔已残断，另一孔完整；环中部的大孔为对钻，错位比较明显，形成较深的台痕。长 4.65、中厚 0.65、孔径 0.25 厘米（图一二六：1；彩版一一七、彩版一一八：1、2）。

3. 石器　1件。

标本M15∶2，石锛。青灰色石质，呈扁长方形，器形较规整，刃部较尖，器表一侧残留打片疤痕。长3.8、宽2.4、中厚0.9厘米（图一二六∶2；彩版一一八∶3、4）。

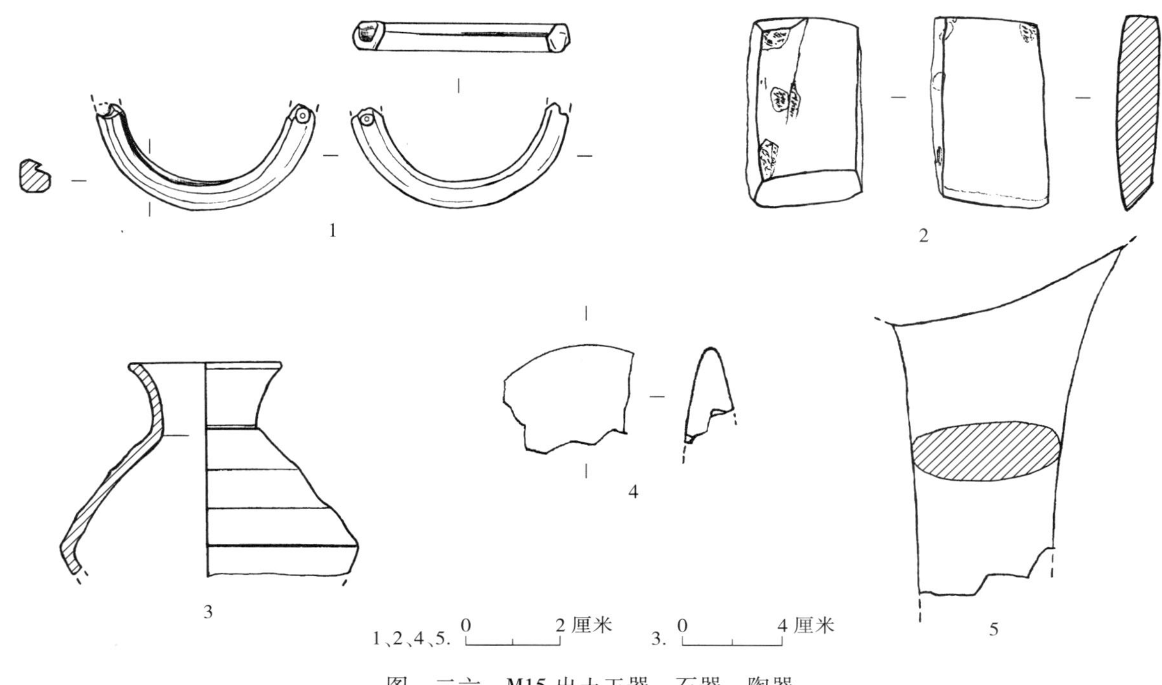

图一二六　M15出土玉器、石器、陶器
1. 玉饰（M15∶1）　2. 石锛（M15∶2）　3. 陶壶（M15∶3）　4. 陶纺轮（M15∶4）　5. 陶鼎（M15∶9）

第十六节　十六号墓

一　墓葬形制

M16位于T1006的南部，部分被压于T1005北部隔梁下，其东部为M18，西部为M15。2006年4月14日上午对T1007南部进行铲面时发现M16，同日对T1005北部隔梁进行清理，使M16墓葬的边线完整暴露。4月16日对墓坑内部由上至下逐层清理，同日清理完毕后，照相、绘图以及取出器物。

M16墓坑开口于第1层下，打破M17及生土层，其东北、西南端被两条机沟打破。墓葬开口距地表0.1米，为长方形土坑竖穴式，墓坑口长2.2、宽1.1米，墓坑深0.1米，墓底距地表0.2米，墓向192°。坑壁剥落自然，墓坑内填灰褐土，偏灰，内含少量红烧土、炭粒及陶片。土质较疏松，偏沙质。由于距地表较近，所以破坏较为严重，葬具情况已不清晰。墓内有人骨架，已朽甚，其头向、面向、葬式、性别及年龄皆不明（彩版一一九∶1）。

随葬品8件，其中陶器4件，器形可辨的仅有盘与器盖两类。石器4件，器形有钺、锛两类。陶器集中置于坑内中部偏北，石器置于中部偏南处（图一二七；彩版一一九∶2）。

二　随葬器物

1. 陶器　4件，种类有盘、器盖等。

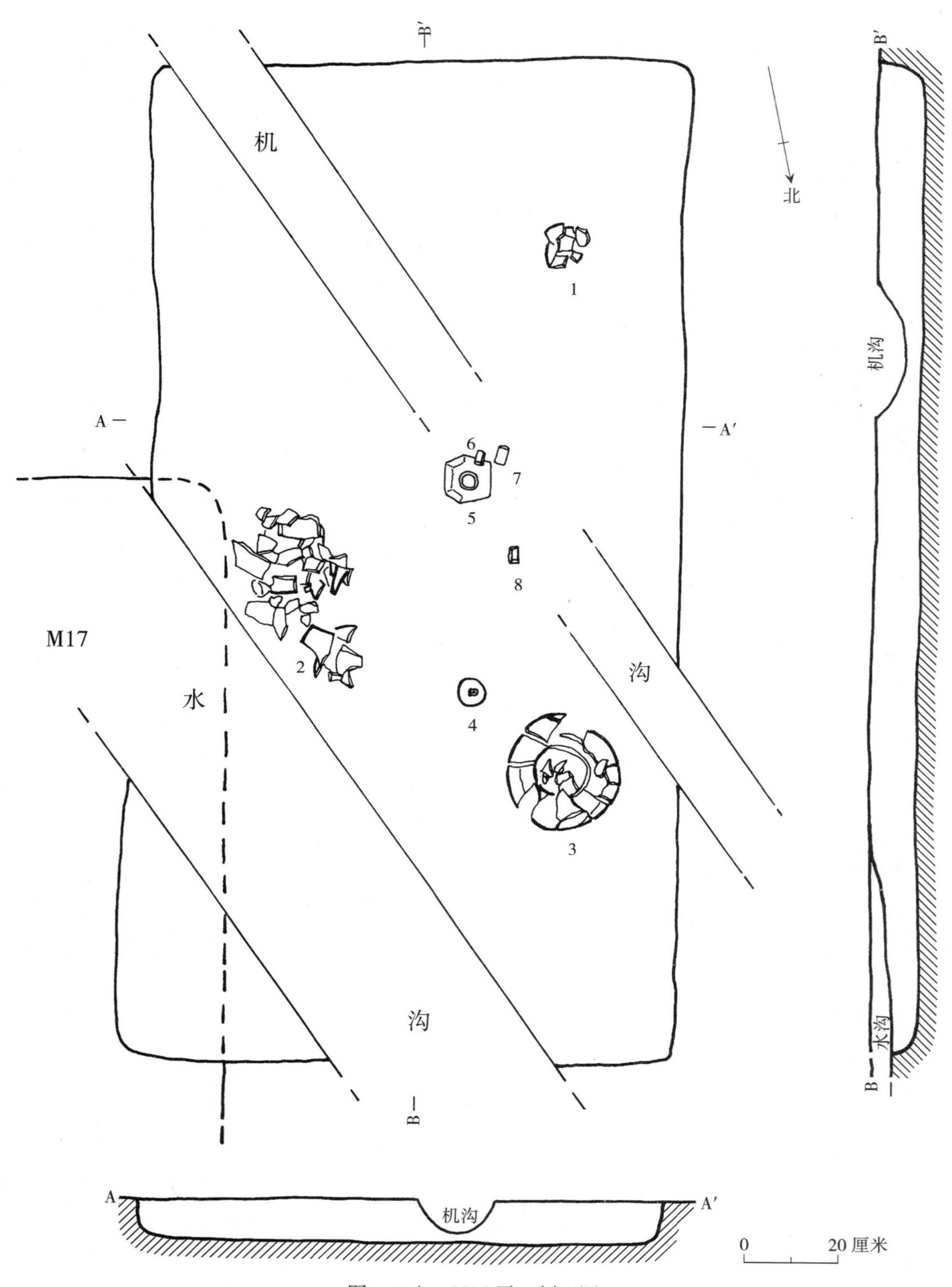

图一二七　M16平、剖面图
1. 陶器盖　2、4. 陶器　3. 陶盘　5. 石钺　6—8. 石锛

标本 M16：1，陶器盖。泥质灰陶，轮制。扁圆状，上部置一纽，纽顶部有方形、三角形镂孔。直径7、高3厘米（图一二八：1；彩版一一九：3）。

标本 M16：2，陶器。夹草木灰（炭）粗泥质灰黑陶，残甚，不可修复。

标本 M16：3，陶盘。泥质灰陶，轮制。尖圆唇，折敛口，斜直壁内收至圜底，圈足已残，足部呈花边形。复原口径19厘米（图一二八：2）。

标本 M16：4，陶器。泥质红褐陶，残甚，不可复原。

2. 石器 4件，种类有钺和锛。

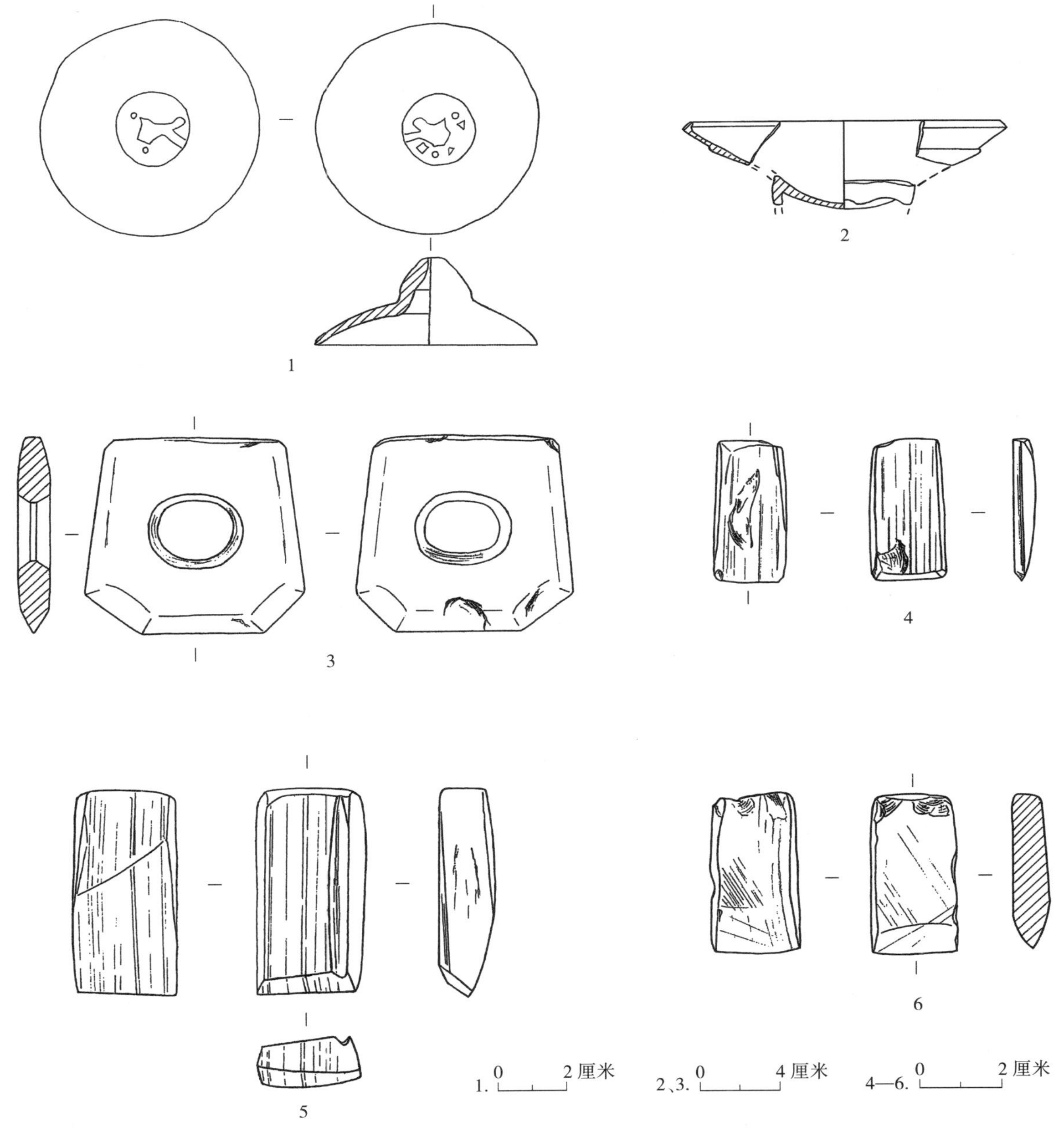

图一二八 M16出土陶器、石器

1. 陶器盖（M16：1） 2. 陶盘（M16：3） 3. 石钺（M16：5） 4. 石锛（M16：6） 5. 石锛（M16：7） 6. 石锛（M16：8）

标本 M16∶5，石钺。青色石质，平面近方形，上部有台面，较平直。中部对穿一孔，孔较大，略呈扁圆形，两面对钻，有台痕，经修饰，钻痕不明显。下部有三道直刃。长 11.4、宽 10.8、中厚 1.6、孔径 4.9 厘米（图一二八∶3；彩版一二〇，彩版一二一∶1、2）。

标本 M16∶6，石锛。青色石质，器表残留有机质朽痕。长条形，一面略弧凸，刃部与其相连；另一面平整，底部磨出斜刃。锛体一侧有明显的片状割痕，锛体两面有打片残留的疤痕。整体磨制精细。长 3.7、中宽 1.85、中厚 0.55 厘米（图一二八∶4；彩版一二一∶3）。

标本 M16∶7，石锛。青色石质，长条形，体较厚，一面略弧凸，刃部与其相连；另一面平整，底部磨出斜刃。锛体一面上留有深约 0.2 厘米、剖面呈 U 形的片切割痕迹。长 5.3、中宽 2.7、中厚 0.9 厘米（图一二八∶5；彩版一二二）。

标本 M16∶8，石锛。青色石质，长条形，体较厚，一面略弧凸，刃部与其相连；另一面平整，底部磨出斜刃。四边留有打片疤痕。长 3.9、中宽 2、中厚 0.85 厘米（图一二八∶6；彩版一二一∶4）。

第十七节　十七号墓

一　墓葬形制

M17 位于 T1006 的东南部，其南部已进入 T1005 北隔梁，东南部为 M18，西部为 M15。2006 年 3 月 26 日上午清理 M16 底部时发现 M17，后将压于其上东部土层扩开，使 M17 墓葬的完整暴露。4 月 19 日开始对墓坑内部由上至下逐层清理，4 月 20 日清理完毕，之后照相、绘图以及取出器物。

M17 墓坑开口于第 1 层下，其西南被 M16 打破，墓底打破生土层。墓葬开口距地表 0.12 米，为长方形土坑竖穴式，墓坑口长 2.35、最宽处 1.22 米，墓坑深 0.21 米，墓底距地表 0.33 米，墓向 201°。坑壁剥落自然，墓坑内填灰黄色五花土，内含少量红烧土、炭粒及陶片。土质疏松，偏沙质。

葬具痕迹明显，从平面上来看，棺置于墓坑中部略偏东南，略呈长方形，葬具长 2、宽 0.9、板厚 0.05 米，侧板高约 0.09 米。木质，朽痕呈灰白色。棺木两侧板受填土积压略有变形，底部剖面呈 U 形。棺内器物上存有盖板朽塌痕迹，这说明原先存有盖板。棺底土质灰褐，黏性较大，有明显的淤积现象。棺内人骨已朽，但保留有大体痕迹，整体位于棺内偏东部。在棺内偏东南处发现有牙痕，头向西南，性别不可辨。

该墓随葬品共 13 件，其中石器 2 件，器形有钺、锛；陶器 11 件，器形有鼎、豆、罐、壶、杯、盘六类。随葬器物集中摆放于紧靠棺内东北、西、东南三处，墓主腹部放置石质工具（图一二九；彩版一二三）。

二　随葬器物

1. 陶器　11 件，种类有鼎、豆、盘、杯、壶、罐。

标本 M17∶3，陶豆。泥质灰陶，轮制。豆盘折沿外翻，盘较浅，盘中部内凹。矮圈足较粗，足上饰两周凹弦纹。盘径 17、底径 12.4、高 6 厘米（图一三〇∶3；彩版一二五∶1）。

标本 M17∶4，陶罐。泥质浅红褐陶，轮制。圆唇，敞口，斜直颈，溜肩，圆鼓腹，下部内收，平底。口径8.3、最大腹径11.7、底径6.8、高10.4厘米（图一三〇：4；彩版一二四：1）。

标本M17：5，陶壶。泥质黄灰陶，轮制，素面，通体施黑衣。圆唇，敞口，高直领，微束颈，折肩，折腹内收，平底。口径8.8、高14厘米（图一三〇：5；彩版一二四：2）。

标本M17：6，陶壶。泥质灰陶，轮制，素面。器口、颈部已残，折肩，折腹，最大腹径位于折腹处，下腹内收，平底。最大腹径11.6、底径7.2、残高10.4厘米（图一三〇：6；彩版一二四：3）。

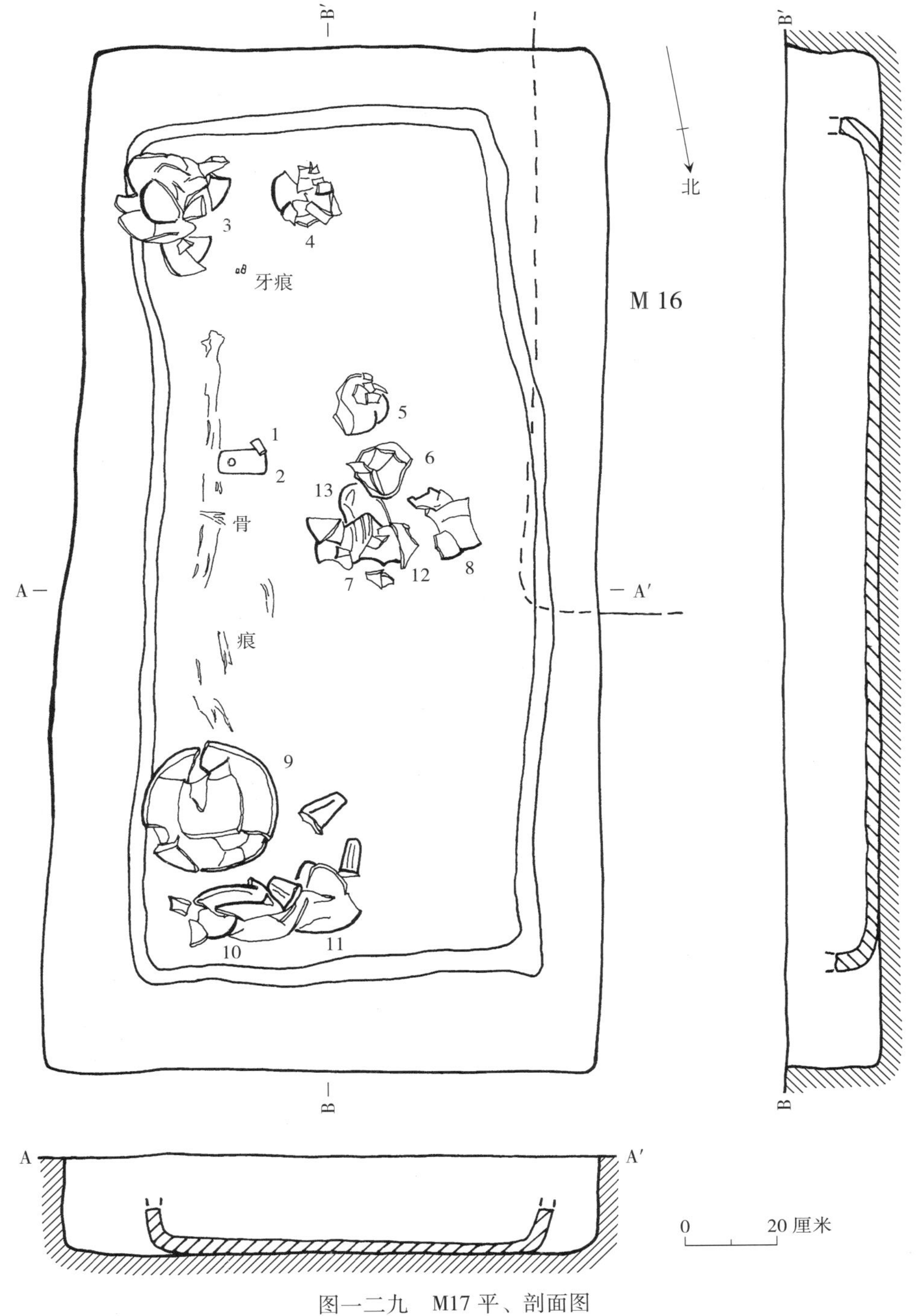

图一二九　M17平、剖面图

1. 石锛　2. 石钺　3、10陶豆　4. 陶罐　5—8、13. 陶壶　9. 陶盘　11. 陶鼎　12. 陶杯

标本 M17：7，陶壶。泥质灰褐陶，轮制。直口，圆唇，长直颈，折肩，肩下至腹部饰 6 周弦纹，下内收，平底。底置三个宽扁足，略外撇，足正面饰圈形戳印。口径 6.2、最大腹径 11.1、高 12.4 厘米（图一三〇：7；彩版一二四：4）。

标本 M17：8，陶壶。泥质红陶，轮制，素面，器表施有黑衣。器口、颈部已残，折肩，折腹，最大腹径位于折腹处，下腹内收，平底。最大腹径 11.2、底径 6、残高 9.4 厘米（图一三〇：8；彩版一二五：2）。

标本 M17：9，陶盘。泥质灰陶，轮制，素面。盘呈敛口，圆唇，盘腹较深，腹壁外有道折棱，圜底。圈足较矮，已残缺不全。口径 23.4、腹径 24.2、底径 15、高 7.8 厘米（图一三〇：9；彩版一二五：3）。

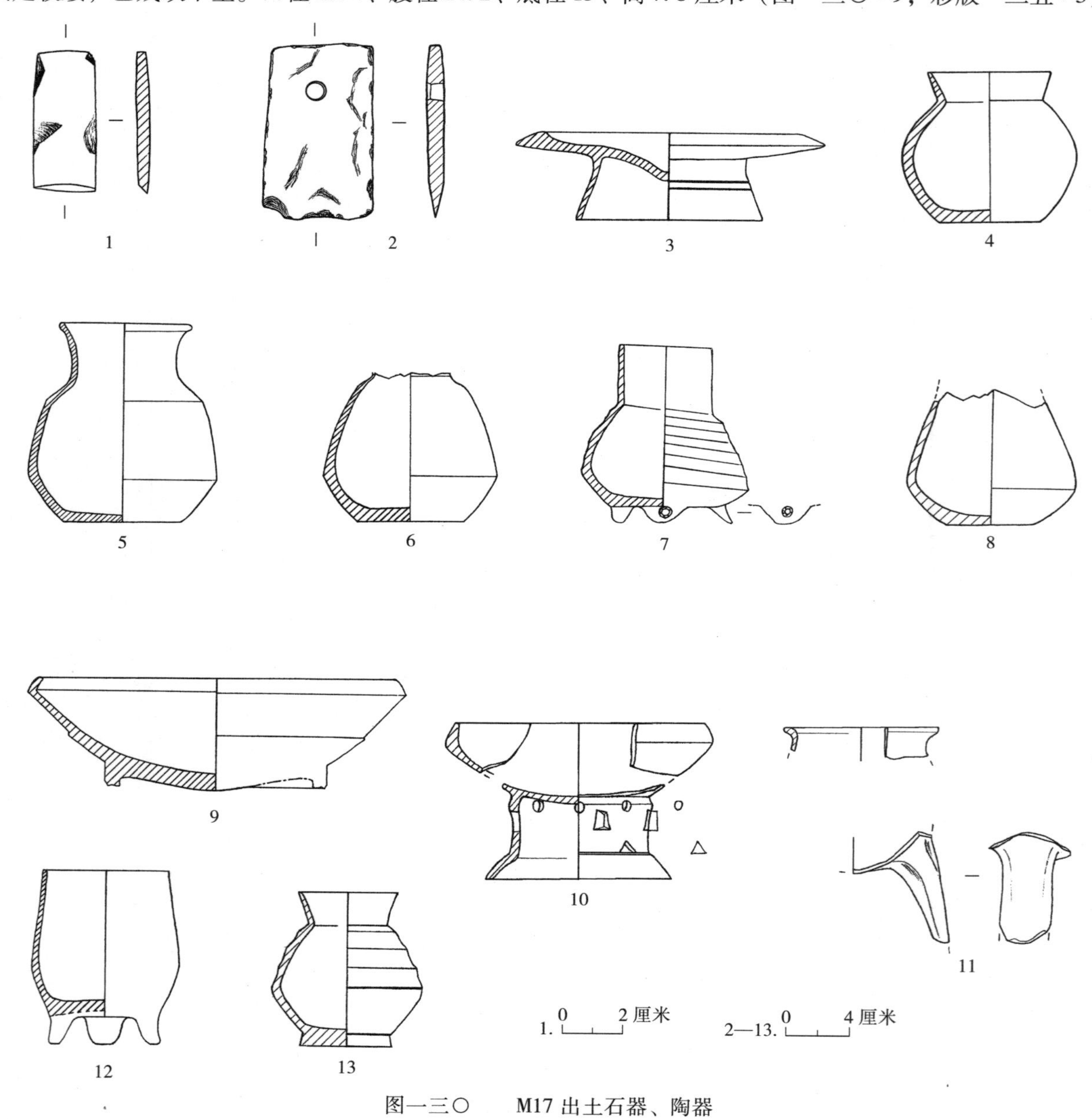

图一三〇 M17 出土石器、陶器

1. 石锛（M17：1） 2. 石钺（M17：2） 3. 陶豆（M17：3） 4. 陶罐（M17：4） 5. 陶壶（M17：5） 6. 陶壶（M17：6） 7. 陶壶（M17：7） 8. 陶壶（M17：8） 9. 陶盘（M17：9） 10. 陶豆（M17：10） 11. 陶鼎（M17：11） 12. 陶杯（M17：12） 13. 陶壶（M17：13）

标本 M17：10，陶豆。泥质浅褐陶，轮制。豆盘为尖圆唇，折敛口，斜腹微鼓内收，豆盘下部已残。豆柄粗短，上有一周凸棱，凸棱上饰 10 个圆孔。豆柄上饰 8 个梯形镂孔，其下又间饰有三角形镂孔。圈足底部呈喇叭状外撇，通体施黑色陶衣。复原盘径 16、底径 12 厘米（图一三〇：10）。

标本 M17：11，陶鼎。夹草木灰（炭）粗泥质浅灰陶，轮制，施有红衣，剥落较甚。方圆唇，侈口，折沿，折肩，下部已残，仅存宽扁足。复原口径 9.2、足残高 6.6 厘米（图一三〇：11）。

标本 M17：12，陶杯。泥质灰陶，轮制，素面。敞口，尖圆唇，深腹，平底，底部置有三足。口径 8.4、最大腹径 10、通高 12、足高 1.8 厘米（图一三〇：12；彩版一二五：4）。

标本 M17：13，陶壶。泥质灰陶，轮制。尖圆唇，敞口，斜直颈，斜肩略鼓，肩至折腹部饰有瓦楞纹。斜腹下收，平底，底为假圈足，较厚。器表施有黑色陶衣。口径 6.4、最大腹径 9.6、高 9.4 厘米（图一三〇：13；彩版一二五：5）。

2. 石器　2 件，种类有锛和钺。

标本 M17：1，石锛。灰色石质，长条形，体较薄。一面略弧凸，刃部与其相连；另一面平整，底部磨出斜刃。长 4.9、宽 2、中厚 0.45 厘米（图一三〇：1；彩版一二五：6）。

标本 M17：2，石钺。灰绿色石质，表面风化较严重。平面呈长方形，上部比刃部略窄。孔为对钻，台痕不清。长 12.2、宽 6.8、中厚 1.25、孔径 1.3 厘米（图一三〇：2；彩版一二六）。

第十八节　十八号墓

一　墓葬形制

M18 位于 T1006 的东南部，大部分被压于 T1006 东部隔梁下，少量在 T1106 内，其东南部为 M19，西南部为 M20，北部为 M10，西部为 M17、M18。2006 年 3 月 26 日上午对 T1006 东南部进行铲面时发现 M18，同日对 T1006 东部隔梁进行清理，使 M18 墓葬的边线完整暴露。4 月 16 日开始对墓坑内部由上至下逐层清理，同日清理完毕后照相，绘图以及取出器物。

M18 墓坑开口于第 1 层下，打破生土层。墓葬开口距地表 0.25 米，为长方形土坑竖穴式，墓坑口长 2.13、宽 1.1 米，墓坑深 0.2 米，墓底距地表 0.45 米，墓向 190°。坑壁剥落自然，墓坑内填土灰黄，偏黄，内含少量红烧土、炭粒及陶片。土质较疏松，偏沙质。葬具、人骨架情况已不清晰，仅能从玉饰摆放位置判断其头向朝南，位于墓坑内中部，而其面向、葬式、性别及年龄皆不明。

随葬品共 20 件，以陶器为主，共 15 件，器形有鼎、豆、壶、罐、杯、鬶等；玉器有玉镯与玉饰各 1 件；石器为 3 件，器形有钺、锛。其中陶器集中置于墓内北部、西部，墓主腹部放置石质工具，玉饰则置于棺内南端（图一三一；彩版一二七）。

二　随葬器物

1. 陶器　15 件，种类有鼎、豆、壶、杯、罐、鬶等。

标本 M18：6，陶杯。泥质灰陶，轮制。圆唇，直口，深腹，上部饰弦纹，下腹略鼓，平底。花瓣形足较矮。器表施黑衣。口径 6.8、最大腹径 7.7、高 13.4 厘米（图一三二：15；彩版一二八：1）。

标本 M18：7，陶壶。泥质灰陶，轮制，素面。圆唇，直口，颈微束，圆鼓腹，下腹内收至平底，底部有三足。口径 7.6、最大腹径 11.8、高 10.4 厘米（图一三二：3；彩版一二八：2）。

标本 M18：8，陶壶。泥质红陶，轮制，素面，器表施黑衣。长直口，略外敞，斜直肩，垂折腹，下内斜收，平底。口径 7、最大腹径 13、底径 6.2、高 9.6 厘米（图一三二：11；彩版一二八：3）。

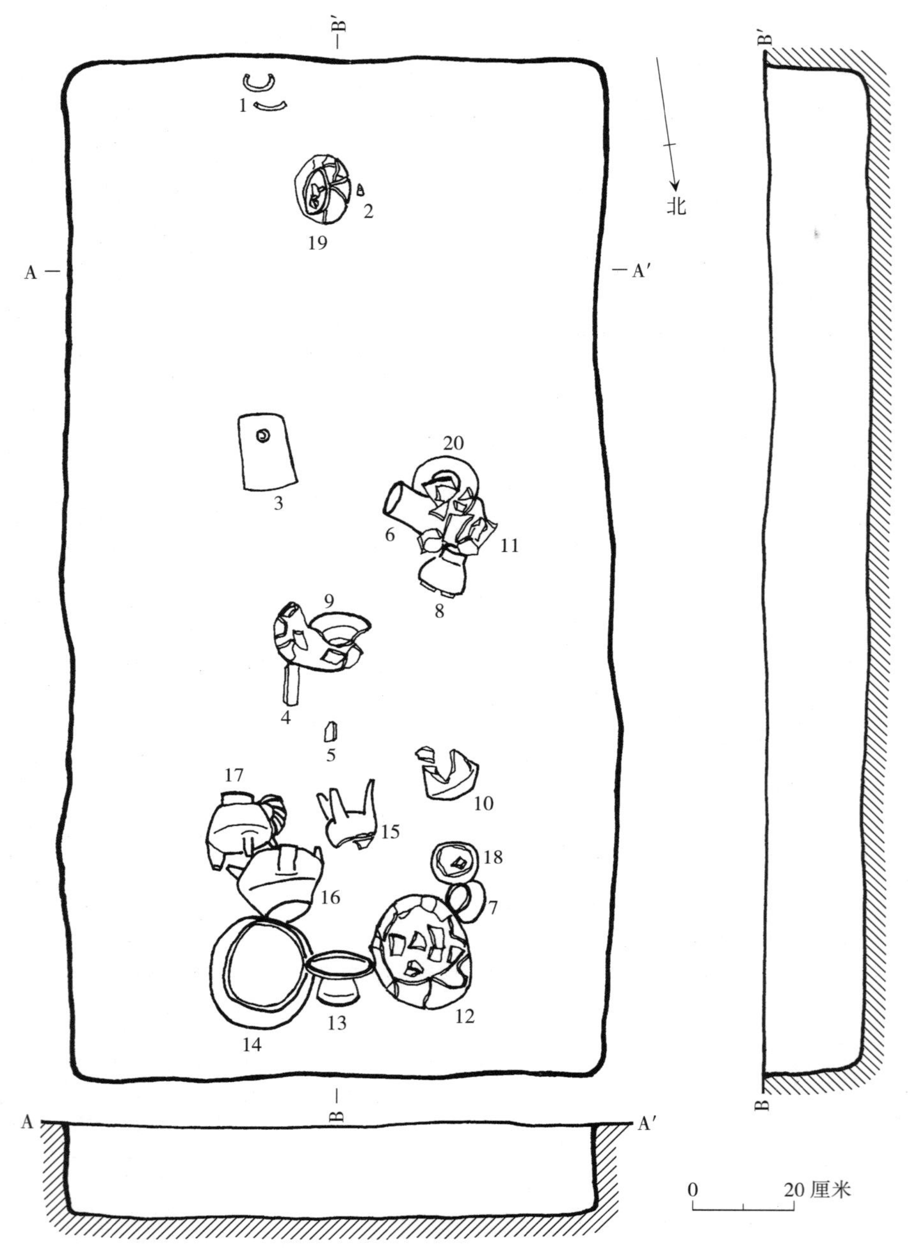

图一三一　M18 平、剖面图

1. 玉镯　2. 玉饰（琀）　3. 石斧　4、5. 石锛　6、11. 陶杯　7、8. 陶壶　9、13. 陶豆　10、14. 陶罐　12、18—20. 陶器　15、16. 陶鼎　17. 陶鬶

标本 M18：9，陶豆。泥质灰陶，轮制。折敛口，斜直腹，盘腹部有一道折棱。矮竹节喇叭状豆柄，上部束柄较细，束柄下部有一周斜“几”字镂孔，通体施有黑衣。盘径 14、底径 10、高 8.6 厘米（图一三二：9；彩版一二九：1、2）。

标本 M18：10，陶罐。泥质黄灰陶，轮制，素面。口和颈部已残，折肩，垂鼓腹，内收至平底。口径约 7、高 10.4、底径 5 厘米（图一三二：12；彩版一二九：3）。

标本 M18：11，陶杯。泥质红陶，轮制，觚形。上部已残损，仅存杯底，底部留有 5 道弦纹，底面内凹。底径 7、残高 32 厘米（图一三二：6）。

标本 M18：12，陶器。泥质红陶，轮制，器表施有黑衣。已残，仅存腹部（图一三二：7）。

标本 M18：13，陶豆。泥质灰陶，轮制。折敛口，斜直腹，盘腹部有一道折棱。矮竹节喇叭状豆柄，上部束柄较细，束柄下部有一周斜“几”字镂孔，通体施有黑衣。盘径 14、底径 11.2、高 9.2 厘米（图一三二：10；彩版一二九：4）。

标本 M18：14，陶罐。泥制橙红陶，轮制，素面。已残甚，不可修复。

标本 M18：15，陶鼎。夹草木灰（炭）粗泥质灰褐陶，轮制。圆唇，侈口，折沿，短束颈，斜直肩，肩部饰有弦纹，下部已残，底部为扁锥状足。复原口径 14、足高 9 厘米（图一三二：5）。

标本 M18：16，陶鼎。夹草木灰（炭）粗泥质灰黑陶，轮制。方圆唇，侈口，折沿，沿面略下凹，斜直肩饰有弦纹，下部已残，方锥状足，足面有按窝。复原口径 12、足残高 3 厘米（图一三二：4）。

标本 M18：17，陶鬶。夹炭泥质浅灰陶，轮制，足把部位均为手制。尖唇，微敞口，直颈微束，颈与上肩部衔接，上肩与下肩部折棱明显，下肩斜直向下与腹部相连接，腹与下肩部相接处饰附加堆纹一周。器把为两股泥条扭丝而成，上端与折肩部相连，下端与折腹处相连，腹部略鼓收成圜底。侧扁三足置于折腹之上，其中两足在前，一足在后，后足与器把相连，足面饰有按窝。口径 6.6、最大腹径 14.4、通高 14 厘米（图一三二：8；彩版一二八：4）。

标本 M18：18，陶器。夹砂红褐陶，残甚，不可修复。

标本 M18：19，陶器。夹草木灰（炭）粗泥质灰黑陶，残甚，不可修复。

标本 M18：20，陶器。夹砂红褐陶，残甚，不可修复。

2. 玉器 2 件，种类有镯和玉饰。

标本 M18：1，玉镯。牙黄色，不透光，部分呈黄红色，表面有白色茎状沁痕，玉质内含有黑点。圆形，已断裂成两段。中部镯孔对钻而成，对钻台面清晰。其中断裂一端相接处有钻孔，但钻孔不对称。镯体剖面呈不规则形，一面平整，另一面略弧凸，其中一面上留有清晰的线切割痕迹。外径 6.55、最大内径 4.6、体厚 0.65 厘米（图一三二：1；彩版一三〇、彩版一三一：1—3）。

标本 M18：2，玉饰（琀）。深牙黄色，部分为鸡骨白色，下部有褐色沁斑，玉质内含有白色结晶斑，器表附着少量有机质痕迹。器型呈上大下小的水滴状，扁平，顶部原先钻有一孔，已残破，后又在其下部砥钻一孔。器体一侧留有明显的线切割痕。长 1.9、宽 1.65、中厚 0.25、孔径 0.2 厘米（图一三二：2；彩版一三一：4—6）。

3. 石器 3 件，种类有锛和钺。

标本 M18：3，石钺。灰白色石质，平面呈“风”字形，体较厚重。上部对钻一孔，钻痕清晰，台痕明显。钺体顶部有较明显的磨痕，刃部有使用后的破裂痕迹。出土时表面泛有玻璃光泽，脱水后不见。长 16.8、中宽 10.8、下边宽 11.9、中厚 1 厘米（图一三二：14；彩版一三二、彩版一三三：1）。

标本 M18∶4，石锛。青灰色石质，长条形，体窄较厚，一面略弧凸，刃部与其相连；另一面平整，底部磨出斜刃。已纵向裂成两块，锛体一侧留有线割痕迹。长 4.5、宽 1.8、中厚 1.6 厘米（图一三二∶13；彩版一三三∶3）。

标本 M18∶5，石锛。青灰色石质，长条形，体窄较厚，一面略弧凸，刃部与其相连；另一面平整，底部磨出斜刃。长 8.15、宽 1.8、中厚 2.1 厘米（图一三二∶16；彩版一三三∶2、4）。

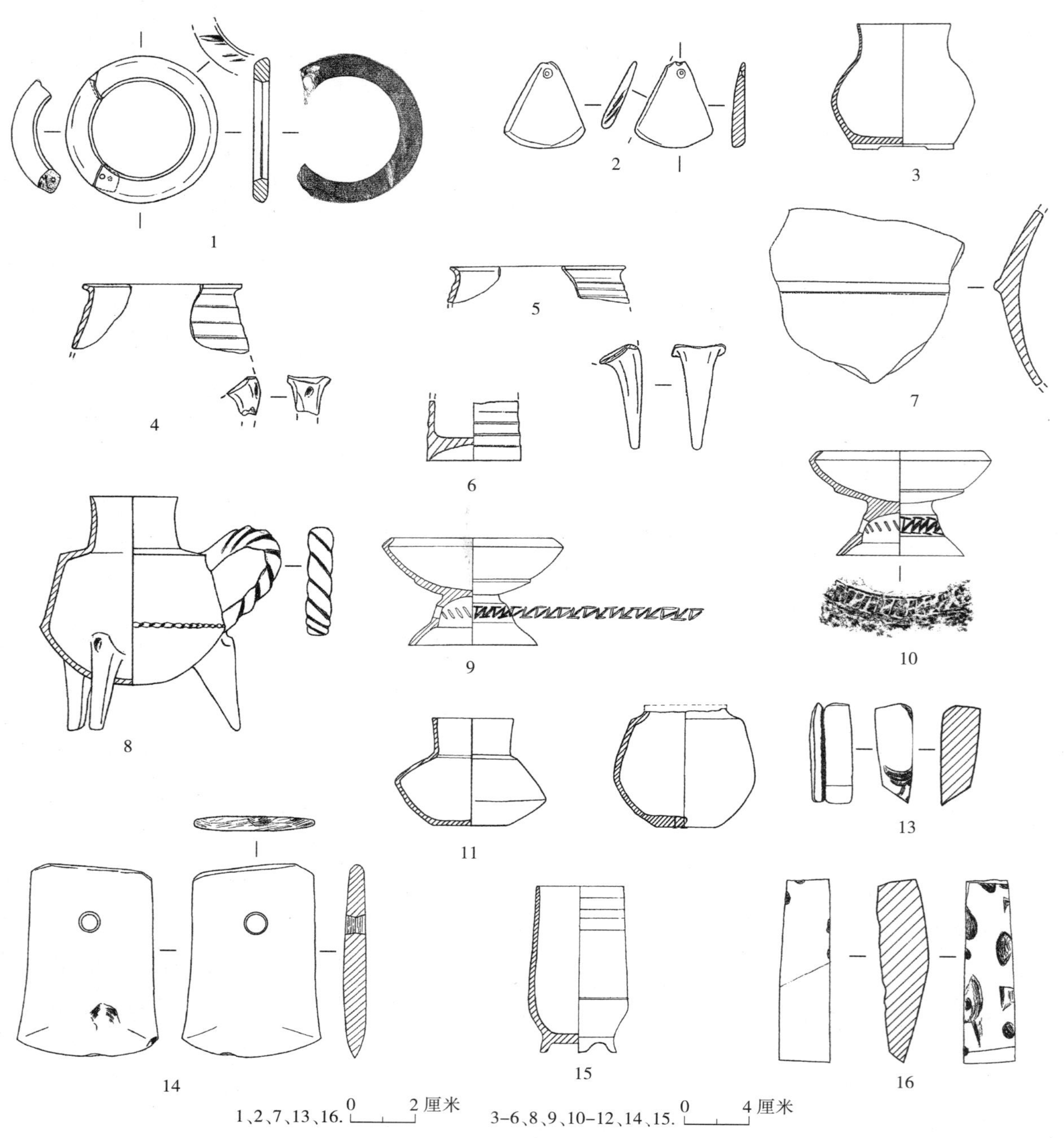

图一三二　M18 出土玉器、石器、陶器

1. 玉镯（M18∶1）　2. 玉饰（琀）（M18∶2）　3. 陶壶（M18∶7）　4. 陶鼎（M18∶16）　5. 陶鼎（M18∶15）　6. 陶杯（M18∶11）　7. 陶器（M18∶12）　8. 陶鬶（M18∶17）　9. 陶豆（M18∶9）　10. 陶豆（M18∶13）　11. 陶壶（M18∶8）　12. 陶罐（M18∶10）　13. 石锛（M18∶4）　14. 石钺（M18∶3）　15. 陶杯（M18∶6）　16. 石锛（M18∶5）

第十九节 十九号墓

一 墓葬形制

M19 位于 T1105 的西北部，大部分被压于 T1105 北部隔梁下，少量在 T1106 内，其西北部为 M18，北部为 M10，西南部紧靠 M20，西北部为 M18。2006 年 4 月 15 日上午对 T1106 西南部进行铲面时发现 M19，同日对 T1105 东部隔梁进行清理，使 M19 墓葬的边线完整暴露。5 月 3 日开始对墓坑内部由上至下逐层清理，5 月 4 日清理完毕后，照相、绘图以及取出器物。

M19 墓坑开口于第 1 层下，打破生土层。墓葬开口距地表 0.4 米，为长方形土坑竖穴式，墓坑口长 2.1、宽 1.1 米，墓坑深 0.13 米，墓底距地表 0.53 米，墓向 200°。坑壁剥落自然，墓坑内填土灰褐色，偏黄，内含少量的红烧土、炭粒及陶片。土质较疏松，偏沙质。葬具、人骨架情况已不清晰，仅能从玉饰摆放位置判断，其头向朝南，位于墓坑内中部，而其面向、葬式、性别及年龄皆不明（彩版一三四：1）。

随葬品共 20 件，以陶器为主，共 15 件，器形有鼎、豆、壶、罐、甑、甗、纺轮等。玉器仅有玉饰 1 件。石器 3 件，器形有钺、锛。另有骨璜 1 件。陶器集中置于墓内西南部、中部偏南，骨璜则置于棺内南端，推测为戴在墓主颈部的装饰（图一三三；彩版一三四：2、3）。

二 随葬器物

1. 陶器 15 件，种类有鼎、豆、罐、甑、甗、纺轮等。

标本 M19：6，陶纺轮。泥质灰陶，手制。呈扁锥状，边缘不甚平整。底径 6.3、孔径 0.66、厚 1.9 厘米（图一三四：5；彩版一三五：1）。

标本 M19：7，陶豆。泥质灰陶，轮制。上部豆盘为折敛口钵形，下部为直柱状豆柄，直柄下部接喇叭形豆座，豆座外壁上是两周三角形半镂孔。其表施黑衣，剥落较甚。盘径 14.8、底径 14.2、高 13.2 厘米（图一三四：6；彩版一三五：2、3）。

标本 M19：8，陶罐。泥质红褐陶，轮制，素面，其表施黑衣。圆唇，侈口，束直颈，下部已残。复原口径 9 厘米（图一三四：7）。

标本 M19：9，陶罐。泥质灰陶，轮制，素面。口沿部已残缺，溜肩，圆鼓腹，下部内收，平底。底径 7.9、高 12.6 厘米（图一三四：8；彩版一三五：4）。

标本 M19：10，陶鼎。夹草木灰（炭）粗泥质灰黄陶，已残甚，仅存鼎足，呈宽扁形，略显内弧。足长 7 厘米（图一三四：9）。

标本 M19：11，陶罐。泥质灰陶，轮制，素面。直口，圆唇，斜直肩，折腹，下内收至平底。口径 8.6、底径 6、高 11 厘米（图一三四：10；彩版一三五：5）。

标本 M19：12，陶器。泥质灰褐陶，残甚，不可修复。

标本 M19：13，陶器。泥质红褐陶，残甚，不可修复。

标本 M19：14，陶壶。泥质浅灰陶，轮制，器表施有黑衣，脱落较甚。圆唇，敞口，束颈，斜肩，折腹，小平底。口径 7.1、最大腹径 10.1、底径 5、高 12 厘米（图一三四：11；彩版一三七：1）。

图一三三　M19 平、剖面图

1. 玉饰　2. 骨璜　3. 石钺　4、5. 石锛　6、17. 陶纺轮　7. 陶豆　8、9、11、15、20. 陶罐　10、16. 陶鼎　12、13. 陶器　14. 陶壶　18. 陶甗　19. 陶甑

标本 M19：15，陶罐。泥质灰陶，轮制，素面。口部已残失，溜肩，圆鼓腹，下部内收，平底。最大腹径 21.4、底径 10.6、残高 17.4 厘米（图一三四：12；彩版一三七：2）。

标本 M19：16，陶鼎。夹草木灰（炭）粗泥质浅褐陶，轮制，素面。尖圆唇，侈口，卷沿，短束颈，斜肩，鼓腹，下部已残失，扁足。复原口径约 10 厘米（图一三四：13）。

标本 M19：17，陶纺轮。泥质灰陶，陶质疏松，风化，不可修复。

标本 M19：18，陶甗。夹草木灰（炭）粗泥质灰陶，轮制，素面，有施红彩痕迹。上部为甑，下部为鼎。甑为尖圆唇，敞口，斜弧腹内收，底部有箅孔 5 个，中部孔较大，周围有 4 个小孔，甑腹部外壁对称贴附鸡冠耳鋬手。下部鼎为圆唇，敞口，折沿，略显鼓腹，下内收成平底，腹中部偏下有扁铲形三足，较高。甑口径 12、箅孔径 1.4、鼎口径 9.4、足高 7.2、通高 16.2 厘米（图一三四：14；彩版一三六、彩版一三七：3）。

标本 M19：19，陶甑。夹草木灰（炭）粗泥质灰黑陶，轮制，素面。圆唇，敞口，略微卷折沿，腹部斜直，内收成平底，腹上一周均匀分布 4 个小鋬，其中一只已残，底部残失严重。口径 16.6、底径 7.2、高 7 厘米（图一三四：15；彩版一三七：4、6）。

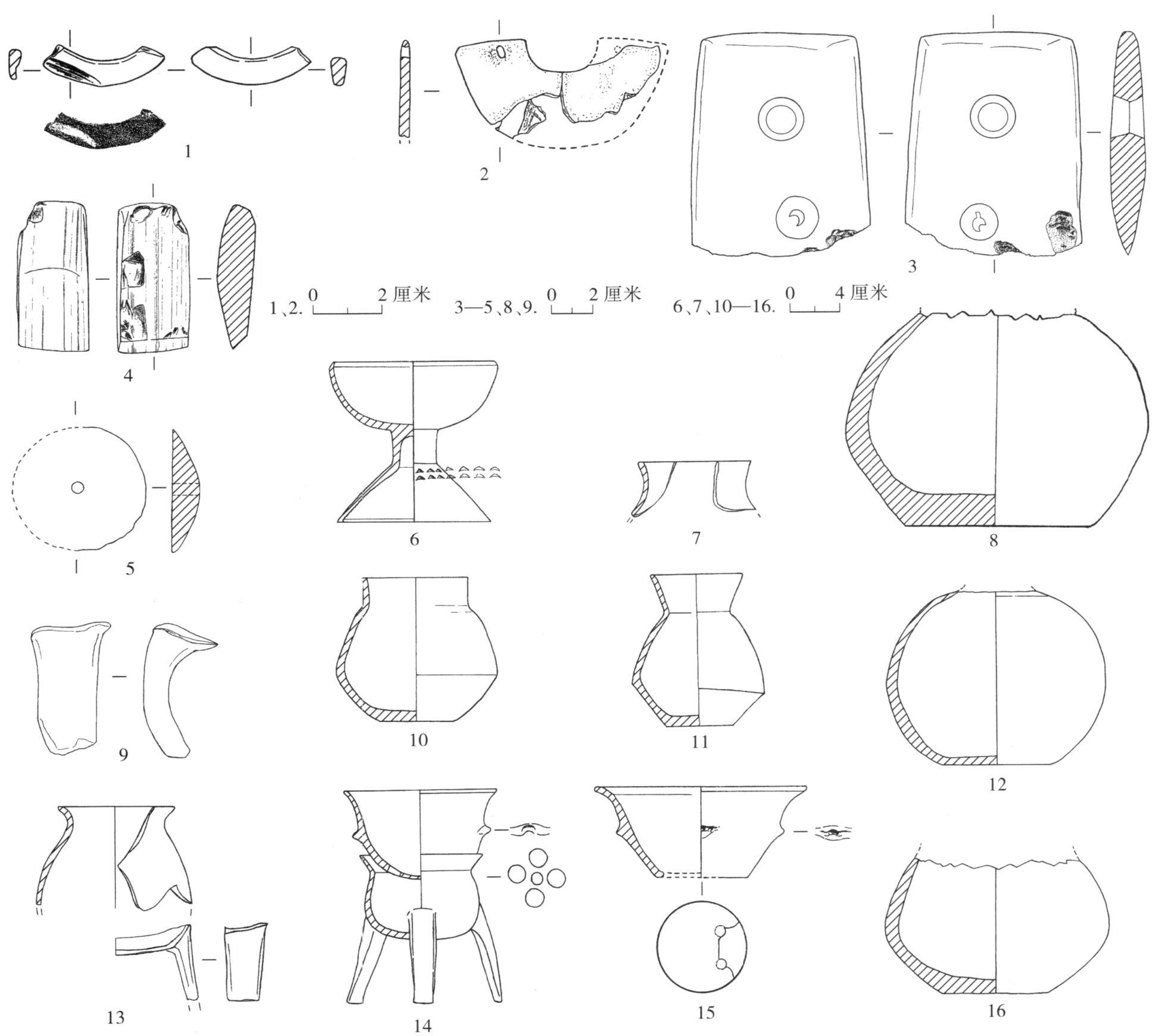

图一三四　M19 出土器物

1. 玉饰（M19：1）　2. 骨璜（M19：2）　3. 石钺（M19：3）　4. 石锛（M19：4）　5. 陶纺轮（M19：6）　6. 陶豆（M19：7）　7. 陶罐（M19：8）　8. 陶罐（M19：9）　9. 陶鼎（M19：10）　10. 陶罐（M19：11）　11. 陶壶（M19：14）　12. 陶罐（M19：15）　13. 陶鼎（M19：16）　14. 陶甗（M19：18）　15. 陶甑（M19：19）　16. 陶罐（M19：20）

标本 M19：20，陶罐。泥质灰黑陶，轮制，素面。口、颈部已残缺，溜肩，圆鼓腹，平底。最大腹径 17. 2、底径 8. 2、残高 9. 8 厘米（图一三四：16；彩版一三七：5）。

2. 玉器 1 件。

标本 M19：1，玉饰。绿色，断裂处略有沁色，玉质内有白色絮状结晶。器已残断，一面保留有线切割痕迹。残长 3. 5、宽 0. 8、中厚 0. 4 厘米（图一三四：1；彩版一三八：1、2）。

3. 骨器 1 件。

标本 M19：2，骨璜。灰白色，糟朽严重，一面已风化严重，另一面尚平整，从断面可看出骨质疏孔。已残断，根据现场描摹为半璧形，璜体较宽，璜两端略向外侧倾斜。两端钻孔，由于质地疏松，已不见钻孔痕迹，孔呈椭圆形，推测应为长期佩戴所致。复原最长 6. 9、最宽 3. 5、中厚 0. 3 厘米（图一三四：2；彩版一三八：3、4）。

4. 石器 3 件，种类有钺和锛。

标本 M19：3，石钺。紫褐色石质，整体呈长方形，上部略窄，底部略宽。靠上部对钻一孔，钻痕、台痕明显。钺体下部有天然形成的月牙形纹，刃部有使用遗留的破裂痕迹。长 11. 3、宽 8. 6、厚 1. 7 厘米（图一三四：3；彩版一三九，彩版一四〇：1、2）

标本 M19：4，石锛。青灰色石质，扁长条形。一面略弧凸，刃部与其相连；另一面平整，底部磨出斜刃。锛体表面留有打片斑痕。长 5. 9、宽 3. 28、中厚 1. 6 厘米（图一三四：4；彩版一四〇：3）。

标本 M19：5，石锛。青灰色石质，已风化严重，仅看出为扁长条形（彩版一四〇：4）。

第二十节 二十号墓

一 墓葬形制

位于 T1005 的东北角和 T1105 的西北角（关键柱处），横跨两座探方，东北紧靠 M19，北部为 M18。2006 年 4 月 19 日清理 T1005 时发现 M20，后将压于其上的隔梁清理完毕，使 M20 墓葬完整暴露。5 月 3 日开始对墓坑内部由上至下逐层清理，5 月 4 日清理完毕之后，照相、绘图以及取出器物。

M20 墓坑开口于第 1 层下，墓葬打破生土层。墓葬开口距地表 0. 4 米，为长方形土坑竖穴式，墓坑口长 2. 47 米，最宽 1. 14 米，墓坑深 0. 3 米，墓底距地表 0. 7 米，墓向 188°。坑壁剥落自然，墓坑内填灰褐色五花土，内含少量红烧土、炭粒及陶片。土质较疏松，偏沙质（彩版一四一）。

葬具痕迹明显，从平面上来看，整体置于墓坑内偏东处，木质，朽痕呈灰白色。从保存现状来看为长方形，长 2. 2、宽 0. 9 米，侧板残高约 0. 2 米。从剖面上来看，棺下部呈 U 形，底部近平，两侧棺板厚 0. 03—0. 04 米。底部棺板略厚，为 0. 04—0. 05 米。其上未见棺盖板痕迹，但在清理棺内时，发现器物上有灰白色朽痕，应是早年朽塌的盖板痕迹。棺内器物上存有盖板朽塌痕迹，说明原先存有盖板。棺底土质灰褐，黏性较大，有明显的淤积现象。人骨仅保存痕迹，可以看出位于棺内偏东部，仰身直肢，头向西南，性别不可辨（彩版一四二：1、2）。

随葬品共19件，全部置于棺内，集中摆放在墓主头部及脚部偏西北处。其中陶器18件，玉器1件。玉璜发现于墓主颈部，头部与葬具间隙处由东向西分别随葬有陶豆、觚形杯、陶罐、三足壶等，墓主西侧中部靠近棺西壁放置1件灰陶罐，靠近盆骨处另有1件陶罐，在墓主脚部放有陶罐、陶纺轮等（图一三五；彩版一四二：3、4）。

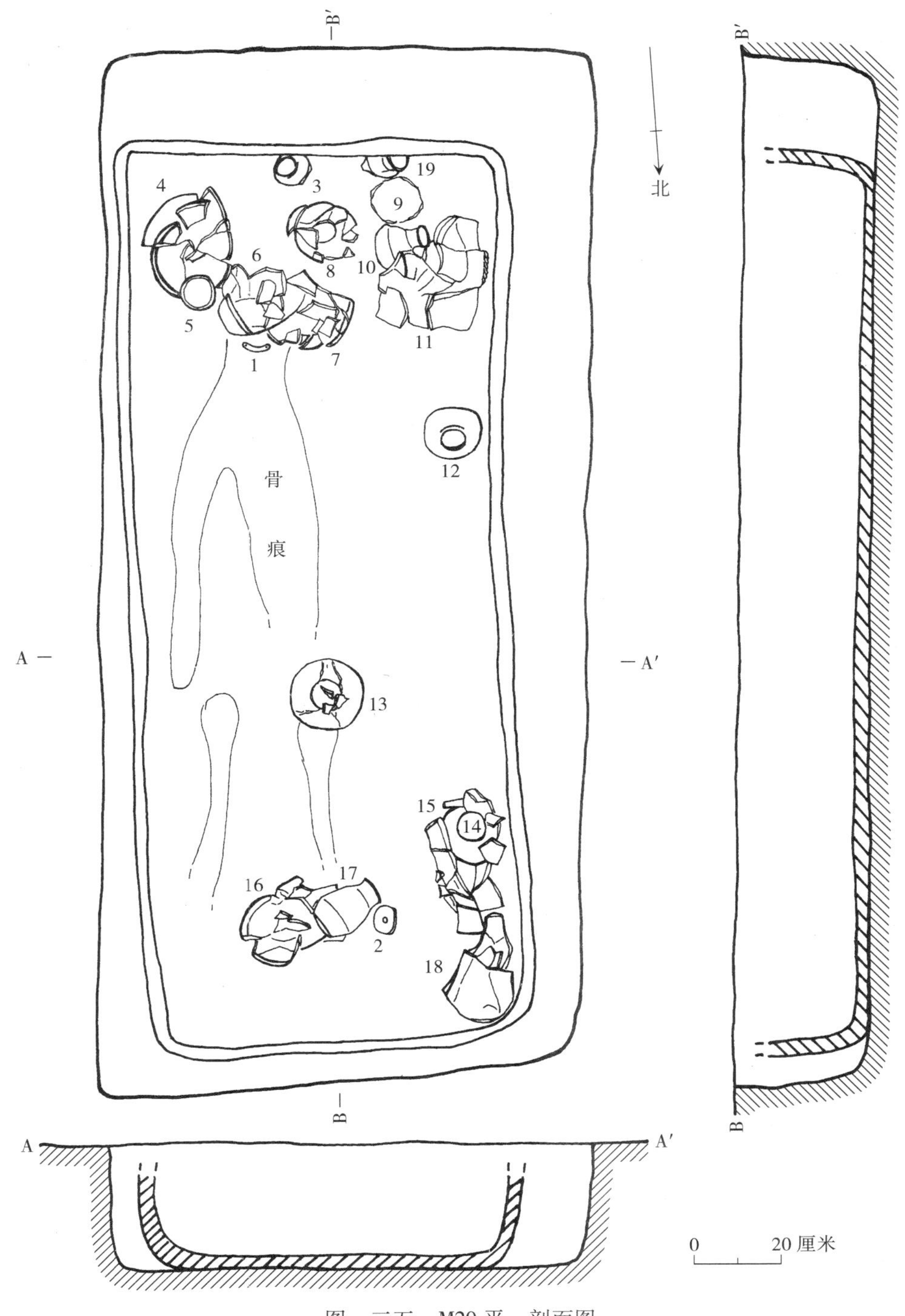

图一三五 M20平、剖面图

1. 玉璜 2. 陶纺轮 3、5、9. 陶杯 4、7. 陶豆 6、10、14、17、19. 陶壶 8、11—13、15. 陶罐 16. 陶鼎 18. 陶器

二　随葬器物

1. 陶器　18 件，种类有鼎、壶、罐、豆、杯、纺轮等。

标本 M20：2，陶纺轮。泥质灰黑陶，手制。整体为圆台形，两面不平整，背面刻有多角星图案，已剥落不清。上径 3.5、下径 7、孔径 0.7、高 1.2 厘米（图一三六：3；彩版一四三：1、2）。

标本 M20：3，陶杯。泥质浅灰陶，轮制，素面。上部已残，仅存下部，腹部略外鼓，近底部略直，平底。腹径 8.6、底径 7.5、残高 9.2 厘米（图一三六：1；彩版一四三：3）。

标本 M20：4，陶豆。泥质浅灰陶，轮制。侈口，折沿内敛，上部呈盘状。下部豆柄较粗矮，底部呈喇叭形，豆柄上有三角形、圆形镂孔，器表施有黑色陶衣。盘径 21、底径 12、高 9.8 厘米（图一三六：4；彩版一四三：4、6）。

标本 M20：5，陶杯。泥质灰陶，轮制，素面，觚形。敞口，尖唇，略显束腰，平底，近底部有一周弦纹，底部外撇并刻有花瓣形足，通体施黑衣。口径 8.4、底径 8.2、高 13.6 厘米（图一三六：5；彩版一四四：3）。

标本 M20：6，陶壶。泥质橙红陶，轮制，素面，器表施有黑衣。尖圆唇，侈口，直颈，下部已残甚，仅可辨别为折腹，下内收至平底。复原口径约 10 厘米（图一三六：6）。

标本 M20：7，陶豆。泥质灰陶，轮制。折敛口钵状豆盘，豆盘腹部有一道折棱。矮圈足外撇，并且呈花瓣形足，豆柄上饰一周三角形半镂孔。口径 13.4、底径 8.9、高 8.2 厘米（图一三六：7；彩版一四四：1、2）。

标本 M20：8，陶罐。泥质橙红陶，轮制，素面，通体施有黑衣。圆唇，敞口，直颈，溜肩，圆鼓腹内收，大平底。口径 8.2、最大腹径 12.4、底径 7、高 10.4 厘米（图一三六：8；彩版一四三：5）。

标本 M20：9，陶杯。泥质灰陶，轮制，素面，觚形。敞口，尖圆唇，下部略束，平底。口径 8.4、底径 7.6、高 13.2 厘米（图一三六：9；彩版一四四：4）。

标本 M20：10，陶壶。泥质红陶，轮制，素面，器表施有黑衣。侈口，尖圆唇，束颈，折肩，折腹，最大径在折腹处，平底。口径 6.4、最大腹径 11.2、底径 7.4、高 14.2 厘米（图一三六：10；彩版一四五：1）。

标本 M20：11，陶罐。泥质红陶，轮制。方唇，侈口，折颈，颈与肩相接处有一道折棱。溜肩略鼓，腹中部饰一周绳索状附加堆纹，鼓腹内收，平底。口径 10.8、最大腹径 17.4、高 16 厘米（图一三六：11；彩版一四五：3）。

标本 M20：12，陶罐。泥质灰陶，轮制，素面。口部已残，束颈，溜肩，尖鼓腹下部内收，平底。最大腹径 11.2、底径 6、残高 7.4 厘米（图一三六：12；彩版一四五：4）。

标本 M20：13，陶罐。泥质灰陶，轮制，素面。口部已残，束颈，溜肩，尖鼓腹下部内收，大平底。底径 7.2、残高 9.5 厘米（图一三六：13；彩版一四六：1）。

标本 M20：14，陶壶。泥质灰陶，轮制。侈口，尖圆唇，长束颈，斜折肩，折腹，自肩至折腹处饰数周宽瓦楞纹，下腹内收，大平底。口径 7.6、最大腹径 13.6、高 12.6 厘米（图一三六：14；彩版一四六：2）。

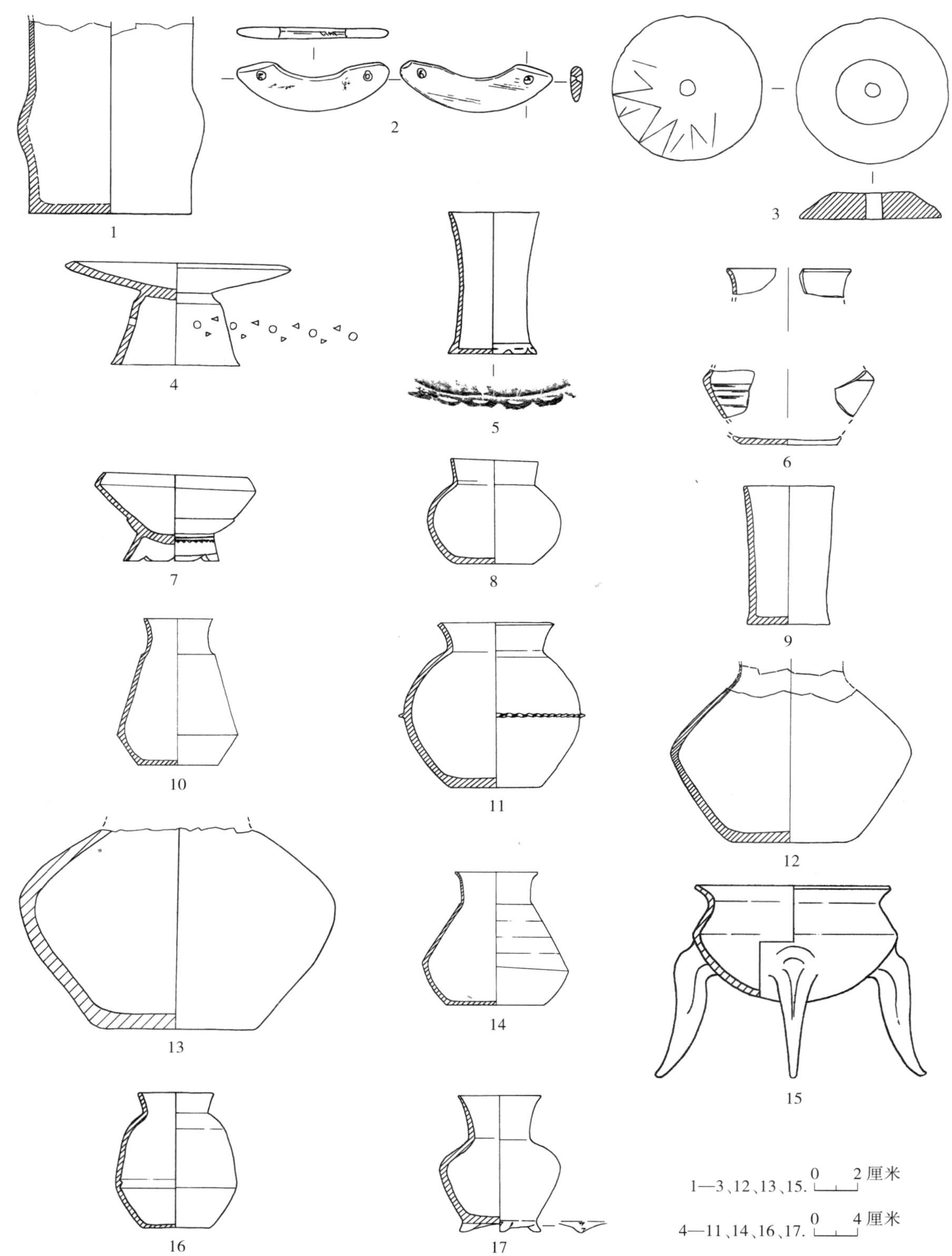

图一三六 M20出土玉器、陶器

1. 陶杯（M20：3） 2. 玉璜（M20：1） 3. 陶纺轮（M20：2） 4. 陶豆（M20：4） 5. 陶杯（M20：5） 6. 陶壶（M20：6） 7. 陶豆（M20：7） 8. 陶罐（M20：8） 9. 陶杯（M20：9） 10. 陶壶（M20：10） 11. 陶罐（M20：11） 12. 陶罐（M20：12） 13. 陶罐（M20：13） 14. 陶壶（M20：14） 15. 陶鼎（M20：16） 16. 陶壶（M20：17） 17. 陶壶（M20：19）

标本 M20∶15，陶罐。泥质灰陶，残甚，不可修复。

标本 M20∶16，陶鼎。夹草木灰（炭）粗泥质黄褐陶，轮制，素面。圆唇，敞口，短束颈，斜直肩，折腹，鼓腹内收至圜底，近平，三锥形足置于折腹下端。口径 15.8、最大腹径 16.4、高 14.8、足高 9.5 厘米（图一三六∶15；彩版一四六∶3）。

标本 M20∶17，陶壶。泥质浅灰陶，轮制，素面，器表施有黑衣。圆唇，敞口，束颈，折肩，折腹，最大径位于折腹处，下部内收，平底。口径 6.4、底径 5.8、高 12 厘米（图一三六∶16；彩版一四五∶2）。

标本 M20∶18，陶器。泥质红褐陶，残甚，不可修复。

标本 M20∶19，陶壶。泥质浅灰陶，轮制。尖圆唇，敞口，长直颈，溜肩，上腹部圆鼓，下腹部斜直内收，平底。底部置三足，足面正中刻三角形半镂孔，器表施有黑衣。口径 7.8、最大腹径 11.3、高 13 厘米（图一三六∶17；彩版一四六∶4）。

2. 玉器 1 件。

标本 M20∶1，玉璜。浅绿色，部分已风化成鸡骨白色块斑，玉质内有较明显的条状结晶，表面附着少量的有机质朽痕。长条形，体等宽，弧度较小，两端不甚平整，外部弧边较光润，内弧上部保留有磨制痕迹。玉璜两端各砥钻一孔，略有偏差，上大下小呈喇叭状。长 7、中宽 1.15、孔径 0.4、中厚 0.55 厘米（图一三六∶2；彩版一四七）。

第二十一节 二十一号墓

一 墓葬形制

M21 位于 T1008 的东北部，西部为 M22，西南部为 M3。2006 年 4 月 15 日对 T1008 东北部进行铲面时发现 M21，4 月 30 日对墓坑内部由上至下逐层清理，当日清理完毕后，照相、绘图以及取出器物。

M21 墓坑开口于第 1 层下，墓葬北部被 H12 打破，墓葬打破生土层。墓葬开口距地表 0.4 米，为长方形土坑竖穴式，墓坑口残长 1.6、宽 1 米，墓坑深 0.12 米，墓底距地表 0.52 米，墓向 188°。墓坑内填灰褐土，偏黄，内含少量红烧土、炭粒及陶片。土质较疏松。由于距地表较近，所以破坏严重，葬具情况已不清晰，仅能从玉饰摆放位置判断，墓主头向朝南，而其面向、葬式、性别及年龄皆不明（彩版一四八）。

残存随葬品共 7 件，其中陶器 5 件，器形有豆、壶、杯等。玉器 2 件，器形有璜、玉饰。陶器被置于坑内东南部、中部偏西；玉器发现于墓坑东南部的陶器群下，推测为墓主头部装饰（图一三七；彩版一四九）。

二 随葬器物

1. 陶器 5 件，种类有壶、豆、杯等。

标本 M21∶3，陶壶。泥质灰陶，轮制，素面。圆唇，敞口，斜直颈，溜肩，圆鼓腹，下部内收平底，喇叭状矮圈足。口径 7、最大腹径 10.2、底径 8、高 11.3 厘米（图一三八∶3；彩版一五〇∶3）。

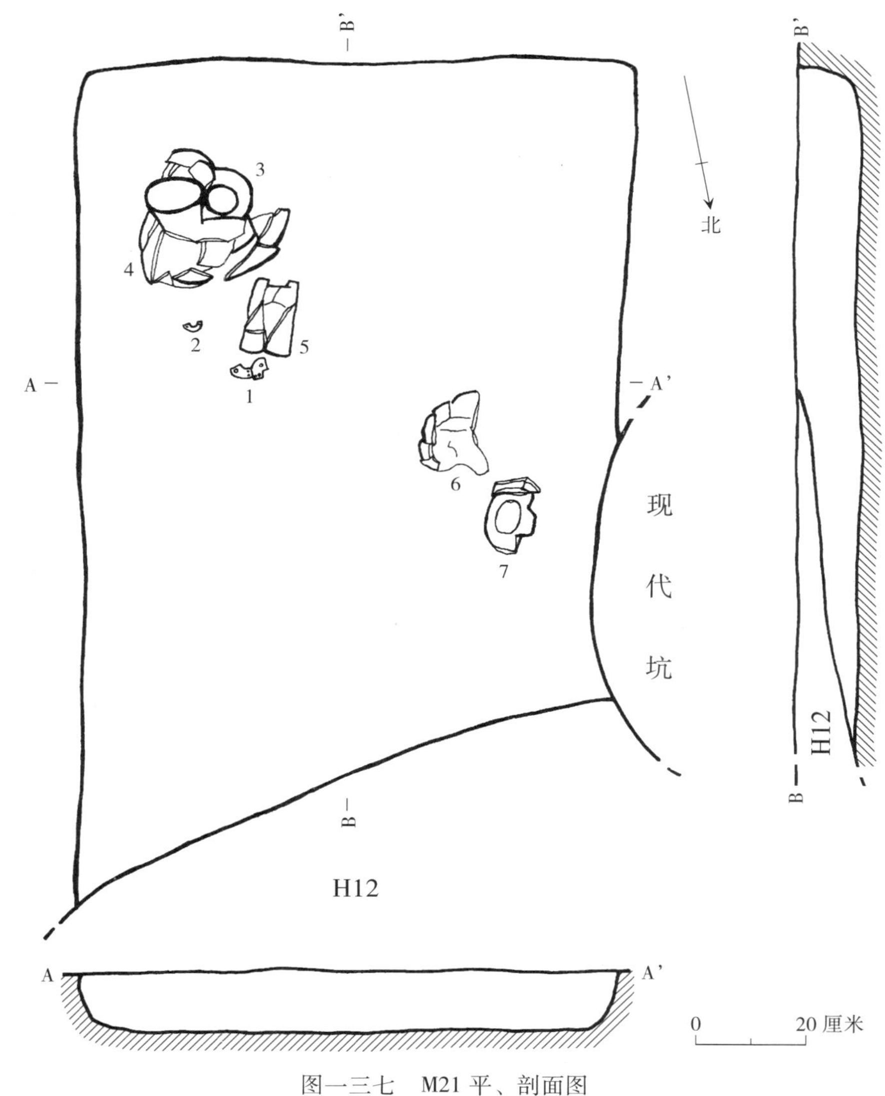

图一三七 M21 平、剖面图

1. 玉璜 2. 玉璜（玲） 3. 陶壶 4. 陶豆 5. 陶杯 6、7. 陶器

标本 M21：4，陶豆。泥质灰陶，轮制。豆盘为尖圆唇，折敛口，盘上腹部略鼓，下腹部斜直内收。豆座呈喇叭形，其与豆盘相接处有道束颈，柄部饰三角形、长方形、圆形镂孔，其间饰竖条状浅刻画纹，通体施黑色陶衣，留有部分红彩痕迹。盘径 22、底径 14.6、高 13 厘米（图一三八：4；彩版一五〇：1、2）。

标本 M21：5，陶杯。泥质红陶，轮制，素面。圆唇，敞口，深腹，杯体上部微束，下部略鼓。平底，底上安有三个矮足，矮足中间内凹。口径 8、腹径 8、高 13.4、足高 0.9 厘米（图一三八：5；彩版一五〇：4）。

标本 M21：6，陶器。泥质灰陶，残甚，不可修复。

标本 M21：7，陶器。泥质红褐陶，轮制。上部已残失，仅存底部。斜直腹内收，略鼓，平底内凹。底径 7，残高 3.4 厘米（图一三八：6）。

2. 玉器 2 件，种类有璜（玲）。

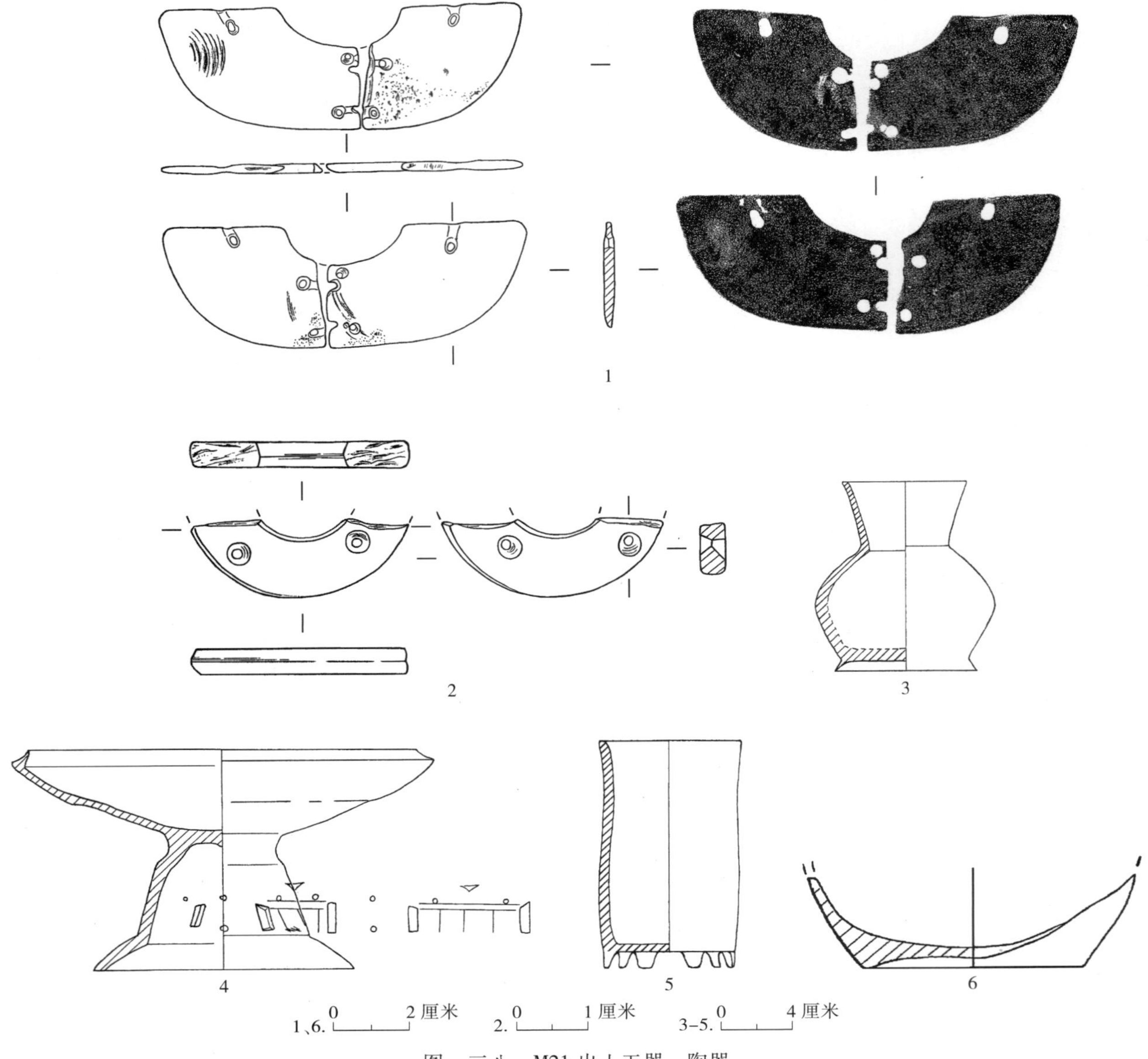

图一三八 M21 出土玉器、陶器

1. 玉璜（M21∶1） 2. 玉璜（玪）（M21∶2） 3. 陶壶（M21∶3） 4. 陶豆（M21∶4） 5. 陶杯（M21∶5） 6. 陶器（M21∶7）

标本 M21∶1，玉璜。鸡骨白色，部分透光处呈浅黄绿色，器表有褐色沁斑，玉质内含灰绿色结晶颗粒，表面附着有机质朽痕。璜体呈扁长条形，体较宽，现已残断成两截，残断边缘的两侧，上、下各砥钻一孔，从钻孔来看，该璜至少经过了两次修补，故在中部残留断裂的修补钻孔。在残断处一侧与璜体一面上留有明显的线切割痕迹，两端及修补孔内有长期佩戴的线磨痕迹。拼合长 10.3、最宽 3.5、两端孔径 0.4、中厚 0.3 厘米（图一三八∶1；彩版一五一、彩版一五二、彩版一五四∶1—3）。

标本 M21∶2，玉璜（玪）。鸡骨白色，部分透光处呈浅黄绿色，玉质内含灰绿色结晶颗粒，表面附着少量有机质朽痕。扁条形，体略弧，应当是小玉环残断后改制而成两端各砥钻一孔，钻痕清晰。内外侧面上留有对钻痕。残长 2.9、最宽处 0.75、孔径 0.3、中厚 0.3 厘米（图一三八∶2；彩版一五三、彩版一五四∶4—6）。

第二十二节　二十二号墓

一　墓葬形制

M22 位于 T1008 的北部，东部为 M21，西南部为 M2、M1，南部为 M3。2006 年 4 月 15 日对 T1008 北部进行铲面时发现 M22，5 月 1 日对墓坑内部由上至下逐层清理，当日清理完毕后，照相、绘图以及取出器物。

M22 墓坑开口于第 1 层下，墓葬中部、北部已被 H12 破坏，现仅存南部一段，墓葬打破生土层。墓葬开口距地表 0.3 米，为长方形土坑竖穴式，墓坑口残长 0.95、宽 1.05 米，墓坑深 0.18 米，墓底距地表 0.48 米，墓向 194°。墓坑内填灰褐土，偏黄，内含少量红烧土、炭粒及陶片。土质较疏松。由于距地表较近，所以破坏严重，葬具情况已不清晰，仅能从玉饰摆放位置判断，其头向朝南，而其面向、葬式、性别及年龄皆不明（彩版一五五）。

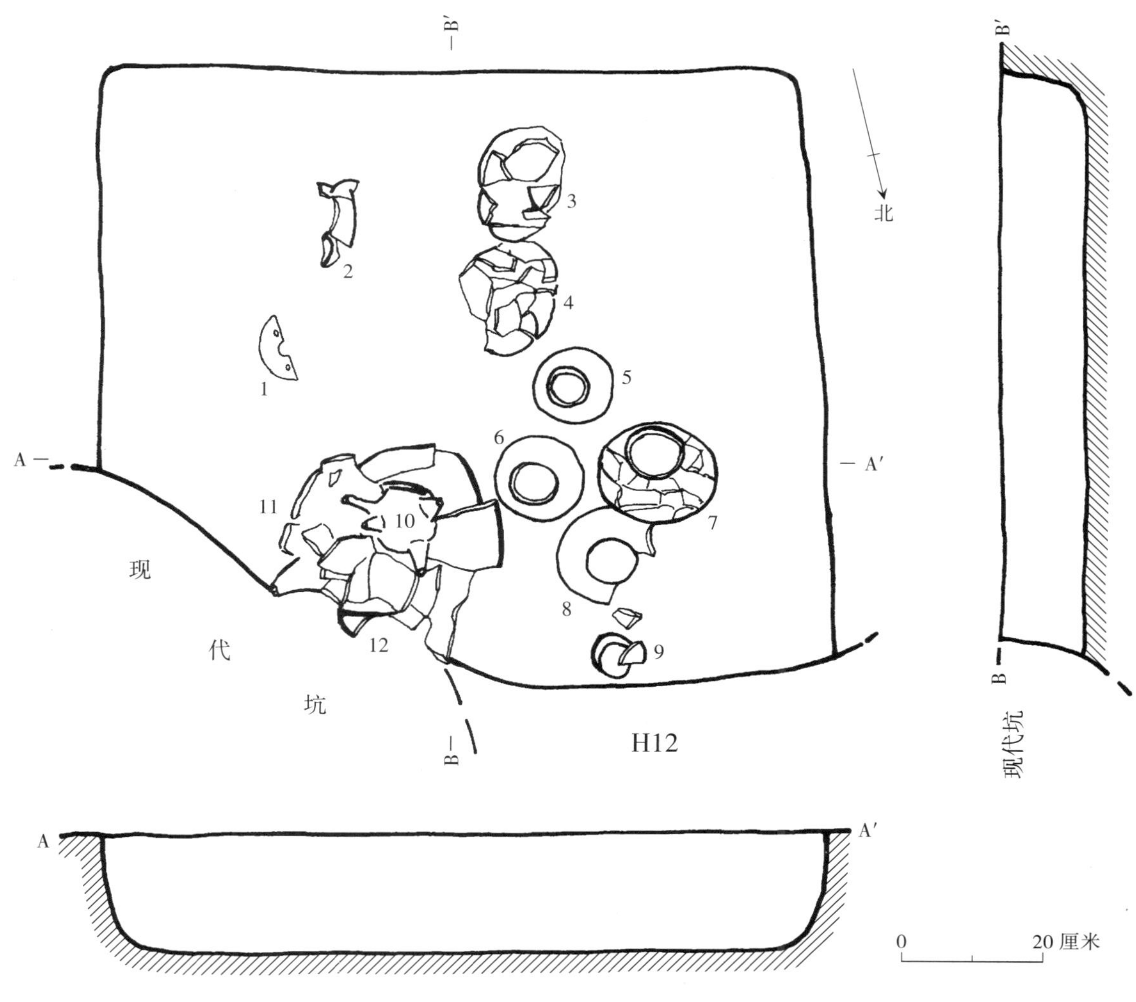

图一三九　M22 平、剖面图

1. 玉璜　2、5—8. 陶壶　3、4. 陶器　9. 陶杯　10. 陶甗　11. 陶釜　12. 陶鼎

残存随葬品共12件，以陶器为主，共11件，器形有鼎、釜、壶、杯、甗等。玉器仅璜1件。陶器被放置于墓坑内中部偏西及中部；玉器发现墓坑中部偏东南处，推测为墓主头部装饰（图一三九；彩版一五六）。

二 随葬器物

1. 陶器 11件，种类有鼎、壶、杯、甗、釜等。

标本M22：2，陶壶。泥质灰陶，轮制，素面。尖圆唇，直口微敞，束直颈，折肩，肩下部斜直外撇，折腹，腹下略鼓内收，平底，底部略显内凹。口径6.6、最大腹径15.6、底径7.6、高14.2厘米（图一四〇：2）。

标本M22：3，陶器。泥质灰陶，残甚，不可修复。

标本M22：4，陶器。泥质红褐陶，残甚，不可修复。

标本M22：5，陶壶。泥质灰陶，轮制，素面，通体施黑色陶衣。侈口，圆唇，束直颈微折，折腹，腹部最大径位于折腹处，下部斜内收，平底。口径7、最大腹径11.2、底径7、高13.4厘米（图一四〇：3；彩版一五七：1）。

标本M22：6，陶壶。泥质灰陶，轮制。圆唇，敞口，略显折肩，短直颈，斜直肩略鼓，折腹，自肩至折腹处饰有宽瓦楞纹，下部内收，平底，通体施黑衣。口径6.8、最大腹径13.4、底径6.4、高10.2厘米（图一四〇：4；彩版一五七：2）。

标本M22：7，陶壶。泥质灰陶，轮制，素面。侈口，直颈，折肩，折腹向下内收，平底，底部有花瓣形三足。口径7.4、底径8、高12.1厘米（图一四〇：5；彩版一五八：1）。

标本M22：8，陶壶。泥质灰褐陶，轮制，素面，器表施有黑衣。尖圆唇，敞口，束直颈，斜肩略鼓，肩与腹相接处为最大腹径，下腹内收，圈足，足面内凹。口径7、最大径11.8、底径8、高10.2厘米（图一四〇：6；彩版一五八：2）。

标本M22：9，陶杯。泥质灰黑陶，轮制。圆唇，敞口，觚形。束腰，平底，近底部有4周凹弦纹，底部有对称分布的4个花瓣形足。口径8.4、腹径5.8、高13.2厘米（图一四〇：7；彩版一五七：3、彩版一五八：5）。

标本M22：10，陶甗。夹炭粗泥质灰黄陶，由上部甑和下部鼎两部分组成，甑与鼎上部为轮制，甑侧鋬手与鼎足为手制后贴附。上部甑为圆唇，敞口，卷折沿，腹部略鼓，上腹部饰一对鸡冠形鋬耳，下腹斜内收，平底，底部原先应有箅孔，已残甚。下部鼎尖圆唇，敞口，折沿，斜直肩，肩与腹相接处有一道折棱，饰弦纹一周。腹略鼓，内收成平底。三个扁足，足根部向外拐，足尖部略向外翘。肩与腹相接处有一鋬手，弯曲上翘，中部有一穿孔。腹部以上施有红衣，剥落较甚。上部甑口径15.6、底径5.4、高10.2厘米，下部鼎口径9.6、最大腹径10.8、足高6.6、通高11.6厘米（图一四〇：8；彩版一五七：4、彩版一五八：3、4）。

标本M22：11，陶釜。夹炭泥质浅褐陶，两鋬为手制，釜身为轮制。敞口，方唇，短束颈，肩上对称有两鋬。腹上部饰附加堆纹一周，下部鼓腹，圜底。器表留有红衣，剥落较甚。口径30.8、最大腹径35.6、通高22.8厘米（图一四〇：9；彩版一五八：6）。

标本M22：12，陶鼎。夹草木灰（炭）粗泥质浅灰褐陶，轮制。尖圆唇，侈口外翻，短束颈，肩

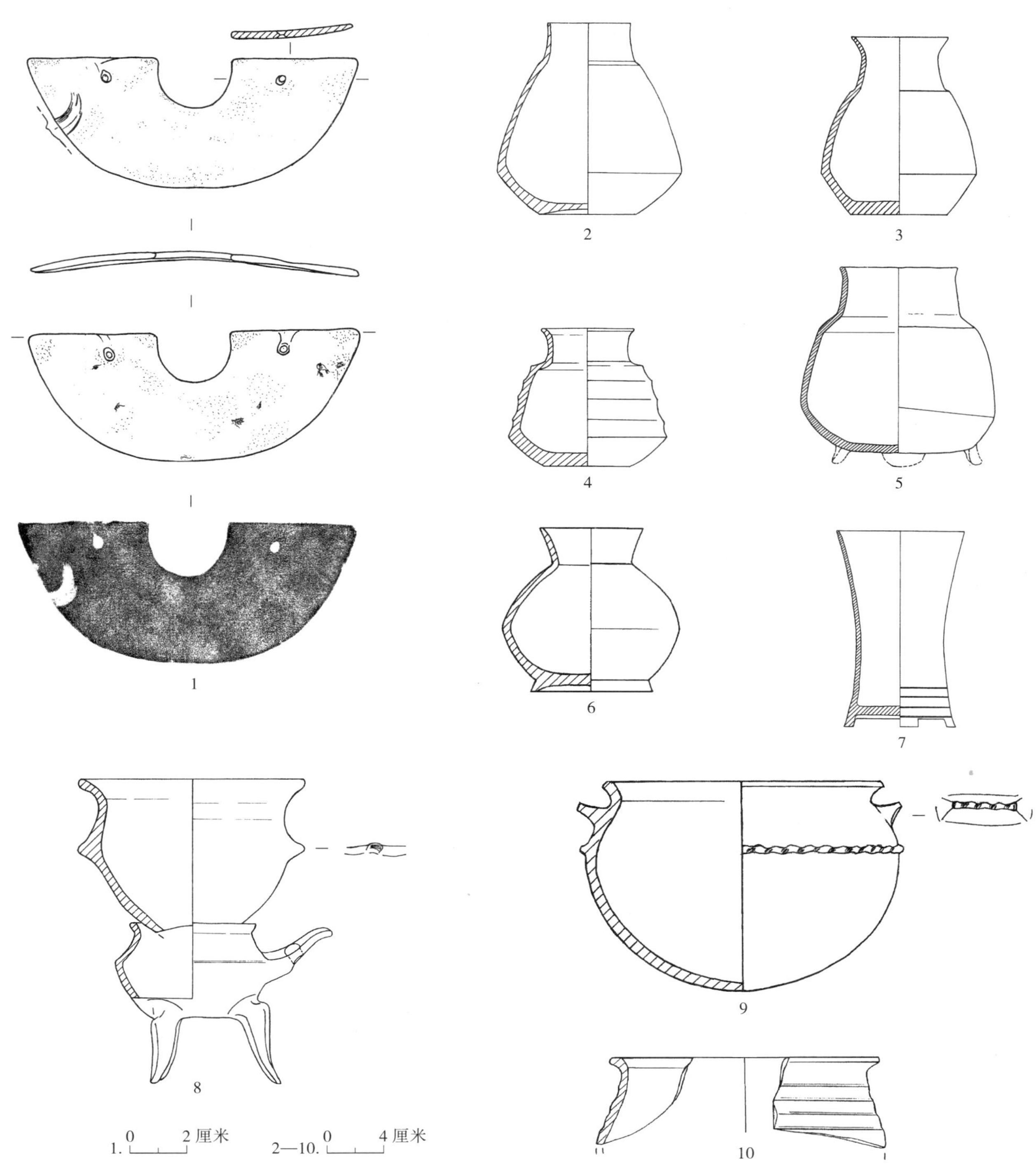

图一四〇　M22 出土玉器、陶器

1. 玉璜（M22∶1）　2. 陶壶（M22∶2）　3. 陶壶（M22∶5）　4. 陶壶（M22∶6）　5. 陶壶（M22∶7）　6. 陶壶（M22∶8）　7. 陶杯（M22∶9）　8. 陶甗（M22∶10）　9. 陶釜（M22∶11）　10. 陶鼎（M22∶12）

部饰若干道弦纹，下部已残。复原口径 20 厘米（图一四〇∶10）。

2. 玉器　1 件。

标本 M22∶1，玉璜。鸡骨白色，部分呈牙黄色，不透光，玉质内有灰红色、灰绿色块状结晶，器表附着有机质朽痕。半璧状，体形较大，璜体不平整，略向两端翘起。两端各钻一孔，孔部上大下小，孔内有明显的佩戴摩擦痕，与孔相近的边缘，磨损较严重。璜体一侧留有明显的线割痕迹。长12、中宽3、孔径0.4、中厚0.4厘米（图一四〇：1；彩版一五九）。

第二十三节　二十三号墓

一　墓葬形制

M23位于T0507的中部，其东北部为M24，西北部为M25。2006年5月16日对T0507中部进行铲面时发现M23，同日开始对墓坑内部由上至下逐层清理，当日清理完毕后，照相、绘图以及取出器物。

M23墓坑开口于第4层下，南部被一晚期坑打破，墓葬打破生土层。墓葬开口距地表0.6米，为长方形土坑竖穴式，墓坑口长2.05、宽1.1米，墓坑深0.15米，墓底距地表0.75米，墓向191°。坑壁剥落自然，墓坑内填灰褐土，内含较多的红烧土、炭粒及陶片。土质较疏松，偏沙质。葬具情况不清。骨架已朽，仅存下部两肢骨，尚能看出其头向西南，直肢，性别不可辨。

随葬品共9件，其中陶器6件，石器3件。大部分置于人骨东侧，呈“一”字形排列，由南至北依次为夹砂灰陶器、2件石锛、陶盉、陶豆、2件陶钵等。肢骨另一侧南边放置陶豆1件，下肢骨处有1件红石纺轮（图一四一；彩版一六〇）。

二　随葬器物

1. 陶器　6件，种类有盉、豆、钵等。

标本M23：3，陶器。夹粗砂灰褐陶，轮制，素面。口、颈皆已残破，仅存底及下腹部，弧腹，平底。底径9.8、残高7.6厘米（图一四二：4）。

标本M23：4，陶豆。泥质灰陶，轮制。上部豆盘圆唇，折敛口，折腹处饰一周弦纹，折腹下部内收，豆盘较深，豆座为喇叭状。豆柄上部饰一周凸弦纹，喇叭形豆座上饰有两周凸弦纹。盘径15.6、底径9、高10.6厘米（图一四二：8；彩版一六一：1）。

标本M23：5，陶盉。泥质橙红陶，素面，通体施红衣。口、颈部已残失，溜肩，鼓腹，下部内收，大平底，腹部一侧贴附有鋬手，鋬手由三片宽泥片粘合而成。最大腹径15、底径10、残高14.3厘米（图一四二：6；彩版一六一：2）。

标本M23：6，陶豆。泥质灰陶，轮制。上部豆盘为圆唇，直口，口部微敛呈钵状。下部豆柄较高，柄上有弦纹、圆形镂孔，底座为喇叭状。盘径21.4、底径17、高23厘米（图一四二：7；彩版一六一：3）。

标本M23：7，陶钵。泥质灰陶，轮制，素面。圆唇，敛口，折腹向下内收成小平底。口径12.8、最大腹径15.4、底径8.2、高5.6厘米（图一四二：9；彩版一六一：4）。

标本M23：8，陶钵。泥质黑褐陶，轮制，素面。圆唇，敛口，折腹向下内收成小平底。器身底部略微凸起，口沿不甚平整。口径22.4、最大腹径23.4、底径10、高8.2厘米（图一四二：5；彩版一

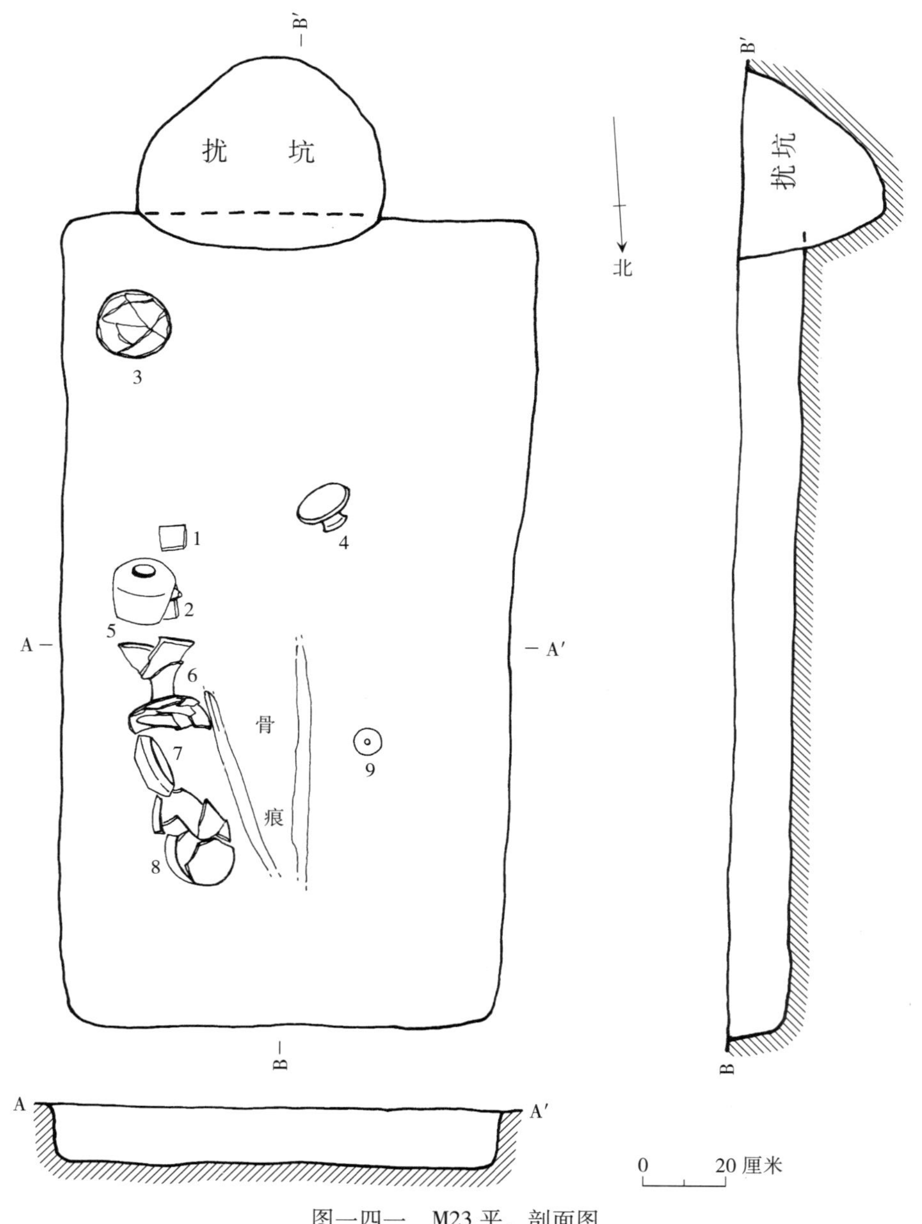

图一四一 M23平、剖面图
1、2. 石锛 3. 陶器 4、6. 陶豆 5. 陶盉 7、8. 陶钵 9. 石纺轮

六一：5）。

2. 石器 3件，种类有锛、纺轮。

标本M23：1，石锛。灰白色石质，扁方形。一面略弧凸，刃部与其相连；另一面平整，底部磨出斜刃。锛体表面略有风化。长5.9、宽5.8、厚0.8厘米（图一四二：1；彩版一六二：1）。

标本M23：2，石锛。灰白色石质，长方形。一面略弧凸，刃部与其相连；另一面平整，底部磨出斜刃，刃部有使用缺损。长7、宽3.8、厚1.5厘米（图一四二：2；彩版一六二：2）。

标本M23：9，石纺轮。褐红色石质，扁平圆形，器表光润，一面刻画有两个⧖形图案，正中部单面钻一孔。直径6.6、孔径1.1、厚0.9厘米（图一四二：3；彩版一六二：3—6）。

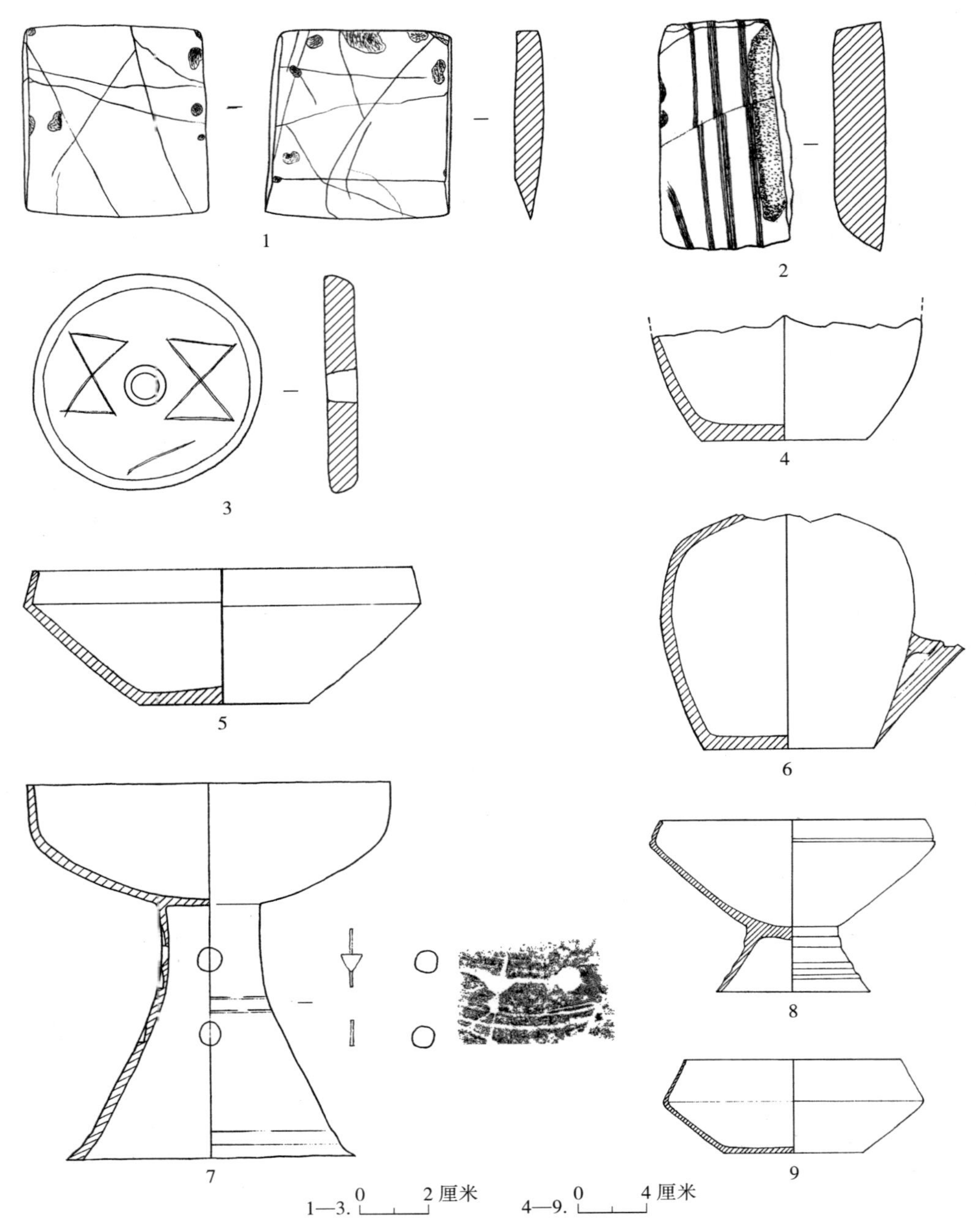

图一四二 M23 出土石器、陶器

1. 石锛（M23：1） 2. 石锛（M23：2） 3. 石纺轮（M23：9） 4. 陶器（M23：3） 5. 陶钵（M23：8） 6. 陶盉（M23：5） 7. 陶豆（M23：6） 8. 陶豆（M23：4） 9. 陶钵（M23：7）

第二十四节 二十四号墓

一 墓葬形制

M24 位于 T0507 的东北部，其西南部为 M23，西部为 M25。2006 年 5 月 16 日对 T0507 东北部进行铲面时发现M24。5月17日开始对墓坑内部由上至下逐层清理，当日清理完毕后，照相、绘图以及取出器物。

M24墓坑开口于第4层下，其北部被第4层打破，西南部被一机沟打破，墓葬打破生土层。墓葬开口距地表0.6米，为长方形土坑竖穴式，墓坑口残长1.77、宽0.8米，墓坑深0.1米，墓向191°。坑壁剥落自然，墓坑内填灰褐土，内含较多的红烧土、炭粒及陶片。土质较疏松，偏沙质。葬具情况不清。骨架已朽甚，头骨部分、牙痕及部分肢骨尚能辨认，应为仰身直肢，头向西南，性别不可辨。随葬品共6件，其中陶器4件，石器2件，皆置于人骨东侧，由南至北依次为灰陶罐（2件石锛压于陶豆下部）及夹砂灰陶器、陶盉等（图一四三；彩版一六三）。

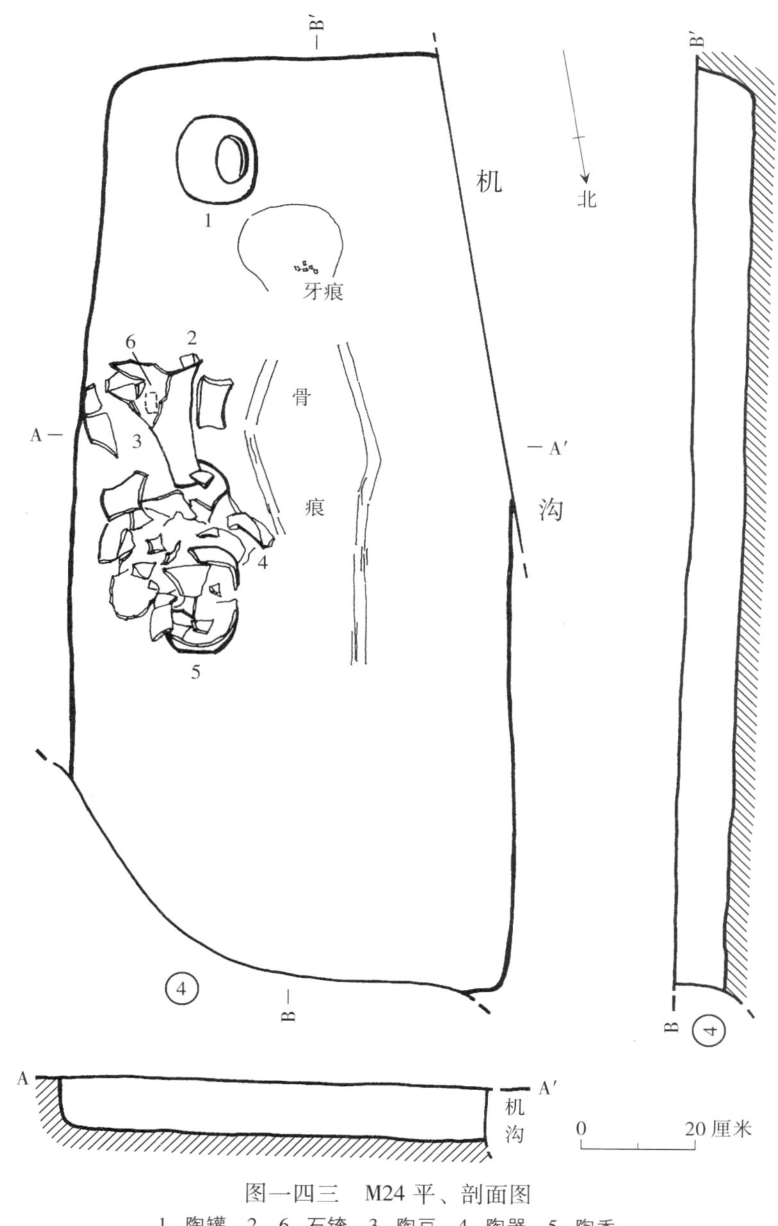

图一四三　M24平、剖面图

1. 陶罐　2、6. 石锛　3. 陶豆　4. 陶器　5. 陶盉

二　随葬器物

1. 陶器　4 件，种类有盉、豆、罐等。

标本 M24：1，陶罐。泥质灰陶，轮制，素面。侈口，束颈，溜肩，圆鼓腹，下部内收，平底。口径 7.2、最大腹径 12.2、底径 5.6、高 10.6 厘米（图一四四：1；彩版一六四：4）。

标本 M24：3，陶豆。泥质灰陶，轮制。上部豆盘呈直口，微侈，钵状。柄较高细，自上至下有两个纵道 5 个圆形镂空以及两个纵道 5 个月牙形镂饰，其中月牙形未镂透，圆形镂空及月牙形镂空之间饰以弦纹。底部呈喇叭形外撇。豆柄局部保留有红彩痕迹。上部盘径 18.3、底径 17、通高 27.4 厘米（图一四四：4；彩版一六四：1、3）。

标本 M24：4，陶器。夹砂灰褐陶，残甚，不可修复。

标本 M24：5，陶盉。泥质橙红陶，器体为轮制，鋬手为手制。细长颈，微侈口，口部略残。圆鼓腹，平底，一侧带鋬手。器壁上下较均匀，底部较厚。外壁残留有红色陶衣。最大腹径 15、底径 9、通高 20 厘米（图一四四：5；彩版一六四：2）。

2. 石器　2 件，种类有锛。

标本 M24：2，石锛。青灰色石质，长条形，体较厚，一面略弧凸，刃部与其相连；另一面平整，底部磨出斜刃。锛体表面留有打片疤痕与磨制痕迹。长 9.9、宽 2.3、厚 2.4 厘米（图一四四：3；彩版一六五：1）。

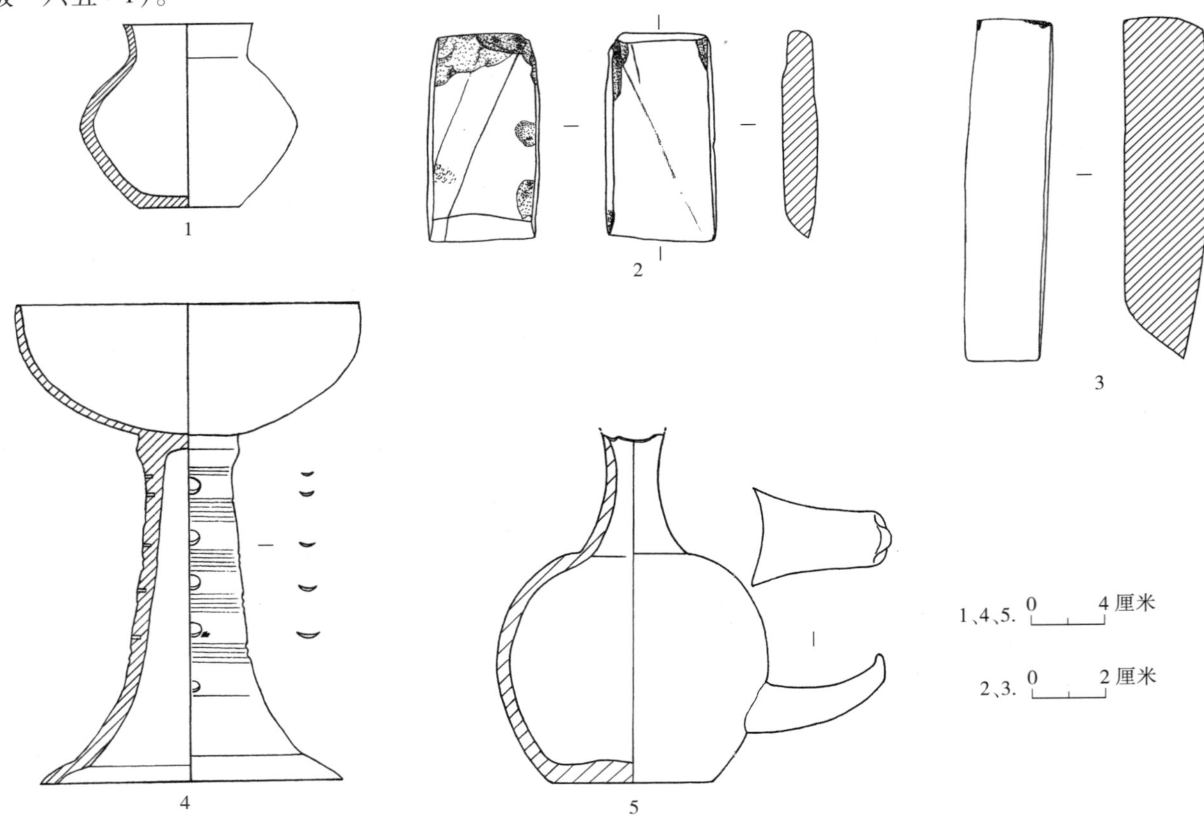

图一四四　M24 出土陶器、石器

1. 陶罐（M24：1）　2. 石锛（M24：6）　3. 石锛（M24：2）　4. 陶豆（M24：3）　5. 陶盉（M24：5）

标本 M24：6，石锛。青绿色石质，扁长条形，体较薄，两面平整。其中一面刃部与其相连，另一面底部磨出斜刃。长 6、宽 3.1、厚 1 厘米（图一四四：2；彩版一六五：2）。

第二十五节　二十五号墓

一　墓葬形制

M25 位于 T0507 的西北部，其东南部为 M23，东部为 M24。2006 年 5 月 17 日对 T0507 西北部进行铲面时发现 M25，5 月 18 日开始对墓坑内部由上至下逐层清理。当日清理完毕后，照相、绘图以及取出器物。

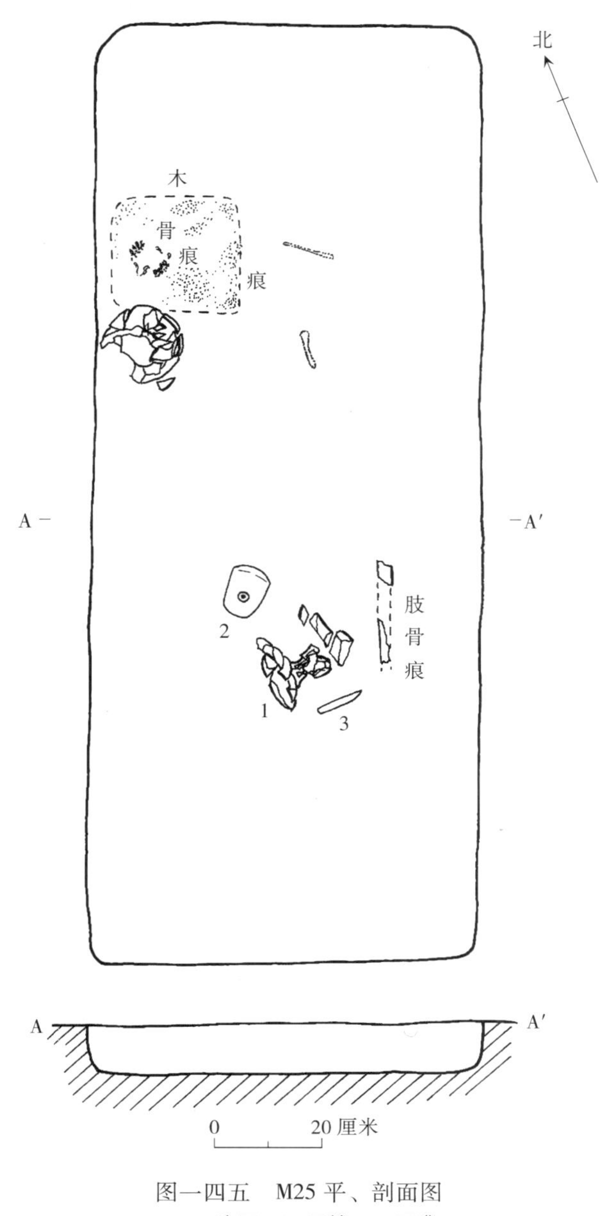

图一四五　M25 平、剖面图
1、4. 陶豆　2. 石钺　3. 石凿

M25 墓坑开口于第 4 层下，墓葬直接打破生土层。墓葬开口距地表 0.9 米，为长方形土坑竖穴式，墓坑口长 1.7、宽 0.69 米，墓坑深 0.1 米，墓底距地表 1 米，墓向 175°。墓坑较浅，壁剥落自然，墓坑内填灰褐土，内含较多的红烧土、炭粒及陶片。土质较疏松，偏沙质。葬具情况不清。骨架已朽甚，部分肢骨尚能辨认，应为仰身直肢，头向西南，性别不可辨。

随葬品共 4 件，其中陶器 2 件，仅见陶豆一种，分别置于墓坑中部偏南与西部。石器为钺、凿各 1 件，出土于墓坑中部偏南。另外，在墓内东北部发现小范围的木痕，在其范围内有小型动物骨骸（图一四五）。

二　随葬器物

1. 陶器　2 件，种类只有豆。

标本 M25：1，陶豆。泥质灰陶，轮制。已残，仅存豆盘及部分豆柄部，盘部为尖圆唇，微内敛，折沿与盘壁有一周折棱，盘下部直壁内收。柄部较直，上部装饰弦纹及长方形、长条亚腰形大镂孔，豆盘上有红彩痕迹。盘径 20、残高 15.2 厘米（图一四六：1）。

标本 M25：4，陶豆。泥质灰陶，轮制。已残，仅存豆盘以及相连的豆柄部分，豆柄呈喇叭形外撇，其上对饰有 4 个镂孔，镂孔上、下部饰有弦纹。残高 82、孔径 1 厘米（图一四六：3）。

2. 石器　2 件，种类有钺和凿。

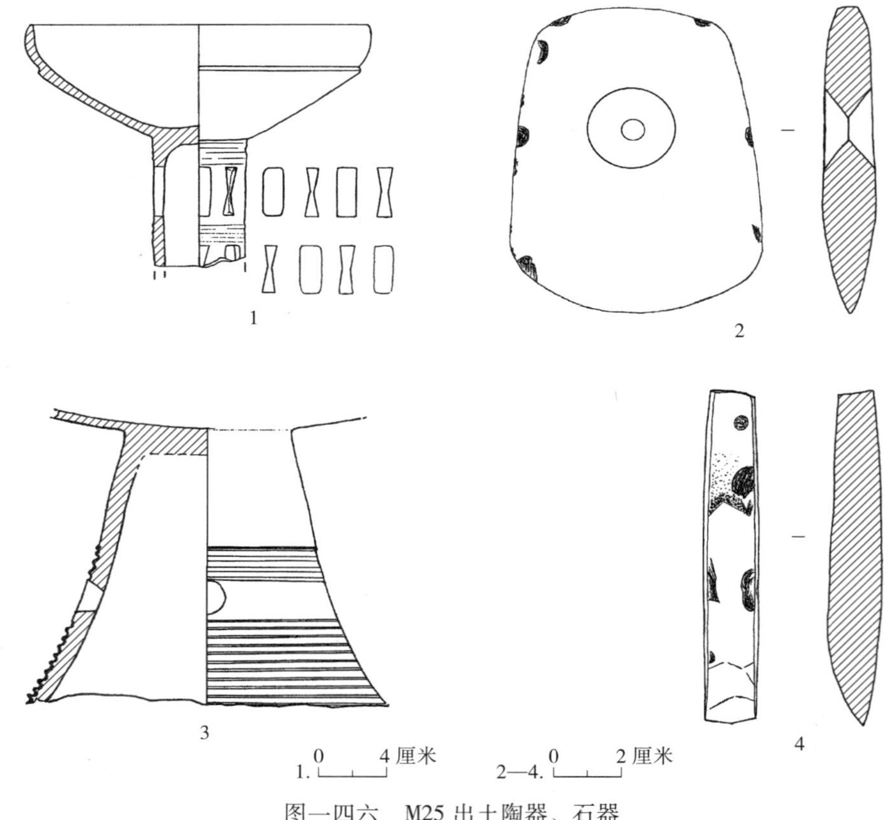

图一四六　M25 出土陶器、石器

1. 陶豆（M25：1）　2. 石钺（M25：2）　3. 陶豆（M25：4）　4. 石凿（M25：3）

标本 M25：2，石钺。青灰色凝灰岩石质，上部刃部窄，靠近顶部对钻有一孔，孔上大下小，呈漏斗状，刃部有破损。长9.5、刃宽74.5、孔径2.5、中厚1.6厘米（图一四六：2；彩版一六六：1、2）。

标本 M25：3，石凿。灰白色石质，窄长条状。一面略弧凸，刃部与其相连；另一面平整，底部磨出斜刃。表面留有打片疤痕与磨制痕迹。长8.4、宽1.4、厚1.4厘米（图一四六：4；彩版一六六：3、4）。

第四章　研究

第一节　对新石器时代文化遗存的认识

一　灰沟（G1）的使用和废弃

南楼遗址由于后期破坏严重，新石器时期的生活遗迹保存很少。G1 覆盖范围广，包含物较多，我们以 G1 为典型单位来进行类型学分析。

G1 共出土陶器标本 258 件、石器标本 14 件和玉器标本 1 件，我们选择器形保存相对较好、数量较多的鼎、罐、釜、缸、盆、豆、壶、鋬（耳）、杯等陶器，做类型学分析（图一四七）。

鼎　22 件。没有完整的标本，分为鼎足和鼎口沿。

鼎足　9 件。除了 1 件仅存足根部外，根据鼎足的整体形状，其余的 8 件鼎足可以分为铲形足和凿形足。

A 型　5 件。铲形足。整体比较宽扁，截面近长方形。大体分为 2 式。

Ⅰ式　3 件（G1 上：138、G1 上：96、G1 上：101）。鼎足面上为素面。

Ⅱ式　2 件（G1 上：106、G1 上：104）。鼎足形状与Ⅰ式相似，足沿面内凹，饰按窝。

B 型　3 件。凿形足。根据足侧面形状，可以分为 2 式。

Ⅰ式　1 件（G1 上：31）。剖面呈扁圆形。

Ⅱ式　2 件（G1 上：141、G1 上：142）。断面呈椭圆形，足面有条状刻槽。

鼎口沿　13 件。仅存口沿及鼎身部分，颈部多饰有弦纹，部分肩部有附加堆纹。根据颈部不同，可以分为 2 式。

Ⅰ式　6 件（G1 上：47、G1 上：12、G1 上：39、G1 下：8、G1 上：83、G1 下：42）。平折沿，束颈较直。

Ⅱ式　7 件（G1 上：160、G1 上：163、G1 上：18、G1 上：29、G1 上：153、G1 上：157、G1 上：162）。折沿，斜直颈。

罐　37 件。仅存口沿及肩腹部分，根据口沿不同分为 3 型。

A 型　9 件。高领罐。可以分为 3 式。

Ⅰ式　6 件（G1 下：5、G1 上：84、G1 上：98、G1 上：109、G1 上：123、G1 下：6）。高领外撇，中间收束较甚。

Ⅱ式　1件（G1上：65）。高领斜直。

Ⅲ式　2件（G1上：20、G1上：143）。高领较直。

B型　14件。折沿罐。根据颈肩的不同，又分为2个亚型。

Ba型　5件。束颈，窄肩。可以分为2式。

Ⅰ式　1件（G1下：48）。微束颈。

Ⅱ式　4件（G1上：35、G1上：120、G1上：127、G1上：128）。束颈较甚。

Bb型　9件。束颈，广肩。可以分为3式。

Ⅰ式　2件（G1上：122、G1下：25）。敞口。

Ⅱ式　5件（G1上：1、G1上：33、G1上：112、G1上：113、G1上：115）。侈口，肩部微鼓。

Ⅲ式　2件（G1上：71、G1上：125）。侈口，斜直肩。

C型　14件。卷沿罐。根据颈肩的不同，又分为2个亚型。

Ca型　9件。束颈，窄肩。可以分为3式。

Ⅰ式　2件（G1上：80、G1下：24）。侈口，微束颈。

Ⅱ式　5件（G1上：50、G1上：55、G1上：27、G1上：59、G1上：121）。侈口，束颈。

Ⅲ式　2件（G1上：30、G1上：66）。侈口，束颈较甚。

Cb型　5件。束颈，广肩。可以分为2式。

Ⅰ式　2件（G1上：150、G1下：30）。小束颈，斜直肩略鼓。

Ⅱ式　3件（G1下：3、G1上：114、G1上：124）。束颈，斜直肩。

釜　10件。根据口颈不同，可以分为3式。

Ⅰ式　1件（G1下：51）。口微外侈。

Ⅱ式　8件（G1上：49、G1上：8、G1上：19、G1上：56、G1上：57、G1上：74、G1上：92、G1上：129）。侈口，折沿。

Ⅲ式　1件（G1上：6）。大敞口。

缸　2件。根据口沿不同分为2式。

Ⅰ式　1件（G1上：117）。直口微敞。

Ⅱ式　1件（G1上：94）。敞口。

盆　28件。根据是否带鋬，可以分为2型。

A型　21件。不带鋬。又分为6式。

Ⅰ式　2件（G1下：12、G1下：20）。直口，弧腹。

Ⅱ式　1件（G1下：11）。直颈。

Ⅲ式　5件（G1下：15、G1下：33、G1下：40、G1上：154、G1上：161）。侈口，斜直颈。

Ⅳ式　10件（G1上：43、G1上：155、G1上：9、G1上：70、G1上：17、G1上：37、G1上：58、G1上：110、G1上：149、G1上：64）。束颈，弧腹。

Ⅴ式　2件（G1上：108、G1上：147）。敞口，直腹。

Ⅵ式　1件（G1上：119）。敞口，圆唇，束直颈，折腹，下部已残。

B型　7件。带鋬，又分为2式。

Ⅰ式 4件（G1上：103、G1上：144、G1上：4、G1上：13）。敞口，鋬位于上腹。

Ⅱ式 3件（G1上：24、G1上：91、G1上：116）。侈口，鋬位于下腹。

豆 32件。分为豆座和豆盘。

豆座 16件。有6件保存较差，不计入型式，其余10件可分为2型。

A型 6件。细柄，又分为3式。

Ⅰ式 3件（G1下：50、G1上：16、G1下：17）。喇叭状，素面。

Ⅱ式 1件（G1下：1）。喇叭状，豆柄上部有圆形镂空。

Ⅲ式 2件（G1上：146、G1上：107）。竹节形豆把，在凸棱下部一周均匀地分布着3个镂孔。

B型 4件。粗柄，又分为4式。

Ⅰ式 1件（G1下：14）。喇叭形豆座，素面。

Ⅱ式 1件（G1上：95）。喇叭状外撇，上有4个圆形镂空。

Ⅲ式 1件（G1上：87）。豆柄上饰有弦纹，上部弦纹之间有三角形半镂孔。

Ⅳ式 1件（G1上：85）。喇叭状外撇，上饰两周弦纹，弦纹之间有两两相对的圆形半镂孔。

豆盘 16件。除了1件口部已残，其余15件按照口部不同，可以分为2型。

A型 2件（G1上：78、G1上：132）。敛口弧腹。

B型 13件。侈口折腹，又分为3式。

Ⅰ式 6件（G1下：7、G1下：45、G1下：35、G1下：43、G1下：9、G1下：52）。浅腹。

Ⅱ式 3件（G1上：100、G1上：28、G1上：38）。侈口，深腹。

Ⅲ式 4件（G1上：45、G1上：76、G1上：133、G1上：77）。直口，深腹。

壶 3件。其中1件仅残存腹部，剩余2件依照口沿的不同，可以分为2式。

Ⅰ式 1件（G1上：10）。侈口。

Ⅱ式 1件（G1上：126）。敞口。

鋬（耳） 29件。分为2型。

A型 8件。环形耳，又分为3式。

Ⅰ式 2件（G1上：90、G1下：2）。长扁环形，素面。

Ⅱ式 4件（G1上：82、G1上：152、G1上：44、G1上：135）。长扁环形，有按窝。

Ⅲ式 2件（G1上：60、G1上：97）。宽扁环形，素面。

B型 21件。分为4式。

Ⅰ式 1件（G1下：47）。鋬为两块厚泥片上下贴合而成，上翘，近器体处留有一个穿孔。

Ⅱ式 16件（G1下：34、G1上：32、G1上：69、G1上：102、G1下：4、G1上：136、G1下：10、G1下：27、G1下：28、G1下：36、G1上：2、G1下：38、G1上：75、G1上：89、G1上：130、G1上：151）。鋬部较宽。

Ⅲ式 1件（G1上：14）。鋬为两块厚泥片上下贴合而成，上翘，近外端处留有一个穿孔。

Ⅳ式 3件（G1上：105、G1上：131、G1上：63）。鋬部较窄。

杯 2件。分为2式。

Ⅰ式 1件（G1上：54）。平底。

Ⅱ式　1件（G1上：99）。圜底。

从以上G1上下层出土陶器遗物的类型学排比，我们可以看出，除了陶壶、陶杯外，上层、下层出土遗物的类型基本相同。在下层出现的器物类型，在上层也大量出现。不同的是，在器物装饰的复杂性上有些许变化，器表施加按窝、镂孔、弦纹以及红陶衣的器物明显增多。在陶器制作方面，上层、下层出土陶片统计数据也表明，两层都含有占绝大比例的夹砂或者泥质的红陶、橙红陶，以陶器为主要内涵的文化面貌并没有大的改变，两者之间的年代相近，G1的上层比下层时代稍晚。

由于生活中的废弃品与墓葬中的随葬品在风格和组合上的不同，我们将G1与本遗址出土遗物相对较多的第4层、房址中出土陶片以及周边遗址生活废弃遗物进行简单对比，就可以发现，G1与房址、第4层以及东山村遗址H41出土的许多遗物（如陶盆、豆、罐、鋬耳等），基本相同。

因此，从年代上看，南楼G1、房址、第4层与东山村遗址H41相近，相当于东山村遗址第2段（图一四八）。

从堆积方式来看，南楼G1剖面上所呈现的，皆为G1西部即生活区向G1东部倾倒堆积的土，因此形成剖面由西向东逐渐变薄的堆积情况。南部、北部堆积层有差异的原因，应该与北部有集中的房屋居住区相关。

以G1为界线，大部分墓葬集中于G1东面，大部分房址则分布于G1西面。据此分析，在相当长的一段时期之内，G1应该是人工开挖的沟，作为墓葬区和居住区的分界线，可能同时承担着引水和居住区的防卫作用。随着G1的淤塞、废弃，部分墓葬（如M6、M7、M12）直接埋葬于G1之上，破坏了原有的格局，进而向西继续延伸。

二　墓葬的时代及分期

（一）埋葬习俗

在南楼遗址发掘区共发掘墓葬25座，其中M1—M21位于第1层下，M22—M24位于第4层下。虽然层位、分布位置有所不同，这些墓葬都属于长方形土坑竖穴墓，墓向在170°至201°之间。

墓葬深度因为层位被破坏严重而难以计算。关于墓坑长度，除M21、M22北部被H12打破、完全失去原有长度以外，其余23座墓葬的长度在1.82至2.83米之间，宽度在0.69至1.6米之间。大部分墓葬长2米左右，宽1米左右；少数墓葬如M3、M7、M8、M12、M20等，长度超过或接近2.5米，宽度超过或接近1.5米，在此次发掘中算得上是大型墓葬。

这些墓葬中，墓内填土多为细碎的五花土。其中在M2、M3、M7、M8、M9、M10、M12、M17、M20内发现有木棺痕迹。木棺略呈长方形，底部从两边向中间呈弧底状，剖面呈U形。盖板平面呈横向长条形，由南向北均匀地分布于棺内。

墓内人骨大多保存较差，从残存的牙齿、肢骨来判断，均为单人葬。墓主仰身直肢，头向西南。墓内的随葬品放置有一定的规律性，陶质随葬品多呈南北向排放于墓主身侧，少量随葬品摆放于墓主的头、身、脚处。石器工具多出土于墓葬中部（骨盆附近）。小型玉器出土于墓主头部。墓主口中含有小玉饰，作为口琀；片状的装饰用的坠饰多出土于墓主的胸项部位，璜出土于墓主颈部。

（二）随葬器物的类型学分析

墓葬出土的器物以陶器为主，石器和玉器次之，骨器最少。陶器的基本组合为鼎、豆、壶、罐，少数墓葬也出土杯、甗、盉、盘、钵、鬶、釜、纺轮、器盖等；石器出土有钺、锛、凿、纺轮等；玉器有璜、环、玦、镯、珠、璧以及各类小玉饰；骨器仅有璜一种。下面以时代性最强的陶容器为例，来探讨墓葬的早晚顺序（图一四九）。

南楼遗址墓葬出土的陶器大部分烧成火候很低，质地疏松。陶质以泥质陶为主，夹砂陶较少，多为鼎、甗、釜等。陶色有红色、灰色、褐色等，器表常有黑衣，少量器物施红彩，但剥落较甚。纹饰以素面为主，另见弦纹、附加堆纹、镂孔等装饰。制作大多为泥条盘制，分段拼接，多用慢轮修整，把手、足等多为手制而成。

1. 炊器

南楼遗址的炊器共有鼎、甗、甑、釜四类，其中鼎的数量占绝大多数，甗、甑、釜较少。

鼎　27 件。鼎足有铲形足、锥形足和凿形足，其中铲形足、锥形足相对较多，凿形足最少。有 16 件鼎由于保存不佳，仅能提取部分口沿或鼎足。余下 11 件分为两大类。一类陶鼎腹部装有一个把手，称之为带把鼎，共有 4 件；另一类陶鼎没有把手，数量较多，共有 7 件。

（1）不带把鼎　7 件。根据鼎身的不同，可以分为圆腹和折腹 2 型。

A 型　3 件。圆腹。侈口，圆腹，扁铲形足。根据腹部的不同，可以分为 3 式。

Ⅰ式　1 件（M2：17）。口沿残，斜肩，圆鼓腹，下部已残。足呈扁方形，足尖下部略外卷。

Ⅱ式　2 件（M7：16、M19：16）。腹部较深。

B 型　4 件。折腹。肩部与腹相接处有道折棱，根据口沿与肩部的变化，可以分为 3 式。

Ⅰ式　1 件（M20：16）。圆唇，敞口，短束颈，斜直肩，折腹，鼓腹内收，圜底近平，三锥形足置于折腹下端。

Ⅱ式　2 件（M14：8、M14：9）。敞口，折沿，折腹下收，圜底。三扁铲形足，足面上端饰有按窝。

Ⅲ式　1 件（M14：6）。侈口，方唇，折沿，沿面内凹。上腹部饰有数道弦纹，折腹，下腹部内收成圜底。3 个扁凿形足，足面上部饰有按窝。

（2）带把鼎　4 件。根据鼎身的圆腹和折腹，可以分为 2 型。

A 型　3 件。圆腹。根据口部、腹部的不同，可以分为 3 式。

Ⅰ式　1 件（M10：7）。侈口，圆唇，折沿，圆鼓腹下收成圜底，略平。3 个扁铲形足，足外侧面由上至下有 3 个按窝。鼎腹部近中段安置有一鋬手，近平略显上翘，剖面为三角形，已残断。

Ⅱ式　1 件（M10：9）。侈口，圆唇，折沿较缓，圆鼓腹，圜底。鼎腹近中部有一鋬手，曲柄上翘，与其中一足相对应。

Ⅲ式　1 件（M12：21）。侈口近直，束颈，圆唇，略显折肩，圆鼓腹，圜底近平。腹上有一把手，曲柄上翘，与口沿齐平。3 个侧扁足置于下腹部，其中一足与鋬手相对。

B 型　1 件（M9：3）。折腹。

甗　2 件。皆由上甑下鼎复合而成，根据下部鼎的不同，可以分为 2 式。

Ⅰ式　1 件（M22：10）。上部甑，束颈；下部鼎折腹，锥形足外撇。

Ⅱ式　1 件（M19：18）。上部甑直颈微束；下部鼎为圆腹，有扁铲形三足。

此外，陶甑、釜、鬶各出土 1 件。

2. 饮食、盛储器

南楼遗址墓葬出土的饮食、盛储器数量最多，种类有豆、罐、壶、盉、杯、钵、盆（盘）、器盖等。陶质以夹砂、泥质红陶、橙红陶为主，灰陶次之。

豆　31 件。除 5 件因残损而难以归入型式外，其余 26 件按照豆盘的不同形状，分为钵形豆、盘形豆、碟形豆和罐形豆。

（1）钵形豆　6 件。根据口部不同，又分为 2 型。

A 型　4 件。豆柄较高。根据柄部的不同，可以分为 4 式。

Ⅰ式　1 件（M23：6）。上部豆盘为圆唇，直口，口部微敛呈钵状。下部豆柄较高，柄上有弦纹、圆形镂孔，底座为喇叭状。

Ⅱ式　1 件（M24：3）。上部豆盘呈直口，微侈，钵状。下部柄较高细，自上至下有两个纵道 5 个圆形镂空及两个纵道 5 个月牙形镂饰，其中月牙形未镂透。圆形镂空及月牙形镂空间饰弦纹，底部呈喇叭形外撇。

Ⅲ式　1 件（M25：1）。仅存豆盘及部分豆柄部。盘部为尖圆唇，微内敛，折沿与盘壁有一周折棱，盘下部直壁内收。柄部较直，上部装饰弦纹及长方形、长条亚腰形大镂孔。

Ⅳ式　1 件（M19：7）。上部豆盘为折敛口钵形，下部为直柱状豆柄，直柄下部接喇叭形豆座，豆座外壁上是两周三角形半镂孔。

B 型　2 件。豆盘与豆座直接相连，整体较矮，分为 2 式。

Ⅰ式　1 件（M23：4）。豆盘较深，豆柄上部是一周凸弦纹，喇叭形豆座上饰有两周凸弦纹。

Ⅱ式　1 件（M20：7）。折敛口钵状豆盘，豆盘腹部有一道折棱。矮圈足外撇，呈花瓣形足，豆柄上饰一周三角形半镂孔。

（2）盘形豆　10 件。根据豆座不同，又可分为 2 型。

A 型　9 件。柄与座之间有明显的界线，而且柄部上细下粗。可以分为 5 式。

Ⅰ式　1 件（M3：6）。竹节束状豆柄，上部饰圆形镂孔 4 个，下部饰 4 组圆形、三角形镂空，其中圆形为全镂空，三角形为半镂空。底部呈喇叭状外撇。

Ⅱ式　1 件（M8：14）。折敛口，豆盘壁斜直内收至豆柄，柄上部略束，下部外撇，其上装饰有圆形镂孔，底部呈喇叭状外撇。

Ⅲ式　1 件（M9：5）。豆柄上有两周由圆形、长方形、三角形镂孔组合装饰。底部呈喇叭状。

Ⅳ式　4 件（M7：6、M9：11、M21：4、M4：2）。豆柄上有由圆形、长方形、三角形镂孔或竖条状浅刻画纹组合装饰。柄豆下部略鼓，底部呈喇叭状。

Ⅴ式　2 件（M18：9、M18：13）。矮竹节喇叭状豆柄，上部束柄较细，束柄下部有一周斜“几”字镂孔。

B 型　1 件（M17：10）。豆柄粗短直，上有一周凸棱，凸棱上饰 10 个圆孔，豆柄上饰 8 个梯形镂孔，其下又间饰有三角形镂孔，底部呈喇叭状外撇。

（3）碟形豆　9 件。盘壁有一周折棱，根据柄、座部的不同，又分为 3 型。

A 型　4 件。敞口，斜直壁，分为 4 式。

Ⅰ式　1 件（M2：6）。上部豆盘为圆唇，平折沿，沿部较宽，盘腹较浅。下部呈喇叭形，柄与豆盘相接处为束颈状，豆柄上饰有圆形、竖长三角状镂孔共 4 组，其上还饰有两周弦纹。底部呈喇叭形外撇。

Ⅱ式　1 件（M17：3）。豆盘折沿外翻，盘较浅，盘中部内凹。矮圈状豆足，足上饰两周凹弦纹。

Ⅲ式　1 件（M20：4）。侈口，折沿内敛，上部呈盘状。下部豆柄较粗矮，底部呈喇叭形，豆柄上有三角形、圆形镂孔，器表施有黑色陶衣。

Ⅳ式　1 件（M6：8）。上部豆盘为尖圆唇，敞口，斜直壁，圜底。下部豆柄为矮圈足状，柄上饰有一周圆形、三角形镂孔。其中圆形镂孔 4 个，为全镂孔；三角形镂孔两两对称，为半镂孔。

B 型　3 件。侈口，折沿，分为 3 式。

Ⅰ式　1 件（M8：13）。豆柄呈喇叭形，上端较细，其上有三角形、圆形镂孔。

Ⅱ式　1 件（M7：14）。喇叭状豆柄，柄上部略显束节形，下部饰有圆形、横短长条形镂孔，由于残失较多，纹饰的组合关系不明。

Ⅲ式　1 件（M12：11）。豆把呈竹节喇叭状，其上均匀分布 4 个圆形镂孔，竹节下部又饰一周三角形、圆形镂孔。

C 型　2 件。折沿外翻，分为 2 式。

Ⅰ式　1 件（M3：18）。平沿，圆唇，浅盘状，竹节状腰，矮把，底座呈喇叭状。底座上有圆形镂空装饰。

Ⅱ式　1 件（M12：13）。侈口，折沿外翻，豆盘壁斜直近平。竹节状豆柄，下部已残失。

（4）罐形豆　1 件（M12：10）。

侈口罐形，上部为方唇，侈口，折肩，折肩下部有一周凸棱，腹壁斜内收至豆柄。豆柄呈喇叭状，上有两周竹节形弦纹，其下有一周圆形、三角形几何纹半镂孔装饰。

罐　41 件。除 14 件残损严重而无法划分型式外，其余 27 件根据器形大小，可以分为大型罐和小型罐两大类。

（1）大型罐　7 件。腹径大于 20 厘米，根据口部的不同，可以分为 2 型。

A 型　3 件。直口，颈部较短，又分为 3 式。

Ⅰ式　1 件（M12：12）。直口，方唇内凹，短直颈，溜肩，肩部饰两周凸弦纹，其上均匀分布 4 个半环形纽。下部折腹处有一周凸棱，腹部略鼓内收，平底。

Ⅱ式　1 件（M14：3）。尖唇，直口，广肩，简略上鼓。肩下腹部斜直，上饰 4 道宽瓦楞纹，下腹略鼓内收，平底。

Ⅲ式　1 件（M6：6）。平沿方唇，广肩，腹部较鼓，斜直，上部饰有宽瓦楞纹，下腹部饰凸棱一周，其上对称分布 4 个錾耳。下腹部圆鼓内收，小平底。

B 型　4 件。侈口，可以分为 4 式。

Ⅰ式　1 件（M8：8）。敞口，圆唇，弧肩，圆鼓腹，腹部对饰两个錾手，平底。

Ⅱ式　1 件（M8：9）。卷沿，束直颈，肩部有一周凹弦纹。腹部偏下处对饰 4 个錾手，底部已残。

Ⅲ式　1件（M20：11）。方唇，侈口，折颈，颈与肩相接处有一道折棱。溜肩略鼓，腹中部饰一周绳索状附加堆纹。鼓腹内收，平底。

Ⅳ式　1件（M5：6）。侈口微卷沿，长直颈，溜肩，鼓腹，大平底。器表由颈至腹部饰有弦纹。

（2）小型罐　20件。腹径小于20厘米，根据口部的不同，可以分为4型。

A型　6件。侈口，束颈，根据腹部的不同，可以分为4式。

Ⅰ式　1件（M24：1）。溜肩，鼓腹，下部内收，平底。

Ⅱ式　1件（M10：10）。侈口，圆唇，上腹鼓，下部斜收，平底。器形不规整。

Ⅲ式　1件（M10：5）。敞口，束颈，圆鼓腹，其最大径在罐腹部。腹下部斜收，平底。

Ⅳ式　3件（M7：8、M17：4、M20：8）。圆鼓腹。

B型　5件。侈口，扁鼓腹，带鋬。可以分为4式。

Ⅰ式　1件（M3：11）。方圆唇外撇，侈口，长直颈，广肩，折腹，折腹处有对称鋬手。腹上部圆鼓，下部斜直内收，小平底。

Ⅱ式　1件（M8：15）。口部已残，溜肩，圆鼓腹，上腹部对称贴有两个鋬手。胎壁较厚。

Ⅲ式　1件（M9：10）。微敛口，直颈，弧肩，圆弧腹内收，平底，腹上对称贴附两耳。

Ⅳ式　2件（M12：27、M9：9）。折肩、平底，弧腹内收，平底。

标本M12：27，圆唇，敞口，溜肩折腹，折腹处对帖附鋬耳，下腹斜直内收至底。底部有三足，已残。

C型　4件。直口，广肩。根据腹部的不同，可以分为3式。

Ⅰ式　2件（M2：11、M2：14）。腹部略鼓。

标本M2：11，直口微侈，溜肩折腹，肩上饰有一周绳索纹，大部分已剥落。腹下部内收，小平底。

Ⅱ式　1件（M12：9）。直口微显外侈，颈部较长，肩部有一周刻画的绳纹，已剥落不清。底部收成小圜底，原有三足，现已失，从痕迹判断，为入葬之前敲去。

Ⅲ式　1件（M4：7），圆唇，微敞口，直颈，扁鼓腹，平底，胎壁较厚。

D型　5件。折肩，折腹，根据腹部的不同，可以分为4式。

Ⅰ式　1件（M9：8）。敞口，圆唇，束直颈，折肩、折腹，腹部略下垂，下部斜直腹内收，平底。

Ⅱ式　2件（M18：10、M19：11）。肩、腹部略折。

标本M19：11，直口，圆唇，斜直肩，折腹向下内收，平底。

Ⅲ式　1件（M7：9）。大口近直，尖圆唇，颈、肩、腹部有三道折棱。折腹向下斜直内收，小平底。

Ⅳ式　1件（M14：12）。口部已残，从残存情况来看，应为直颈，肩部略折。折腹，下腹内收成平底，下部为花瓣形内凹圈足。

壶　40件。除6件因残损而无法归入型式，其余34件根据颈部和腹部的不同，可以分为敞口壶、侈口壶和直口壶三类。

（1）敞口壶　11件。根据肩腹不同，又可分为2型。

A型　8件。敞口，折腹，分为4式。

Ⅰ式 3 件（M15：3、M17：13、M20：14）。斜直颈，肩至折腹部饰有瓦楞纹。

标本 M17：13，敞口，斜直颈，斜肩略鼓，肩至折腹部饰有瓦楞纹。斜腹下收于底，底为假圈足，较厚。器表施有黑色陶衣。

Ⅱ式 1 件（M19：14）。圆唇，敞口，长束颈，斜肩，折腹。最大径在下腹，内收至小平底。

Ⅲ式 3 件（M20：19、M21：3、M22：8）。斜直颈，圆鼓腹，下部内收，喇叭状圈足或底部置三足。

标本 M21：3，圆唇，敞口，斜直颈，溜肩，圆鼓腹，下部内收，喇叭状圈足。

Ⅳ式 1 件（M12：17）。敞口，圆唇，束颈，折腹，最大径位于下腹部，平底。

B 型 3 件。折肩，折腹，分为 3 式。

Ⅰ式 1 件（M10：4）。圆唇微侈，直颈，折肩，腹部斜直，下腹部折腹内收，平底，底部较大。

Ⅱ式 1 件（M20：17）。敞口，束颈，折肩，折腹。最大径位于折腹处，下部内收，平底。

Ⅲ式 1 件（M5：4）。直颈微束，折肩，肩下部略鼓，下腹部内收至底，底部有花瓣形三足。

（2）侈口壶 14 件。根据肩腹的不同，可分为 3 型。

A 型 5 件。侈口，束颈，圆腹，分为 5 式。

Ⅰ式 1 件（M3：8）。侈口，圆唇，束颈，溜肩，圆鼓腹，下部弧收成平底。肩部有两道弦纹。

Ⅱ式 1 件（M3：12）。束颈较长，肩腹外鼓，平底较大，下有极矮的圈足。圈足有 4 个缺口，宽窄不一，制作较规整。

Ⅲ式 1 件（M10：12）。侈口，圆唇，短束颈，垂折腹，下部斜收，平底。体较厚重。

Ⅳ式 1 件（M2：10）。微侈口，尖圆唇，直颈，下垂腹，腹部较圆，腹下部内收，平底。其肩部至腹部之间似饰有宽弦纹，已剥落不清。

Ⅴ式 1 件（M2：8）。卷沿，束直颈，鼓肩斜直向下，垂鼓腹，肩部至腹上饰有弦纹，小平底。

B 型 6 件。侈口，折肩，折腹，分为 4 式。

Ⅰ式 2 件（M2：12、M20：10）。微束颈，窄肩。

标本 M2：12，微侈口，方唇，直颈。肩部略折，垂折腹，腹部下内收，平底。

Ⅱ式 2 件（M17：5、M22：5）。高直领。

标本 M17：5，圆唇，敞口，高直领，微束颈，折肩，折腹内收，平底。

Ⅲ式 1 件（M22：7）。侈口，直颈，折肩，折腹内收，平底，底部有花瓣形三足。

Ⅳ式 1 件（M22：6）。敞口，略显折肩，短直颈，斜直肩略鼓，折腹，自肩至折腹处饰有宽瓦楞纹，下部内收至平底。

C 型 3 件。颈部微束，口较大，又分为 3 式。

Ⅰ式 1 件（M3：15）。方唇，侈口微张，内折沿，斜直颈，折腹，腹下部内收成平底。

Ⅱ式 1 件（M18：7）。颈微束，圆鼓腹，下腹内收，平底，底部有三足。

Ⅲ式 1 件（M12：23）。微侈口，束颈，垂折腹，底部有 4 个矮方足。

（3）直口壶 9 件。根据肩腹不同，可以分为 3 型。

A 型 2 件。直口，圆腹，分为 2 式。

Ⅰ式 1 件（M8：17）。微敞口，圆唇，直颈，圆鼓腹。花瓣形足，四长三短，长足面饰两个圆圈形纹，短足仅饰1个。

Ⅱ式　1件（M2∶16）。直口微侈，圆唇，鼓腹，腹部有两处折棱，平底。

B型　4件。高领，折腹，分为4式。

Ⅰ式　1件（M18∶8）。长直口，略外敞，斜直肩，垂折腹，下内斜收至平底。

Ⅱ式　1件（M7∶12）。直口外敞，肩部微折，折腹。腹部最大径偏下，下部斜直内收，平底。

Ⅲ式　1件（M7∶13）。直口微敞，上腹部饰有6道瓦楞纹。折腹位置略偏下部，下部斜直内收，平底。

Ⅳ式　1件（M17∶7）。长直颈，折肩，肩下至腹部饰6周弦纹，向下内收成平底。底置三宽扁足，略显外撇，足正面饰圈形戳印纹。

C型　3件。直口，折肩，折腹，分为3式。

Ⅰ式　1件（M3∶10）。直口，尖唇，折肩，折腹。下腹部斜内收成，平底，内凹。器表剥落较甚，制作粗糙。

Ⅱ式　1件（M3∶13）。直口微侈，尖圆唇，上腹斜直，下腹内收。折腹处有等距离分布的6个泥片状的小耳鋬，平底。口部外饰三道较宽的弦纹。

Ⅲ式　1件（M22∶2）。直口微敞，束直颈，折肩，肩下部斜直外撇，折腹，腹下略鼓内收。平底，底部略显内凹。

盉　2件。根据鋬的不同，可以分为2式。

Ⅰ式　1件（M23∶5）。口、颈部已残失，溜肩，鼓腹，下部内收，平底，腹部一侧贴附有鋬手，鋬手由三片宽泥片粘合而成。

Ⅱ式　1件（M24∶5）。细长颈，微侈口，口部略残。圆鼓腹，平底，一侧带鋬手。器壁上下较均匀，底部较厚。外壁残留有红色陶衣。

杯　20件。除5件残损严重不能归入型式外，其余15件根据腹部的不同形态，可以分为2型。

A型　10件。腹部内弧，呈觚形。根据足部是否饰有三小足，又分为两个亚型。

Aa型　7件。分为3式。

Ⅰ式　2件（M13∶4、M13∶5）。束腰，平底。

标本M13∶4，尖圆唇，微侈口，斜直腹，杯中部略束，近底部饰弦纹一周，平底外撇。

Ⅱ式　4件（M7∶7、M8∶6、M20∶9、M11∶1）。微束腰，平底。

标本M8∶6，敞口，直腹略显内收，平底内凹，觚形。

Ⅲ式　1件（M20∶5），敞口，尖唇，略显束腰，平底，近底部有一周弦纹，底部外撇，刻有花瓣形足，通体施黑衣。口径8.4、底径8.2、高13.6厘米。

Ab型　3件。根据腹部不同，分为3式。

Ⅰ式　1件（M8∶7）。直口，圆唇，上腹部饰凹弦纹，下部外撇，底部有足。

Ⅱ式　1件（M7∶10）。敞口，直腰，颈部微内敛。腹部呈浅瓦楞状，整体呈觚形。底部有三足。

Ⅲ式　1件（M22∶9）。束腰，平底，近底部有4周凹弦纹，底部有对称分布的4个小足。

B型　5件。垂腹，可以分为3式。

Ⅰ式　2件（M17∶12、M18∶6）。直口，下部略鼓。

标本 M18：6，圆唇，直口，深腹，上部饰弦纹。杯体下部略鼓，平底，底饰花瓣形足，器表施黑衣。

Ⅱ式 1 件（M21：5），圆唇，敞口，深腹，杯体上部微束，下部略鼓。平底，底上安有 3 个矮足。

Ⅲ式 2 件（M1：3、M14：1）。尖圆唇，直口，斜直腹近底部略垂，内收至花瓣形圈足。自口至圈足上部满饰弦纹。

钵 6 件。除 1 件残破严重外，其余 5 件根据口部不同，可以分为 2 型。

A 型 3 件。微侈口，根据腹部不同，分为 2 式。

Ⅰ式 2 件（M3：14、M3：20）。折腹，最大直径在中腹部。

标本 M3：14，微侈口，方唇，斜直肩外斜，折腰，弧腹，平底。

Ⅱ式 1 件（M3：19）。侈口，平沿，腹部下垂，圜底近平。

B 型 2 件。根据腹部不同，可分 2 式。

Ⅰ式 1 件（M23：7）。圆唇，敛口，折腹下内收，平底。

Ⅱ式 1 件（M23：8）。圆唇，敛口，折腹下内收，平底。器身底部略显凸起，口沿不甚平整。

盆 4 件。根据腹部不同，可以分为 2 型。

A 型 3 件。折腹，可以分为 3 式。

Ⅰ式 1 件（M3：5）。直壁略内弧，斜直壁内收，小平底。沿下部有两道弦纹，腹部有一道弦纹。

Ⅱ式 1 件（M10：11）。敞口，卷沿，圆唇，束颈，折腹斜直内收，平底。

Ⅲ式 1 件（M14：7）。大敞口，平折沿，下腹内收，小平底。腹内一侧钻有两孔。

B 型 1 件（M6：2）。圆唇微侈，颈部略显内敛，鼓腹，下腹部有一折棱。底部已残，可以看出为花瓣形底。

盘 2 件。一件较残，无法划分型式。

（三）墓葬分期

我们通常通过墓葬的开口层位和墓葬之间的打破关系，来确定墓葬的早晚关系，南楼遗址的地层被破坏严重，只能推断 M23、M24、M25 位于第 4 层下，年代相近，其余墓葬则不明。另外，4 组墓葬之间有打破关系，其中 M1 晚于 M2，M4 晚于 M8，M12 晚于 M13，M16 晚于 M17，据此可以推测部分墓葬的相对早晚顺序。在这些存在打破关系的墓葬中，同一类型的器物出土数量较少。我们只能推测，AⅣ式盘形豆晚于 AⅡ式盘形豆；均出土 AⅣ式盘形豆的 M7、M9、M21 与 M4 的年代相近，均晚于 M8。因此，通过与周边同类墓葬出土器物进行类型学对比来推断相对早晚关系，成为唯一可行的办法。

我们选取南楼遗址附近出土墓葬较多、层位清晰的常州新岗遗址、张家港东山村遗址为主要参考对象，结合常州乌墩遗址、常州圩墩遗址、苏州绰墩遗址、苏州同里遗址、上海崧泽遗址、嘉兴南河浜遗址等典型崧泽文化墓葬出土随葬品，来考察南楼遗址的年代（图一五〇）。

南楼遗址出土的陶鼎，以是否带牛角形的把手为区别，可分为 2 型。南楼 AⅠ式不带把陶鼎与东山村遗址 M90：13① 相似，所以，南楼 M2 的年代应与东山村遗址第 5 段相当。南楼 AⅡ式不带把陶鼎

① 南京博物院等：《东山村——新石器时代遗址发掘报告》，图 5－3－30B：13，文物出版社 2016 年版，第 205 页。

与新岗遗址 M12：9 和同里遗址 M43：11[①] 相似，因此，南楼 M7、M19 与同里遗址 M43 的年代相近，相当于新岗遗址第四期。南楼 BⅡ式不带把陶鼎与同里遗址 M23：3[②] 相似，Ⅲ式不带把陶鼎与东山村遗址 M1：13[③] 相似，据此推测，南楼 M14 相当于东山村遗址第 6 段。

带把风格的陶器，主要出土于从常州到张家港、常熟一带的崧泽文化墓葬。南楼带把鼎 AⅠ式与新岗遗址第二期 M51：5[④] 和东山村遗址 M89：25[⑤] 相似，因此，南楼 M10 的年代相当于新岗遗址第三期、东山村遗址第 3 段。南楼带把陶鼎 AⅢ式除了把手外，与同里遗址 M43：17[⑥] 相似，二者年代相近，据此推测，南楼 M12 与南楼 M7、M19 年代相近。南楼 B 型鼎的鼎身与新岗遗址 M61：5[⑦] 相似，所以，南楼 M9 相当于新岗遗址第四期。当然，考虑到可能会出现晚期墓葬随葬早期器物的情况，后文会综合墓葬所有出土器物再作出判断。

南楼遗址出土的陶甗都属于分体甗。目前发现的崧泽文化遗址中，只有新岗遗址出土了同类器物。南楼Ⅰ式甗的鬲部与新岗 M9：3 鬲相似，Ⅱ式甗的甑部与新岗分体甗的 M13：4[⑧] 甑部相似。由此推测，南楼 M9、M22、M19 的年代相当于新岗遗址第四期。

陶豆出土种类和数量较多。南楼 A 型钵形豆从马家浜文化陶豆发展而来，南楼 AⅠ式豆与东山村遗址 M9：1[⑨] 相似，南楼 AⅡ式豆与东山村遗址 M9：5[⑩] 相似，南楼 AⅢ式豆与东山村遗址 M15：12[⑪] 相似。由此推测，南楼 M23、M24 的年代相近，均相当于东山村遗址第 1 段。南楼 M25 略晚，相当于东山村遗址第 2 段。南楼钵形豆 BⅠ式与新岗遗址 M105：6[⑫] 相近，豆盘要深一些。因此，南楼 M23 的年代应该早于新岗遗址第三期、东山村遗址第 4 段。钵形豆 BⅡ式与新岗遗址 M3：4[⑬] 相似，底饰花瓣形足，其时代相当于新岗遗址第四期。

南楼盘形豆出土数量较多，从同类遗址出土器物的发展演变可知，纹饰由素面向圆形、三角形、长方形镂孔组合纹饰或竖条刻画组合纹饰演变，日趋复杂。南楼 AⅠ式盘形豆与新岗遗址M43：10[⑭] 接近，推测 M3 相当于新岗遗址第三期。南楼 AⅡ式盘形豆与新岗遗址 M107：1[⑮] 相似，推测 M8 相当于新岗遗址第三期。南楼 AⅣ式盘形豆与东山村遗址 M93：1、新岗遗址 M86：1 相似，由此推测，M9、

---

① 常州博物馆：《常州新岗——新石器时代文化遗址发掘报告》，图一三八：4，文物出版社 2012 年版，第 163 页；苏州博物馆等：《苏州同里遗址发掘报告》，图版 27：8，《苏州文物考古新发现——苏州考古发掘报告专辑（2001—2006）》，古吴轩出版社 2007 年版，第 43 页。

② 苏州博物馆等：《苏州同里遗址发掘报告》，图版 19：7，《苏州文物考古新发现——苏州考古发掘报告专辑（2001—2006）》，古吴轩出版社 2007 年版，第 39 页。

③ 南京博物院等：《东山村——新石器时代遗址发掘报告》，图 5-3-3B：1，文物出版社 2016 年版，第 144 页。

④ 常州博物馆：《常州新岗——新石器时代文化遗址发掘报告》，图二一六：6，文物出版社 2012 年版，第 163 页。

⑤ 南京博物院等：《东山村——新石器时代遗址发掘报告》图 5-3-29B：25，文物出版社 2016 年版，第 195 页。

⑥ 苏州博物馆等：《苏州同里遗址发掘报告》，图版 27：1，《苏州文物考古新发现——苏州考古发掘报告专辑（2001—2006）》，古吴轩出版社 2007 年版，第 43 页。

⑦ 常州博物馆：《常州新岗——新石器时代文化遗址发掘报告》，图二三三：6，文物出版社 2012 年版，第 173 页。

⑧ 常州博物馆：《常州新岗——新石器时代文化遗址发掘报告》，图一四一：11，文物出版社 2012 年版，第 113 页。

⑨ 南京博物院等：《东山村——新石器时代遗址发掘报告》，图 5-3-8C：1，文物出版社 2016 年版，第 161 页。

⑩ 南京博物院等：《东山村——新石器时代遗址发掘报告》，图 5-3-8C：5，文物出版社 2016 年版，第 161 页。

⑪ 南京博物院等：《东山村——新石器时代遗址发掘报告》，图 5-3-12B：12，文物出版社 2016 年版，第 167 页。

⑫ 常州博物馆：《常州新岗——新石器时代文化遗址发掘报告》，图二九九：5，文物出版社 2012 年版，第 213 页。

⑬ 常州博物馆：《常州新岗——新石器时代文化遗址发掘报告》，图一二三：3，文物出版社 2012 年版，第 100 页。

⑭ 常州博物馆：《常州新岗——新石器时代文化遗址发掘报告》，图一九五：3，文物出版社 2012 年版，第 149 页。

⑮ 常州博物馆：《常州新岗——新石器时代文化遗址发掘报告》，图三〇三：1，文物出版社 2012 年版，第 215 页。

M7、M21、M4 相当于东山村遗址第 5 段，M9 略晚于 M8。南楼 B 型盘形豆与东山村遗址M83：2、新岗遗址 M20：3、同里遗址 M23：1① 相似，推测南楼 M17 相当于东山村遗址第 5 段、新岗遗址三期。

南楼 BⅠ式碟形豆与新岗遗址 M30：1② 相似，M8 相当于新岗遗址第三期。南楼 BⅡ式碟形豆与崧泽遗址 M69：7③ 相似，与东山村 M94：10④ 相似，豆盘较浅，应该是较晚期的形态。由此推测，南楼 M7 的时代晚于东山村遗址第 4 段，相当于崧泽遗址第三期。南楼 A 型碟形豆、C 型碟形豆的类似器物多见于崧泽遗址。南楼 AⅠ式碟形豆与崧泽遗址 M52：5 相似，南楼 CⅡ式碟形豆盘部与崧泽遗址 M 97：4⑤ 相似，由此推断，南楼 M2、M12 相当于崧泽遗址第三期。

南楼遗址仅发现 1 件罐形豆，在北阴阳营、新岗、南河浜、绰墩、福泉山、崧泽遗址均有零星发现，甚至在安徽省新石器时代遗址如马鞍山烟墩山、潜山薛家岗等遗址⑥中，也曾发现过同类型器物，南楼罐形豆的上部接近崧泽遗址 M7：1⑦，但座部的镂孔纹饰更为复杂。南楼罐形豆要晚于崧泽遗址二期，而且除口沿外，略同于南河浜 M59：4 和绰墩 M8：3⑧，它们的年代应相距不远。

南楼出土的陶罐分为大型和小型两种。大型罐为实用器，在其他遗址墓葬中，少见同类器物出土。南楼 BⅠ式大型罐与东山村 M85：9⑨ 相似，推测南楼 M8 相当于东山村遗址第 4 段。小型罐在南楼出土较多，其中 AⅠ式小型罐为敞口，折腹，介于东山村遗址 M10：2 与 M75：2⑩ 之间，与新岗遗址 M120：2⑪ 相似，南楼 AⅡ式小型罐与新岗遗址 M22：2⑫ 相似，南楼 AⅣ式小型罐与东山村遗址M93：4⑬ 相似。据此推测，南楼 M24 相当于新岗遗址第二期、东山村遗址第 1 段与第 2 段之间，南楼 M10 相当于新岗遗址第三期，南楼 M20、M7、M17 相当于东山村遗址第 5 段。南楼 BⅠ式小型罐与东山村遗址 M90：3⑭ 相似，相当于东山村遗址第 2 段。南楼 BⅡ式小型罐与东山村遗址 M85：13⑮ 相似，推测南楼 M8 相当于东山村遗址第 4 段。南楼 BⅣ式小型罐与绰墩遗址 M5：12⑯、新岗遗址 M24：8⑰ 相似。南楼 D 型小型罐在周边遗址发现较多，南楼 DⅠ式小型罐与东山村遗址 M96：5⑱ 相似，南楼 DⅡ

① 南京博物院等：《东山村——新石器时代遗址发掘报告》图 5－3－26B：2，文物出版社 2016 年版，第 186 页；常州博物馆：《常州新岗——新石器时代文化遗址发掘报告》，图一五四：4，文物出版社 2012 年版，第 120 页；苏州博物馆等：《苏州同里遗址发掘报告》，图版 19：8，《苏州文物考古新发现——苏州考古发掘报告专辑（2001—2006）》，古吴轩出版社 2007 年版，第 39 页。

② 常州博物馆：《常州新岗——新石器时代文化遗址发掘报告》，图一七七：3，文物出版社 2012 年版，第 138 页。

③ 上海市文物保管委员会：《崧泽——新石器时代遗址发掘报告》，图四三：4，文物出版社 1987 年版，第 56 页。

④ 南京博物院等：《东山村——新石器时代遗址发掘报告》图 5－3－34D：10，文物出版社 2016 年版，第 259 页。

⑤ 上海市文物保管委员会：《崧泽——新石器时代遗址发掘报告》，图四三：6、1，文物出版社 1987 年版，第 56 页。

⑥ 叶润清：《安徽皖江下游南岸地区史前文化试析》图二，《道远集——安徽省文物考古研究所五十年文集》，第 102 页；安徽省文物考古研究所：《潜山薛家岗》，图一三五：13，文物出版社 2004 年版，第 141 页。

⑦ 上海市文物保管委员会：《崧泽——新石器时代遗址发掘报告》，图四四：2，文物出版社 1987 年，第 57 页。

⑧ 浙江省文物考古研究所：《南河浜——崧泽文化遗址发掘报告》图一〇一：4，文物出版社 2005 年，第 150 页；苏州市考古研究所：《昆山绰墩遗址》，图七五：3，文物出版社 2011 年，第 78 页。

⑨ 南京博物院等：《东山村——新石器时代遗址发掘报告》，图 5－3－27B：9，文物出版社 2016 年版，第 189 页。

⑩ 南京博物院等：《东山村——新石器时代遗址发掘报告》，图 5－3－9B：2、图 5－3－24B：2，文物出版社 2016 年版，第 162、182 页。

⑪ 常州博物馆：《常州新岗——新石器时代文化遗址发掘报告》，图三二一：4，文物出版社 2012 年版，第 234 页。

⑫ 常州博物馆：《常州新岗——新石器时代文化遗址发掘报告》，图一六〇：6，文物出版社 2012 年版，第 124 页。

⑬ 南京博物院等：《东山村——新石器时代遗址发掘报告》，图 5－3－33C：4，文物出版社 2016 年版，第 249 页。

⑭ 南京博物院等：《东山村——新石器时代遗址发掘报告》，图 5－3－30F：3，文物出版社 2016 年版，第 210 页。

⑮ 南京博物院等：《东山村——新石器时代遗址发掘报告》，图 5－3－27B：13，文物出版社 2016 年版，第 189 页。

⑯ 苏州市考古研究所：《昆山绰墩遗址》，图六九：8，文物出版社 2011 年版，第 72 页。

⑰ 常州博物馆：《常州新岗——新石器时代文化遗址发掘报告》，图一六五：8，文物出版社 2012 年版，第 129 页。

⑱ 南京博物院等：《东山村——新石器时代遗址发掘报告》，图 5－3－36E：5，文物出版社 2016 年版，第 282 页。

式小型罐与新岗遗址 M23：13[①] 相似，南楼 DⅣ式小型罐与东山村遗址 M5：6[②] 相似。据此推测，南楼 M9 相当于东山村遗址第 4 段，南楼 M18、M19 的时代大体相当于东山村遗址第 6 段的 M14。

壶也是南楼遗址出土较多的器物。南楼出土的 AⅠ式敞口壶与新岗遗址 M48：4[③] 相似，AⅡ式敞口壶与新岗遗址 M40：9[④] 相似，AⅣ式敞口壶与同里遗址 M44：21[⑤] 相似。由此推测，南楼 M12、M19、M17、M12 相当于新岗遗址第四期。南楼 BⅠ式敞口壶与东山村 M95：6[⑥] 相似，推测南楼 M10 相当于东山村遗址第 3 段。南楼 BⅢ式敞口壶与新岗遗址 M81：4[⑦] 相似，它的花瓣底有晚期的装饰风格。所以，南楼 M5 相当于新岗遗址第四期、东山村遗址第 6 段。

南楼 AⅠ式侈口壶的腹部与东山村遗址 M9：10[⑧] 接近，但口径稍大，颈部变直，因此，其年代要晚于东山村遗址第 1 段。南楼 AⅡ式侈口壶与崧泽遗址 M21：3[⑨] 相似，器腹下有三小足，是东山村遗址第 3 段开始流行的做法。据此推测，南楼 M3 略晚于崧泽遗址一期，相当于东山村遗址第 3 段，早于南河浜遗址晚期第二段。南楼 AⅣ式侈口壶与南河浜遗址 M44：5[⑩] 相似，推测其年代在南河浜遗址晚期第一、二段之间。南楼 AⅤ式侈口壶与同里 M34：10[⑪] 相似。南楼 BⅠ式侈口壶与新岗遗址 M13：6[⑫] 相似，推测南楼 M2、M20 相当于新岗遗址第四期。南楼 BⅣ式侈口壶与圩墩遗址 M122：17[⑬] 相似。南楼 CⅠ式侈口壶与东山村遗址 M96：10[⑭] 接近，但其腹部的最大径位于中腹，所以，南楼 M3 的时代早于东山村遗址第 4 段。南楼 CⅢ式侈口壶与新岗遗址 M23：16[⑮] 和同里遗址 M25：4[⑯] 相似，由此推断，南楼 M12 相当于新岗遗址第四期。

南楼出土的直口壶，在其他遗址出土较少。南楼 BⅠ式直口壶、BⅡ式直口壶与绰墩 M17：8 和 M7：10[⑰] 相似。南楼 CⅠ式直口壶与绰墩遗址 M35：6[⑱] 接近，颈部较长，绰墩遗址 M35：6 的年代应介于南楼 CⅠ式直口壶和 CⅢ式直口壶之间。南楼 CⅡ式直口壶与东山村遗址 M89：23[⑲] 相似，推测南

---

① 常州博物馆：《常州新岗——新石器时代文化遗址发掘报告》，图一六二：10，文物出版社 2012 年版，第 126 页。

② 南京博物院等：《东山村——新石器时代遗址发掘报告》，图 5－3－7B：6，文物出版社 2016 年版，第 157 页。

③ 常州博物馆：《常州新岗——新石器时代文化遗址发掘报告》，图二〇六：2，文物出版社 2012 年版，第 156 页。

④ 常州博物馆：《常州新岗——新石器时代文化遗址发掘报告》，图一八八：8，文物出版社 2012 年版，第 145 页。

⑤ 苏州博物馆等：《苏州同里遗址发掘报告》，图版 30：4，《苏州文物考古新发现——苏州考古发掘报告专辑（2001—2006）》，古吴轩出版社 2007 年版，第 44 页。

⑥ 南京博物院等：《东山村——新石器时代遗址发掘报告》，图 5－3－35G：6，文物出版社 2016 年版，第 269 页。

⑦ 常州博物馆：《常州新岗——新石器时代文化遗址发掘报告》，图二六六：4，文物出版社 2012 年版，第 194 页。

⑧ 南京博物院等：《东山村——新石器时代遗址发掘报告》，图 5－3－8B：10，文物出版社 2016 年版，第 160 页。

⑨ 上海市文物保管委员会：《崧泽——新石器时代遗址发掘报告》，图五四：3，文物出版社 1987 年版，第 70 页。

⑩ 浙江省文物考古研究所：《南河浜——崧泽文化遗址发掘报告》，图一〇九：2，文物出版社 2005 年版，第 165 页。

⑪ 苏州博物馆等：《苏州同里遗址发掘报告》，图版 24：6，《苏州文物考古新发现——苏州考古发掘报告专辑（2001—2006）》，古吴轩出版社 2007 年版，第 41 页。

⑫ 常州博物馆：《常州新岗——新石器时代文化遗址发掘报告》，图一四一：6，文物出版社 2012 年版，第 113 页。

⑬ 常州博物馆：《1985 年江苏常州圩墩遗址的发掘》，图二一：26，《考古学报》2001 年第 1 期。

⑭ 南京博物院等：《东山村——新石器时代遗址发掘报告》，图 5－3－36E：10，文物出版社 2016 年版，第 282 页。

⑮ 常州博物馆：《常州新岗——新石器时代文化遗址发掘报告》，图一六二：11，文物出版社 2012 年版，第 126 页。

⑯ 苏州博物馆等：《苏州同里遗址发掘报告》，图版 20：7，《苏州文物考古新发现——苏州考古发掘报告专辑（2001—2006）》，古吴轩出版社 2007 年版，第 39 页。

⑰ 苏州市考古研究所：《昆山绰墩遗址》，图八九：8、图七三：10，文物出版社 2011 年版，第 88、76 页。

⑱ 苏州市考古研究所：《昆山绰墩遗址》，图一〇九：9，文物出版社 2011 年版，第 103 页。

⑲ 南京博物院等：《东山村——新石器时代遗址发掘报告》图 5－3－29E：23，文物出版社 2016 年版，第 199 页。

楼 M3 相当于东山村遗址第 3 段。南楼 CⅢ式直口壶与同里遗址 M44：4[①] 相似。

南楼遗址出土的Ⅰ式盉与新岗遗址 M120：7[②] 相似，Ⅱ式盉与东山村遗址 M87：4[③] 近似，其时代应该相差不远。南楼 M23 属于新岗遗址第二期，南楼 M24 接近于东山村遗址第 2 段。

南楼遗址出土的杯分为 A 型觚形与 B 型垂腹。其中 A 型杯又分为 Aa 型平底杯（演变出花瓣足）和 Ab 型杯（器底有三小足）两个亚型。关于二者的演变顺序，Aa 型杯的腰部由束腰较甚向直腹演变，足部由平底向雕刻出花瓣效果演变；Ab 型杯则从近似直腹向束腰演变，足部向宽扁发展。南楼 AaⅠ式杯与东山村遗址 M91：15[④] 相似，南楼 AaⅡ式杯与新岗遗址 M23：8[⑤] 相似，据此推测，南楼 M13、M7、M8、M11、M20 相当于东山村遗址第 4 段、新岗遗址第三期。又因为南楼 AaⅡ式杯与新岗遗址 M82：1[⑥] 相似，所以推断，南楼 M7 相当于新岗遗址第三期。南楼 AaⅢ式杯与东山村遗址 M76：5[⑦] 相似，所以推断，南楼 M22 相当于东山村遗址第 5 段。南楼 BⅠ式杯与新岗遗址 M7：3[⑧] 相似，南楼 M17、M18 相当于新岗遗址第三期。南楼 BⅢ式杯与东山村遗址 M1：7[⑨]、新岗遗址 M5：8[⑩] 相似，南楼 M1、M14 相当于东山村遗址第 6 段。

此外，南楼遗址出土的 AⅠ式钵与东山村遗址 M59：1[⑪] 相似，南楼 M3 相当于东山村遗址第 3 段。南楼 BⅠ式钵、BⅡ式钵则与东山村遗址 M98：15、M96：17[⑫] 相似。

南楼遗址 AⅠ式盆与 G1 下：11 接近，口部更往外敞，根据口部越晚越外敞的规律，南楼 M3 的时代要晚于 G1 下层。南楼 AⅡ式盆与东山村遗址 M95：28[⑬]、新岗遗址 M43：11[⑭] 相似；南楼 AⅢ式盆与东山村遗址 M93：22 与绰墩遗址 M11：6[⑮] 盘相近，仅颈部斜直，应该是晚期形态。据此推测，南楼 M10 相当于东山村遗址第 3 段、新岗遗址第三期，南楼 M14 接近于东山村遗址第 5 段。而根据腹部由深变浅的演变规律，南楼 M3 的时代略早于 M10。南楼遗址出土的 B 型盆与新岗遗址 M37：3、M41：8 簋[⑯]近似，但腹部更深，与安徽芜湖月堰遗址崧泽文化晚期的 M25：1 碗[⑰]更为接近，由此推断，南楼 M6 相当于崧泽文化较晚时期。

---

① 苏州博物馆等：《苏州同里遗址发掘报告》，图版 30：5，《苏州文物考古新发现——苏州考古发掘报告专辑（2001—2006）》，古吴轩出版社 2007 年版，第 44 页。

② 常州博物馆：《常州新岗——新石器时代文化遗址发掘报告》，图三三二：7，文物出版社 2012 年版，第 234 页。

③ 南京博物院等：《东山村——新石器时代遗址发掘报告》，5－3－28B：4，文物出版社 2016 年版，第 192 页。

④ 南京博物院等：《东山村——新石器时代遗址发掘报告》，图 5－3－31E：15，文物出版社 2016 年版，第 190 页。

⑤ 常州博物馆：《常州新岗——新石器时代文化遗址发掘报告》，图一六二：7，文物出版社 2012 年版，第 149 页。

⑥ 常州博物馆：《常州新岗——新石器时代文化遗址发掘报告》，图二六八：1，文物出版社 2012 年版，第 196 页。

⑦ 南京博物院等：《东山村——新石器时代遗址发掘报告》，图 5－3－25B：5，文物出版社 2016 年版，第 184 页。

⑧ 常州博物馆：《常州新岗——新石器时代文化遗址发掘报告》，图一三一：3，文物出版社 2012 年版，第 106 页。

⑨ 南京博物院等：《东山村——新石器时代遗址发掘报告》，图 5－3－3B：7，文物出版社 2016 年版，第 144 页。

⑩ 常州博物馆：《常州新岗——新石器时代文化遗址发掘报告》，图一二七：2，文物出版社 2012 年版，第 103 页。

⑪ 南京博物院等：《东山村——新石器时代遗址发掘报告》，图 5－3－21B：1，文物出版社 2016 年版，第 178 页。

⑫ 南京博物院等：《东山村——新石器时代遗址发掘报告》，图 5－3－37E：15、图 5－3－36E：17，文物出版社 2016 年，第 292、282 页。

⑬ 南京博物院等：《东山村——新石器时代遗址发掘报告》，图 5－3－35H：28，文物出版社 2016 年版，第 270 页。

⑭ 常州博物馆：《常州新岗——新石器时代文化遗址发掘报告》，图一九五：4，文物出版社 2012 年版，第 149 页。

⑮ 南京博物院等：《东山村——新石器时代遗址发掘报告》，图 5－3－33C：22，文物出版社 2016 年版，第 249 页；苏州市考古研究所：《昆山绰墩遗址》，图七九：4，文物出版社 2011 年版，第 81 页。

⑯ 常州博物馆：《常州新岗——新石器时代文化遗址发掘报告》，图一八一：2、图一九〇：2，文物出版社 2012 年版，第 140、146 页。

⑰ 安徽省文物考古研究所：《安徽芜湖月堰遗址新石器时代墓葬发掘简报》，《文物》2009 年第 8 期。

在南楼遗址中，陶鬶仅出土1件，器把为两股泥条扭曲而成，与绰墩遗址M5：1[①]相似，二者的年代接近。

通过分析本次南楼发掘的墓葬之间的打破关系，借用同类遗址的纵向层位关系，我们可以得出南楼墓葬大致的早晚关系，列表如下（表一）。

表一　南楼遗址墓葬与东山村遗址、新岗遗址分期对应表

<table>
<tr><th>南楼遗址</th><th>东山村遗址</th><th>新岗遗址</th></tr>
<tr><td rowspan="2">M23、M24、M25</td><td>第1段</td><td rowspan="3">第二期</td></tr>
<tr><td rowspan="2">第2段</td></tr>
<tr><td rowspan="2">M3、M10</td></tr>
<tr><td>第3段</td><td rowspan="3">第三期</td></tr>
<tr><td>M8、M11、M13</td><td>第4段</td></tr>
<tr><td rowspan="2">M2、M4、M7、M9、M12、M15、M17—M22</td><td rowspan="2">第5段</td></tr>
<tr><td rowspan="2">第四期</td></tr>
<tr><td>M1、M5、M6、M14、M16</td><td>第6段</td></tr>
</table>

从这些墓葬出土陶器的组合来看，南楼M23、M24、M25以豆为主，没有形成基本的陶器组合，伴有罐、盉、钵同出；南楼M3、M10以鼎、豆、罐、壶、盆为主，开始有基本的陶器组合；南楼M8、M11、M13开始出土杯，而且，鼎、豆、罐、壶、杯成为墓葬陶器的基本组合，并延续至晚期。值得一提的是，南楼遗址中存在打破关系的墓葬，其时代都相当于东山村遗址第5段和第6段的墓葬。另外需要说明的是，南楼遗址西部的三座墓葬，时代相对较早，陶器发展序列与东部墓葬并不能衔接，在时间发展上存在着缺环，这可能是该遗址前后时间内存在着不同的墓地所致（图一五一）。

综上所述，我们把南楼遗址的墓葬分为三期五段，第一期相当于崧泽早期偏早阶段，第二期始于于崧泽中期，第三期下限至崧泽晚期。

第一期一段：M23、M24、M25；

第二期二段：M3、M10；

第二期三段：M8、M11、M13；

第三期四段：M2、M4、M7、M9、M12、M15、M17—M22；

第三期五段：M1、M5、M6、M14、M16。

三　房址的使用及时代

（一）F1—F3

房址的发掘有许多遗迹现象可供观察，例如居住面、墙体、柱洞、基槽甚至门道等。F1—F3缺少居住面和墙体，但出土位置相邻，形状性质相近，故而在此一并探讨。

这三座房址平面呈“品”字形布局，房屋形制具有一致性，主要体现在以下几个方面。

---

① 苏州市考古研究所：《昆山绰墩遗址》，图六九：1，文物出版社2011年版，第72页。

图一五一 南楼遗址发掘区墓葬分期图

1. F1—F3 均为平地式建筑，墙垣呈圆弧形。只是 F1 墙垣外除东南部外，另有一圈墙垣，F2 为单层墙垣，F3 则介于两者之间。

2. 房基垫土层的一致性。虽然垫土层残存很薄，但其覆盖了整个房址区域。

3. 房址内由柱洞排列形成的方形开间的一致性。各柱子之间排列的密度有差异，形成的面积也各有大小，但构建平面为方形布柱方式，是当时的建筑理念和形式。三座房址有柱洞一百余个，主要分为两大类，即大口浅坑式和小口深洞式。通过对残存柱痕以及残桩的柱洞进行解剖发现，浅坑式的木桩的直径，明显要大于深洞式木桩的直径。

4. 墙体基槽以及排水沟在形制、填土上的一致性。三座房址的墙体基槽均为浅沟式，可能是用竹木等材料编织而成的混泥墙，下端插到墙体基槽内。排水沟内的填土皆呈黑灰色，松软，含水量大，包含物也多。

5. 各遗址内的包含物的一致性。包含物以陶片为主，从上述对陶片的分析可知，F1—F3 和年代与 G1 接近。

南楼房屋遗迹的建筑过程如下：首先选择相对平整的地面进行整修，并且垫土加高、加固房址的基础。接着在基础上开挖柱洞和墙体基槽，基槽呈圆弧形，重要的房子被设计成双重墙体。柱洞集中在房子中央，排列成平面为方形的形制。柱洞之间埋设木桩，木桩成为房屋架构的骨干支撑地面。为了增加墙体的牢固程度，在墙体中以及墙体旁竖立木桩，支撑墙体以及屋面。屋面就在房子中央的木桩以及墙体的基础上构架完成。最后在屋檐下开挖排水沟，便于散水。

F2 是一座朝东敞开的单墙建筑，其东部墙体和基槽之间有三个空隙，应该就是门的所在地。F3 有东北、西南两个门。F2、F3 这样的设计，应该是因为门道在东，可以就近从 G1 取水或者便于防卫观察。F1 拥有两重墙体，没有发现明显的门道痕迹，在功能上肯定与 F2、F3 有区别，可惜的是，F3 室内的生活面已不存在，无法推测其具体功能。

目前，在崧泽文化遗址中，像 F1—F3 这样的圆形墙垣的平地式建筑，仅在江苏武进乌墩遗址有类似的房址（F9）①。乌墩 F9 的形状为椭圆形，门道在西南部，面积达 50 平方米，单体墙垣，房东南有连接墙体的排水沟（F9G2），房西南有一段弯曲的被柱洞打破的基槽（F9G1），与南楼遗址 F3J1 的形制一样。乌墩遗址发掘报告认为，这是因地势而设在南部的排水沟。通过对 F1—F3 的发掘，我们推测，位于墙垣之外、围绕墙体、不与墙体接触的浅沟式建筑，应称为“基槽”，它可能是房址的附属建筑。其建筑方式与墙垣基槽一样，先挖浅沟，再起竹木等材料编织的混泥墙，为了加固而在边缘设置木桩，成为屋檐的延伸部分，木桩也起到了支撑屋檐的作用。这样的设计最大限度地使雨水远离房屋，起到散水的作用。从 F1J2 与 F1G1 直接相连猜测，雨水先集中到 F1J2 外面，然后直接从 F1G1 排走，由此避免雨水进入 F1 内部。乌墩 F9 的年代要晚于南楼 F1—F3。在昆山绰墩遗址发现的良渚文化房址 F1，也有弧形木骨泥墙基槽和外侧沟槽，应该是延续了这种建筑方式。②

在 F1 与 F3 之间发现有小坑（K1—K19）。其中 K1—K7 的形状近似长方形，东西向排列，位于 F2 与 F3 之间。K1 打破 F1J1，应该是 F1 的内部柱洞，起加固和支撑作用。K2 位于 K1 以东、F1G1 以西，

① 乌墩考古队：《武进乌墩遗址发掘报告》，《通古达今之路——宁沪高速公路（江苏段）考古发掘报告文集》，《东南文化》1994 年增刊，第 8 页。

② 苏州市考古所：《昆山绰墩遗址》，文物出版社 2011 年版，第 19 页。

方形坑，是属于 F1 的柱洞，其北部有明显的圆形柱洞。K1、K2 与在 F1 外面的 K3—K7 正好处于一条直线上，其中 K5 的形制与 K2 相同，同属柱洞。K3—K7 出土的陶器标本有罐类口沿和鋬，其中 K3∶1 与 G1 下∶25 罐口沿相似，K7∶1 鋬耳与 G1 上∶102 鋬耳相似，因此，K3—K7 的年代与 F1—F3 相近，可能是 F1—F3 的附属建筑，其有何种功能，以目前的资料还无法做出推断。K8—K19 为柱洞式，位于 F2 南面、F3 东面，与 K1—K7 形成一个近似直角的形状，由于没有发现能提供年代判断的标本器物，所以无法判断其是否与 F1—F3 有关系。

（二）F4

F4 位于发掘区东部，破坏严重，只残留西部、南部墙基浅沟、垫土层及部分柱洞，被 M9 打破。西部、南部墙基略呈直角。对 F4 周边进行发掘时，曾发现有圆形柱洞的极薄的痕迹，这说明，在 F4 周围还有别的房址，只是后来被完全破坏。F4 应该是崧泽文化遗址中常见的长方形平地式建筑。F4 出土的陶片以泥质素面红陶为主，其中标本 F4D1∶1 罐类口沿与 G1 上∶125 罐口沿基本相同。这说明，F4 的时代不早于 G1，早于 M9，其时代为南楼遗址第一期与第二期之间。

（三）T0507、T0607 内柱洞群

T0507、T0607 柱洞群位于发掘区最西部第 3 层下，由于破坏严重，仅存柱洞与中部的红烧土。从分布位置看，D2—D5 与 D6—D10 略呈直角分布，可能是长方形房址的一个角，红烧土西部的柱洞分布杂乱无序，无法辨别有几座房址以及红烧土与柱洞的关系。这些柱洞没有出土遗物，从层位上看，其时代晚于南楼遗址第一期。

四 新石器时期聚落形态分析

南楼遗址发掘区位于遗址现存范围的东北部，是目前勘探范围内保存相对较好的一片区域，我们利用此次发掘的遗迹和遗物，初步考察遗址演变的轨迹，并且分析当时的聚落结构和社会形态。

南楼遗址发掘区内，遗迹年代早晚的顺序如下：最早开挖 G1 和埋葬 M23—M25，接着，在 G1 西部建造 F1—F3。G1 被废弃、填平后，聚落向东部扩展。在 G1 东部埋葬 M3、M10，然后埋葬 M8、M11、M13，接下来埋葬 M2、M4、M7、M9、M15、M17—M22，最后埋葬 M1、M5、M6、M12、M14、M16。F4 建造于 G1 被废弃之后，它又废弃于 M9 建造之前。西部 T0507、T0607 的房址建造于 G1 被废弃之后，其废弃时间不明。

在南楼遗址没有发现早于崧泽文化的地层或遗物，与附近的新岗、东山村等从马家浜文化发展而来的遗址不同，南楼遗址是在崧泽文化时期新出现的聚落。

南楼遗址第一期一段是目前南楼发现的最早遗存，已发现的遗迹有第 4 层、第 4 层下的 M23—M25、F1—F3 和 G1，这也说明，该聚落在建立之初就有基本的规划。南楼遗址的西部为墓葬区，中部为居住区，东部以 G1 为界，G1 以西属于聚落内部。G1 北部是河道，南部向东延伸至河洼地。由此推测，G1 可能没有一定的形状，而是最大限度地利用北部天然河流，人工开凿，把河水从北部引向南部，灌满整条壕沟。F2、F3 距离 G1 仅有数米，而且门道面对 G1，这说明，G1 是聚落的水源和防护的屏障。

F1—F3 三座房址的形制都不一样。F1 的墙垣外，除东南部外另有一圈墙垣。F2 为单层墙垣，F3 则介于两者之间。这样的设计差异，是房址社会功能的不同，还是因为地势高低导致排水设计不同，还是主人的身份地位有差异，从现有的资料还无法做出准确判断。

从墓葬来看，北部一座，西南并排有两座，南楼墓地显然是有规划的。M23 的长度超过 2 米，M24、M25 的长度为 1.7 米左右，而三座墓的出土物都不超过 10 件。从器类上看，出土陶器都有豆，其他没有统一的标准。石器中，M23 出土纺轮，M25 出土石钺，这应该是男女之别。从墓葬随葬品来看，基本上都是用实用器物直接随葬，在石器上还有使用所致的豁口和划痕。所以，从墓葬上看不出等级差别和贫富差距。

随着聚落有意识地向东扩展，到南楼一期晚期，G1 失去了原有的防护作用，变成生活垃圾的倾倒场所，损坏的陶质容器、石质工具甚至损坏的炉箅，都被倾倒在内，使其成为平地。与此同时，在 G1 东部，包括 F4 在内的房址开始出现。

到了南楼遗址第二期，G1 已被填平，F1—F3 由于地层被破坏而无法得知其废弃年代。也有可能还继续沿用，人口继续增长，T0507、T0607 内的柱洞群，可能就是在这个时期建造的。墓葬区位于 F4 的东部和北部，早期仅发现两座。与第一期相比，墓坑长度超过 2.3 米，墓坑宽度超过 1.1 米，明显大于南楼第一期。随葬器物的数量都在 10 件以上，M3 竟达到 20 件之多。此时出现了鼎、豆、罐、壶、盆的陶器组合，其中罐、壶、钵的形体较小，出现了明器化的现象。石器随葬数量较少。开始随葬玉器，但都是环、玦、镯、珠等小玉器。玉饰件位于墓主头上部，出现了口琀的风俗。到南楼第二期三段时，G1 东部的居住区已被废弃，可能当时人想把这片区域完全变成墓葬区。原有的房址被破坏殆尽，仅 F4 的一个角保存下来。M8、M11、M13 这三座墓葬呈东北—西南方向。墓坑明显存在着大小差别，最大的 M8 长度达到 2.83 米，宽度达到 1.46 米；最小的 M11 长仅有 2.05 米，宽仅有 0.95 米。随葬品也有明显的差别。例如 M11，仅在墓主头部旁边出土 3 件陶器；M8 的随葬品则有 18 件，陶、玉、石器皆有随葬。这充分说明，此时出现了严重的贫富差距和等级分化。另外，无论贫富与否，随葬陶器都出现了觚形杯。

南楼遗址第三期的遗迹只发现墓葬一类，集中在 G1 东部的墓葬区。第三期四段的墓葬分为三组，即北部 M2、M21、M22，中部 M4、M7、M9，南部 M12、M15、M17—M20。都略呈西北—东南方向，墓坑长度在 2.1 米至 2.74 米之间。随葬品多的有 28 件，少的不足 10 件，差别极大。随葬陶器的基本组合沿用第二期三段的鼎、豆、罐、壶、杯，但纹饰更加繁复。新出现随葬玉璜的现象，位于墓主颈部。第三期五段的墓葬区为南北两组，北部 M1、M5、M6，呈东西向；南部 M14、M16，呈西北—东南方向。部分墓葬与第二期四段南部墓葬的位置重合。这个时期的墓葬开始向西扩展，其中 M6 位于 G1 中部，M5 完全在 G1 的西部。折角明显的石钺全部出土于南楼第三期，出土石钺的墓葬一般不出土纺轮和小型玉器，这应该是男女之间的差别。但也有例外，M18 出土小玉镯，M19 随葬纺轮和骨璜。

总之，南楼遗址在第二期三段之前，没有明显的阶级分化和贫富不均现象；同时期的墓葬规模、随葬品种类和数量有差别，但是差别有限；房址形制有别，但居住面积没有较大的差异。第二期三段之后虽然出现贫富分化，但是，类似于青浦崧泽遗址墓葬区那种“氏族内部并不突出的贫富分化”①。

---

① 李伯谦：《崧泽文化大墓的启示》，北京大学震旦古代文明研究中心编《古代文明研究通讯》总第 44 期，2010 年 3 月。

南楼遗址集房址、壕沟、墓葬于一体，在同时期遗址中较为罕见。从遗址面积、已揭露房址的规模、房址与壕沟的相互关系来看，南楼遗址应该是东山村遗址所控范围内聚落次中心的所在地。通过对南楼遗址进一步分析、研究，对于崧泽文化分布、聚落形态以及环太湖流域早期文明的形成，将会有更新的认识。

第二节 对商周时期文化遗存的认识

南楼遗址也存在商周时期的文化遗存，从前期勘探得知，在整个遗址均有分布，此次发掘也发掘出土了15个灰坑。由于缺失地层，这15个灰坑都位于第1层下，平面呈不规则形状，相互之间没有叠压打破关系。

一 商代文化遗存

南楼遗址属于商代文化的遗迹有H2、H3、H5、H6、H7、H8、H9、H10、H11、H12、H14、H16。出土器物以陶器为主，石器次之，铜器最少。陶片以泥质陶最多，夹砂陶和印纹硬陶次之，其中陶色以橙黄色最多，还有少量的红褐陶、红陶、灰黑陶、灰白陶、灰色陶。陶器种类有鼎、鬲、罐、豆、盆、器盖、支座等，纹饰有绳纹、篮纹、梯格纹、云雷纹、叶脉纹、弦纹等。石器以石镞为主，还有少量的石锛、石刀和石锄。

通过与周边遗址的对比，可以把南楼遗址商周时期的陶器分为两组（图一五二）。

A组：与江阴花山遗址、佘城遗址出土的第一类器物相似①。其中，南楼H3：6鼎（鬲）口沿与花山遗址G1：b2鬲②相似，南楼H3：4罐与佘城遗址H1：9罐③相似，南楼H3：1刻槽盆与花山遗址G2：18澄滤器④相似，南楼H7：6器盖的捉手形制介于花山遗址G2：22⑤与佘城遗址H1：23⑥器盖之间。这组陶器与宁镇地区的湖熟文化有关。

B组：与马桥文化的器物相似⑦。其中南楼H14：3鼎（鬲）口沿与马桥遗址ⅠTD1：8鼎⑧相似，南楼H12：1鼎（鬲）口沿器形与马桥遗址ⅡT821③F：16鼎⑨相似，南楼H5：3罐与绰墩遗址H133：8罐⑩相似，南楼H16：5豆与马桥遗址ⅡT725③B：7豆⑪相似，南楼H16：3豆与马桥遗址ⅡT1020③D：10簋座⑫相近，南楼H14：2盆与绰墩遗址H69：2盆⑬相似，南楼H2：10刻槽盆与马桥遗址Ⅱ

---

① 江苏佘城遗址联合考古队：《江阴佘城遗址试掘简报》，《东南文化》2001年第9期；江阴花山夏商文化遗址：《江阴花山夏商文化遗址》，《东南文化》2001年第9期；花山考古队：《江阴花山遗存的初步分析》，《江阴文博》1999年第1期。

② 江阴花山夏商文化遗址：《江阴花山夏商文化遗址》图十：6，《东南文化》2001年第9期。

③ 江苏佘城遗址联合考古队：《江阴佘城遗址试掘简报》图四：8，《东南文化》2001年第9期。

④ 江阴花山夏商文化遗址：《江阴花山夏商文化遗址》图十三：2，《东南文化》2001年第9期。

⑤ 江阴花山夏商文化遗址：《江阴花山夏商文化遗址》图十二：11，《东南文化》2001年第9期。

⑥ 江苏佘城遗址联合考古队：《江阴佘城遗址试掘简报》图五：7，《东南文化》2001年第9期。

⑦ 苏州市考古研究所：《昆山绰墩遗址》，文物出版社2011年版；上海市文物管理委员会：《马桥（1993—1997年发掘报告）》，上海书画出版社2002年版。

⑧ 上海市文物管理委员会：《马桥（1993—1997年发掘报告）》，图一五五：2，上海书画出版社2002年版，第136页。

⑨ 上海市文物管理委员会：《马桥（1993—1997年发掘报告）》，图一四八：3，上海书画出版社2002年版，第127页。

⑩ 苏州市考古研究所：《昆山绰墩遗址》，图一七六：1，文物出版社2011年版，第165页。

⑪ 上海市文物管理委员会：《马桥（1993—1997年发掘报告）》，图一九二：8，上海书画出版社2002年版，第183页。

⑫ 上海市文物管理委员会：《马桥（1993—1997年发掘报告）》，图一八七：6，上海书画出版社2002年版，第177页。

⑬ 苏州市考古研究所：《昆山绰墩遗址》，图一七八：9，文物出版社2011年版，第168页。

T623③D：13 刻槽盆[①]相似。这组器物与马桥文化的典型器物几乎完全一样。

因此，南楼遗址商代灰坑与花山、佘城遗址的性质一致，均由宁镇地区的湖熟文化与上海地区马桥文化交流、融合而成。灰坑内出土了大量石镞以及少量石锛、石刀和石锄，这说明，当时的经济方式以打猎为主，兼营农业，生产工具以石器为主。所以，南楼商代遗存的年代上限与花山晚期遗存相当，介于湖熟文化第二、三期之间。马桥遗址第 3 层相当于商代前期，因此推断，南楼商代灰坑大致为殷墟一期之前。

二　周代文化遗存

南楼周代遗迹有 H1、H4、H13。出土遗物数量较少，种类有陶器、石锛和铜削。陶器以泥质陶为主，印纹硬陶次之，夹砂陶最少。器型有罐、瓮、瓿等，其中南楼 H1：2 瓿与浙江长兴石狮土墩墓 D1M6：1[②] 的形制、纹饰都相同，年代相当于西周早期。陶片纹饰有弦纹叠套复线菱形纹、席纹、弦纹叠套复线菱形纹与回纹、折线纹与回纹组合纹饰、弦纹与菱形填线纹组合纹饰等。结合纹饰的流行时间，南楼遗址周代灰坑的年代大致为西周至春秋初期，与同时期的江浙地区土墩墓遗存性质一致。

---

① 上海市文物管理委员会：《马桥（1993—1997 年发掘报告）》，图一八三：3，上海书画出版社 2002 年版，第 171 页。

② 浙江省文物考古研究所：《浙江长兴县石狮土墩墓发掘简报》，《浙江省文物考古研究所学刊（1980—1990）》，科学出版社 1993 年版，第 177 页。

附表一　南楼遗址地层出土陶片器形及纹饰统计表

附表 1－1　　T0507④层出土陶片器形及纹饰统计表

陶质		陶色	纹饰	鼎足	器鋬	豆	其他	总计	百分比
夹砂陶	夹粗砂陶	红	素面				9	9	1.54%
	夹细砂陶	红	素面				56	56	9.60%
		褐	素面				5	5	0.86%
		黄	素面				1	1	0.17%
泥质陶	泥质粗陶	红	素面		1		43	44	7.54%
		橙红	素面				9	9	1.54%
		橙黄	素面	1			16	17	2.92%
		黑	素面				25	25	4.29%
	泥质细陶	红	素面		3	2	93	98	16.81%
		黑	素面			1	47	48	8.23%
		橙红	素面			2	71	73	12.52%
			弦纹				9	9	1.54%
			红陶衣				119	119	20.41%
		橙黄	素面				29	29	4.98%
			红陶衣				14	14	2.40%
			弦纹				1	1	0.17%
		红褐	素面				8	8	1.38%
		褐	素面		1		9	10	1.72%
			弦纹		1	3		4	0.69%
		灰	素面				4	4	0.69%
合计				1	6	8	568	583	
百分比				0.17%	1.03%	1.37%	97.43%		约100%

附表1－2　　T0607④层出土陶片器形及纹饰统计表

陶质		陶色	纹饰	鼎足	罐	盆	器鋬	豆	其他	总计	百分比
夹砂陶	夹粗砂陶	红	素面						18	18	1.72%
		黄	红陶衣						3	3	0.28%
	夹细砂陶	红	素面	1	1		4		88	94	8.98%
		褐	素面		1				8	9	0.86%
		黑	素面						20	20	1.91%
			红陶衣						2	2	0.19%
		橙红	素面						3	3	0.29%
泥质陶	泥质粗陶	红	素面	1		2	1		68	72	6.88%
		橙红	素面	2			1		34	37	3.53%
		橙黄	素面	1			2		51	54	5.16%
			弦纹						2	2	0.19%
		黑灰	素面						12	12	1.15%
		褐	素面				2	1	36	39	3.72%
			弦纹						2	2	0.19%
		黑	素面						18	18	1.72%
	泥质细陶	红	素面		2	2			251	255	24.35%
			红衣					3	15	18	1.72%
		黑	素面		1			1	75	77	7.35%
		橙红	素面					1	39	40	3.82%
			按窝				1			1	0.10%
			红陶衣						14	14	1.34%
			黑陶衣						10	10	0.96%
		橙黄	素面			1		2	76	79	7.55%
			红陶衣		1				27	28	2.67%
		红褐	素面						28	28	2.67%
			红陶衣						2	2	0.19%
		褐	素面						42	42	4.01%
			弦纹						1	1	0.10%
		黑灰	素面						9	9	0.86%
			红陶衣						1	1	0.10%
		灰黄	素面						24	24	2.29%
		灰	素面					1	32	33	3.15%
合　计				5	6	5	11	9	1011	1047	
百分比				0.48%	0.57%	0.48%	1.05%	0.86%	96.56%		约100%

附表 1－3　　T0707②层出土陶片器形及纹饰统计表

陶质		陶色	纹饰 / 数量 / 器形	鼎足	盆	器鋬	豆	其他	总计	百分比
夹砂陶	夹粗砂陶	红	素面			1		58	59	5.43%
		褐	素面					2	2	0.19%
		橙红	素面					9	9	0.83%
		橙黄	素面			1		6	7	0.65%
	夹细砂陶	红	素面			3		70	73	6.72%
		红褐	素面					2	2	0.19%
		褐	素面					18	18	1.66%
		黑	素面					28	28	2.58%
		灰黄	素面					5	5	0.46%
		橙黄	素面					11	11	1.01%
		橙红	素面					7	7	0.65%
		灰	素面					3	3	0.28%
		灰黑	素面					2	2	0.19%
		灰白	素面					3	3	0.28%
泥质陶	泥质粗陶	红	素面		1	4		151	156	14.37%
			弦纹					3	3	0.28%
			红陶衣					1	1	0.09%
		橙红	素面	1				39	40	3.68%
			弦纹					1	1	0.09%
		橙黄	素面		30		1	72	103	9.49%
			弦纹					1	1	0.09%
		灰黄	素面					24	24	2.21%
		褐	素面		1			37	38	3.50%
			弦纹		1			1	2	0.19%
		灰黑	素面					21	21	1.93%
		灰	素面					11	11	1.01%
		黑	素面					45	45	4.14%
	泥质细陶	红	素面		1	1	3	151	156	14.37%
			弦纹					2	2	0.19%
		橙黄	素面					76	76	7.00%
			红陶衣					3	3	0.28%
			按窝					1	1	0.09%

续表

陶质		陶色	纹饰 \ 数量 \ 器形	鼎足	盆	器鋬	豆	其他	总计	百分比
泥质陶	泥质细陶	黑	素面				2	53	55	5.06%
			按窝			1			1	0.09%
			弦纹					1	1	0.09%
			戳印纹					1	1	0.09%
			红陶衣				1		1	0.09%
		灰	素面					10	10	0.92%
			云雷纹					1	1	0.09%
		橙红	素面					54	54	4.97%
		褐	素面					11	11	1.01%
		灰黑	素面					21	21	1.93%
		红褐	素面					7	7	0.65%
		灰黄	素面					3	3	0.28%
		灰白	素面					6	6	0.55%
硬陶		红褐	弦纹			1			1	0.09%
合　计				1	34	12	7	1032	1086	
百分比				0.09%	3.13%	1.11%	0.65%	95.02%		约100%

附表1-4　　T0707③层出土陶片器形及纹饰统计表

陶质		陶色	纹饰	盆	器鋬	罐	其他	总计	百分比
夹砂陶	夹粗砂陶	红	素面				7	7	2.17%
		褐	素面				4	4	1.24%
		橙红	素面				27	27	8.39%
		橙黄	素面				11	11	3.42%
	夹细砂陶	红	素面	1			31	32	9.94%
		黑	素面		1			1	0.31%
泥质陶	泥质粗陶	红	素面				5	5	1.55%
		橙红	素面	1			70	71	22.05%
			戳印纹				2	2	0.62%
			弦纹+按窝				1	1	0.31%
		橙黄	素面	1			50	51	15.84%
			按窝				1	1	0.31%
		灰黑	素面				2	2	0.62%
		黑	素面				5	5	1.55%
泥质陶	泥质细陶	红	素面				5	5	1.55%
			红陶衣				1	1	0.31%
		橙黄	按窝				1	1	0.31%
			素面	1		1	52	54	16.77%
		黑	素面				11	11	3.42%
		橙红	素面				30	30	9.32%
合　计				4	1	1	316	322	
百分比				1.24%	0.31%	0.31%	98.14%		约100%

附表二　南楼遗址灰沟出土陶片器形及纹饰统计表

附表 2－1　　南楼遗址 G1 上层出土陶片器形及纹饰统计表

陶质		陶色	纹饰 / 数量 / 器形	口沿	器底	器鋬	器足	器折（肩、腹）	盆	罐	釜	钵	豆	其他	总计	百分比
夹砂陶	夹粗砂陶	红	素面	20	1	6		3	1	1				143	175	3.80%
			划纹											1	1	0.02%
		黑	素面	6				4	1					34	45	0.98%
			弦纹											1	1	0.02%
		橙红	素面	9	1	3	1							36	50	1.09%
		褐	素面	3	1					1				18	23	0.50%
		灰黄	素面	1										3	4	0.09%
		橙黄	素面						1					11	12	0.26%
		灰	素面	2										1	3	0.07%
	夹细砂陶	红	素面	48	4	12	4	13	2	3	3			277	366	7.94%
		褐	素面	20	3	2	4	4			2			70	105	2.28%
		黑	素面	8	1		1	2			1			42	55	1.19%
		灰黄	素面	6	1									5	12	0.26%
		橙黄	素面	2				2			1			10	15	0.33%
		橙红	素面	28	1	3	2	9						85	128	2.78%
		灰	素面	6		2		4						16	28	0.61%
		灰黑	素面	3	1			2						16	22	0.48%
		灰白	素面	2										9	11	0.24%
泥质陶	泥质粗陶	红	素面	38	10	34	8	10	3	1			1	759	864	18.75%
			弦纹	3										12	15	0.33%
			按窝			1								2	3	0.07%
			戳印纹											2	2	0.04%
			划纹											3	3	0.07%
		橙红	素面	27	3	11	4	2	1	2	1			398	449	9.75%

续表

陶质		陶色	纹饰 \ 数量 \ 器形	口沿	器底	器鋬	器足	器折（肩、腹）	盆	罐	釜	钵	豆	其他	总计	百分比
泥质陶	泥质粗陶	橙红	划纹	1										4	5	0.11%
			戳印纹											1	1	0.02%
			按窝			1								1	2	0.04%
			弦纹	3										5	8	0.17%
		红褐	素面											16	16	0.35%
			弦纹											3	3	0.07%
		橙黄	素面	4				1						52	57	1.24%
		褐	素面	5	4			2			1			142	154	3.34%
			弦纹	2										4	6	0.13%
		灰黄	素面											8	8	0.17%
		灰黑	素面	7			2	1						77	87	1.89%
			弦纹											1	1	0.02%
		灰白	素面	2	1	1								16	20	0.43%
			弦纹											1	1	0.02%
			按窝			1									1	0.02%
		黑	素面	11	1	2		1			1			81	97	2.11%
			戳印纹											1	1	0.02%
			弦纹	2										2	4	0.09%
	泥质细陶	红	素面	50	17	16		3	3	1	3	1	10	398	502	10.90%
			弦纹											4	4	0.09%
			按窝			1									1	0.02%
			戳印纹											2	2	0.04%
			红陶衣	18		1		2		1				94	116	2.52%
			红陶衣+弦纹											2	2	0.04%
		橙黄	素面	4	1	1							4	48	58	1.26%
			红陶衣										2	3	5	0.11%
			弦纹											1	1	0.02%
		黑	素面	26	2	4		1			1		12	116	162	3.52%
			按窝												0	0.00%
			弦纹	1										2	3	0.07%
			红陶衣											2	2	0.04%

续表

陶质	陶色		纹饰	口沿	器底	器鋬	器足	器折（肩、腹）	盆	罐	釜	钵	豆	其他	总计	百分比
泥质陶	泥质细陶	橙红	素面	52	18	19		13	4	2	1		9	412	530	11.50%
			弦纹	5										3	8	0.17%
			孔											3	3	0.07%
			红陶衣	8	1									64	73	1.58%
		灰	素面	8	3	1		2		1			2	63	80	1.74%
			红陶衣	2										1	3	0.07%
		褐	素面	3	3									20	26	0.56%
			弦纹											2	2	0.04%
		黑褐	素面	6	2	1		2					2	50	63	1.37%
			弦纹	3											3	0.07%
		红褐	素面	2	1			3						28	34	0.74%
			红陶衣	2										10	12	0.26%
		灰黄	素面		1					1				3	5	0.11%
			弦纹											1	1	0.02%
		灰白	素面	1	2	1							1	33	38	0.82%
			红陶衣	4											4	0.09%
合　计				464	84	124	26	86	16	14	15	1	43	3734	4607	
百分比				10.07%	1.82%	2.69%	0.56%	1.87%	0.35%		0.33%	0.02%	0.93%	81.05%		约100%

附表 2－2　　**南楼遗址 G1 下层出土陶片器形及纹饰统计表**

陶质	陶色		纹饰	口沿	器底	器鋬	器足	器折（肩、腹）	盆	釜	豆	其他	总计	百分比
夹砂陶	夹粗砂陶	红	素面	5								8	13	1.56%
		橙黄	素面	2								2	4	0.48%
	夹细砂陶	红	素面	11	3	8				1		40	63	7.55%
		褐	素面	5		2		2				22	31	3.72%
			划纹									1	1	0.12%
		黑	素面				1	2		1		11	15	1.80%

续表

陶质		陶色	纹饰 \ 数量 \ 器形	口沿	器底	器鋬	器足	器折（肩、腹）	盆	釜	豆	其他	总计	百分比
夹砂陶	夹细砂陶	橙黄	素面									6	6	0.72%
		橙红	素面	2		1		1				2	6	0.72%
		灰	素面	1								1	2	0.24%
		灰白	素面	1									1	0.12%
泥质陶	泥质粗陶	红	素面	5	2	5						74	86	10.31%
			弦纹									4	4	0.48%
			划纹									1	1	0.12%
		橙红	素面	4								40	44	5.28%
			按窝									1	1	0.12%
			弦纹									3	3	0.36%
		红褐	素面			2						29	31	3.72%
		橙黄	素面	3	2			1	2			59	67	8.03%
			弦纹									3	3	0.36%
		褐	素面	2	1			1				47	51	6.12%
			划纹									1	1	0.12%
		灰黑	素面									1	1	0.12%
		黑	素面					1				12	13	1.56%
			弦纹									1	1	0.12%
	泥质细陶	红	素面	4		3					2	51	60	7.19%
			弦纹									1	1	0.12%
			戳印纹						1				1	0.12%
			红陶衣	1									1	0.12%
		橙黄	素面	11		3		1			2	48	65	7.79%
			戳印纹									1	1	0.12%
		黑	素面	7		2		1			2	10	22	2.64%
		橙红	素面	9	4	2					2	85	102	12.23%
			红陶衣	8	2	5			2			33	50	6.00%
		灰	素面	3		1			1			16	21	2.52%
			红陶衣									2	2	0.24%
		褐	素面									16	16	1.92%
			戳印纹									1	1	0.12%

续表

陶质	陶色		纹饰＼数量＼器形	口沿	器底	器鋬	器足	器折（肩、腹）	盆	釜	豆	其他	总计	百分比
泥质陶	泥质细陶	灰黑	素面	5							4	13	22	2.64%
			划纹									1	1	0.12%
		灰白	素面	4	3	2						10	19	2.28%
合　计				93	17	36	1	10	6	2	12	657	834	
百分比				11.15%	2.04%	4.32%	0.12%	1.20%	0.72%	0.24%	1.44%	78.78%		约100%

附表三　南楼遗址灰坑出土陶片器形及纹饰统计表

附表3－1　　**H1陶片器形及纹饰统计表**

陶质		陶色	纹饰	鼎足	其他	总计	百分比
夹砂陶		橙红	素面	2		2	2.15%
		红	素面		6	6	6.45%
		褐	素面		1	1	1.08%
泥质陶	泥质粗陶	褐	素面		7	7	7.53%
		橙黄	素面		6	6	6.45%
	泥质细陶	橙黄	素面		6	6	6.45%
			绳纹		1	1	1.08%
		褐	素面		10	10	10.75%
			绳纹		6	6	6.45%
		灰黑	素面		17	17	18.28%
印纹硬陶		红褐	弦纹＋菱形纹		2	2	2.15%
			菱形纹		2	2	2.15%
		灰	四格纹		2	2	2.15%
			小方格纹		5	5	5.38%
			拍印方格纹		20	20	21.51%
合　计				2	91	93	
百分比				2.15%	97.85%		约100%

附表3－2　　**H2陶片器形及纹饰统计表**

陶质	陶色	纹饰	鼎	器鋬	器底	其他	总计	百分比
夹砂陶	黑	刻划	1			1	2	5.88%
	灰	素面				1	1	2.94%
	红	素面				1	1	2.94%
	橙黄	素面	1				1	2.94%

续表

陶质＼陶色＼纹饰＼数量＼器形			鼎	器錾	器底	其他	总计	百分比
泥质陶	橙黄	素面				2	2	5.88%
		绳纹				1	1	2.94%
		弦纹				1	1	2.94%
	黑	绳纹				1	1	2.94%
	黄	绳纹				4	4	11.76%
	褐	素面			1		1	2.94%
	红	绳纹		7		5	12	35.29%
		云雷				1	1	2.94%
		弦纹				1	1	2.94%
	灰	刻划				1	1	2.94%
		云雷				1	1	2.94%
		素面				2	2	5.88%
印纹硬陶	褐	云雷纹				1	1	2.94%
合　计			2	7	1	24	34	
百分比			5.88%	20.59%	2.94%	70.59%		约100%

附表3－3　　**H3陶片器形及纹饰统计表**

陶质＼陶色＼纹饰＼数量＼器形				鼎足	器錾	盆	其他	总计	百分比
夹砂陶		橙红	素面				7	7	5.47%
泥质陶	泥质粗陶	灰白	素面				2	2	1.56%
		灰	小方格纹				1	1	0.78%
		灰黑	绳纹				1	1	0.78%
		红褐	云雷纹				2	2	1.56%
		红	绳纹				1	1	0.78%
		黑	素面				4	4	3.13%
		褐	素面				1	1	0.78%
		橙红	素面				1	1	0.78%
			绳纹				2	2	1.56%
		橙黄	素面				4	4	3.13%
			按窝	1				1	0.78%
			绳纹				3	3	2.34%

续表

陶质		陶色	纹饰　数量　器形	鼎足	器鋬	盆	其他	总计	百分比
泥质陶	泥质细陶	橙黄	素面			1	43	44	34.38%
		黑	素面			1	5	6	4.69%
			绳纹				11	11	8.59%
		褐	素面		1		6	7	5.47%
			穿孔				1	1	0.78%
		橙红	素面				17	17	13.28%
		灰	素面				1	1	0.78%
		灰白	素面				2	2	1.56%
印纹硬陶		暗红	云雷纹				5	5	3.91%
			弦纹				1	1	0.78%
		黑	云雷纹				3	3	2.34%
合　计				1	1	2	124	128	
百分比				0.78%	0.78%	1.56%	96.88%		约100%

附表3-4　　H4陶片器形及纹饰统计表

陶质		陶色	纹饰　数量　器形	罐	其他	总计	百分比
夹砂陶		红	素面		6	6	4.29%
		橙黄	素面		4	4	2.86%
泥质陶	泥质粗陶	灰白	素面		6	6	4.29%
		黑褐	素面		14	14	10.00%
		橙黄	素面		12	12	8.57%
	泥质细陶	黑	绳纹		6	6	4.29%
		褐	绳纹		12	12	8.57%
			细格纹		4	4	2.86%
		红	素面		24	24	17.14%
			绳纹		8	8	5.71%
	泥质更细陶	黑	素面	1	20	21	15.00%
			弦纹		2	2	1.43%
印纹硬陶		灰	方格纹		2	2	1.43%
			云雷纹		6	6	4.29%
		红褐	云雷纹		2	2	1.43%

续表

陶质 \ 陶色 \ 纹饰 \ 数量 \ 器形			罐	其他	总计	百分比
印纹硬陶	黑	云雷纹	1	8	9	6.43%
		方格纹		1	1	0.71%
		方格纹+席纹		1	1	0.71%
合　计			2	138	140	
百分比			1.43%	98.57%		约100%

附表3-5　H5陶片器形及纹饰统计表

陶质 \ 陶色 \ 纹饰 \ 数量 \ 器形				口沿	器折	器足	器底	鬲	其他	总计	百分比
夹砂陶	夹粗砂陶	黑	素面						1	1	0.76%
		红	素面	2					7	9	6.82%
			绳纹						1	1	0.76%
	夹细砂陶	红	素面						10	10	7.58%
		黑	红衣						6	6	4.55%
泥质陶	泥质粗陶	褐	素面						18	18	13.64%
		橙	素面		2				1	3	2.27%
	泥质细陶	黑	绳纹	2					19	21	15.91%
		灰	绳纹						5	5	3.79%
			素面						2	2	1.52%
		橙红	素面						11	11	8.33%
		红	素面	1		1	1		41	44	33.33%
印纹硬陶		黑	云雷纹					1		1	0.76%
合　计				5	2	1	1	1	122	132	
百分比				3.79%	1.52%	0.76%	0.76%	0.76%	92.42%		约100%

附表3-6　H6陶片器形及纹饰统计表

陶质 \ 陶色 \ 纹饰 \ 数量 \ 器形				鼎足	其他	总计	百分比
夹细砂陶		黑	素面		1	1	4.35%
泥质陶	泥质粗陶	红	素面		5	5	21.74%
		橙黄	素面	1		1	4.35%

续表

陶质 \ 纹饰 \ 陶色 \ 数量 \ 器形				鼎足	其他	总计	百分比
泥质陶	泥质细陶	红	席纹		1	1	4. 35%
		橙黄	素面		6	6	26. 09%
		灰黑	素面		9	9	39. 13%
合　计				1	22	23	
百分比				4. 35%	95. 65%		约 100%

附表 3－7　　H7 陶片器形及纹饰统计表

陶质 \ 纹饰 \ 陶色 \ 数量 \ 器形			鼎足	罐	其他	总计	百分比
夹砂陶	红	素面			2	2	6. 25%
	灰白	素面	1		3	4	12. 50%
泥质陶	橙黄	素面		1	8	9	28. 13%
		绳纹			2	2	6. 25%
	红	绳纹			1	1	3. 13%
	灰褐	绳纹			2	2	6. 25%
		素面			1	1	3. 13%
印纹硬陶	灰白	素面			3	3	9. 38%
	黑	素面			4	4	12. 50%
	浅红	素面			1	1	3. 13%
	褐	云雷纹			1	1	3. 13%
	灰	水波纹			2	2	6. 25%
合　计			1	1	30	32	
百分比			3. 13%	3. 13%	93. 75%		约 100%

附表 3－8　　H8 陶片器形及纹饰统计表

陶质 \ 纹饰 \ 陶色 \ 数量 \ 器形				其他	总计	百分比
夹细砂陶		橙黄（偏红）	素面	3	3	1. 95%
泥质陶	泥质粗陶	红褐	素面	6	6	3. 90%
		黑	素面	4	4	2. 60%
	泥质细陶	红	素面	3	3	1. 95%

续表

陶质		陶色	纹饰 \ 数量 \ 器形	其他	总计	百分比
泥质陶	泥质细陶	红	篮纹	1	1	0.65%
			小方格纹	1	1	0.65%
		橙黄	素面	9	9	5.84%
			弦纹	10	10	6.49%
印纹硬陶		黑	素面	9	9	5.84%
			弦纹	4	4	2.60%
		灰	素面	13	13	8.44%
		灰黑	小方格纹	4	4	2.60%
			绳纹	1	1	0.65%
			叶脉纹	6	6	3.90%
		灰白	素面	17	17	11.04%
			弦纹	2	2	1.30%
		红	拍印纹	2	2	1.30%
		橙红	细划纹	1	1	0.65%
			弦纹	1	1	0.65%
			小方格纹	2	2	1.30%
			素面	55	2	1.30%
合　计				154	154	
百分比				100.00%		约100%

附表3－9　　H9陶片器形及纹饰统计表

陶质	陶色	纹饰 \ 数量 \ 器形	其他	合计	百分比
泥质粗陶	橙红	素面	6	6	20.00%
	橙黄	素面	15	15	50.00%
泥质细陶	红	叶脉纹	1	1	3.33%
		梯格纹	1	1	3.33%
	黑	梯格纹	1	1	3.33%
		小方格纹	1	1	3.33%
	灰白	素面	3	3	10.00%
	橙黄	素面	2	2	6.67%
合　计			30	30	
百分比			100%		100%

附表 3－10 H10 陶片器形及纹饰统计表

陶质		陶色	纹饰	器盖	鼎足	其他	盆	杯底	合计	百分比
夹砂陶		红	素面			2			2	5.71%
		橙黄	素面			1			1	2.86%
泥质陶	泥质粗陶	橙黄	素面		1	3			4	11.43%
		灰	素面			3			3	8.57%
	泥质细陶	红	素面			3			3	8.57%
			拍印			1			1	2.86%
		橙黄	拍印			6			6	17.14%
		红褐	绳纹				1		1	2.86%
			素面			1			1	2.86%
		灰	拍印			1			1	2.86%
			素面			5			5	14.29%
印纹硬陶		灰	素面			1		1	2	5.71%
			划纹			1			1	2.86%
			黑皮	1		3			4	11.43%
合计				1	1	31	1	1	35	
百分比				2.86%	2.86%	88.57%	2.86%	2.86%		约100%

附表 3－11 H11 陶片器形及纹饰统计表

陶质		陶色	纹饰	器足	罐	豆	其他	总计	百分比
夹砂陶	夹粗砂陶	红	素面				36	36	14.94%
		红褐	素面				14	14	5.81%
	夹细砂陶	红	素面				12	12	4.98%
		橙黄	素面				11	11	4.56%
		黑	素面	1			6	7	2.90%
泥质陶	泥质粗陶	橙红	素面				27	27	11.20%
		橙黄	小方格纹				4	4	1.66%
			弦纹				1	1	0.41%
			素面				14	14	5.81%
		红褐	素面				8	8	3.32%
		褐	素面				2	2	0.83%

续表

陶质		陶色	纹饰 / 数量 / 器形	器足	罐	豆	其他	总计	百分比
泥质陶	泥质细陶	黑	素面		3		26	29	12.03%
			穿孔				1	1	0.41%
			刻纹				1	1	0.41%
		褐	素面				7	7	2.90%
		橙红	素面				6	6	2.49%
			红陶衣				1	1	0.41%
		灰黄	素面				6	6	2.49%
			红陶衣				1	1	0.41%
		红	素面			2	51	53	21.99%
合　计				1	3	2	235	241	
百分比				0.41%	1.24%	0.83%	97.51%		约 100%

附表 3－12　**H12 陶片器形及纹饰统计表**

陶质	陶色	纹饰 / 数量 / 器形	其他	总计	百分比
泥质陶	黑	素面	1	1	8.33%
		绳纹	4	4	33.33%
	红	素面	1	1	8.33%
		绳纹	3	3	25.00%
		刻划纹	1	1	8.33%
印纹硬陶	黑褐	云雷纹	2	2	16.67%
合　计			12	12	
百分比			100.00%		约 100%

附表 3－13　**H13 陶片器形及纹饰统计表**

陶质	陶色	纹饰 / 数量 / 器形	其他	合计	百分比
泥质陶	红	素面	1	1	20.00%
印纹硬陶	褐	叶脉纹	1	1	20.00%
	灰	叶脉纹	1	1	20.00%
	灰白	叶脉纹	1	1	20.00%
		小方格纹	1	1	20.00%
合　计			5	5	
百分比			100.00%		100%

附表 3－14 **H14 陶片器形及纹饰统计表**

陶质	陶色	纹饰＼数量＼器形	罐	盆	壶	口沿	合计	百分比
夹粗砂陶	灰黄	素面				1	1	25.00%
泥质陶	红	叶脉		1			1	25.00%
	灰褐	素面			1		1	25.00%
印纹硬陶	红	叶脉＋弦纹	1				1	25.00%
合　计			1	1	1	1	4	
百分比			25.00%	25.00%	25.00%	25.00%		100%

附表 3－15 **H16 陶片器形及纹饰统计表**

陶质	陶色	纹饰＼数量＼器形	豆	其他	合计	百分比
夹粗砂陶	红	素面		1	1	5.56%
	橙黄	素面		1	1	77.78%
泥质细陶	红	素面	1	13	14	11.11%
		黑皮		2	2	5.56%
合　计			1	17	18	
百分比			5.56%	94.44%		约 100%

附表 3－16 **H19 陶片器形及纹饰统计表**

陶质	陶色	纹饰＼数量＼器形	其他	合计	百分比
夹细砂陶	红	素面	1	1	3.23%
	橙黄	素面	1	1	3.23%
泥质细陶	褐	素面	5	5	16.13%
	橙黄	素面	13	13	41.94%
	橙红	素面	7	7	22.58%
		红陶衣	4	4	12.90%
合　计			31	31	
百分比			100.00%		约 100%

附表四　南楼遗址房址出土陶片器形及纹饰统计表

附表4－1　　F1柱洞出土陶片器形及纹饰统计表

陶质		陶色	纹饰	罐	器鋬	其他	总计	百分比
夹砂陶	夹砂粗陶	红	素面		1		1	1.61%
		灰黑	素面	1	1		2	3.23%
	夹砂细陶	黑灰	素面			5	5	8.06%
		红褐	素面			7	7	11.29%
泥质陶	泥质粗陶	灰黄	素面		1	7	8	12.90%
		橙红	素面			2	2	3.23%
		红褐	素面	1	2	2	5	8.06%
		灰黑	素面			4	4	6.45%
	泥质细陶	橙红	素面	1	1	4	6	9.68%
		红	素面	1		1	2	3.23%
			红陶衣			8	8	12.90%
		灰	素面	2		5	7	11.29%
		灰黑	素面	1		4	5	8.06%
合　计				7	6	49	62	
百分比				11.29%	9.68%	79.03%		约100%

附表4－2　　F1J1出土陶片器形及纹饰统计表

陶质		陶色	纹饰	豆	其他	总计	百分比
夹砂陶	夹砂粗陶	红	素面		1	1	4.00%
泥质陶	泥质粗陶	红	素面		3	3	12.00%
		黑	素面		1	1	4.00%
	泥质细陶	橙黄	素面		4	4	16.00%
		褐	素面		1	1	4.00%
			弦纹		2	2	8.00%
		红	素面	1	12	13	52.00%

续表

陶质 / 陶色 / 纹饰 / 数量 / 器形	豆	其他	总计	百分比
合 计	1	24	25	
百分比	4.00%	96.00%		100%

附表4－3　F1J2出土陶片器形及纹饰统计表

陶质 / 陶色 / 纹饰 / 数量 / 器形				器鋬	其他	总计	百分比
夹砂陶	夹砂粗陶	黑	素面		2	2	3.33%
		褐	素面		2	2	3.33%
	夹砂细陶	橙红	素面		3	3	5.00%
		红	素面		1	1	1.67%
泥质陶	泥质粗陶	橙红	素面		9	9	15.00%
		橙黄	素面		7	7	11.67%
		灰褐	素面	1	9	10	16.67%
	泥质细陶	橙红	素面		1	1	1.67%
		黑	素面		12	12	20.00%
			弦纹		1	1	1.67%
		褐	素面		1	1	1.67%
		橙黄	素面		9	9	15.00%
			红陶衣		2	2	3.33%
合 计				1	59	60	
百分比				1.67%	98.33%		约100%

附表4－4　F1G1出土陶片器形及纹饰统计表

陶质 / 陶色 / 纹饰 / 数量 / 器形				盆	豆	器鋬	其他	总计	百分比
夹砂陶	夹砂粗陶	红	素面				1	1	0.63%
	夹砂细陶	红	素面				11	11	6.92%
		灰黑	素面				4	4	2.52%
泥质陶	泥质粗陶	灰黑	素面				15	15	9.43%
		橙	素面				1	1	0.63%
		灰褐	素面				1	1	0.63%
		红	素面			3	42	45	28.30%

续表

陶质		陶色	纹饰	盆	豆	器鋬	其他	总计	百分比
泥质陶	泥质细陶	黑	素面				23	23	14.47%
		红	素面				48	48	30.19%
			弦纹	1				1	0.63%
			红陶衣				6	6	3.77%
		灰褐	素面		1			1	0.63%
		黄	红陶衣				2	2	1.26%
合计				1	1	3	154	159	
百分比				0.63%	0.63%	1.89%	96.86%		约100%

附表4－5 F2出土陶片器形及纹饰统计表

陶质		陶色	纹饰	罐	器鋬	其他	总计	百分比
夹砂细陶		红	素面			1	1	11.11%
		红褐	素面			1	1	11.11%
		黑灰	素面		1	2	3	33.33%
泥质陶	泥质粗陶	红褐	素面	1			1	11.11%
	泥质细陶	橙红	素面			2	2	22.22%
		红	素面			1	1	11.11%
合计				1	1	7	9	
百分比				11.11%	11.11%	77.78%		约100%

附表4－6 F3出土陶片器形及纹饰统计表

陶质		陶色	纹饰	器鋬	器底	豆	其他	总计	百分比
夹砂陶	夹砂粗陶	黑灰	素面	2				2	11.11%
	夹砂细陶	红褐	素面		1		6	7	38.89%
泥质陶	泥质粗陶	橙红	素面	1		2		3	16.67%
		红褐	素面	1				1	5.56%
	泥质细陶	黑	素面				1	1	5.56%
		橙红	素面			1	1	2	11.11%
			红陶衣				2	2	11.11%
合计				4	1	3	10	18	
百分比				22.22%	5.56%	16.67%	55.56%		约100%

附表4－7 **F3G1 出土陶片器形及纹饰统计表**

陶质		陶色	纹饰	鼎足	器鋬	其他	总计	百分比
夹砂细陶		红	素面	1		4	5	11.11%
泥质陶	泥质粗陶	红	素面		1	12	13	28.89%
		灰黑	素面			7	7	15.56%
	泥质细陶	灰	素面			4	4	8.89%
		黑	素面			1	1	2.22%
		红	素面			14	14	31.11%
			红陶衣			1	1	2.22%
合计				1	1	43	45	
百分比				2.22%	2.22%	95.56%		约100%

附表4－8 **F4 出土陶片器形及纹饰统计表**

陶质	陶色	纹饰	罐	器鋬	其他	总计	百分比
夹砂陶	橙红	素面			2	2	6.25%
	红褐	素面	1			1	3.13%
	红	素面			1	1	3.13%
泥质陶	红褐	素面			1	1	3.13%
	红	素面			16	16	50.00%
	褐	素面			3	3	9.38%
	黑	素面			2	2	6.25%
	橙黄	素面			3	3	9.38%
	橙红	素面		1	2	3	9.38%
合计			1	1	30	32	
百分比			3.13%	3.13%	93.74%		约100%

附表4－9 **F1F3 其他遗迹出土陶片器形及纹饰统计表**

陶质		陶色	纹饰	罐	器鋬	其他	总计	百分比
夹砂陶		红褐	素面	1		3	4	66.67%
泥质陶	泥质粗陶	红褐	素面			1	1	16.67%
	泥质细陶	橙红	素面		1		1	16.67%
合计				1	1	4	6	
百分比				16.67%	16.67%	66.67%		约100%

附表五　南楼遗址灰坑登记表

编号	所在探方	层位关系	坑口形状	结构	尺寸	包含遗物				时代	备注
						陶器	石器	铜器	其他		
H1	T0907 中部	①层下，打破 G1 和生土	不规则形	陡壁	南北长径 1.9、东西短径 1.5、深 0.35 米	陶片以印纹硬陶居多，少量夹砂红陶和泥质灰陶片。陶器可辨器形有罐、瓮、瓿。纹饰有绳纹、菱形纹、弦纹、回纹、方格纹等	锛 1	削 1	含有较多的红烧土块	商周	
H2	T0908 西部与 T0808 东隔梁内	①层下，打破生土	略呈方圆形	壁上部侈口，中部以下变直，平底	最大径 3.06、最小径 2.3、深 1.5 米	陶片有印纹硬陶、夹砂红陶、夹砂灰陶、泥质黑陶、泥质橙黄陶等，泥质陶最多，夹砂陶次之，印纹硬陶最少。可辨器形有尊、刻槽盆，纹饰有弦纹、绳纹、云雷纹、刻划纹等			含有较多的红烧土块	商周	

续表

编号	所在探方	层位关系	坑口形状	结构	尺寸	包含遗物				时代	备注
						陶器	石器	铜器	其他		
H3	T0908 南部、T0907 北部及北隔梁内	①层下，打破 G1 和生土	不规则形	圜底	东西长径2.06、南北宽径2、深0.33米	陶片有夹砂橙红、灰黄、褐红陶片，泥质红、灰陶片和灰色印纹硬陶。纹饰有绳纹、云雷纹、方格纹等。可辨器形有罐、盆、鼎（鬲）口沿等			含有较多的红烧土块	商周	
H4	T0707 北部	①层下，打破 F1 和生土	不规则形	圜底	东西长径4.4、南北宽径2.2、深0.4米	陶片有夹砂红陶、橙黄陶，泥质红陶、灰陶，以及灰色和红色硬陶。其中泥质陶最多，硬陶次之，夹砂陶最少。纹饰有绳纹、弦纹、方格纹、席纹、云雷纹、折线纹、回纹等。可辨器形有罐、鼎（鬲）口沿等			含有较多的红烧土块	商周	
H5	T0707 中部偏西	①层下，打破 F1 和生土	不规则形	斜壁，平底	东西长径3.56、南北宽径1.98、深0.18米	陶片有夹砂红、黑陶，泥质灰、红陶等，泥质陶居多。纹饰有绳纹和云雷纹。可辨陶器器形有罐、器足	锛1、锄1、石器1		含红烧土块	商周	
H6	T1004 东部及东隔梁内	①层下，打破生土	略呈半圆形	圜底	南北长径2.24、东西宽径1.4、深0.58米	陶片质地以泥质陶居多，夹砂陶次之，有泥质橙黄、灰黑、红陶和夹砂黑陶。可辨器形陶器有杯和鼎足残片。纹饰有素面和席纹	镞5		含少量红烧土块	商周	东部未发掘

续表

编号	所在探方	层位关系	坑口形状	结构	尺寸	包含遗物				时代	备注
						陶器	石器	铜器	其他		
H7	T1004 北部及北隔梁内	①层下，打破生土	略呈椭圆形	圜底	东西长径 2.36、南北宽径 1.21、深 0.38 米	陶片有夹砂红、灰陶片和泥质橙黄、灰黑、红陶片，以及浅红、灰褐色印纹硬陶等。其中泥质陶最多，印纹硬陶次之，夹砂陶最少。可辨器形陶器有器盖。纹饰有素面、水波纹、云雷纹和绳纹	锛 2、镞 3			商周	西部被灰沟（未编号）打破、北部未发掘
H8	T1004 中部	①层下，打破生土	不规则形	圜底	东西长径 1.5、南北宽径 1.36、深 0.26 米	陶片有夹砂橙黄陶片，泥质红褐、黑、橙黄陶片，以及橙红、灰褐、灰白色印纹硬陶等。其中印纹硬陶最多，泥质陶次之，夹砂陶极少。可辨器形陶器有罐、钵。纹饰有素面、弦纹、篮纹、方格纹、叶脉纹和绳纹	镞 2、钻 1、石器 1			商周	东部被灰沟（未编号）打破
H9	T0806 中部	①层下，打破 F3 和生土	不规则形	壁近直，圜底。	东西最大径 1.54、南北最大径 1.3、深 0.21 米	陶片有泥质红陶、黑衣陶和橙黄陶，纹饰以素面为主，少量印纹硬陶有叶脉纹、梯格纹、方格纹等			含有红烧土块、炭粒	商周	
H10	T0806 西部、T0706 的东隔梁	①层下，打破 F3 和生土	不规则形	底部西边较陡，东部较平缓	东西最大径 2.48、南北最大径 1.81、深 0.2 米	陶片以泥质陶为主，印纹硬陶次之，夹砂陶极少。泥质陶有橙黄、灰、红、红褐色等，夹砂陶有橙黄、红色，印纹硬陶为灰色。纹饰有绳纹、叶脉纹等。可辨陶器器形有罐和支座			含有大量炭块、炭粒	商周	

续表

编号	所在探方	层位关系	坑口形状	结构	尺寸	包含遗物				时代	备注
						陶器	石器	铜器	其他		
H11	T0806 东南	①层下，打破生土	不规则形	圜底	东西最大径 2.25、南北最大径 2.19、深0.35 米	陶片以泥质陶为主，其中以红陶最多，黑陶次之，还有少量灰陶、灰黄陶、灰黑陶等。夹砂陶以红陶为主，还有少量红褐、橙黄、黑陶。可辨器形有豆、鬲（鼎）。纹饰以素面为主，还有少量弦纹、方格纹、刻划纹等			少量红烧土块、大量木炭颗粒	商周	南部未发掘
H12	T1008 东北部	①层下，打破 M21、M22 和生土	不规则形	略呈锅底状	东西最大径 5、南北最大径 2、深 0.9 米	泥质红陶和黑陶，以及黑褐色印纹硬陶。可辨器形有罐、鼎（鬲）口沿、盛滤器等，纹饰主要为云雷纹、绳纹、梯格纹和刻划纹			红烧土块和炭粒	商周	北、东部未发掘
H13	T1007 南部、T1006 北隔梁	①层下，打破 M11 和生土	略呈椭圆形	圜底	最大径 2.9、最小径2.48、深0.58 米	出土陶片较少，印纹硬陶居多，泥质红陶、灰陶相对较少。可辨器形有盆，纹饰有方格纹、叶脉纹、弦纹、菱形填线纹等			少量红烧土颗粒和炭粒	商周	
H14	T1105 东南角	①层下，打破生土	略呈长条形	圜底	长 1.9、宽 0.6—0.7、深0.46 米	出土陶片较少，有印纹硬陶、泥质红、灰褐陶片和夹砂灰黄陶片，可辨器形有壶、盆、罐、鼎（鬲）等。纹饰有素面、弦纹、叶脉纹等			红烧土颗粒	商周	东、南部未发掘

续表

编号	所在探方	层位关系	坑口形状	结构	尺寸	包含遗物				时代	备注
						陶器	石器	铜器	其他		
H16	T1107 东南	①层下，打破 M8、M9 和生土	不规则形	斜壁平底	东西长径 2.08、南北宽径 1.64、深 0.2 米	陶片较少，有泥质红陶和夹砂红、橙黄陶片，可辨器形有豆、罐等。纹饰有素面、弦纹、云雷纹和叶脉纹等	锛 1		红烧土颗粒和炭粒	商周	
H19	T0507 的东北	③层下，打破④层	不甚规则的圆形		东西长径 0.88、南北短径 0.55、深 0.3 米	陶片有泥质和夹砂橙红、橙黄陶等，以泥质为主，可辨器形有釜、鋬等陶器残片			含红烧土颗粒	新石器时代	北部未发掘

附表六　南楼遗址墓葬登记表

墓号	层位	方向	尺寸（米）（长×宽－深）	棺椁情况	人骨情况	随葬品					备注
						陶器	玉器	石器	骨器	合计	
M1	①层下	170°	墓坑 2.4×0.92－0.07		人骨架 1 具，已朽甚，仅能从少量粉状骨渣及残玉璜判断其头向向南，而其面向、葬式、性别及年龄皆不明	杯 2、鼎 1、残陶器 3	璜 1			7	北部被晚期灰沟完全打破
M2	①层下	190°	墓坑 2.32×1.15－0.24，棺 2.2×0.98－0.24	棺底呈弧底状，推测为独木弧底棺	人骨架 1 具，已朽甚，仅能从玉器摆放位置和少量牙齿痕迹判断其头向向南，而其面向、葬式、性别及年龄皆不明	豆 1、壶 4、鼎 3、罐 3、残陶器 4	璜 1、环 1、穿孔玉饰 1、三角形玉饰 2			20	北部被晚期灰沟打破，被 M1 打破

续表

墓号	层位	方向	尺寸（米）（长×宽－深）	棺椁情况	人骨情况	随葬品					备注
						陶器	玉器	石器	骨器	合计	
M3	①层下	198°	墓坑2.52×1.1－0.38，棺2.2×0.85－0.12	棺置于墓坑内偏南部，底呈弧底状，推测为独木弧底棺	人骨架1具，已朽甚，仅能从玉器摆放位置判断其头向向南，而其面向、葬式、性别及年龄皆不明	钵4、盆1、豆2、罐2、壶5、鼎1、纺轮1、残陶器1	环1、玦1、玉饰（琀）1			20	中部被一晚期灰沟所打破
M4	①层下	195°	墓坑2.05×0.95－0.07		人骨架1具，已朽甚，仅能从玉璜摆放位置判断其头向向南，略偏于墓坑内西部，而其面向、葬式、性别及年龄皆不明	豆1、鼎1、罐1、纺轮1、残陶器2	璜1			7	中部、东南部被两条机沟所打破
M5	①层下	188°	墓坑2.4×1.1－0.05			杯1、壶1、罐1、残陶器6		钺1、锛3		13	中部、西南部被两条机沟打破
M6	①层下	193°	墓坑1.9×1.1－0.13			盆1、壶1、罐1、豆1、纺轮1、器盖1、残陶器4	璜1			11	北部被晚期灰沟打破
M7	①层下	198°	墓坑2.74×1.4－0.2，棺2.47×1.16－0.2	棺置于墓坑中部偏东南，略呈长方形，朽痕呈灰白色，底部由两边向中间呈弧底状，剖面呈U形。棺内器物上存有盖板，有朽	人骨仅保存有牙齿痕迹，可以看出为位于棺内偏东部，仰身直肢，头向西南，性别不可辨	豆2、杯2、罐2、壶3、鼎1、残陶器1	玉饰（琀）1、环1	锛3		16	

续表

墓号	层位	方向	尺寸（米）（长×宽-深）	棺椁情况	人骨情况	随葬品					备注
						陶器	玉器	石器	骨器	合计	
M7				塌痕迹，从剖面上看呈不规则条状，上下起伏覆盖于器物之上，两头紧贴棺壁，朽痕呈灰白色							
M8	①层下	192°	墓坑 2.83×1.46-0.43，棺 2.58×1.45-0.43	棺置于墓坑中部略偏南，略呈长方形，朽痕呈灰白色，其底部由两边向中间呈弧底状，剖面呈U字形。棺内器物上存有盖板朽塌痕迹	人骨已朽但保留有大体痕迹，可以看出为位于棺内偏东部，仰身直肢，头向西南，性别不可辨。玉璧（琀）处发现有较明显的牙痕	杯 2、罐 3、豆 2、鼎 1、壶 2、残陶器 3	玉环 1、玉饰 1	锛 3		18	被 M4、H16 打破
M9	①层下	190°	墓坑 2.3×1.15-0.34，棺 2.14×0.9-0.34	棺置于墓坑中部偏西，略呈长方形，朽痕呈灰白色，其底部由两边向中间呈弧底状，剖面呈U形。盖板平面呈横向长条形，由南向北比较均匀地分布于棺内，由两根南北纵向木痕与10条横向木痕构成，将棺内平面划分成9个横向方格	棺内人骨已朽但保留仅在玉镯附近发现少量牙痕，可以看出为应位于棺内偏西部，头向西南，葬式、性别不可辨	鼎 2、纺轮 1、豆 2、罐 4	玉镯（璜）1、玉珠（琀）1			11	被 H16 打破

续表

墓号	层位	方向	尺寸（米）（长×宽－深）	棺椁情况	人骨情况	随葬品					备注
						陶器	玉器	石器	骨器	合计	
M10	①层下	185°	墓坑 2.35×1.23－0.32，棺 1.9×0.93－0.32	棺底部由两边向中间呈弧底状，剖面呈 U 形。棺内器物上存有盖板朽塌痕迹	人骨已朽但保留有大体痕迹，可以看出为位于棺内偏东部，头向西南，性别不可辨	豆 2、壶 2、罐 3、鼎 2、盆 1	环（琀）1	锛 1		12	南部被一条机沟打破
M11	①层下	190°	墓坑 2.05×0.95－0.5		墓内有人骨架已朽甚，其头向、面向、葬式、性别及年龄皆不明	杯 1、残陶器 2				3	西北部被 H13 打破
M12	①层下	190°	墓坑 2.47×1.6－0.16，棺 2.15×1.38－0.16	葬具痕迹保存较差，但尚能看出长方形棺痕，略呈灰白色，保存较差	人骨仅有少量牙齿及头骨痕迹，可以看出为位于棺内中部偏东，依据牙痕可推测其头向西南，性别不可辨	豆 5、器盖 1、罐 3、鼎 3、纺轮 1、壶 2、杯 2、残陶器 5	璜 1、环 1、玉饰（琀）1、三角形玉饰 1、玉饰 1	锛 1		28	
M13	①层下	191°	墓坑 2.2×1.1－0.16			纺轮 1、杯 2	环 1、玉饰 1			5	北面大部分被 M12 打破
M14	①层下	188°	墓坑 2.05×0.95－0.12			杯 1、器盖 1、罐 2、鼎 3、盆 1、残陶器 1		锛 3、钺 1		13	北部被一条机沟打破
M15	①层下	190°	墓坑 2.18×0.94－0.13		人骨架 1 具，已朽甚，仅能从玉饰摆放位置判断其头向向南，略偏于墓坑内东部，而其面向、葬式、性别及年龄皆不明	壶 1、纺轮 1、豆 2、鼎 2、残陶器 5	玉饰 1	锛 1		13	

续表

墓号	层位	方向	尺寸（米）（长×宽－深）	棺椁情况	人骨情况	随葬品					备注
						陶器	玉器	石器	骨器	合计	
M16	①层下	192°	墓坑2.2×1.1－0.1			器盖1、盘1、残陶器2		钺1、锛3		8	东北、西南端被两条机沟打破
M17	①层下	201°	墓坑2.35×1.22－0.21，棺2×0.9－0.09	棺置于墓坑中部略偏东南，略呈长方形，朽痕呈灰白色。棺木两侧板受填土积压略有变形，底部剖面呈U形。棺内器物上存有盖板朽塌痕迹	人骨已朽，但保留有大体痕迹，整体位于棺内偏东部，棺内偏东南处发现有牙痕，头向西南，性别不可辨	豆2、罐1、壶5、盘1、鼎1、杯1		锛1、钺1		13	西南被M16打破
M18	①层下	190°	墓坑2.13×1.1－0.2		人骨架情况已不清晰，仅能从玉饰摆放位置判断其头向向南，位于墓坑内中部，而其面向、葬式、性别及年龄皆不明	鼎2、豆2、壶2、罐2、杯2、鬶1、残陶器4	玉镯1、玉饰（玱）1	钺1、锛2		20	
M19	①层下	200°	墓坑2.1×1.1－0.13		人骨架情况已不清晰，仅能从玉饰摆放位置判断其头向向南，位于墓坑内中部，而其面向、葬式、性别及年龄皆不明	鼎2、豆1、壶1、罐5、甑1、甗1、纺轮2、残陶器2	玉饰1	钺1、锛2	璜1	20	

续表

墓号	层位	方向	尺寸（米）（长×宽－深）	棺椁情况	人骨情况	随葬品					备注
						陶器	玉器	石器	骨器	合计	
M20	①层下	188°	墓坑 2.47×1.14－0.3，棺 2.2×0.9－0.2	葬具痕迹明显，整体置于墓坑内偏东处，朽痕呈灰白色。从保存现状来看为长方形，从剖面上来看，棺下部呈U形，底部近平。在清理棺内时发现器物上有灰白色朽痕，应是早年朽塌的盖板痕迹	人骨仅保存痕迹，可以看出为位于棺内偏东部，仰身直肢，头向西南，性别不可辨	豆2、杯3、罐5、壶5、鼎1、纺轮1、残陶器1	璜1			19	
M21	①层下	188°	墓坑 1.6×1－0.12		仅能从玉饰摆放位置判断其头向向南，而其面向、葬式、性别及年龄皆不明	壶1、豆1、杯1、残陶器2	璜1、璜（玲）1			7	北部被H12完全打破
M22	①层下	194°	墓坑 0.95×1.05－0.18		仅能从玉饰摆放位置判断其头向向南，而其面向、葬式、性别及年龄皆不明	鼎1、釜1、壶5、杯1、甗1、残陶器2	璜1			12	中部、北部被H12完全打破
M23	④层下	191°	墓坑 2.05×1.1－0.15		骨架已朽，仅存下部两肢骨，尚能看出其头向西南，直肢，性别不可辨	豆2、盉1、钵2、残陶器1		锛2、纺轮1		9	南部被一现代坑打破

续表

墓号	层位	方向	尺寸（米）（长×宽－深）	棺椁情况	人骨情况	随葬品					备注
						陶器	玉器	石器	骨器	合计	
M24	④层下	191°	墓坑1.77×0.8－0.1		骨架已朽甚，头骨部分、牙痕及部分肢骨尚能辨认，应为仰身直肢，头向西南，性别不可辨	罐1、豆1、盉1、残陶器1		锛2		6	北部被④层打破，西南部被一机沟打破
M25	④层下	175°	墓坑1.7×0.69－0.1		骨架已朽甚，部分肢骨尚能辨认，应为仰身直肢，头向西南，性别不可辨	豆2		钺1、凿1		4	

附图　墓葬平面图以及随葬品图

（残甚而不辨器形者不收入附图）

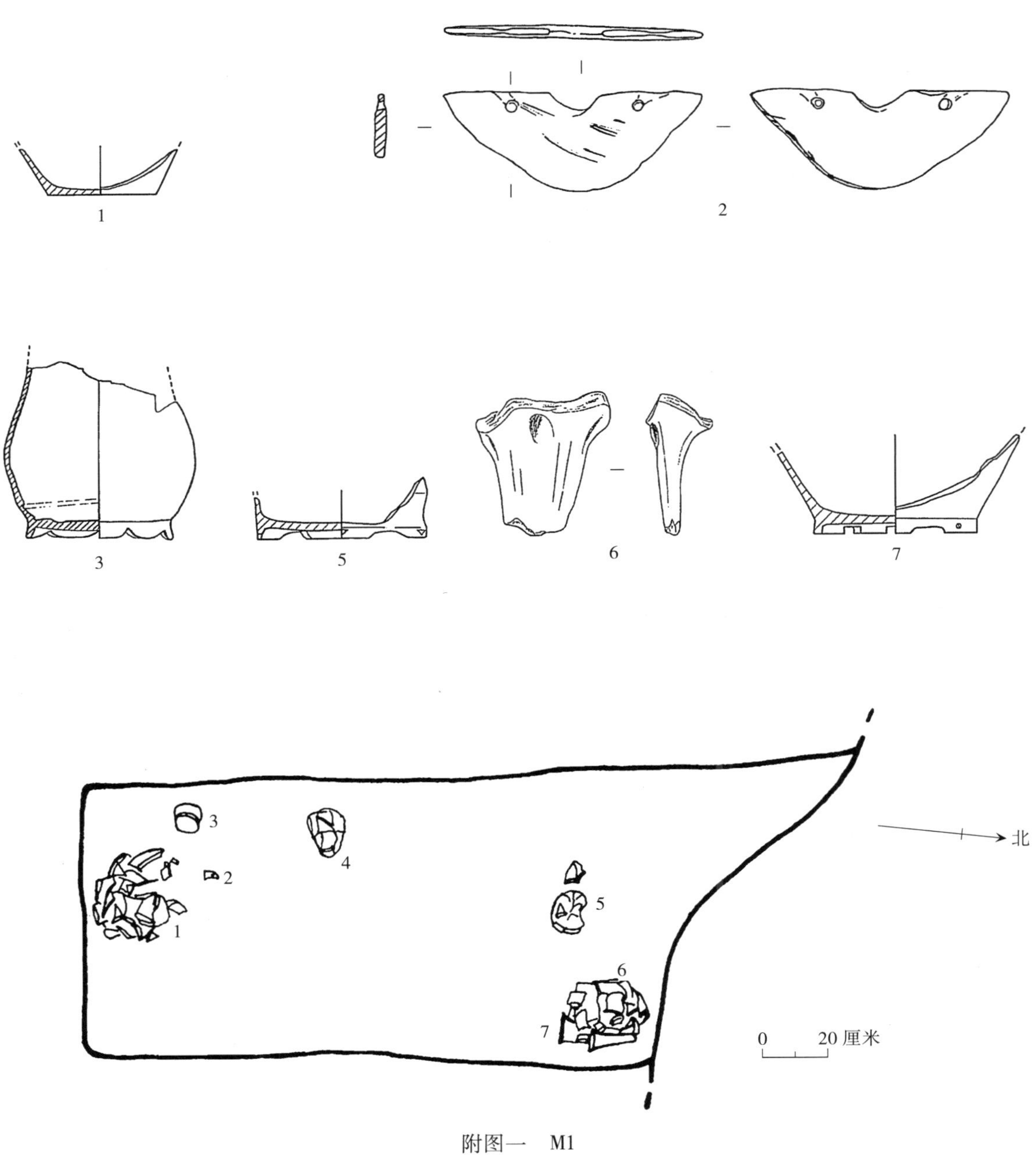

附图一　M1

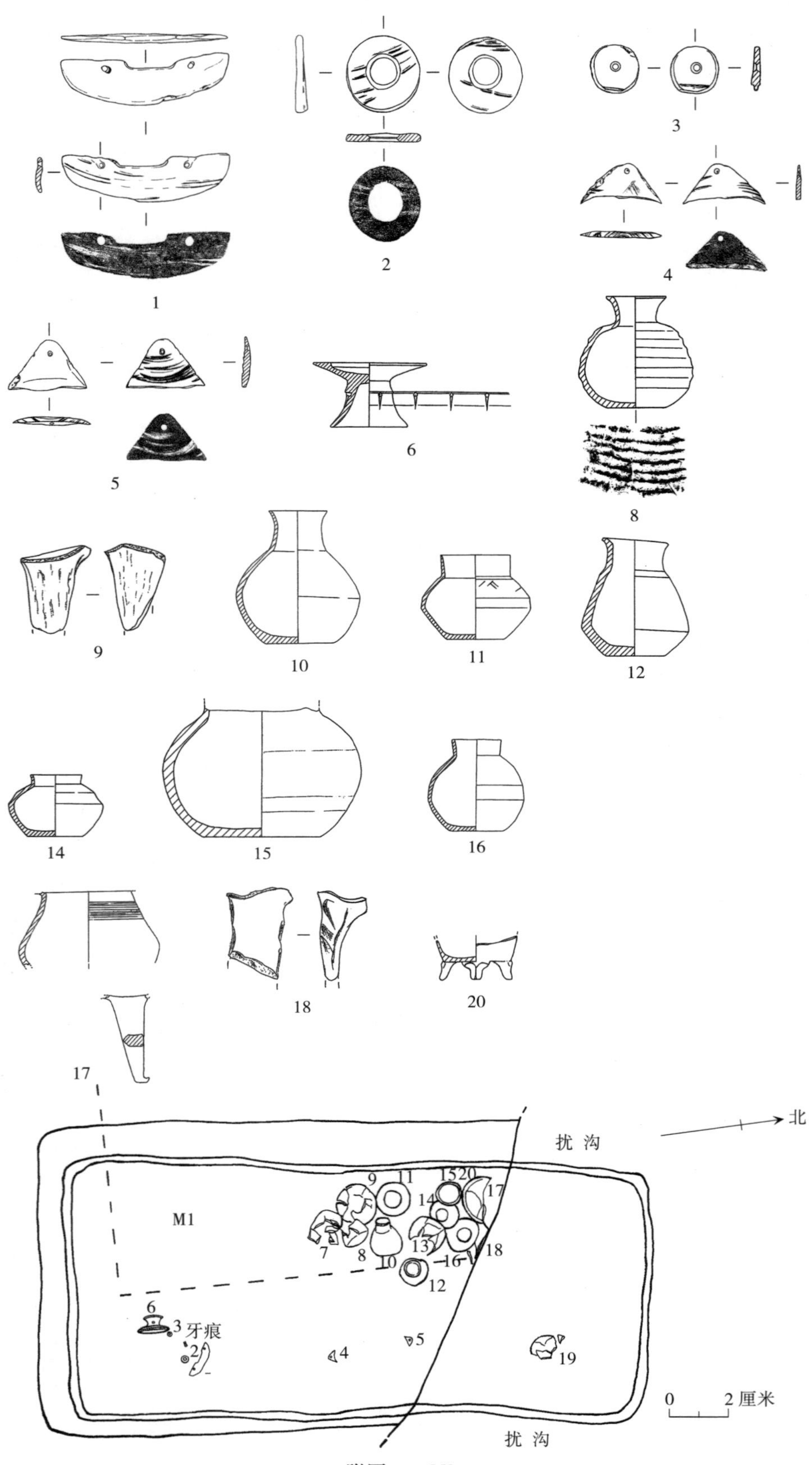

附图二　M2

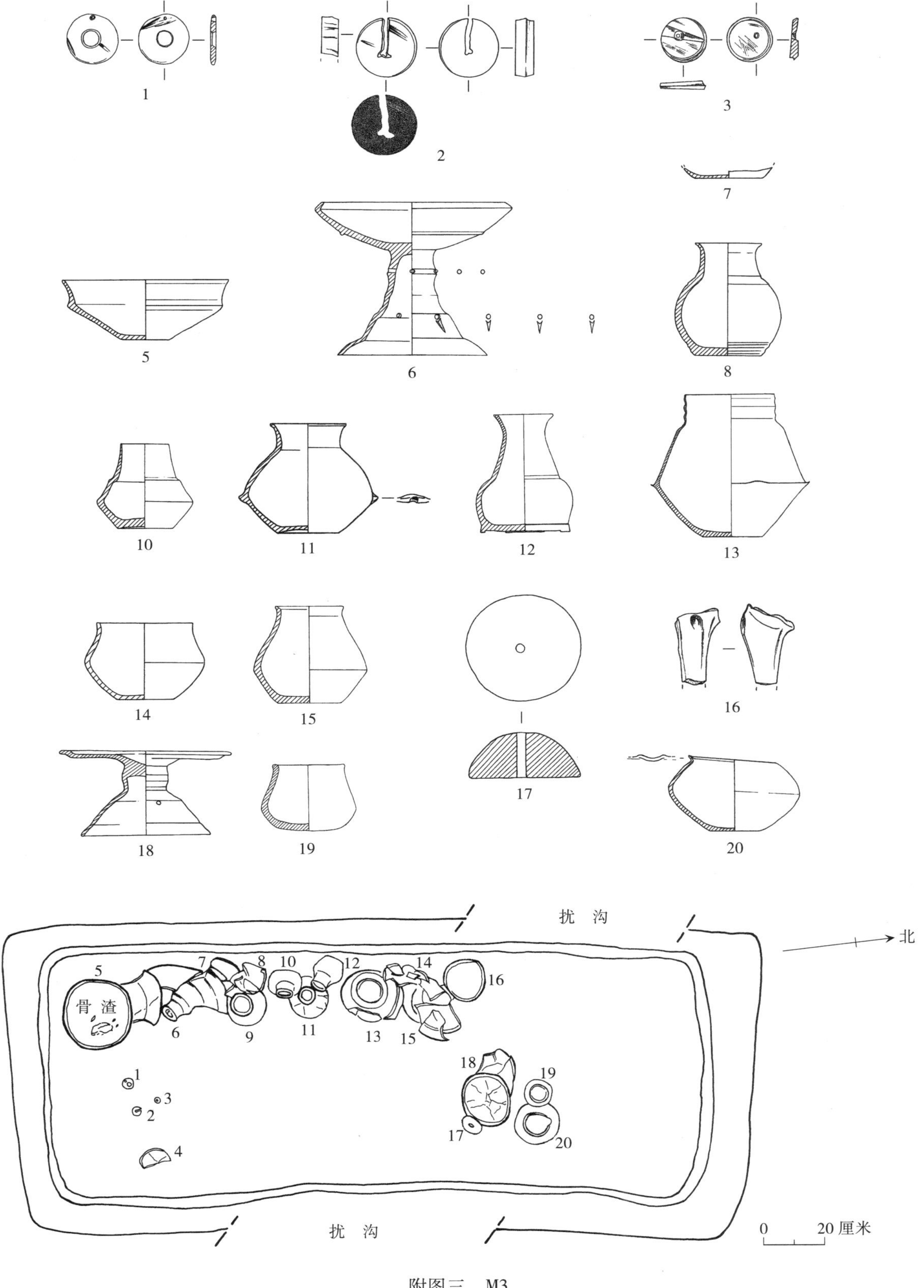

附图三　M3

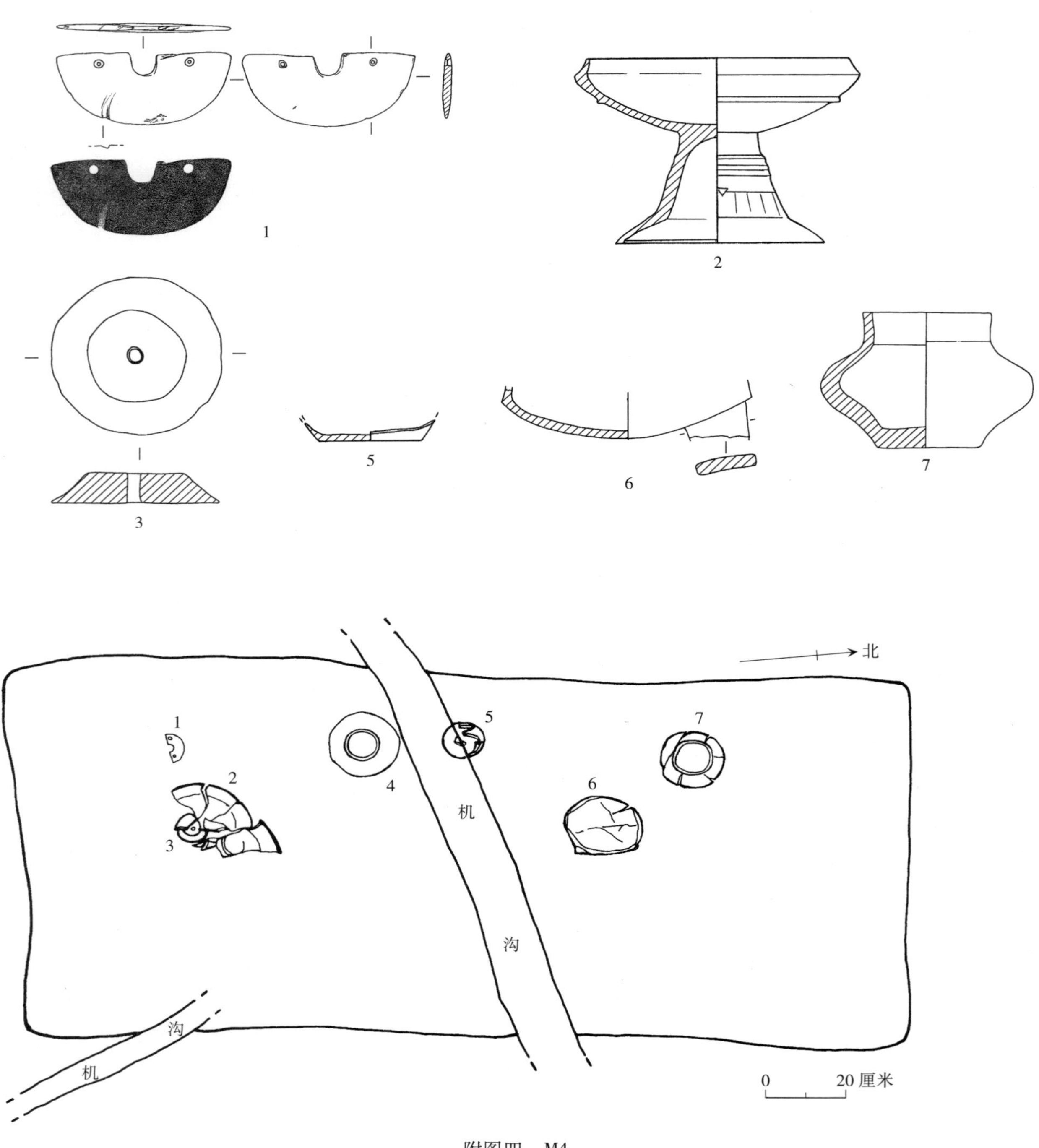

附图四 M4

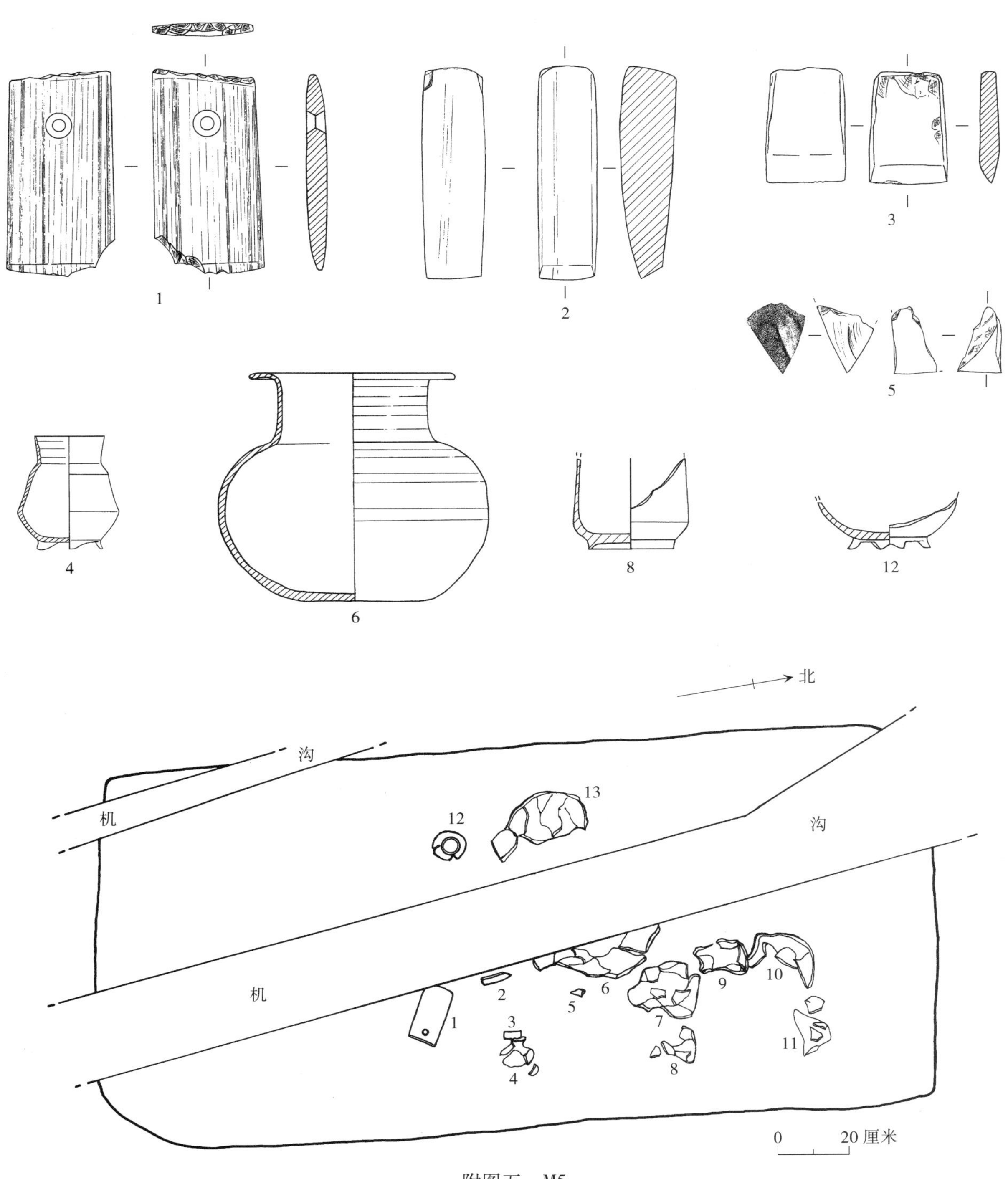

附图五　M5

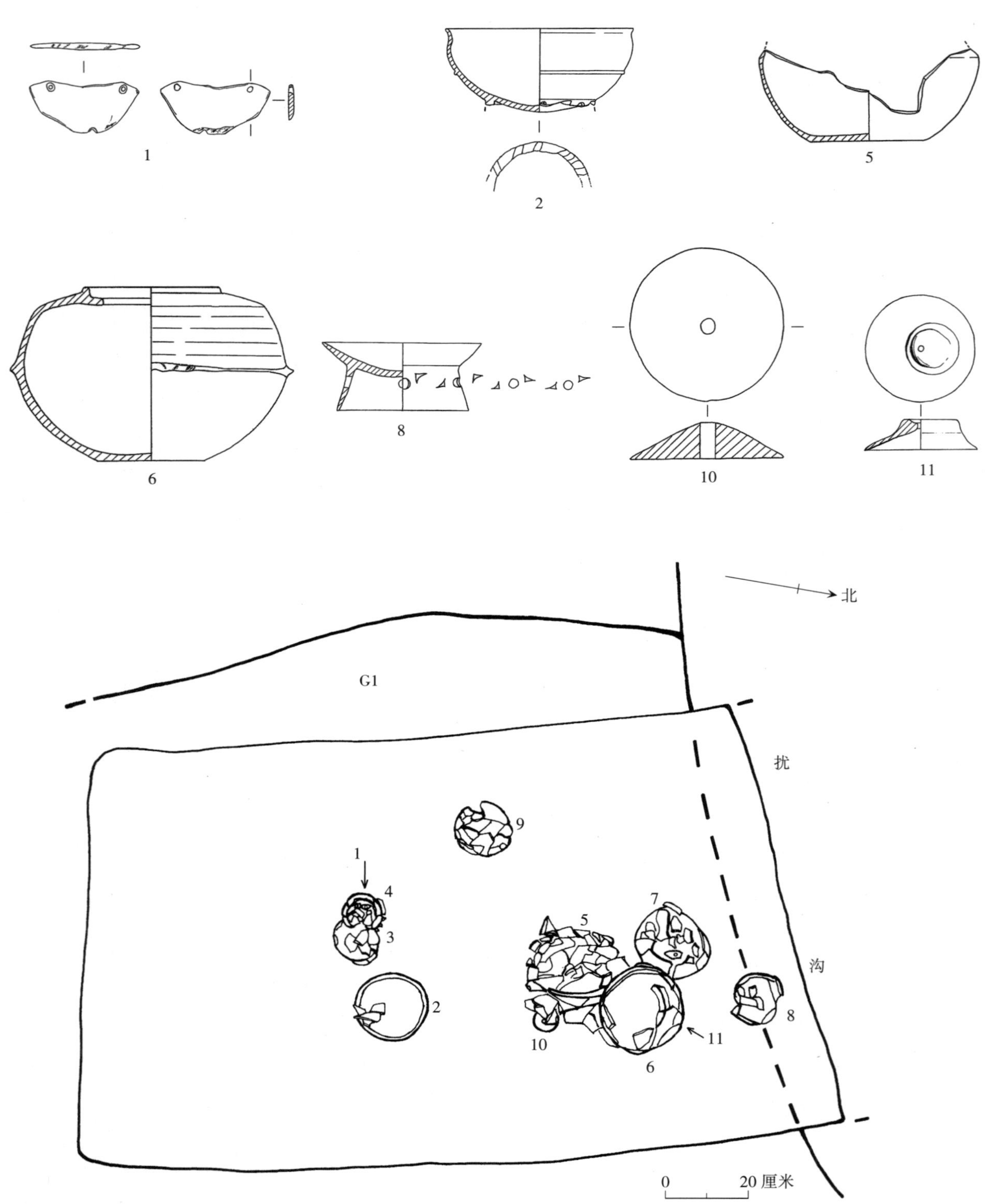

附图六 M6

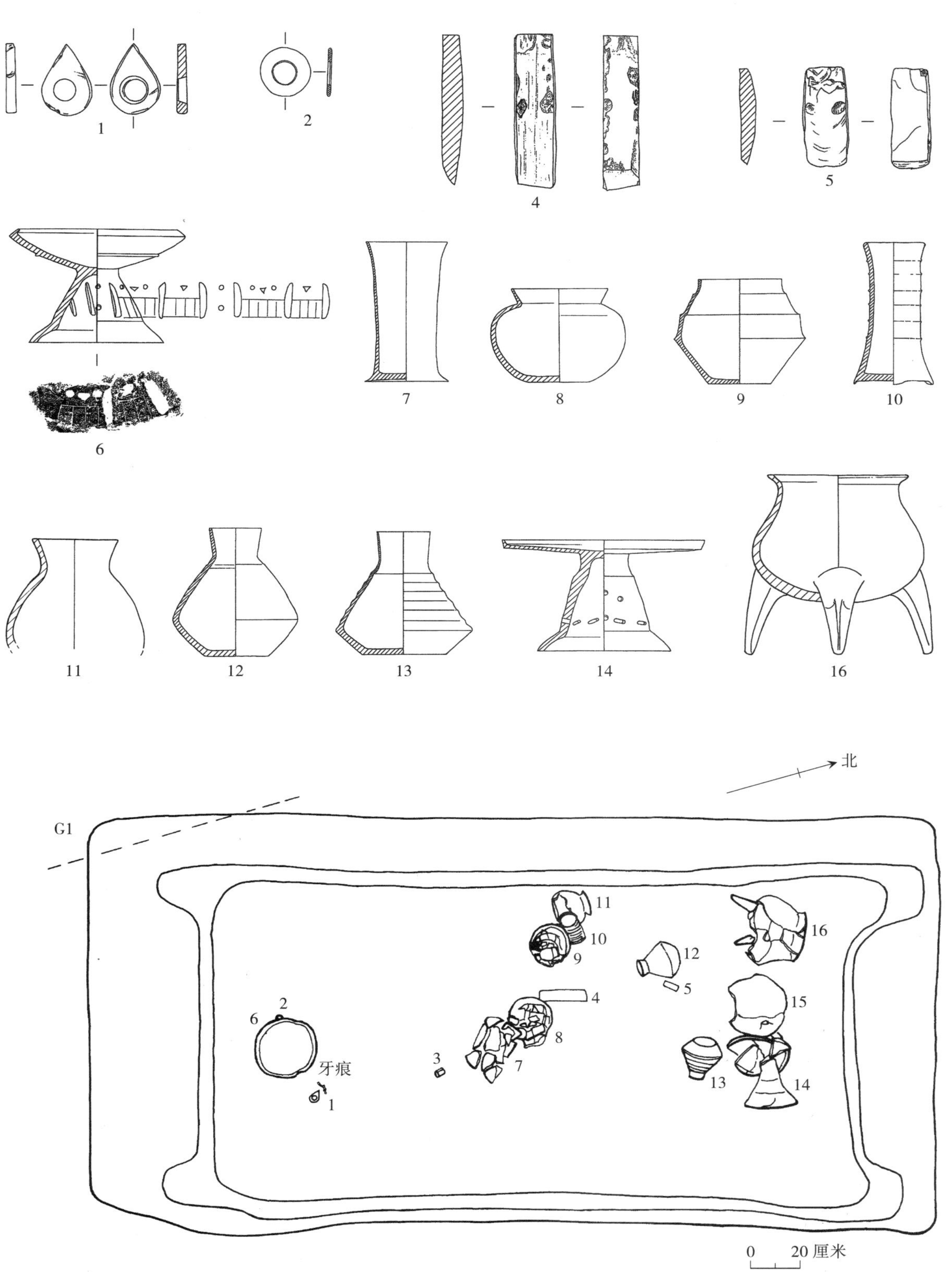
1
2
4
5
6
7
8
9
10
11
12
13
14
16
北
G1
11
10
9
12
16
5
4
15
2
6
8
3
牙痕
7
13
14
1
0　20厘米

附图七　M7

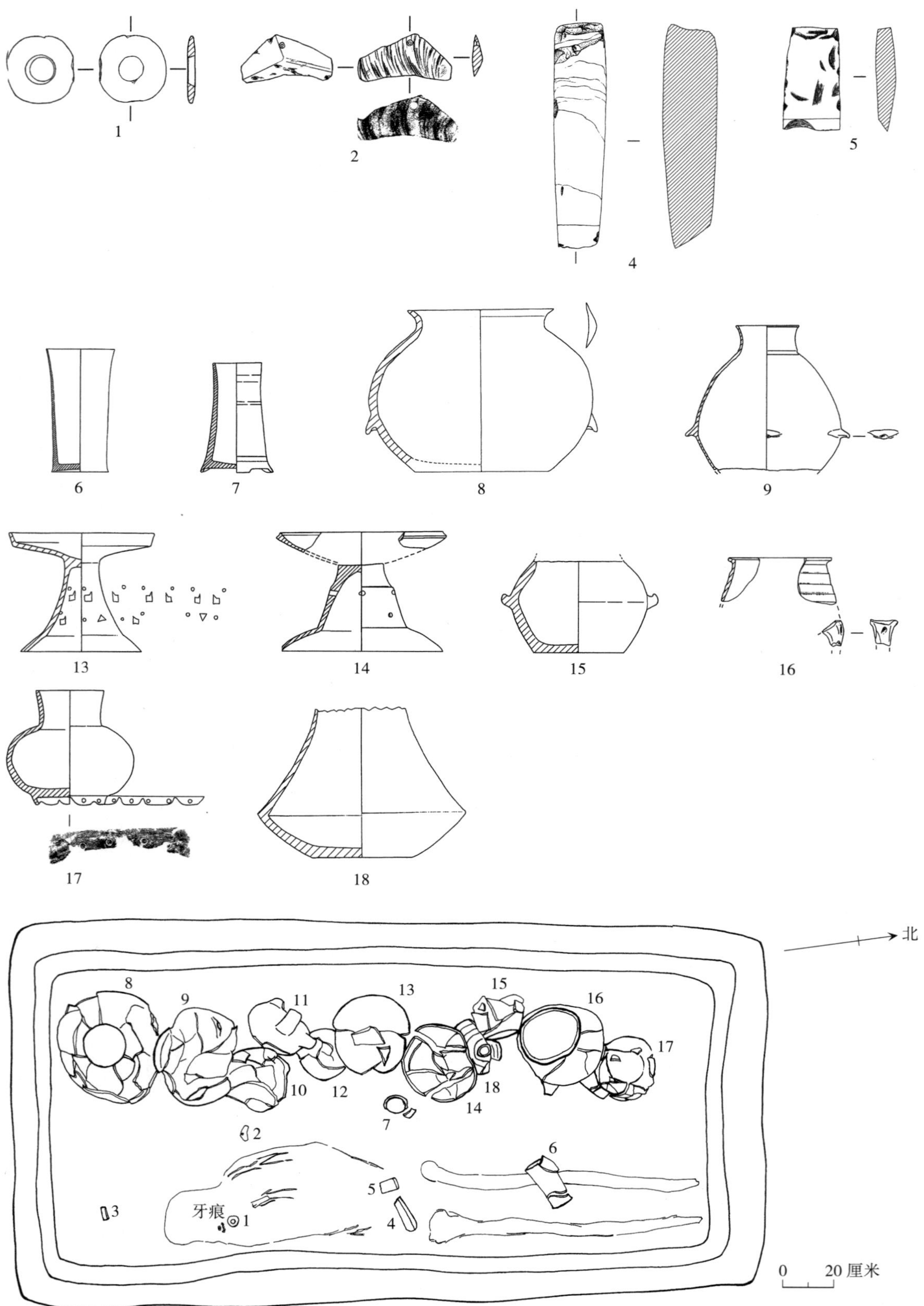
1
2
4
5
6
7
8
9
13
14
15
16
17
18
北
8
9
11
13
15
16
17
10
12
18
14
7
2
6
5
3
牙痕
1
4
0 20厘米

附图八 M8

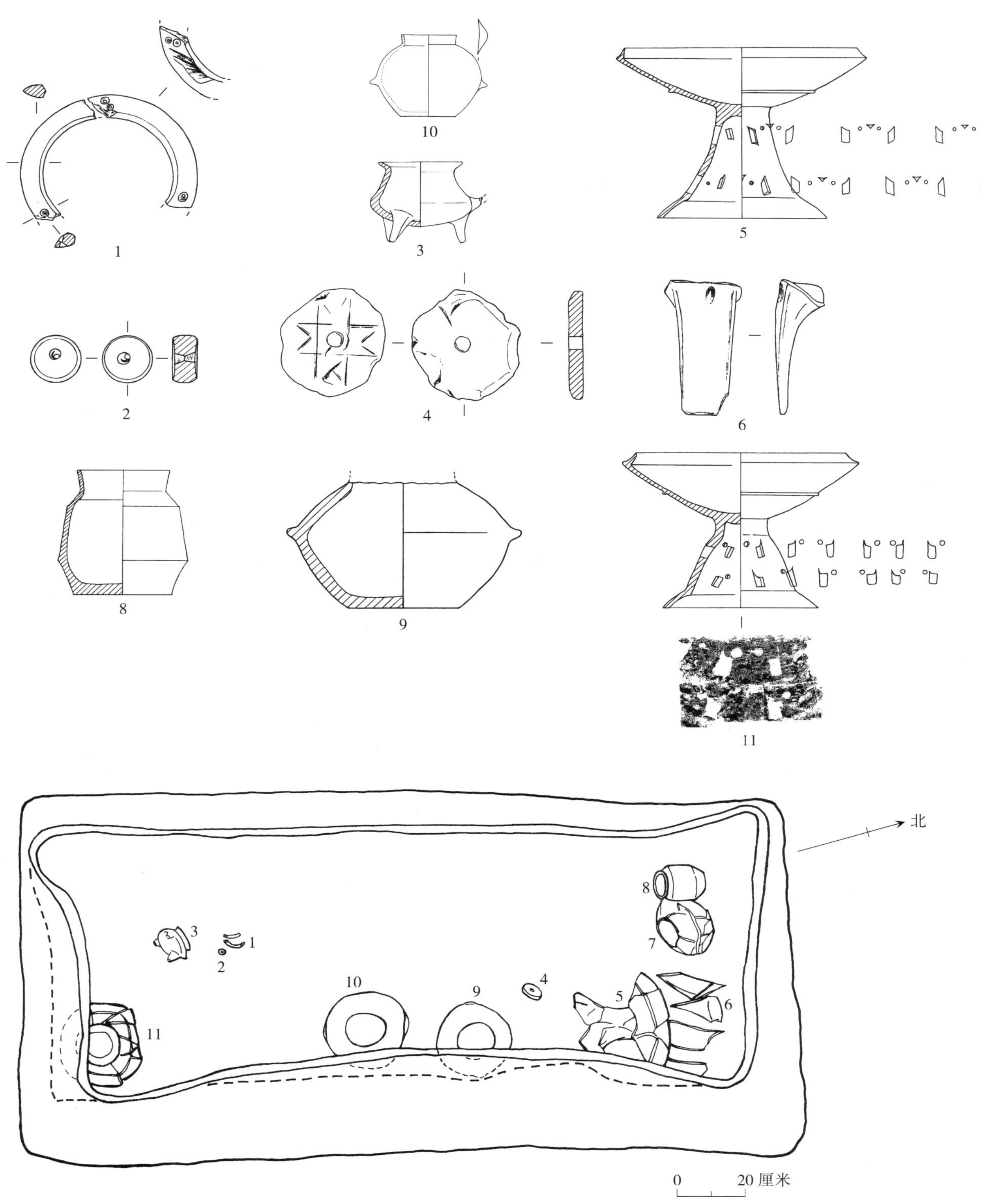

附图九　M9

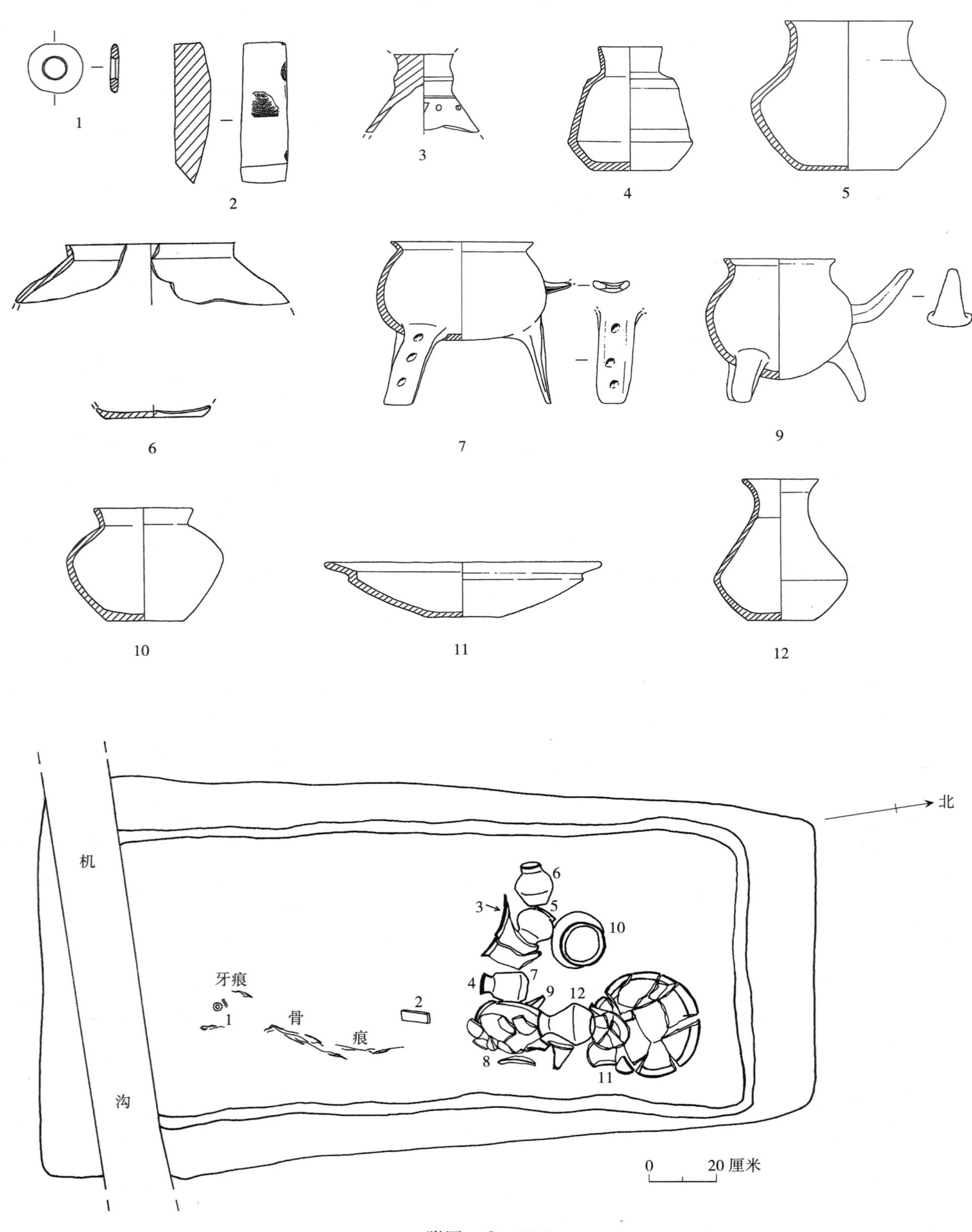

附图一〇　M10

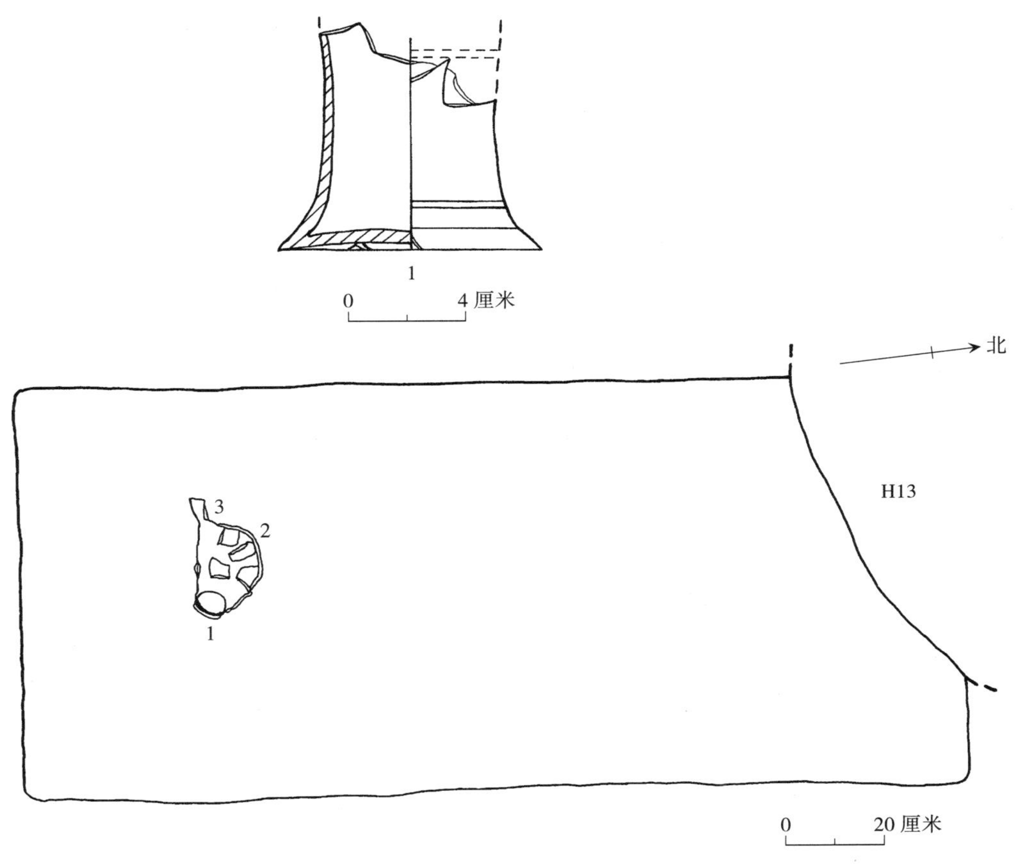

附图一一　M11

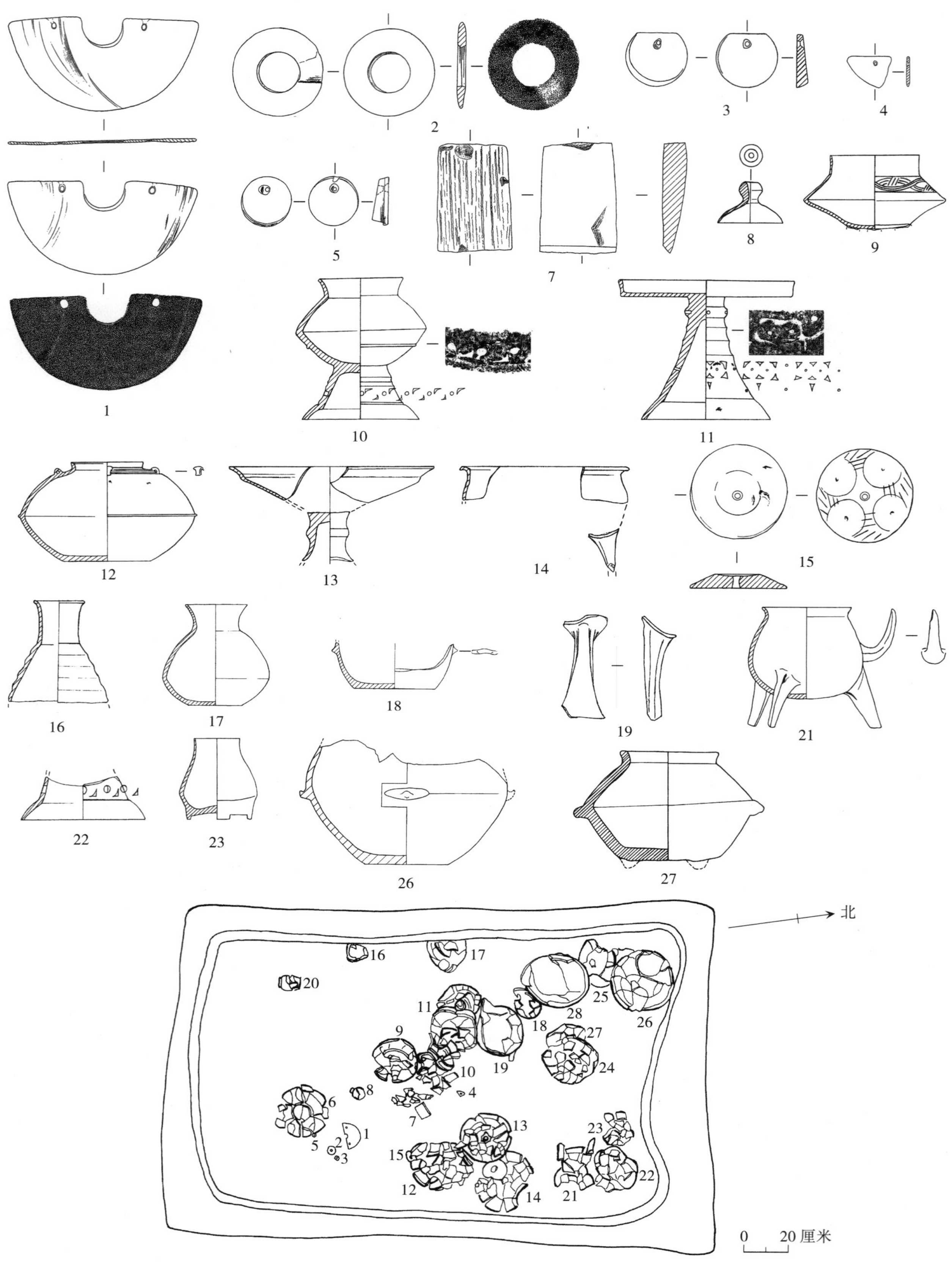

附图一二　M12

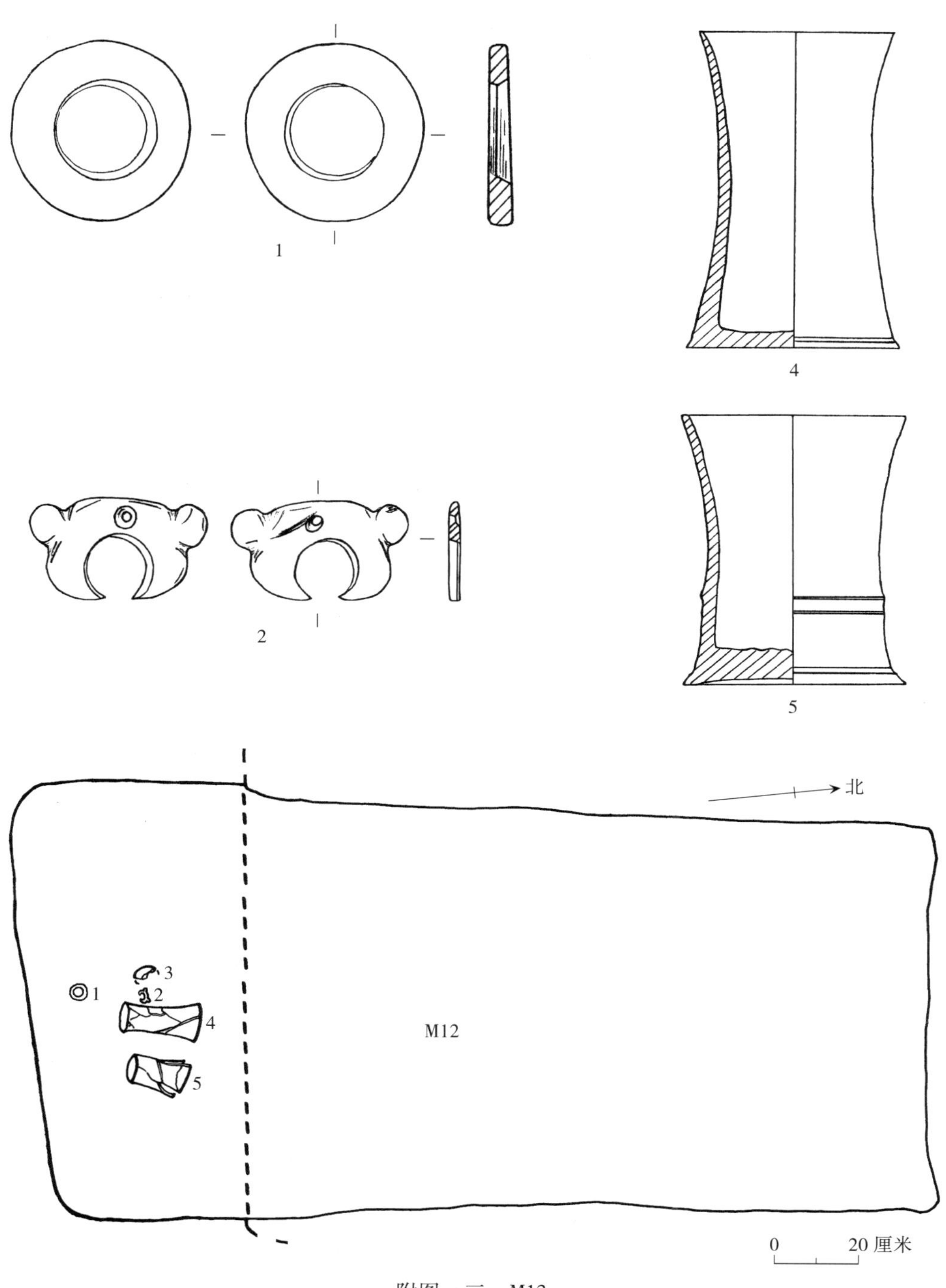

附图一三　M13

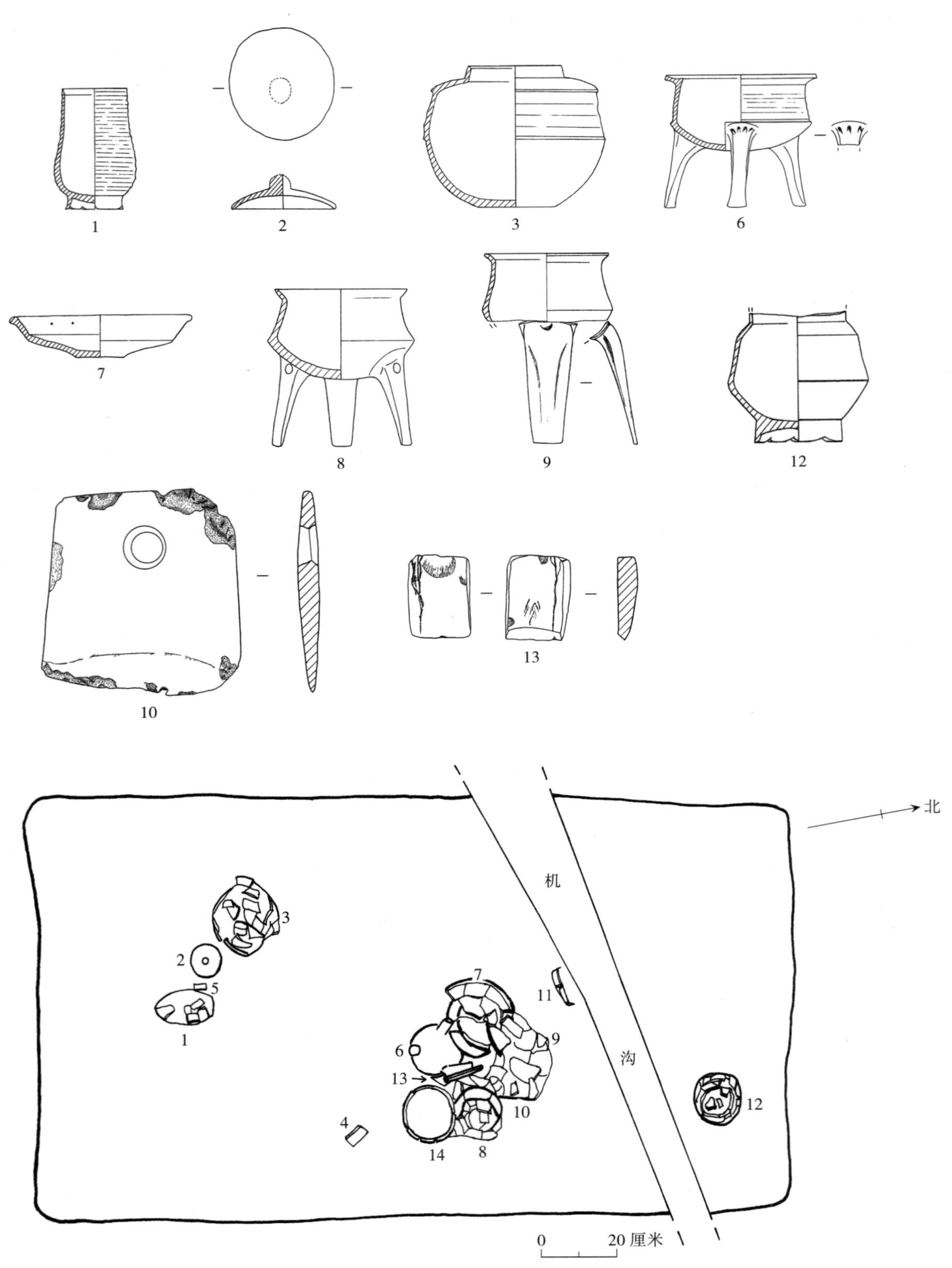

附图一四　M14

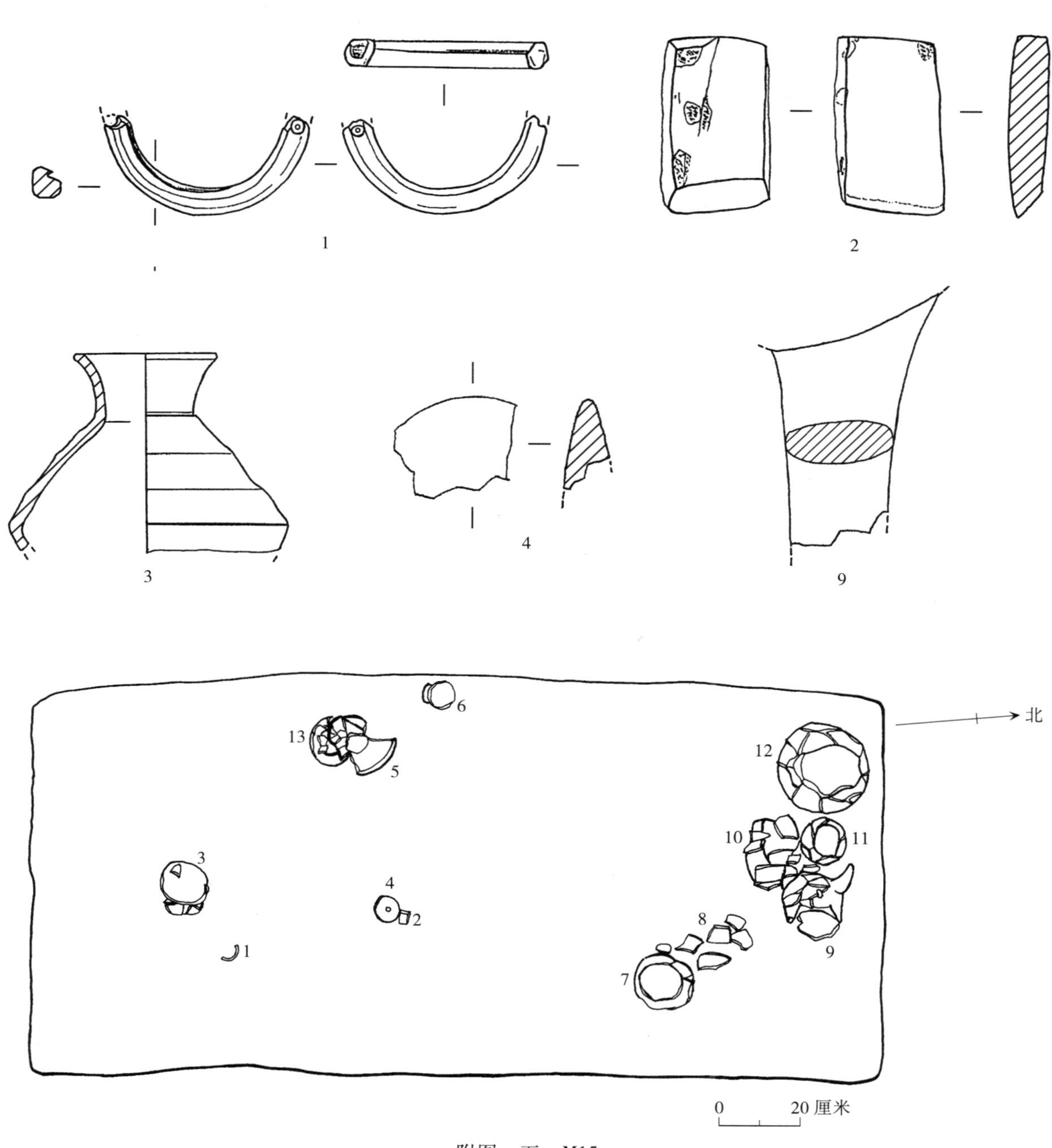

附图一五　M15

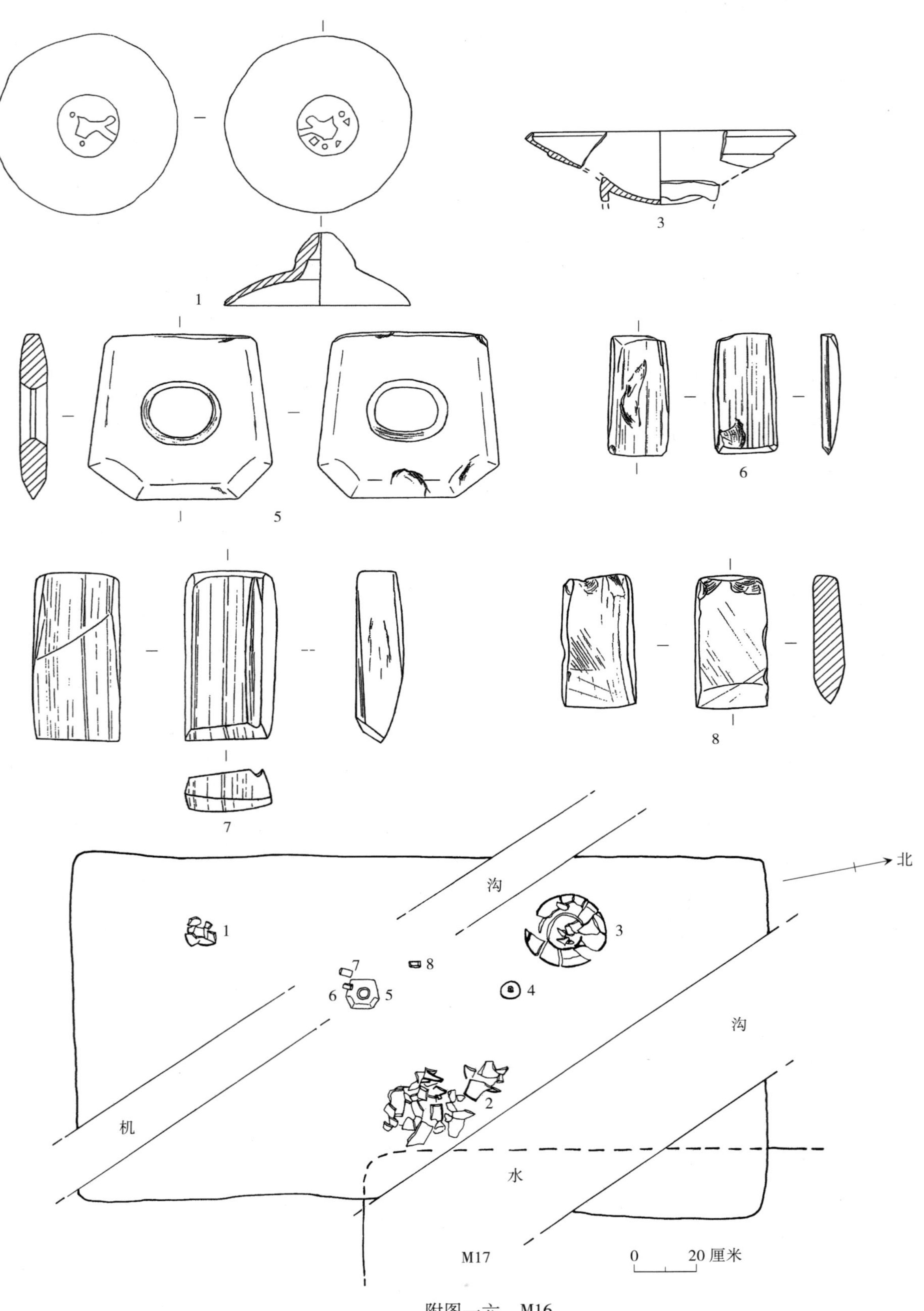

附图一六　M16

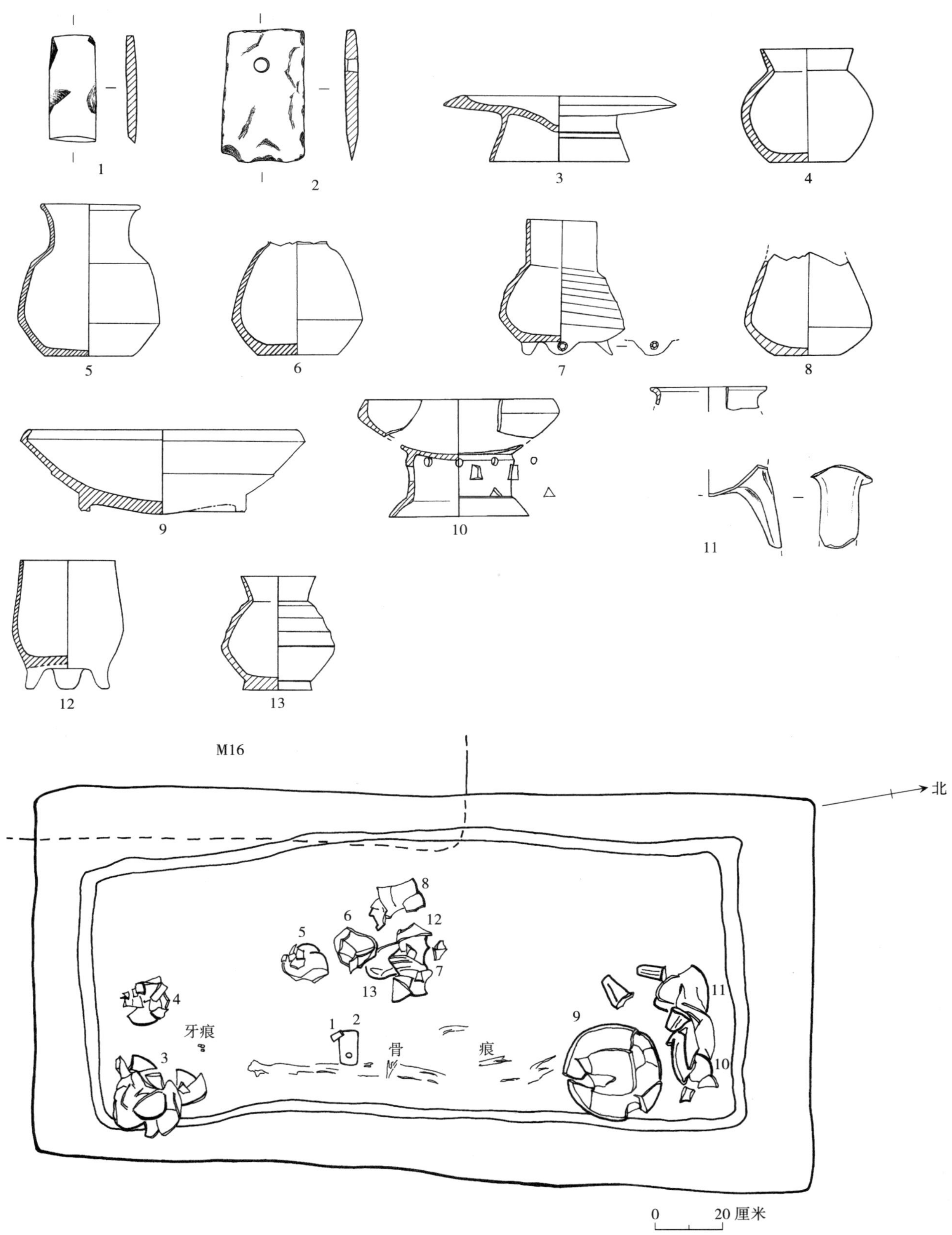

附图一七　M17

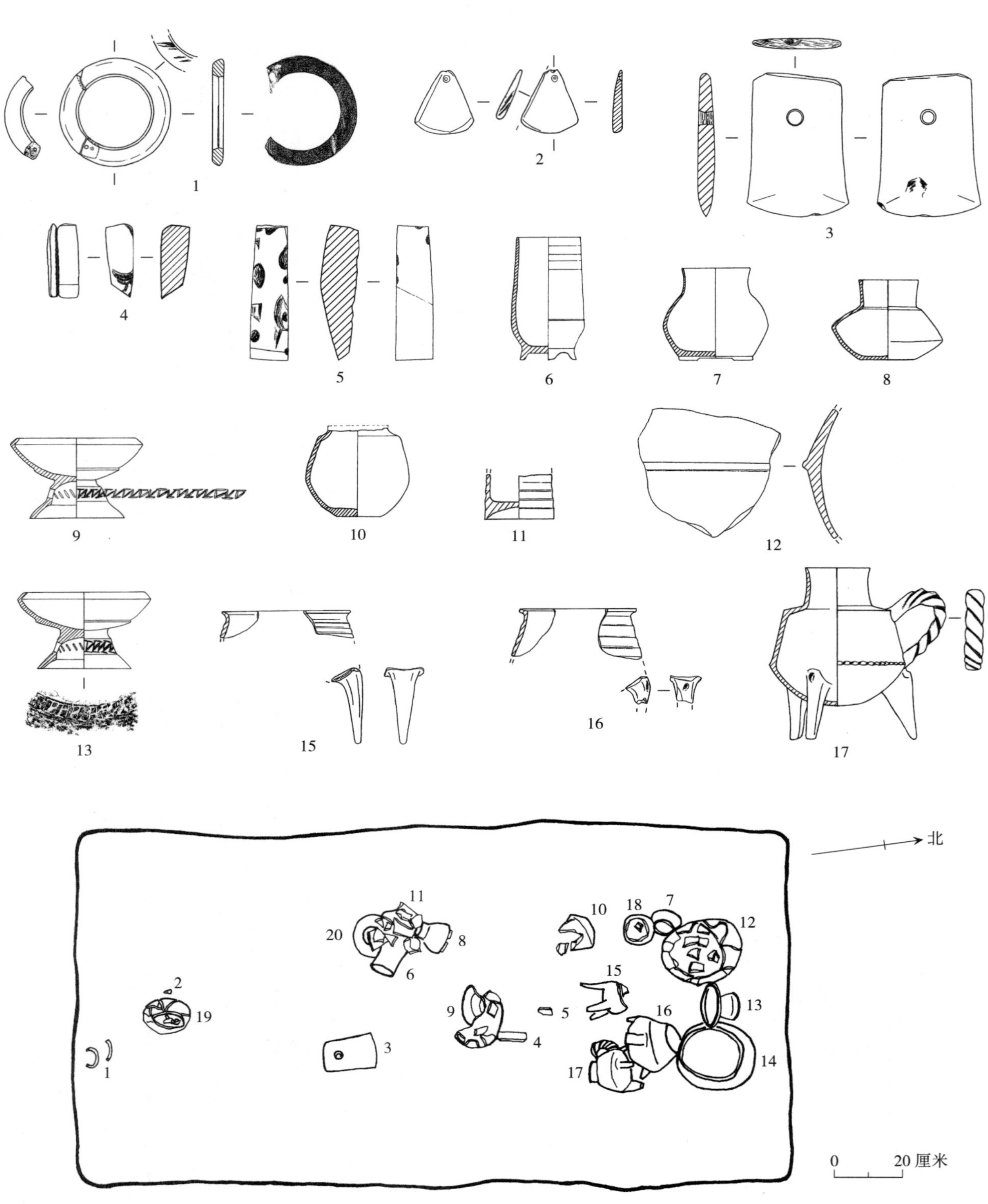

1
2
3
4
5
6
7
8
9
10
11
12
13
15
16
17
北
11
20
8
6
10
18
7
12
15
2
19
9
5
16
13
1
3
4
17
14
0　20 厘米

附图一八　M18

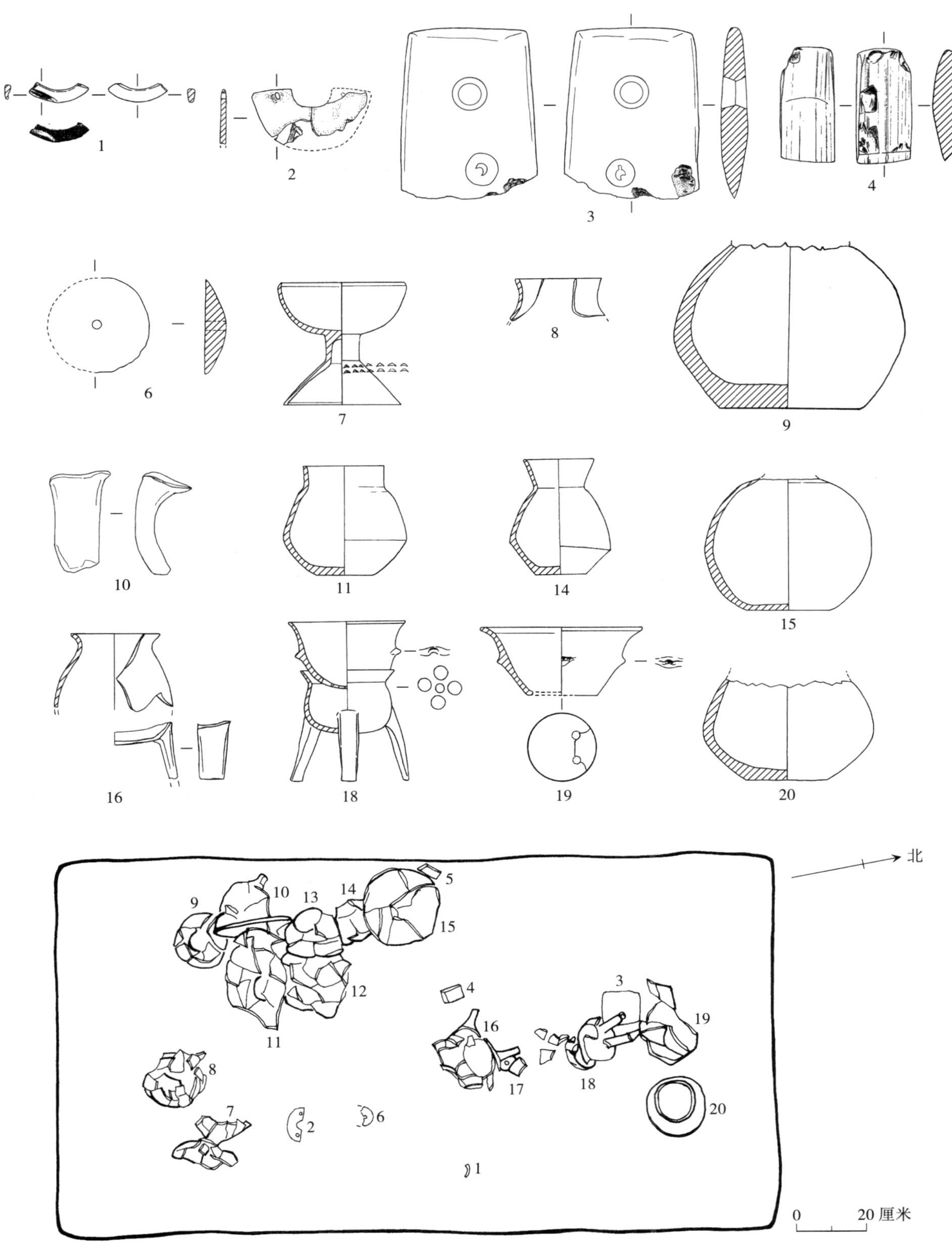
1
2
3
4
6
7
8
9
10
11
14
15
16
18
19
20
北
9
10
13
14
5
15
12
11
4
3
16
19
8
17
18
20
7
2
6
1
0
20厘米

附图一九　M19

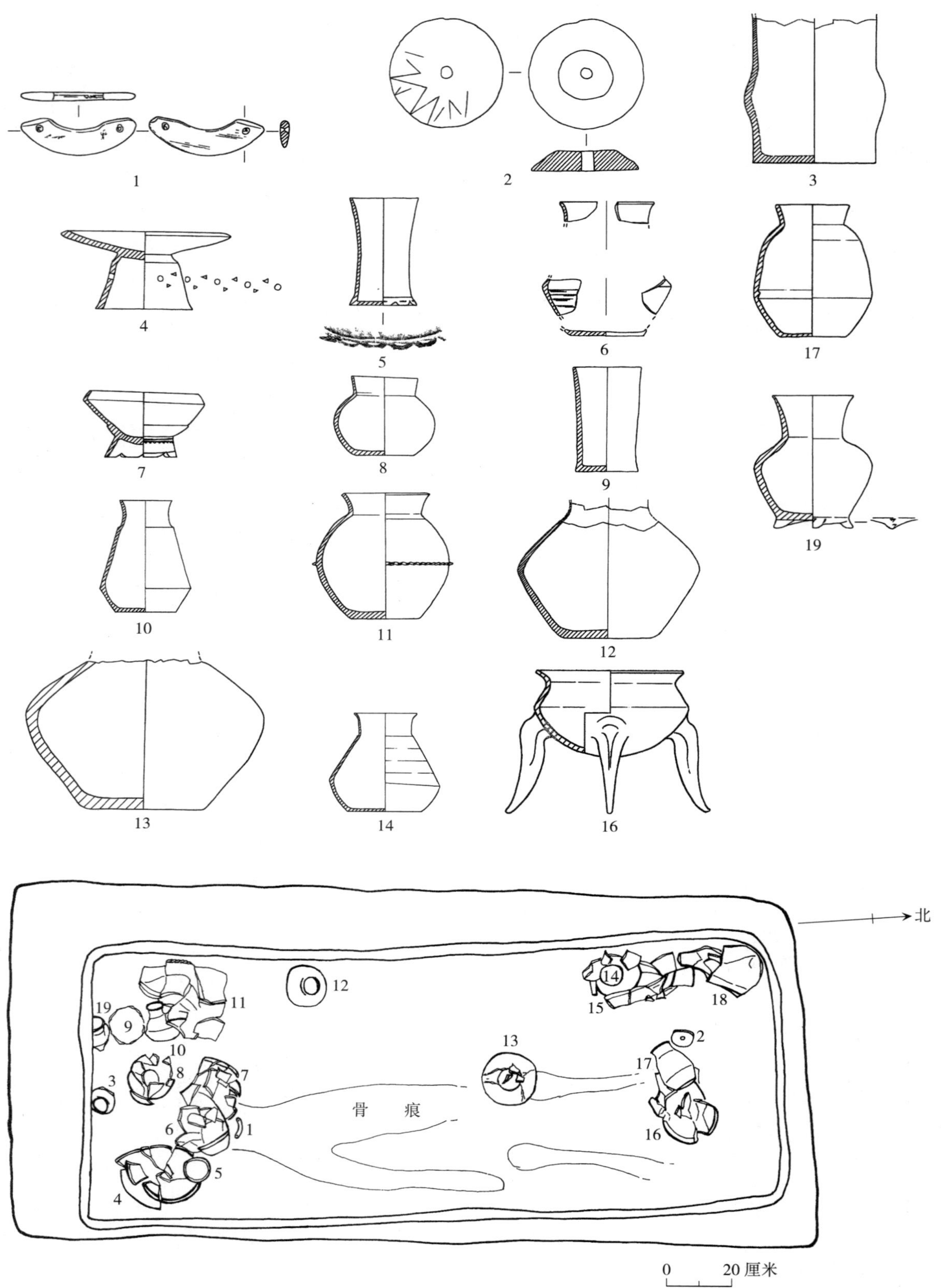
1
2
3
4
5
6
17
7
8
9
19
10
11
12
13
14
16
北
12
11
19
9
10
3
8
7
6
1
5
4
骨　　痕
13
14
15
18
2
17
16
0　　20厘米

附图二〇　M20

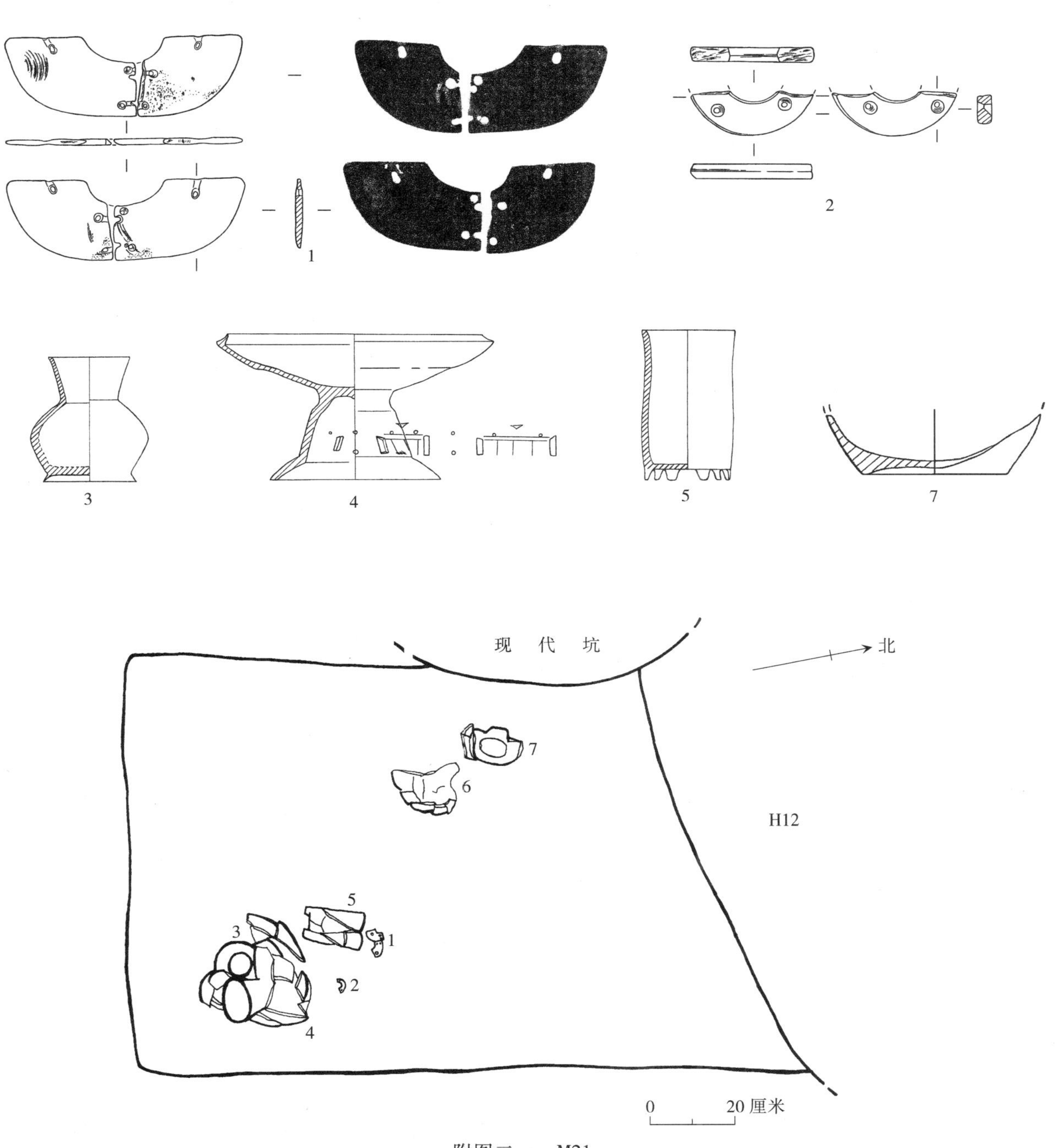

附图二一　M21

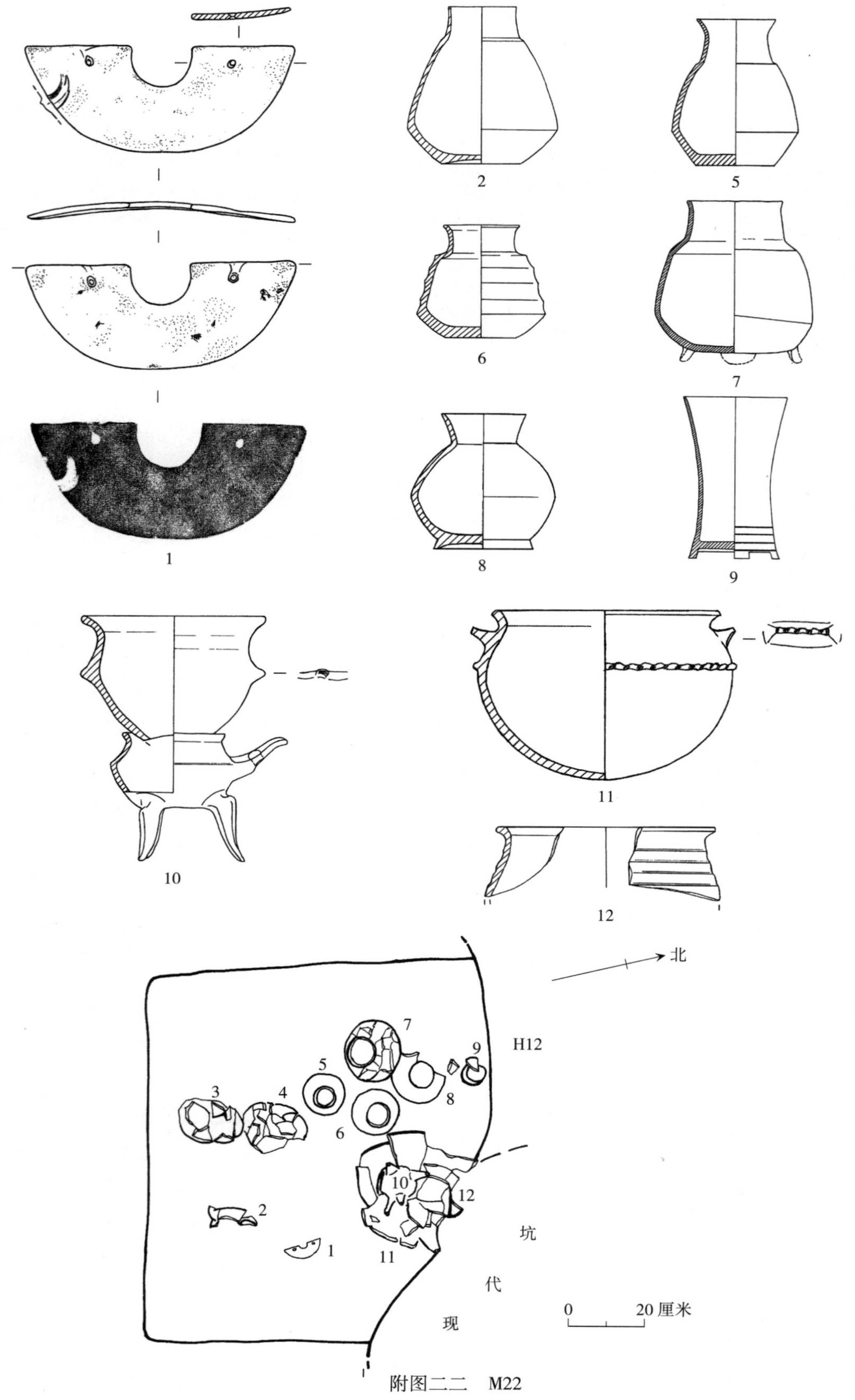

附图二二　M22

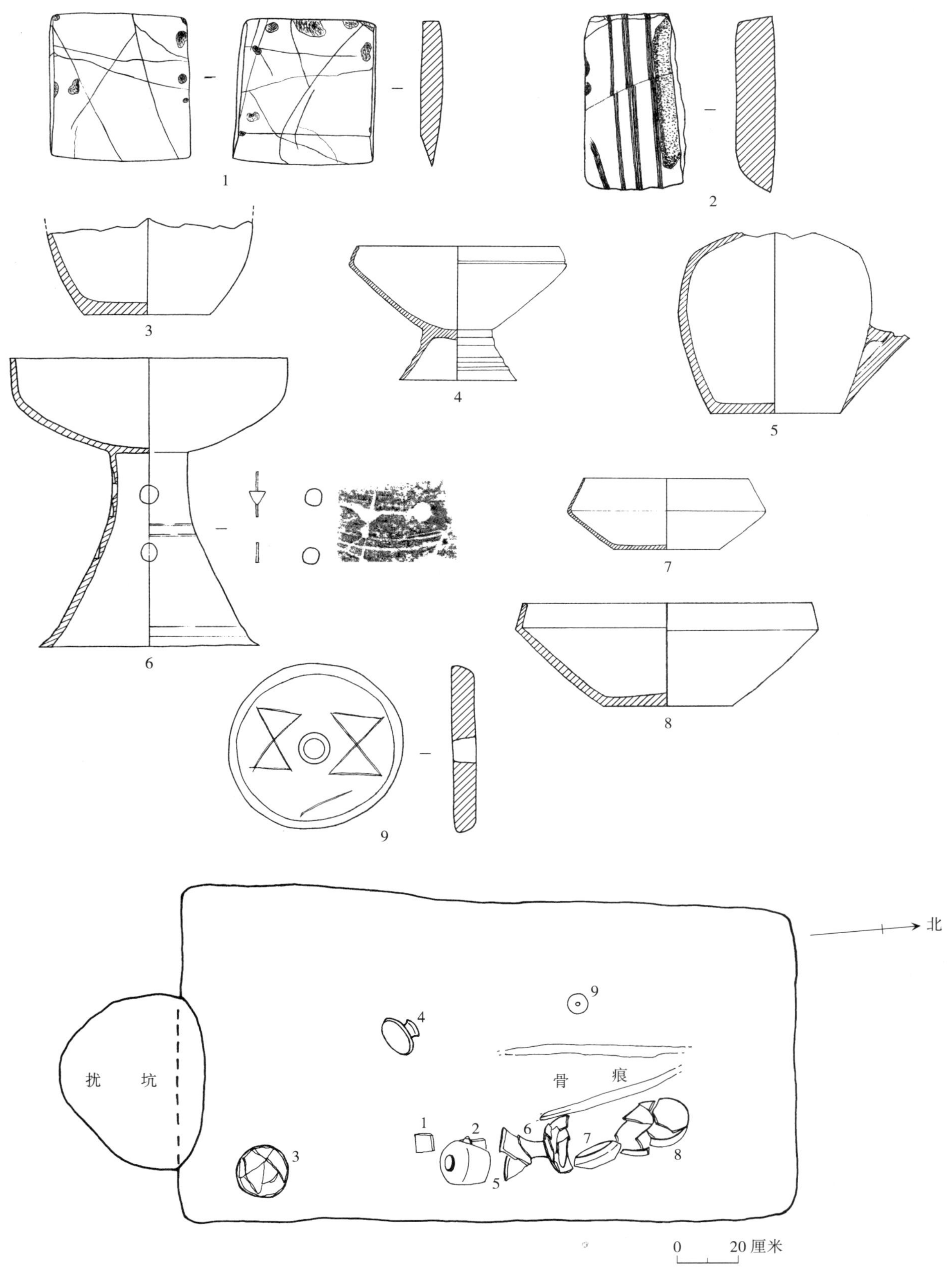

附图二三　M23

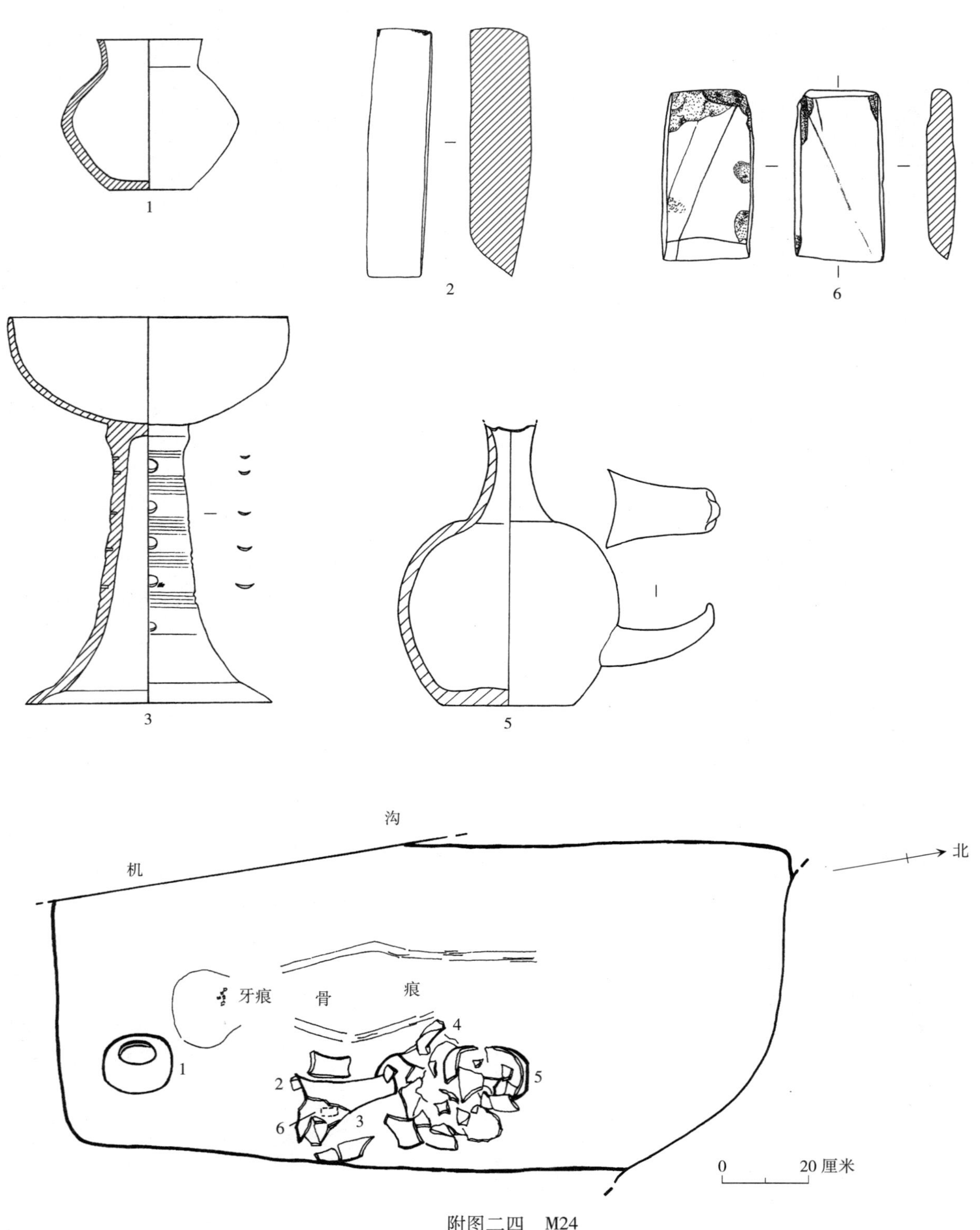

附图二四　M24

附图二五　M25

附录一　南楼遗址历年采集器物

南楼遗址自发现以来，历经顾家村乌龟墩的平整、革新河的开挖、青峭公路的修建、农田水利建设、窑厂取土以及村民建房挖地基等活动，均有零星的陶器、石器的出土，经过江阴市博物馆的多年收集，介绍如下。

一　陶器

1. 罐

标本陶53—7，泥质灰陶，轮制。敞口，方圆唇，折肩，折腹，折肩与折腹处饰弦纹，斜鼓腹内收平底，圈足内凹，器表施黑衣磨光。口径7.6、底径6.4、高11.2厘米（图一：1；彩版一六七：1）。

标本陶53—10，泥质浅灰陶，轮制。直口微敞，方唇，短束颈，溜肩，肩至腹上饰宽瓦楞纹，下腹斜鼓内收，平底，矮圈足，通体施黑衣。口径9.6、最大腹径17.6、高14.1厘米（图一：2；彩版一六七：2）。

标本陶53—11，泥质灰陶，轮制。敞口，圆方唇，短束颈，斜鼓肩，深鼓腹，下腹斜鼓内收成圜底，器表施黑衣。口径11.4、高17.6厘米（图一：3；彩版一六七：3）。

标本陶53—14，泥质浅灰陶，轮制。敞口，圆唇，短束颈，鼓肩，肩部靠近颈处略下凹，圆鼓腹，下腹斜鼓内收成圜底，通体施黑衣磨光。口径10、最大腹径16、高13.4厘米（彩版一六七：4）。

标本陶53—19，泥质浅灰陶，轮制。敞口微侈，尖圆唇，束颈，溜肩，肩与腹相接处饰一周凸棱，腹部有錾，已残，下腹斜鼓内收成圜底，通体施黑衣。口径12.8、最大腹径22.8、高8.4厘米（图一：4；彩版一六八：1）。

标本陶53—20，泥质灰陶，轮制。敞口微侈，圆唇，短束颈，鼓肩，圆鼓腹，腹中部对称贴饰两錾，下腹内收，微圜底。口径11.2、最大腹径20.4、高18.1厘米（图一：5；彩版一六八：2、彩版一六八：5）。

标本陶53—22，泥质灰陶，轮制。敞口，双唇，短束颈，颈、肩相接处有一周黑色宽带，肩部外鼓，上有凹弦纹，圆鼓腹，下腹饰中绳纹，下部斜弧内收，小平底。口径13.2、底径6、最大腹径11、高21厘米（图一：6）。

标本陶53—24，夹草木灰浅灰陶，轮制，素面。敞口，尖圆唇，短束颈，鼓肩，圆鼓腹，鼓腹内收至平底。口径11.4、最大腹径18.4、高11.8厘米（图一：7；彩版一六八：3）。

标本陶53—25，泥质浅灰陶，轮制。侈口，圆唇，折沿、短束颈，折肩近平，肩饰两周凸弦纹，鼓腹，腹中部饰4周弦纹，弦纹上对称贴饰两錾，下腹内收，平底。口径13.6、最大腹径22.4、高15.5厘米（图一：8；彩版一六八：4、彩版一六八：6）。

2. 壶

标本陶52—13，泥质橙红陶，轮制。侈口，圆唇，长束颈，颈与肩相接处有一周凸棱，溜肩，折腹，折腹处刻划两周弦纹，下腹斜弧内收至圈足，器表有彩绘痕迹，脱落较甚。口径9.1、最大腹径16.6、高16厘米（图二：1）。

标本陶53—3，泥质浅灰陶，轮制。直口微敞，方圆唇，束直颈，颈与肩相接处有一周折棱，溜肩略鼓，肩部饰横向叠合而成的X纹两组，在腹周上相对，折腹，腹下部略鼓，收至圈足，下腹上有一个树形刻划符号，口、颈、圈足、折腹处均涂有红彩，其余皆施黑衣，磨光。口径7.6、最大腹径12.4、高12厘米（图二：2；彩版一六九：1、彩版一七〇：1、3、4）。

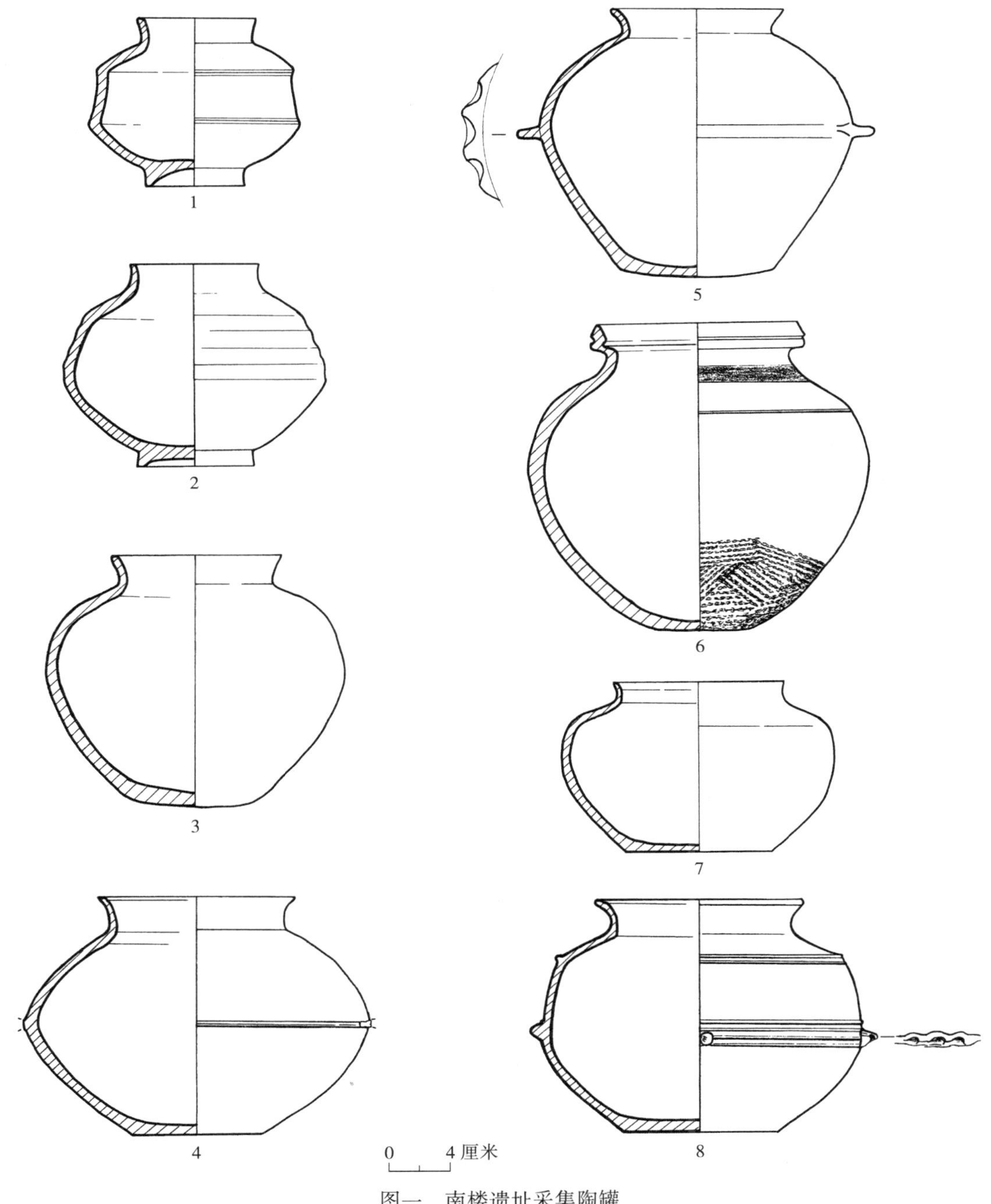

图一　南楼遗址采集陶罐

1. 陶53—7　2. 陶53—10　3. 陶53—11　4. 陶53—19　5. 陶53—20　6. 陶53—22　7. 陶53—24　8. 陶53—25

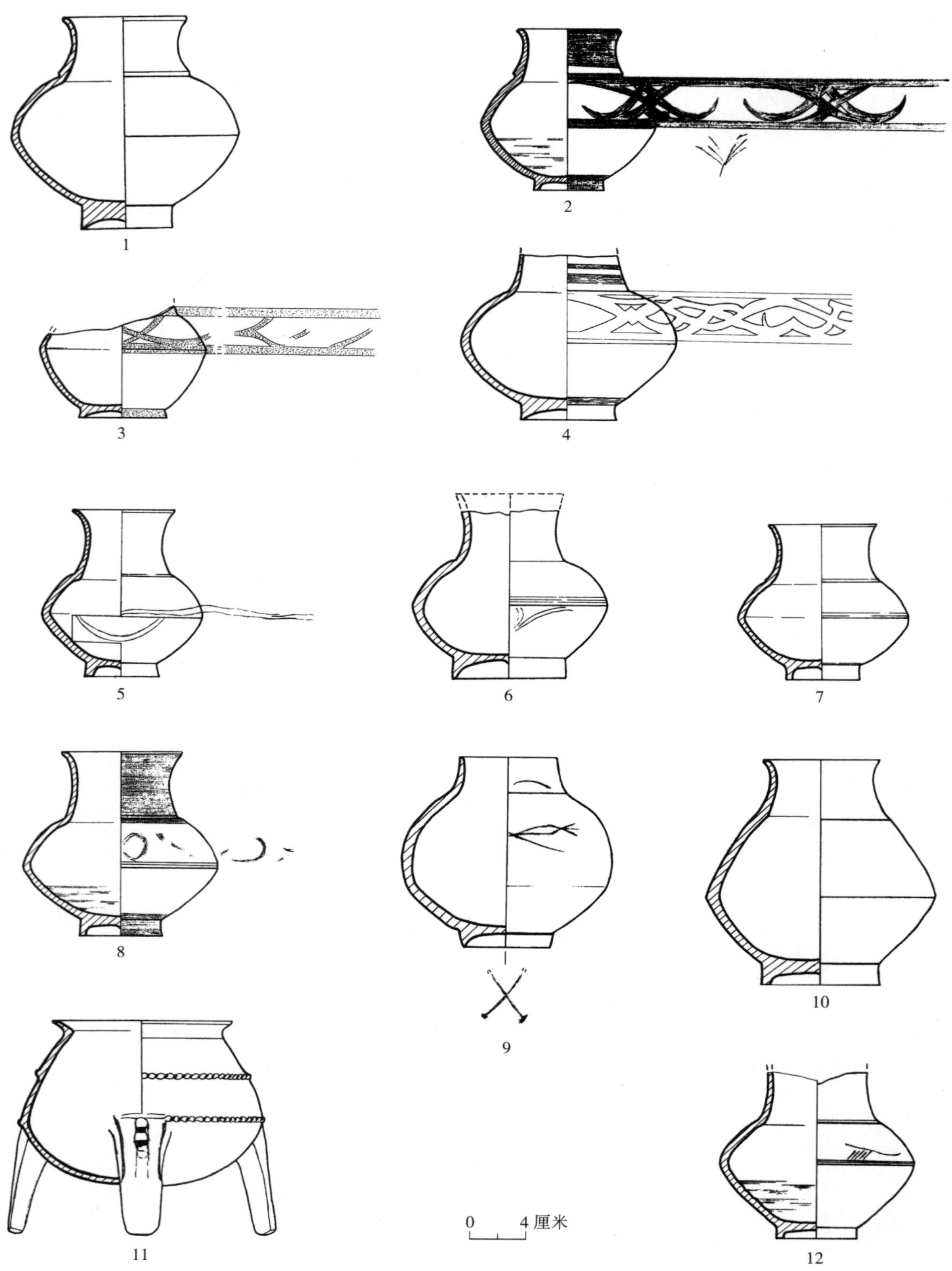

图二　南楼遗址采集陶壶、陶鼎

1. 陶壶（陶 52—13）　2. 陶壶（陶 53—3）　3. 陶壶（陶 53—5）　4. 陶壶（陶 53—4）　5. 陶壶（陶 53—6）　6. 陶壶（陶 53—8）　7. 陶壶（陶 53—9）　8. 陶壶（陶 53—12）　9. 陶壶（陶 53—15）　10. 陶壶（陶 53—16）　11. 陶鼎（陶 53—26）　12. 陶壶（陶 53—18）

标本陶53—4，泥质浅灰陶，轮制。口、颈部已残，残留颈部微束，折肩，肩部略鼓，肩上有红彩纹饰一周，折腹，下腹部略鼓内收至圈足，壶颈部及圈足外面涂有红彩，其余处均施黑衣，磨光。最大腹径16、残高12.8厘米（图二：4；彩版一六九：2、彩版一七〇：2）。

标本陶53—5，泥质浅灰陶，轮制。口、颈部已残，残存经部有施红彩痕迹，肩部上施有条带状红彩纹饰，可惜剥落严重，折腹部刻划两周弦纹，内填红彩，斜鼓腹内收至圈足，外圈足上施红彩，其余部位皆施黑衣，磨光。最大腹径11.6、残高8.2厘米（图二：3；彩版一七一：1）。

标本陶53—6，泥质灰陶，轮制。侈口，圆唇，长束颈，溜肩，折腹，折腹处饰弦纹，下腹斜鼓内收，下腹上饰两条垂线，底部为圈足，通体施黑衣磨光。口径7.4、最大腹径11.6、高12.6厘米（图二：5；彩版一七〇：5、彩版一七一：2）。

标本陶53—8，泥质灰陶，轮制。敞口，口部略残，长颈，弧肩，折腹，腹部上饰弦纹，斜弧腹内收至圈足，腹上刻划一组伸张叶脉纹，器表施黑衣，磨光。口径8、底径8.4、最大腹径14.4、高14.2厘米（图二：6；彩版一七〇：6、彩版一七一：3）。

标本陶53—9，浅灰泥质陶，轮制。敞口微侈，圆唇，长束颈，溜肩，肩部略鼓，折腹，腹部饰两周弦纹，下腹斜鼓内收至圈足，圈足内壁有明显的修刮痕，通体施黑衣，磨光。口径9.6、最大腹径5.2、高11厘米（图二：7；彩版一七一：4、5）。

标本陶53—12，泥质浅灰陶，轮制。侈口，圆唇，长束颈，折肩，肩部略外鼓，折腹，下腹斜鼓内收至圈足。壶颈、圈足外均施红彩，肩部绘有红色条带状图案，剥落较甚，其余皆施黑衣，磨光。口径8.6、最大腹径14、高14厘米（图二：8；彩版一七二：1）。

标本陶53—15，泥质浅灰陶，轮制。直口，圆唇，束直颈，颈与肩部有一周凹棱，颈下端刻划一道弧线，肩部下刻划一图案，下腹斜鼓内收至圈足，足内亦有刻划的符号，通体施黑衣磨光。口径7.2、最大腹径15.2、高14.6厘米（图二：9；彩版一七一：6、彩版一七二：2）。

标本陶53—16，泥质浅灰陶，轮制。侈口，圆唇，束颈，颈与肩相接处有一道折棱，斜肩，折腹，下腹斜内收，平底，圈足。口径8.4、最大腹径16.4、高17厘米（图二：10；彩版一七二：3）。

标本陶53—18，泥质浅褐陶，轮制。口部已残，直颈，溜肩，折腹，折腹上饰有一刻划的符号，下腹斜鼓内收，平底，圈足。最大腹径13.4、高12厘米（图二：12；彩版一七二：4）。

3. 鼎

标本陶53—26，夹草木灰灰陶，器体轮制，足部为手制。侈口，尖圆唇，折沿，短束颈，垂腹，腹部饰两周附加堆纹，鼓腹内收成圜底，三扁凿形鼎足贴附于上腹部处，与下部一周附加堆纹相接。口径13、最大腹径17.6、高15.8厘米（图二：11；彩版一七三：2）。

4. 钵

标本陶53—13，红泥质硬陶，轮制。敛口，鼓肩，肩饰两周弦纹和水波纹一周，下腹部内收，小平底，底上有明显的线割痕。口径11.6、最大腹径14.8、高7.2厘米（彩版一七三：1、3、4）。

二　石器

1. 钺

标本石6—1，青黑色石质，磨制。整体呈扁长舌形，顶部平直，刃部圆弧，靠近顶部处对钻一孔。长 10、刃宽 6、孔径 1.8 厘米（图三：1；彩版一七四：1）。

标本石 6—2，青黑色石质，磨制。整体呈扁舌形，顶部平直，刃部圆弧，靠近顶部处对钻一孔。长 8.6、刃宽 6.9、孔径 2.1 厘米（图三：2；彩版一七五：1）。

标本石 6—3，青灰色石质，磨制。整体呈铲形，顶、刃部平直，靠近顶部处对钻一孔，器表留有较多的磨制痕迹。长 14.5、刃宽 10.5、孔径 2.3 厘米（图三：3；彩版一七四：3）。

标本石 6—15，青黑色石质，磨制。整体呈扁长舌形，体较厚，顶部平直，刃部圆弧，靠近顶部处对钻一孔。长 12.2、刃宽 6.3、孔径 2.4 厘米（图三：4；彩版一七四：2）。

标本石 6—19，灰白色石质，磨制。整体呈扁长方形，顶部平直，刃部略弧，靠近顶部处对钻一孔。长 12.6、刃宽 9.8、孔径 2 厘米（图三：5；彩版一七五：2）。

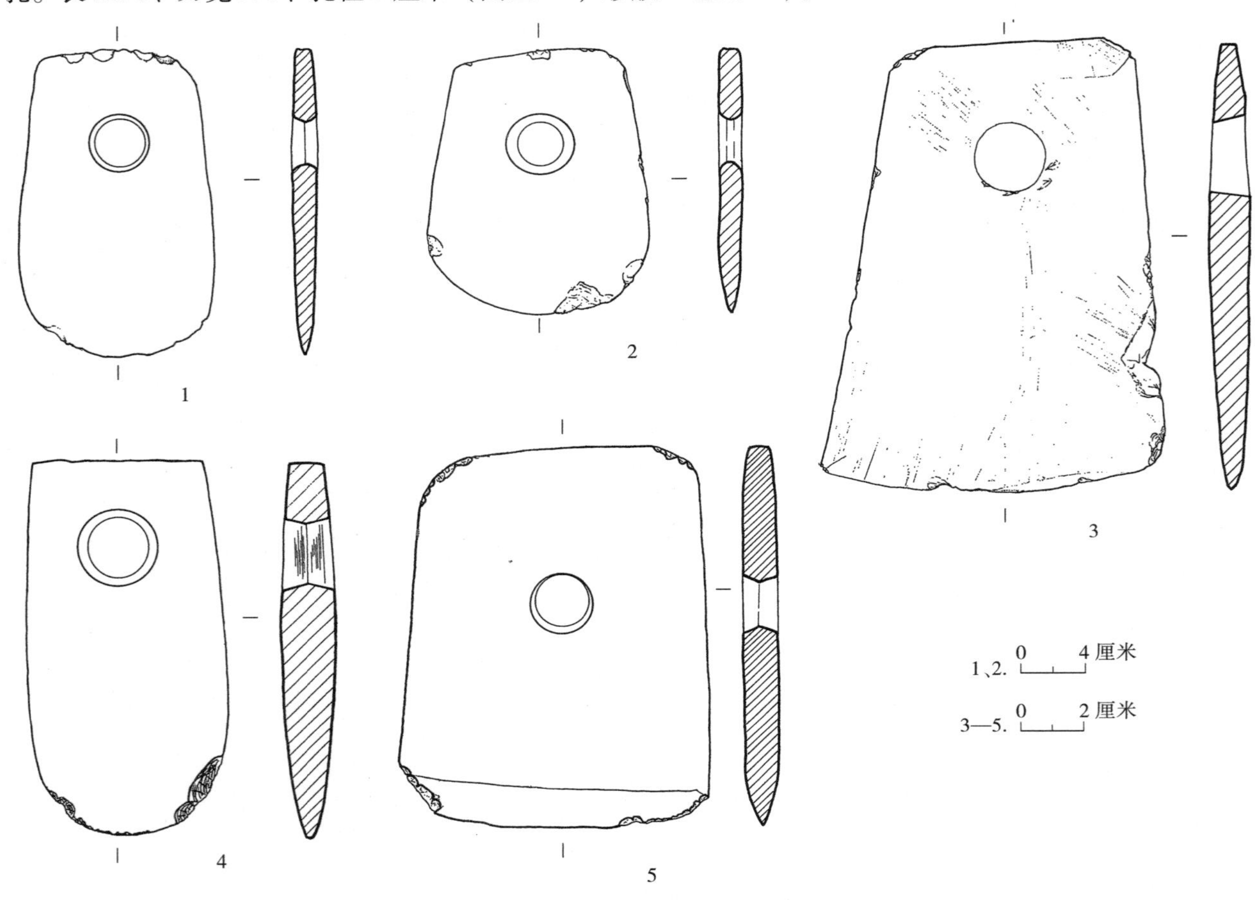

图三 南楼遗址采集石钺

1. 石 6—1 2. 石 6—2 3. 石 6—3 4. 石 6—15 5. 石 6—19

2. 锛

标本石 6—7，青灰色石质，磨制。整体呈长条形，锛体一面与刃部相连，较平整；另一面与刃部相连，折棱明显，其表留有打片疤痕。长 14.4、中宽 4.6、厚 2.2 厘米（图四：1；彩版一七六：1）。

标本石 6—8，青灰色石质，磨制。整体呈长条形，锛体一面与刃部相连，较平整；另一面与刃部相连，折棱明显，其表留有打片疤痕。长 9.6、中宽 3.3、厚 1.8 厘米（图四：2；彩版一七六：2）。

标本石 6—9，青灰色石质，磨制。整体呈长条形，锛体较厚，顶部圆弧，锛体一面与刃部相连，较平整；另一面与刃部相连，折棱明显，其表留有打片疤痕。长 8、中宽 3、厚 2.6 厘米（图四：3；彩版一七六：3）。

标本石 6—10，灰白色石质，磨制。整体呈上窄下宽的梯形，体较薄，锛体一面与刃部相连，较平整；另一面与刃部相连，折棱较明显，其表留有打片疤痕。长 12、中宽 4、厚 1 厘米（图四：4；彩版一七六：4）。

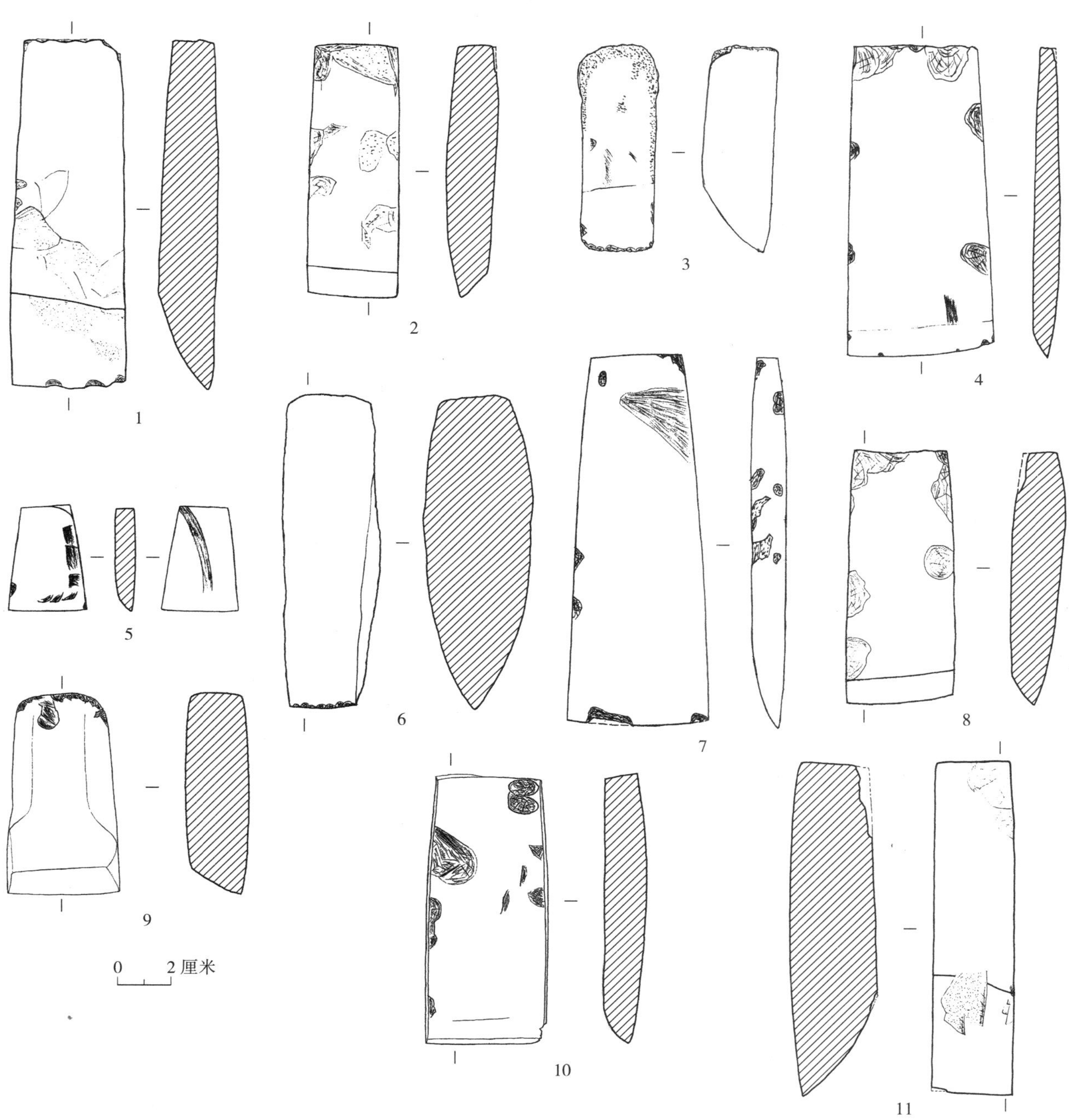

图四　南楼遗址采集石锛

1. 石 6—7　2. 石 6—8　3. 石 6—9　4. 石 6—10　5. 石 6—11　6. 石 6—12　7. 石 6—13　8. 石 6—14　9. 石 6—16　10. 石 6—17　11. 石 6—20

标本石6—11，灰白色石质，磨制。整体呈上窄下宽的梯形，体较薄，锛体一面与刃部相连，较平整；另一面与刃部相连，该面留有切割痕迹，折棱不明显，磨制光滑。长4.2、中宽1.85、厚0.8厘米（图四：5）。

标本石6—12，青灰色石质，磨制。整体呈长条形，锛体较厚，顶部圆弧。长12.7、中宽3.7、厚4.2厘米（图四：6；彩版一七六：5）。

标本石6—13，青灰色石质，磨制。整体略呈上窄下宽的梯形，体较薄。锛体一面与刃部相连，较平整；另一面与刃部相连，折棱不明显，磨制光滑。长14.6、中宽5.3、厚1.3厘米（图四：7；彩版一七七：1）。

标本石6—14，青灰色石质，磨制。整体呈长条形，锛体一面与刃部相连，较平整；另一面与刃部相连，折棱明显，其表留有打片疤痕。长9.7、中宽3.5、厚1.9厘米（图四：8；彩版一七七：2）。

标本石6—16，青灰色石质，磨制。整体呈长条形，体厚重。锛体一面与刃部相连，较平整；另一面与刃部相连，折棱明显。长8.5、中宽4、厚2.5厘米（图四：9；彩版一七七：3）。

标本石6—17，青灰色石质，磨制。整体呈长条形，体较薄。锛体一面与刃部相连；另一面与刃部相连，折棱不明显，磨制光滑。长13.55、中宽4.5、厚1.15厘米（图四：10；彩版一七七：4）。

标本石6—20，青灰色石质，磨制。整体呈长条形，体厚重。锛体一面与刃部相连，较平整；另一面与刃部相连，折棱明显。长12.3、中宽2.9、厚2.7厘米（图四：11；彩版一七七：5）。

3. 石刀

标本石6—4，青黑色石质，磨制。整体呈长方形，顶部平直，刃部较圆弧，靠近顶部并排对钻两孔，孔内台痕明显，刃部有残失。刃宽16.4、孔径1.8厘米（图五：1；彩版一七八：1）。

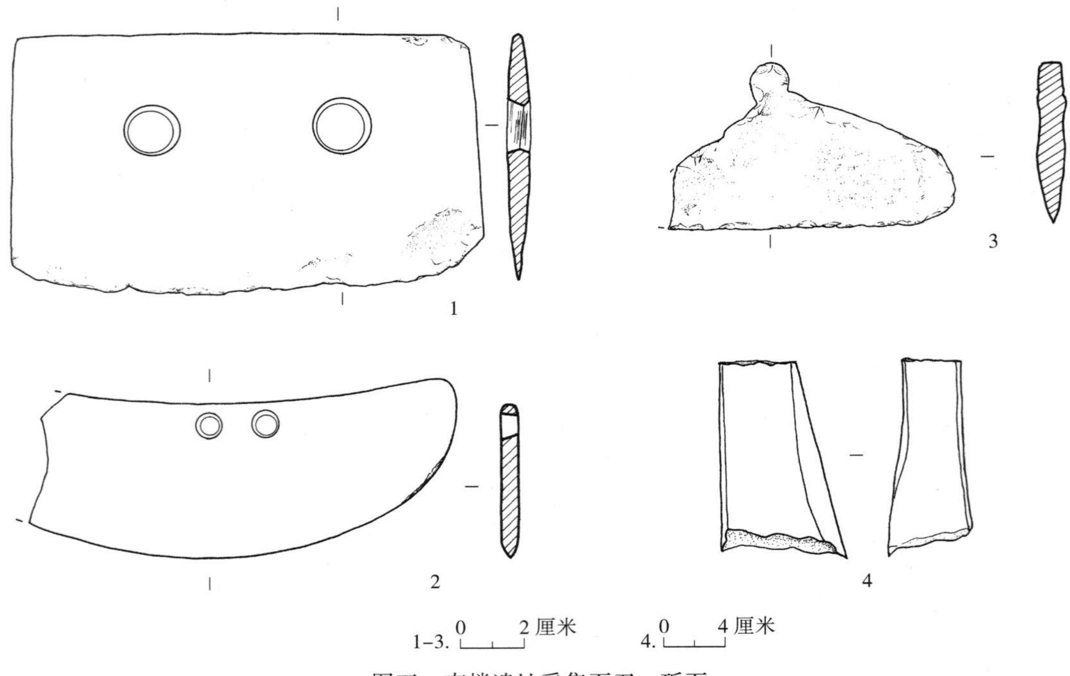

图五　南楼遗址采集石刀、砾石

1. 石刀（石6—4）　2. 石刀（石6—5）　3. 石刀（石6—6）　4. 砾石（石6—18）

标本石6—5，青灰色细砂岩质，磨制。两端弯曲，一端稍残缺，刃部较弧，整体呈月牙形，背部并排单面钻两孔。残长13、宽5、孔径0.85厘米（图五：2；彩版一七八：2）。

标本石6—6，青灰色石质，磨制。平面呈三角形，顶部为把，下部为刃，刃部平直，一端略残损，器表残留较多的打片疤痕。残长9.1、宽5.7厘米（图五：3；彩版一七八：3）。

4. 砾石

标本石6—18，灰白色细砂岩，磨制。呈不规则长方形，两端皆残断，器体表面尚留有打磨痕迹。残长14、宽5厘米（图五：4）。

附录二　青阳镇南楼遗址发现记

刘湘和

我在青阳工作期间，做了一点对出土文物的保护、宣传工作，时至今日，仍记忆犹新，有些事情清晰得好像就发生在眼前。

那是1970—1976年，我在青阳公社（当时乡镇称公社）任文化站站长，1973—1976年的几年中，适逢整田平地和大兴农田水利工程时期，把原来留下的七高八低、鸡零狗碎的田块全部整平。由于集中全公社劳力打歼灭战，从稻收开始，到春节前就结束了。土地的平整有利于农田的水系排灌，为旱涝保收打下了基础。

在整田平地与开河筑渠工程中，发现了不少出土文物。最集中出土的文物是1975年11月至1976年1月动工开凿的革新河和团结河的工地上。革新河从青阳的楼至村，经过普照村、南楼村、西庄村到昌利村，全长4150米，成为从南到北沟通青祝运河至张塘浜、杨庄浜的一条利于灌溉的河道。那时我被抽调到开河工地，负责鼓动宣传工作，将每天各工段的进度、好人好事和后勤保障、领导关怀等事迹，写成书面文稿，送工地的临时广播站播放，鼓动民工士气，加快开河进度。

我们公社指挥部的人员，全部吃住在开河工地。我们是和民工一样的，用新稻草铺在社员（村民称社员）家里的地上，自己背了被子铺盖，晚上集体睡在农民家里。白天跑工地，收集材料，晚上写文稿。在跑工地时，我已陆续发现一些出土文物，如石器、井栏圈、韩瓶。在西庄村的一口井里，出土了一大堆竹片。竹片面上泛出暗红的光泽，仔细揣摩、端详，似乎有文字刻在上面，当时我总认为可能是竹简之类的东西，就打电话报告到县文化馆（1975年还未建博物馆，博物工作在文化馆设一个股，派一人负责，是南菁中学抽调的一位历史教师担任的）。县文化馆就把我提供的文物信息报告到省文保机关。第二天下午，省文物管理机构（我已记不清他的名字了，可能是省博物院的）派来一位年龄50岁左右的专家，来到开河工地找到了我。我就领他去看了从井中出土的“竹简”。一路上他对我说：“我们苏南地区尚未见到竹简，如果江阴出土竹简，那肯定是轰动文物界的大事。”我听了很兴奋。

当我们到达工地，我就将一堆“竹简”捧出来给他鉴定。专家将竹片摊在地上，将几支比较完整的竹片拿在手里一看，说：“竹片上虽有印纹，但这仅是浸水过程中漫上的水纹之类的水痕，竹简上必须有文字，哪怕是不清晰的文字，这不是竹简。”当晚这位专家和我住在工地上的一个被窝里。天刚放亮，东方刚露出一点鱼肚白，我就陪他到工地转悠，踏看工地现场。上工的号子还未吹响，民工们正在洗脸吃早饭。当我们转到南楼村的一个工地上时，在破土的一个层面上（那时开工没几天），发现了被寒霜凝结的一根稻草绳和一大堆砻糠。他对草绳和砻糠很感兴趣。我觉得草绳和砻糠是农村经常见到的东西，有啥稀罕的呢？他告诉我：“日本国认为中国种植的水稻是从日本传入的，其实不然，日本种植的水稻应该是从中国传过去的。但缺乏有力的证据，经鉴定，地下发现的草绳、谷糠的年代，如若早于日本所指出的水稻传入中国的年代，就足以证明中国的水稻不是从日本传入的，而是由野生的水稻繁育、优化而成的。”我听了兴奋不已。

太阳慢慢地露出了地平线，对横卧地表的草绳已清晰可见，弯曲着足有一二米长，这是不能置疑的，确确实实是根用稻草搓成的绳子。上面还凝结着一层薄薄的白霜。专家用手指轻轻一点，手指点上去的地方全部都变成了灰。他说：“这根草绳昨天刚出土时不被风化和夜晚寒霜的侵打，能保存该多好。”他叹息地说：“可现在已成了草木灰，无法将它完整地保存了。”

再看看旁边的一堆堆砻糠，看上去真像从稻谷上剥离时一样，可用手去一戳，也一样风化了。他用手捧了一捧装进袋里，对我说：“这已经炭化，拿回去再说吧。”后来没有下文，也许他拿回去的砻糠也成了无法鉴定的灰了。

吃过早餐，我送他回到锡澄公路，乘车去无锡市博物馆再回南京。临分别时，专家对我说：“刘站长，有什么新的发现电话告诉我。”他给了我他办公室的电话号码。

工地上陆陆续续又出土了一些陶器、陶器碎片、韩瓶。韩瓶最多，可用箩筐挑一担。我就在南楼村的场地上把出土的陶器碎片和石器等摊放一地，村民在四周围着观看，我在中间讲解。讲解的内容一是这属什么文物名称，如石斧、石凿、陶罐碎片、井栏等；二是告诉他们出土的地方；三是文物有何价值。我正在暖洋洋的阳光下讲解时，县文教局（那时文化局未分出）的赵沛、程以正两位领导听说青阳出土了一大批文物，赶到现场来了。他们表扬我是保护文物、宣传文物的文化站长。程以正还将这件事写进他的日记，后来，我调到了江阴，还请教了他我做的这段往事，他就将记下的这段日记给我看。

在开河工地，我收集材料经过普照村地段时，看到一只薄瓷小碗放在岸边，我极其兴奋，河床里突然出土了这么一件“宝物”，我就将它放在比较隐蔽的草堆旁。哪知当我从北段工地回来，想寻找这只藏在草丛中的瓷碗时，它已经被一个民工踩破了，好不痛心！

在革新河工地出土的最为有价值的，要数那只至今存放在市博物馆的彩绘黑皮陶。完好无损，且有浅黄色条纹。那天，我在南面工地上，从北面传来话说：“刘站长，你快去，普照与楼至村的民工在抢只乌龟，还有罐头。”我当时心想：“哪里来的乌龟，天气滴水成冰，不可能有乌龟出现。罐子倒很有可能。”时近中午，我就急急忙忙地赶过去。从西庄到普照有 5 里路程。待我赶到现场，民工们正在收工，要吃中饭。我找到了工地的负责人，他告诉我一组文物出土时遭到破坏。

当一个民工挖土时，看到了露出土表的一个罐顶，这位民工没有用铁耙刨开黄泥，而是在边上细细地坌。他发现一组黑色的陶罐，陶罐口的顶部还伏着一只乌龟，这只乌龟有成人的拳头那么大。那位民工惊呼一声，周围的民工围了上去，七手八脚地去抢，结果乌龟的壳被抢散了（那只乌龟的残片我没有看到，不知是陶制品还是乌龟的化石）。陶罐的散片我找到后，拼起来是五件一组，由大到小套在一起。最大一件的膨鼓处，还补了个补丁，像是用今天石灰样的东西补上去的，里面的五件全部是黑色而且光滑，十分可惜的是都已破碎。

就在这一天的下午，太阳将下山，我一个人从北边的工地上准备回到指挥部吃晚饭。行走在新开河的东边河岸上，河床快要挖到底部了，一放水就是一条贯通南北、横贯五六个村庄的大河。就在我走到楼至村与普照村交界的地段，看到新开河朝向西的斜坡上，坚硬的黄泥斜坡上有一个湿湿的烂泥塘，看上去还有点渗水。这一段河床上就是出土一组被抢的黑皮陶罐的地段，这一摊渗水的烂泥里会不会有黑皮陶罐？会不会是制作黑皮陶罐的先祖遗下的窑址呢？于是我停下脚步，蹲下来慢慢从岸坎往下挪了几步，用手插进烂泥里。泥倒是松软的，但插进烂泥的手里没有碰到任何东西。用手指往泥里伸是伸不进多深的，必须把上面的烂泥铲掉，然后才能往深处挖。我就去附近农家借来了一把挖野菜的斜菜刀，一把一把将上面的烂泥铲到一边，堆成了个小小的烂泥墩，就在此时，铲子似乎碰到了某个东西。我生怕硬碰硬挖坏，就把铲子丢在一边，用粘满烂泥的手指去挖，碰到一个圆滑的东西，我心里一阵高兴："不要真的被我挖到陶罐啊！"我再继续用手挖，果然是个圆圆的东西，我把烂泥一把把堆在旁边，一件圆陶罐就露出来了。如获至宝的我，跑到小河边去清洗粘在罐壁上的烂泥。清洗时我十分小心，生怕碰坏。我不用稻草擦洗，用稻草擦洗会擦伤罐壁，留下一道道擦痕。当时没有棉布之类柔软的东西，就用手指细心地抹。陶罐通体是黑色的，口和底部收缩，口部下有束紧的颈，涂着橙色，有点像红荸荠，膨鼓的腹部饰有交叉纹，也是橙色。在黑色的底色上，橙色显得十分醒目。刚出土时橙色较为鲜艳，与空气接触后，颜色稍微淡了点。我再从上到下细细端详，这件陶罐完好无损，也没有擦痕（参见附录一之图二：2）。

我捧到指挥部，红日已经西沉。团部已用过晚饭，我就随便吃了点晚饭。公社领导问我挖到了啥好东西，我说，我也说不出它的名称，反正我知道这是出土文物，对考古是有价值的。他们均不屑一顾，而我把陶罐放在靠墙的枕头旁边，生怕被人踩坏。工程结束后，我就将这件文物交到文化馆文物管理处，现珍藏在江阴博物馆，被鉴定为崧泽文化的陶器。

与革新河同时开工开凿的，还有东西向横贯里旺里、小青阳的引锡澄运河之水灌溉农田的向阳河。我从开工至工程结束，都在革新河工地上，所以对那段河道有没有出土文物一无所知。

翌年冬，青阳公社又在南楼至妙静开凿一条贯通南楼、悟空、妙静（当时悟空村名"卫东"、妙静名"东方"）。又出土了两块纳犸象臼齿化石。一天下午，天空飘着小雪花，我与公社业余教育办公室的老周看到一位民工从河床底部挑上来两块石头，正倒在河岸的泥堆上，我俩翻开一看，第一感觉是这两块石头不像是平常看到的黄石或别的石块。我剥掉附着在上面的黄泥细细观察，它与普通石头不同之处有三：第一，石色全是白的。一般黄石、金山石有黄灰色或麻黄色的颜色；第二，这两块石头比较整齐。基本上呈长方形的，有棱有角；第三也是最为明显之处，像牙床一样，它有凹凸整齐的纹路。我们觉得这很可能是动物的化石，就叫民工挑到公社文书办公室。工地结束后，我们将出土这两块石头的事向县里汇报，后来就交到了县文管处。

隔了两三个月的时间，县里管文物的科长告诉我，你交上来的两块是化石，为生活在距今亿万年前的古哺乳动物纳犸象的臼齿化石，现已在地球上绝迹。这一化石的出土，证明我们这一带在远古时代已生长着大片茂密的丛林，纳犸象就是生活在原始森林里以树叶为生的大型哺乳动物。我好奇地问他们这个结论是从何而来的。他们说，这是请上海自然博物馆的古生物专家鉴定后得出的结论。我想，如果在挑河工地上不被发觉，或者被我们发觉了，但不作任何思考，仅当作两块普通的石头继续埋进土里，这两块纳犸象的臼齿化石会依然沉睡地下。

开河工地全面结束，我与党委秘书徐锡元商量，最好办个展览会，展示一下地下文物。青阳公社党委秘书徐锡元也是个热心人，他对出土的一大批文物很感兴趣。当时，成强任青阳公社党委书记，经请示，他也很赞成。我们还从学校里借来了猿人用石器在森林中狩猎、过着群居生活的挂图，挂在大会堂入口处。大会堂里的长条台子和八仙桌上，摆满了新石器、陶罐、韩瓶、井栏圈等出土文物，并贴上了标签，有五六十件之多。贴出了公告后，前来观看的人络绎不绝，当看到进来的人数较多的时候，我就给大家讲解。参观的人看到出土文物，一是感到新鲜，地下怎么会有这么多东西？二是知道青阳这一带在远古时代和五千多年前的状况，增长了不少知识。特别是青阳中学的学生，自觉地排成队伍，前来参观。20 世纪 70 年代中期，在乡间能看到如此场面的文物展览，在江阴还是头一回。

作一个发现、发掘、收集、奉献、保护和宣传文物的人，作一个有心人，作一个热爱文物的人，只有心存文物意识，才会处处去关心文物，我是这样想，也是这样做的。

2017 年 8 月 15 日

附录三　南楼遗址发掘始末

——兼谈江苏联合考古队对江阴的贡献

唐汉章

2006年4月至5月，江苏联合考古队对南楼遗址进行了为时43天的考古发掘，这是江苏联合考古队成立以后在江阴的最后一战，由此结束了长达八年的考古工作。

南楼遗址位于江阴市的青阳镇南楼村，是一片地势较高的台地，西距镇区约2千米。其东有南北向的徐霞客大道，西有南北向的锡澄公路，南有由西向东的从青阳到璜塘的青璜公路，峭岐到青阳的乡村公路则由东北向西南从遗址穿过。境内还有开掘于20世纪70年代的革新河等河流和水塘。20世纪50年代到60年代大兴水利农田时，在村东乌龟墩就有新石器时期的石器出土。70年代在开挖革新河时，出土了猛犸象臼齿化石和石器、陶器等。几件黑皮彩陶壶制作精美，其中一件保存完整，壶身的红色漆绘网纹图案，虽埋地下数千年仍光鲜如新。当时这些器物出土后一直存放在县文化馆，直到1988年江阴县博物馆建立以后，才引起考古界的注意，确认为新石器时期崧泽文化遗存。南楼出土如此高工艺的陶器，这表明是一处重要的古文化遗址，但是由于出土器物都是由农民挖到上交的，其更多的文化信息必须要经过科学考古才能获得。

随着江阴考古工作的展开，对南楼遗址进行考古发掘也提到江苏联合考古队的议事日程中，考古发掘计划一经提出，立即得到江阴市政府和青阳镇政府的支持。在正式发掘之前的一二年间，考古队作了充分的准备。笔者曾数次与陆建芳领队赶赴南楼遗址，对遗址方圆数千米范围进行实地调查，踏勘地形，调查民情，为考古发掘掌握了第一手资料。

江阴的地理形势，正如伟大的旅行家、地理学家徐霞客在其《溯江纪源》（亦即《江源考》）中所言："是余邑不特为大江尽处，亦南龙尽处也。龙与江同发于昆仑，同尽于余邑，屹为江海锁钥，以奠金陵，拥护留都千载不拔之基。"江阴北部沿江地区多山，由西向东几乎绵延全境，故地势相对高亢，所发现古遗址大都分布在这一地区。江阴南部地区则水网密布，地势相对较低，这不仅是距太湖较近的缘故，关键是在古代还有一座"芙蓉湖"的存在。芙蓉湖亦即"上湖"，也称三山湖、射贵湖，介于无锡北、武进东、江阴南，面积号称有三万余顷。其中心位置在今武进区的芙蓉镇和江阴市的月城镇、青阳镇境内，而素有江阴第一镇之称的青阳镇，即位于芙蓉湖东岸。芙蓉湖丰富的水资源、优越的自然环境、南楼地势较高的地理优势，使先民们在此择地而居，生息繁衍，开辟洪荒，创造了原始文明，成为江阴最南的一处古文化遗址。沧海桑田，芙蓉湖在南宋时尚有一定规模，明代以后渐渐消失于岁月之中，成为历史的记忆。

江苏联合考古队在充分做好前期准备工作的前提下进驻南楼，并选定距革新河东岸不远处的一处地势较高的农田展开考古发掘。这时的南楼遗址由于人类频繁的生产活动，地形已有太多变化，能在如此复杂的地形中做出精确选择，确实体现出陆建芳队长高超的考古素养，不得不令人钦佩。这次考古发掘不仅发现了一批墓葬，出土了一批随葬品，而且发现了先民们的房址建筑，正确分离出墓葬与居住的区域。这次发掘虽然没有像期待的那样，发现高等级的墓葬，也没有出土先前黑皮彩陶那样的复杂工艺的陶器，但是出土了石钺等石器、异形玉佩等玉器，收获还是很大。而更重要的收获是它的发掘为南楼遗址的研究提供了科学依据，为我们认识江阴新石器时代中期的文化发展轨迹提供了帮助。我们要赞扬的不仅仅是陆建芳队长领导有方，当然还有考古队员们吃苦耐劳的敬业精神。

江苏联合考古队在南楼遗址的考古发掘还有一个历史意义，那就是江苏联合考古队在江阴完成了从新石器时代早（祁头山马家浜文化）、中（南楼、龙爪墩崧泽文化）、晚（高城墩良渚文化）三个时期至夏、商、周时期（花山、佘城文化遗存）和历史时期（宋代塔基、明代墓葬群）等一系列科学考古活动，是江苏省全面探索地域文明的先例，恐怕也是全国第一例。这些考古活动厘清了江阴历史文化发展脉络，对江阴的社会经济文化发展有着极其重要的意义，这是江苏联合考古队为江阴做出的重大贡献。

江苏联合考古队始创于1998年11月。那时，江阴市博物馆考古人员在对正在兴建的锡澄高速公路沿线巡查时，发现一处古文化遗址。据南京博物院考古研究所陆建芳实地考察后，确认为相当于青铜时代马桥文化性质的遗存，因位于花山东麓，便将其命名为“花山遗址”。在报请上级部门批准后，随即成立以陆建芳为领队，由南京博物院、无锡市博物馆和江阴市博物馆三方组成江苏省联合考古队，于1998年12月进行了为期一个月的抢救性发掘，开启了江阴地区科学考古之先河。花山遗址发掘时间虽短，但收获很大，不仅弥补了江阴乃至无锡地区夏商周时期的考古空白，而且为泰伯奔吴首奔之地和吴文化发源的研究提供了新的实物佐证。因为花山遗址的发现与发掘，也促成了佘城古城遗址的发现，使深藏历史尘埃3800多年的这座长江下游青铜时代第一城终于重新现世。随后，高城墩良渚文化遗址、祁头山马家浜文化遗址、龙爪墩崧泽文化晚期遗址、悟空寺泗州大圣宝塔地宫遗址、曹家墩春秋时期石室土墩遗址以及南楼遗址的相继发现和发掘，使本来临时成立的“江苏省联合考古队”一发而不可收。在长达八年的时间里，江苏省联合考古队辗转于江阴大地，取得了一个个重要的考古成果。

江苏联合考古队在江阴的八年是成果辉煌的八年。祁头山遗址的发现与发掘，不仅发现了不同于其他马家浜遗址的多文化因素，而且将江阴的人文历史推进到距今7000年前。高城墩遗址的考古发掘，证实了太湖以北地区最高等级良渚文化遗址的存在，打破了一些考古学家关于高城墩已无墓葬的定论。发掘过程中，陆队长和杭涛不仅正确地找到了墓葬，而且做出了板灰，从而突破了此前江苏考古在史前考古中发掘良渚墓葬的短板，跟上了先进水平。高城墩遗址的考古发掘获得1999年全国十大考古新发现荣誉，同时为江阴5000年文明史提供了佐证。悟空寺泗州大圣宝塔地宫遗址的发现与发掘，使千年观音舍利重现于世，重放光明，成为全国佛教界的大事，甚至影响到我国港澳台以及日本、韩国和东南亚地区。韩国首尔的僧伽寺的僧侣和善男信女，还专门成立朝圣代表团，赶到江阴朝圣。

江苏联合考古队在江阴的八年是艰苦奋斗的八年。考古队长期转战在城乡，战斗在野外，历经春天风雨、夏天烈日、秋天风霜、冬天严寒的考验。高城墩考古历经数月，考古队员忍受烈日高温，抵御夏天的蚊虫叮咬，到收尾时已进入隆冬季节。为了确保文物安全，考古队员轮流值班，住在帐篷里，忍受严寒的考验，一夜之间头发染上白霜，成了“白发人”。考古队员们为考古事业的献身精神，深深地感动了政府领导和广大干部群众，考古队每到一处都受到关注，受到尊重，人们像战争年代“支前”一样，带着烟酒、水果等物品到考古工地慰问。这种关心爱护，也极大地鼓舞了考古队的每一位队员，激励着大家的斗志。

江苏联合考古队在江阴的八年是宣传文物知识的八年。考古队的每个队员都是兼职宣传员，每到一处总是积极向人民群众宣传文物保护法，普及文物知识，使人们从不理解到理解，从不支持到积极支持。村民们以能成为考古队民工而自豪，主动担任义务宣传员；因故未能成为民工的村民，成为考古队的热心人，经常主动到考古工地帮忙，协助维持秩序，成为考古队之友。那些年，考古队经常接受江阴电视台、电台、报社等新闻记者的采访，甚至在报刊发表专题文章，通过新闻媒体宣传扩大影响。一时间，主动报告文物消息和上交出土文物的事情屡见不鲜，保护文物和爱护文物已成为干部群众的自觉行动，形成了良好的社会新风尚。

江苏省考古队在江阴的八年是培训考古骨干的八年。江阴博物馆自 1988 年成立以后的十余年间，工作重点放在藏品建设、社会教育及学术研究，考古工作主要是配合城镇建设和农田水利建设，进行一些规模较小的抢救性清理发掘，专业人员得不到实际锻炼机会，考古技术难以长进。从 1998 年第一个考古项目花山遗址实施到 2008 年曹家墩发掘的近十年年间，考古队犹如一个培训班。陆建芳领队耐心施教，传授考古知识和技能，江阴博物馆专业人员虚心学习，得到了很大的锻炼与提高。这对于个人来说受益匪浅，而且，江阴博物馆的整体素质也得到了极大提升。受益的当然不只江阴博物馆一家，还有参与考古发掘、整理的无锡博物馆、盱眙博物馆的专业人员甚至上海大学的学生，他们都得到了实践的机会。

江苏省考古队在江阴的八年是促进无锡地区考古工作的八年。在花山遗址考古发掘之前，无锡地区一城三县（一城即无锡市，三县即江阴、锡山、宜兴）几乎没有一项考古活动。20 世纪 90 年代中期，时任无锡市副市长的张怀西曾在梅村太伯庙召集过一城三县考古工作会议，他希望通过考古活动寻找吴太伯踪迹，探究吴文化发源之谜。这次会议精神首先在江阴得到贯彻，结出了硕果。几年后，花山遗址和佘城古城遗址的相继发现和考古发掘，使吴文化研究有了新进展。接下来，江阴考古项目一个接着一个，形成强劲的发展势头，极大地促进了无锡地区考古工作的开展，先后取得了鸿山遗址、阖闾城遗址、宜兴骆驼墩遗址等一批重大考古成果，打破了历史的沉寂，这不能不说是江苏省考古队的功劳。

南楼遗址的考古发掘已经过去了十几个年头，江苏省考古队在江阴的战斗历程和取得的考古成果将永载史册。严文明先生曾经把陆建芳队长在江阴的考古实践活动称之为“江阴模式”，如今，这一模式已推广到全国各地。然而，这似乎不能仅仅成为美好的回忆，我们期盼江苏联合考古队早日重返江阴大地，再创考古工作辉煌业绩！

谨撰此文，献给江苏联合考古队和每一位考古队员！

丁酉腊月于澄江绿园汗竹斋

（作者为江阴博物馆原馆长）

Abstract

The Nanlou Site is located at Gujia Village, Qinyang Town of Jiangyin City in Jiangsu Province. It was first discovered by the River Controlling Project in January 1976. The villagers planted massive trees on the site and parts of it have been destroyed. In 2006, the Jiangsu Provincial Institute of Archaeology, together with Jiangyin Museum and Shanghai University, made a joint research team to excavate. The excavation area is located in the north of Gujia Village. We found the site experienced two major periods, the Songze Culture of prehistory and the Shang – Zhou Dynasty. In the revealed area about 1500 sq meters, The ruins of Songze Cultural period show the settlement layout. The large trench, four house – foundations, and twenty five tombs were brought to light.

G1 is a large trench dug through from north to south, it is about 0. 9 meters deep and about 5 meters wide. The accumulation in the trench is mainly ash, which can be divided into two layers. The top layer is obviously caused by the artificial dumping of garbage, and the lower layer is formed by flow of water. The various pieces of pottery unearthed are very rich. They are all domestic pottery in the period of songze culture, Just like tripod (ding), stem cup (dou), basin (pen), pot (guan), kettle (hu), and so on.

Most of the burials are concentrated in the eastern part of the trench, Only few lie in the western. In stark contrast, most of the premises are located to the west of the trench. In a period of time, the trench should be the dividing line between the burial area and the residential area, and may also assume the defensive role of the residential area. As the trench was silted up and abandoned, some of the tombs were buried directly above the original trench and continued to extend westward.

The Cemetery lies to the east of the trench. Buries can be divided into three rows from south to north. All tombs have a vertical earthen shaft of a rectangular plan, We found the clear evidence of the coffin in Tomb NO. 7、NO. 8 and NO. 9. Most of the skeletons in the tombs are heading northeast, but poor preserved. Vessels were mostly buried on the side of the body, A few were distributed in the head and foot. Jade/stone is commonly found in the head, chest and abdomen of the owner. The types of pottery are tripod (ding), stem cup (dou), kettle (hu), pot (guan) . The types of jade pendants are very much in shape, include huang, jue, bi, huan, zhu, and so on. Stone tools are mainly tomahawk, axe, adze and chisel.

West of the trench is the main residential area. We have uncovered three buildings in the shape of a "Triangle" group. Foundation No. 1, NO. 2 and NO. 3 are well preserved, Each foundation has a round room with a diameter of about 6 meters. In the middle of each room there is a rectangular row of cylindrical holes, surrounded by gutters around the building.

The relative age of the site runs through the early, middle and late stages ofSongze culture. This excavation reveals a relatively clear coffin of Songze period, which solves an important academic question, and provides a good basis for the study of the use of the burial tools in Songze or earlier period.

Houses, burials and the trench compose the whole settlement. TheNanlou site is very unique in this period. Considering the scale of house and size itself, it's possible the center of this region, Through the micro – analysis and the deep research, our knowledge about the early civilization will be updated.

（张 东）

后　记

南楼遗址是我考古生涯的最后一项工作，当然也是我的最后一个田野考古发掘报告。自 1998 年 12 月发掘花山遗址，到 2008 年 1 月发掘曹家墩遗址，我带领考古队在江阴不间断地工作了近十年，期间创造了两个模式：一个是依靠地方政府进行考古研究的新模式，另一个则是对地方文明的深度发掘和研究模式。

众所周知，自中华人民共和国成立以来，考古工作只有两种模式：有计划地主动性发掘和被动性的抢救性发掘。前者多是为了配合课题研究，学术性强，针对性也比较强。20 世纪之前，这种发掘项目除了要报请国家文物局批准，也大多由国家文物局提供经费。然而与田野发掘的需求相比，国家文物局提供的经费远远不够。往往发掘进入佳境，却已财务告罄，只好草草结束，无奈收工。这种感觉恐怕不是少数考古领队才有的体会。

20 世纪 90 年代开始的基建高潮，使抢救性发掘成为考古人的主要工作。这类发掘因为规定由基建方提供经费，考古队倒是不怎么为钱犯愁，但修桥铺路遇到的遗址和墓葬，往往又与前沿课题不相关。

如何才能两者兼而有之呢？大概从 1995 年开始，国家文物局只给省级保护单位以上的遗址发掘提供经费，其他发掘经费都由各省自已负责。这样一来，传统的经费渠道突然收缩，省里的经费渠道还没开通。江苏考古有好几年处于“等米下锅”状态。我有幸在南京郊区首次发现了良渚文化时期的玉器作坊——丁沙地遗址，当时徐湖平院长十分重视，特批经费进行发掘。除此以外，那几年大家都很少出去发掘。

在这种情况下，我因为花山遗址和江阴结了缘。在各部门的支持下，我们在这八年中，开创了一个新的模式，即地方政府提供考古队经费，考古队根据课题需要发掘遗址。发掘过程中，不但为地方上培养考古和文物保护的人才，待文物整理完成并且出版报告后，考古队在南京博物院和江苏省文物局文物处的支持下，还将大部分文物留在当地。

这种模式的好处是显而易见的。首先，由于不需要担心经费问题，考古队可以对重要遗址的发掘做比较长远的规划，有利于深入进行课题的研究。其次，地方上虽然提供考古经费，但发掘了本地的历史和文化遗址，得到了珍贵的文物，还培养了一批本土人才，地方上也觉得很不错。我们在江阴的八年考古工作，依靠的就是这种模式。事实证明，这完全是一个双赢的事情。所以，张忠培和严文明两位先生来江阴考察之后说，这可以称为“江阴模式”，当时我和江阴的同志都很受鼓舞。如今这种模式早已在全国推广，其好处自不待言。

对江阴的地方历史和文化进行深度发掘，我们至少做了八年工作。从江阴纵向历史谱系而言，我们发掘了马家浜时期的祁头山遗址—崧泽文化时期的南楼遗址—良渚文化时期的高城墩遗址—夏商时期的佘城遗址—春秋时期的曹家墩遗址，时间跨度从史前直到春秋时代。祁头山是一处面积达 8 万平方米的综合性遗址。2000 年夏天，江阴陈捷元副市长和文化局曹金千局长、陈楠副局长冒着大雨，在挖土机下保护了这处难得的遗址。发掘表明，以平底筒形釜为代表的遗存至少是一种新的考古学地方类型。此外，遗存中的彩陶和陶塑表明，6000 多年前，湘西高庙的文化因素就已经顺流而下，直达江阴。囿于时间，考古队未能对该遗址的大规模红烧土建筑进行解剖，而是把它回填保护。如今该遗址已是国家级文物保护单位，今后如果发掘，相信一定会有更重大的发现。

高城墩的发掘也有遗憾，主要是对周边的调查和发掘没有及时开展。当时的遗址还处于比较偏僻的地方，地貌变化不大，如果当时及时做工作，也许高台墓地与居住区的关系能够得到突破。如今，大规模的城镇化建设使这个想法化为乌有。因此，考古领队的眼光是直接影响课题研究的进程的。

佘城遗址是俞伟超和张忠培两位先生高度重视的商代晚期城址，南北长 800 多米，东西宽 500 多米，东南角的城墙现存高度有 7 米多高，城壕也十分清晰。我原来是想在这里干到退休的，因为我心里有几个疑问想在此解开：一是它的规划和布局，尤其是墓地在哪里；二是它的年代和性质；三是谁建的这座城，和吴太伯有无关系。研究表明，花山遗址是佘城遗址西面的一部分。然而城外的灰沟里出土的一部分陶片，在江阴却找不到来源。2001 年夏天，我们把这批陶片带到王占魁的周原考古工作站，却引起了他的极大兴趣。本来想专门开个学术讨论会，后来因为工作的变动而作罢。

往事如烟，江阴的考古工作还是等待后来的有心人吧。

南楼报告整理工作分为两个时期。第一次整理是在南楼遗址发掘后的 2006—2007 年，参加人员有南京博物院左骏，上海大学文学院历史系张童心教授、龚丹、高文虹、王斌，江阴市博物馆高振威、刁文伟、孙军、曹良武。其中，孙军、曹良武负责修复出土器物，左骏、张童心、孙军负责绘图、拓片，张童心、高振威负责挑选标本，龚丹、高文虹、王斌统计陶片，孙军、左骏、刁文伟负责摄影。第二次整理是在 2014 年 4 月至 2017 年 7 月，新参加人员上海大学文学院历史系姚庆、毛天辛、张思宇，江阴博物馆韩锋、周利宁等。此次整理由高振威负责整理资料的收集，由孙军重新绘制了遗址总平面图，周利宁负责重绘或者补绘了部分遗迹平、剖面图和器物线图。

南楼报告的完成应该感谢我们的朋友龚振东副市长，没有他的督促和资金支持，此事恐怕要成为“烂尾楼”。也要感谢江阴市文广新局蒋青局长、严文华副局长和江阴博物馆原馆长韩锋在具体工作上的精心安排。现场发掘时，时任江阴博物馆馆长的董录科以及办公室副主任周家坤是我们后勤的有力保障，谢谢了。

感恩江阴！

2018 年 6 月 6 日

彩版一　南楼遗址全景（自东北向西南摄）

1. 南楼遗址全景（自北向南摄）

2. 考古勘探现场（左为陆建芳，右为高振威）

彩版二　南楼遗址全景及勘探现场

1. 开工第一天（自西向东摄）

2. 发掘现场（自西北向东南摄）

彩版三　南楼遗址发掘现场

彩版四　南楼遗址发掘全景（自西北向东南摄）

1. 龚良院长参观南楼遗址

2. 考古发掘现场（左起：高振威、陆建芳、张童心）

彩版五　南楼遗址发掘现场

1. 龚良院长参观南楼遗址

2. 考古发掘现场（左起：高振威、陆建芳、张童心）

彩版五　南楼遗址发掘现场

1. 陶纺轮（T0507 ④：11）

2. 陶纺轮（T0908 ①：4）

3. 石锛（T0507 ④：9）

4. 石锛（T0807 ①：1）

彩版六　地层出土陶、石器

1. 石锛（T0507④：13）

2. 石锛（T0507④：12）

3. 石锛（T0607④：31）

4. 石锛（T0607④：19）

彩版七　地层出土陶、石器

1. 石锛（T0607④：33）

2. 石锛（T0607④：34）

3. 石锛（T0607④：36）

4. 石锛（T0806①：2）

彩版八　地层出土石器

1. 石锛（T0906 ①：1）

2. 石锛（T0908 ①：3）

3. 石锛（T1006 ①：1）

4. 石锛（T0607 ④：22）

彩版九　地层出土石器

1. 石凿（T0908 ①：2）

2. 石斧（T0507 ④：10）

3. 石镞（T0806 ①：1）

4. 石刀（T0907 ①：3）

5. 石纺轮（T0908 ①：1）

彩版一〇　地层出土石器

1. T0907 南壁 G1 剖面（自北向南摄）

2. 陶豆（G1 下：14）

3. 陶杯（G1 上：54）

彩版一一　G1 剖面及其出土陶器

1. 陶盆（G1 上：37）

2. 陶盆（G1 上：4）

3. 陶盆（G1 上：13）

4. 陶盆（G1 下：11）

彩版一二　G1 出土陶盆

1. 石锛（G1 上：5）

2. 石锛（G1 上：25）

3. 石锛（G1 上：34）

4. 石锛（G1 下：16）

5. 石锛（G1 上：62）

6. 石斧（G1 上：36）

彩版一三　G1 出土石器

1. 石锛（G1 上：11）

2. 石锛（G1 上：26）

3. 石锛（G1 上：41）

4. 石锛（G1 上：42）

彩版一四　G1 出土石锛

1. 石纺轮（G1 上：156）正面

2. 石纺轮（G1 上：156）侧面的刻划

3. 玉斧（G1 上：40）

4. 玉斧（G1 上：40）

彩版一五　G1 出土石、玉器

1. F1（自南向北摄）

2. F1（自西向东摄）

彩版一六　F1 全景

1. F1 西部垫土与柱洞（自南向北摄）

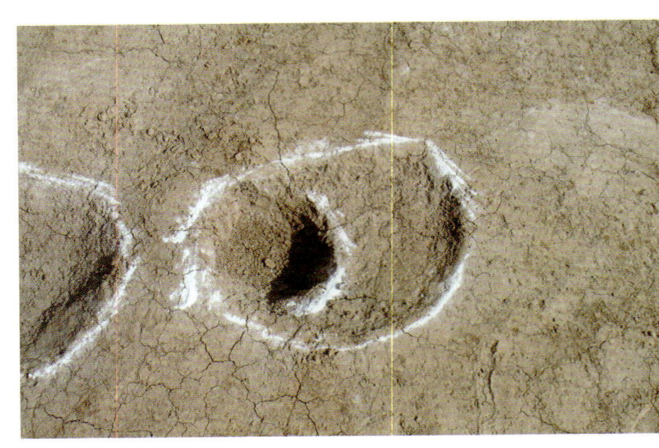
2. F1D5

3. F1D40

4. F1D23 打破 F1J1

5. F1D19—F1D22 打破 F1J1、F1J2

6. F1G1 西南部（自东向西摄）

1. F1G1 北部（自北向南摄）

2. F1D7

3. F1 西北墙基与沟（自北向南摄）

4. F1 最南端的柱洞（D36—D39）、基槽（J2）和排水沟（G1）

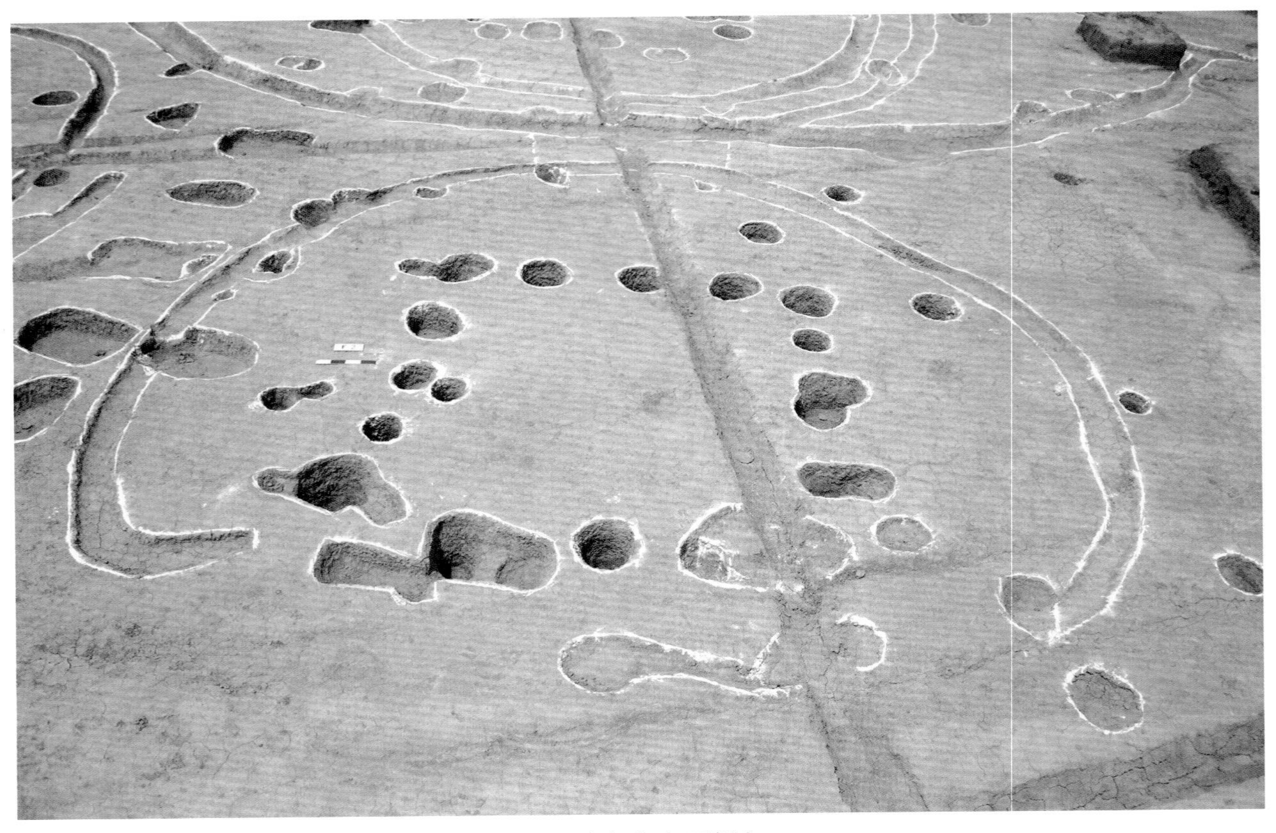

1. F2（自东向西摄）

2. F2（自南向北摄）

彩版一九　F2 全景

1. F2 中部柱洞（自东南向西北摄）

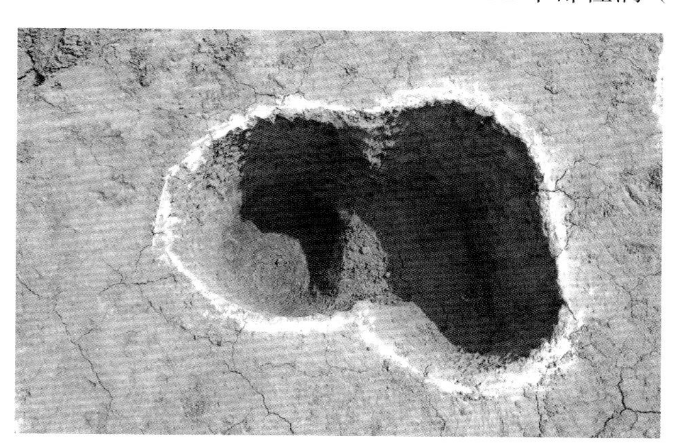

2. F2D14 ①、F1D14 ②

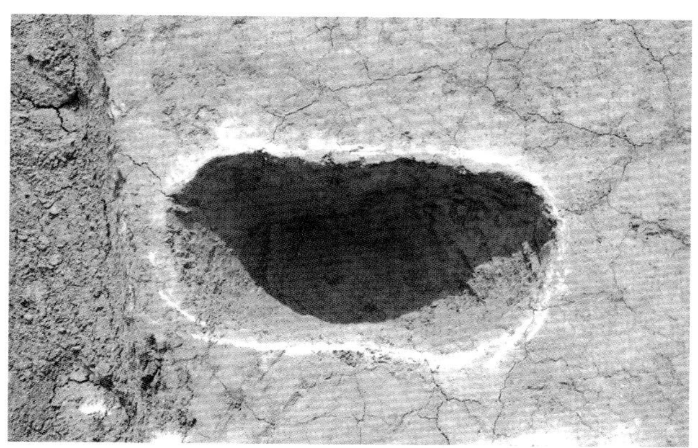

3. F2D15

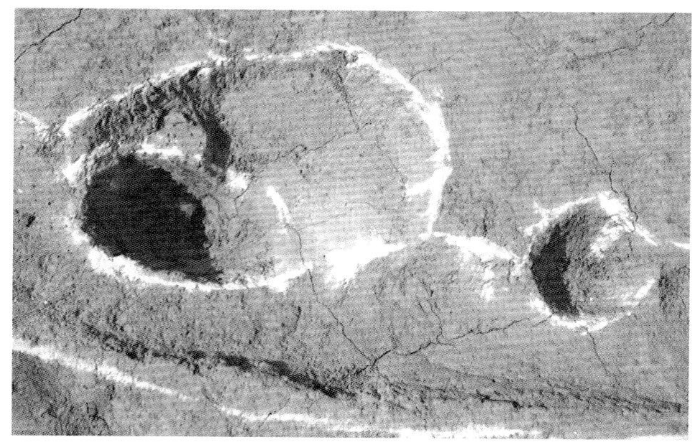

4. F2D19、F2D20

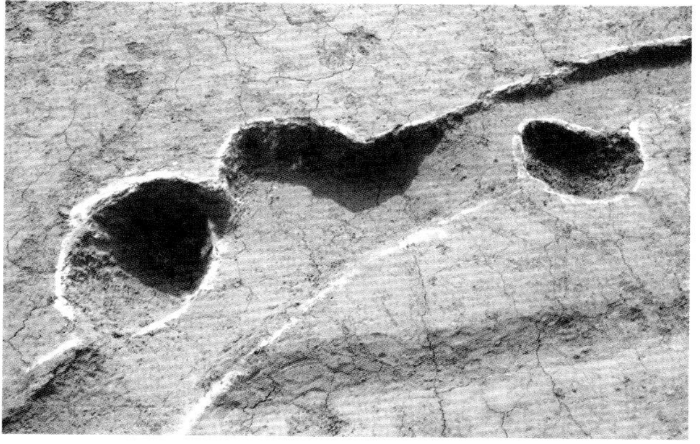

5. F2D21、F2D22、F2D23 打破 F2J1

彩版二〇　F2

1. F3（自东向西摄）

2. F3（自南向北摄）

彩版二一　F3 全景

1. F3 南部（自南向北摄）

2. F3 西部柱洞（自东向西摄）

3. F3 内部柱洞（自东向西摄）

彩版二二　F3

1. F3J2 东部、F3J1（自东向西摄）

2. F3J2 南部、F3J3（自南向北摄）

3. F3G1（自南向北摄）

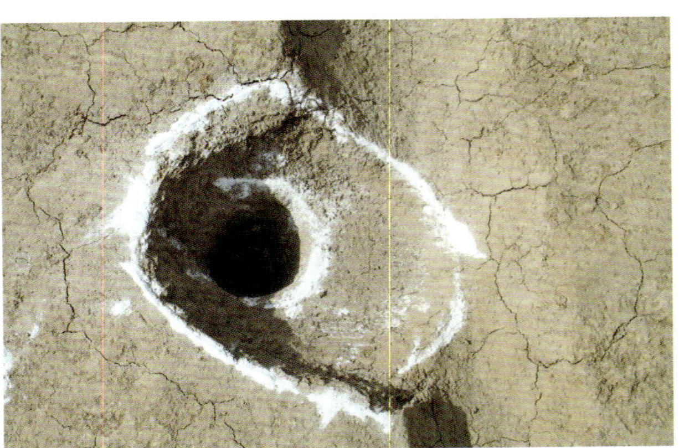

4. F3D2

5. F3D19、F3D20

1. 自东南向西北摄

2. 自南向北摄

彩版二四　F1—F3 全景

1. K2—K7（自东向西摄）

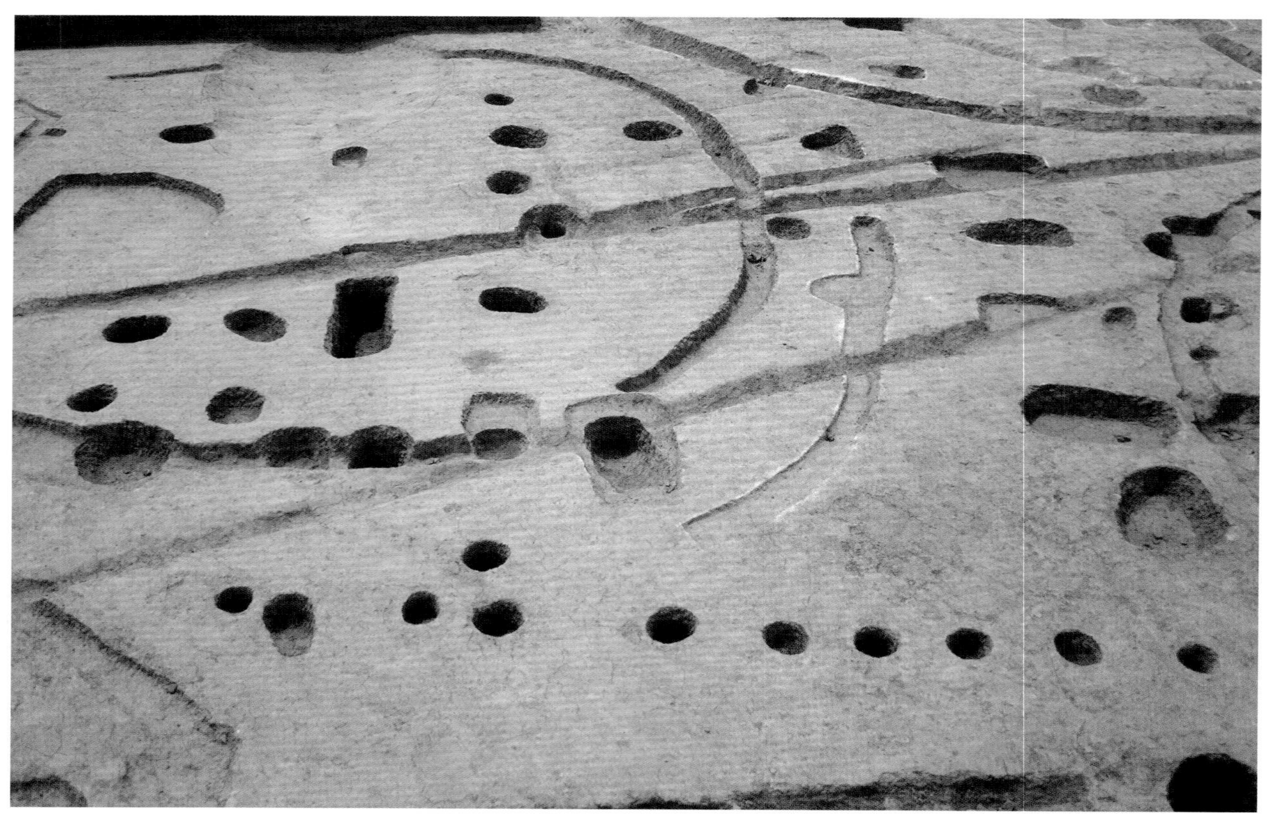

2. F3 东的 K8—K19（自东向西摄）

彩版二五　F1—F3 之间的小坑

1. F4（自东向西摄）

2. F4D1 立柱痕迹

3. F4D2 立柱痕迹

彩版二六　F4

1. T0507、T0607 第 3 层下平面（自东北向西南摄）

2. T0507、T0607 中部红烧土遗迹（自北向南摄）

彩版二七　T0507、T0607

1. T0507、T0607 红烧土遗迹东部的柱洞（自西北向东南摄）

2. T0507、T0607 红烧土遗迹西部的柱洞（自东北向西南摄）

彩版二八　T0507、T0607

1. H1（自东南向西北摄）

2. 铜削（H1：4）

3. 石锛（H1：3）

4. 陶瓿（H1：2）

彩版二九　H1 及其出土器物

1. H2 清理现场（自北向南摄）

2. H2（自南向北摄）

彩版三〇　H2

1. H3（自西向东摄）

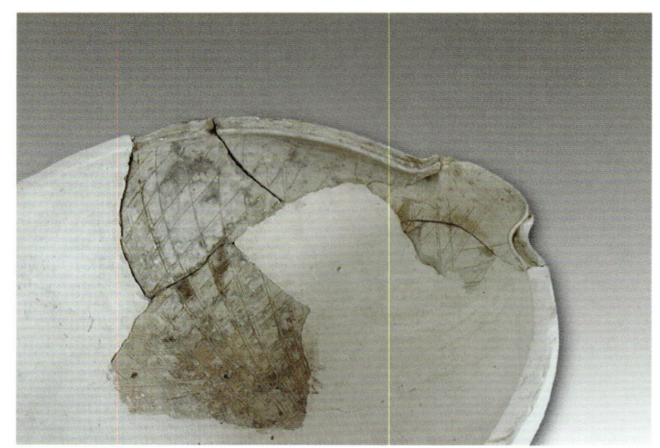

2. 陶刻槽盆（H3：1）内部

3. 陶刻槽盆（H3：1）

彩版三一　H3 及出土陶器

1. 石锄（H5：1）正面

2. 石锄（H5：1）背面

3. 石锛（H5：4）

4. 石器（H5：5）

彩版三二　H5 出土石器

1. 石镞（H6：1）正面

2. 石镞（H6：1）背面

3. 石镞（H6：2）正面

4. 石镞（H6：2）背面

5. 石镞（H6：3）正面

6. 石镞（H6：3）背面

彩版三三　H1 出土石镞

1. 石镞（H6：5）正面

2. 石镞（H6：5）背面

3. 陶杯（H6：6）

4. 石镞（H6：4）

彩版三四　H1 出土石器、陶器

1. 石镞（H7：1）正面

2. 石镞（H7：1）背面

3. 石镞（H7：2）正面

4. 石镞（H7：2）背面

5. 石镞（H7：4）正面

6. 石镞（H7：4）背面

彩版三五　H7 出土石镞

1. 石锛（H7：3）正面

2. 石锛（H7：3）背面

3. 石锛（H7：5）正面

4. 石锛（H7：5）背面

彩版三六　H7 出土石锛

1. 石钻（H8：1）

2. 石器（H8：2）

3. 陶钵（H8：5）

彩版三七　H8 出土石器、陶器

1. 石镞（H8：3）正面

2. 石镞（H8：3）背面

3. 石镞（H8：4）正面

4. 石镞（H8：4）背面

彩版三八　H8 出土石镞

1. H9（自北向南摄）

2. H10（自北向南摄）

彩版三九　H9 和 H10

1. H10 北部出土陶支座（自北向南摄）

2. H10 东部支座特写

3. H10 南部出土陶支座（自北向南摄）

彩版四〇　H10 出土陶支座

1. H11 黄土下的灰土（自东向西摄）

2. H11（自东向西摄）

3. 陶壶（H14：4）

彩版四一　H11 以及 H14 出土的陶器

1. 东区墓葬分布（自东南向西北摄）

2. 东区墓葬发掘场景（自东南向西北摄）

彩版四二　东区墓葬

彩版四三　东区墓葬全景（自南向北摄）

1. 东区墓葬分布（自西南向东北摄）

2. 沟（G1）与东区墓葬的关系（自南向北摄）

彩版四四　东区墓葬

彩版四五　M1（自北向南摄）

1. M1 东北部出土的黑皮陶器、陶鼎

2. 陶杯（M1：3）

3. 陶杯（M1：3）局部

彩版四六　M1 出土陶器

1. 玉璜（M1：2）出土情况

2. 玉璜（M1：2）正面

3. 玉璜（M1：2）背面的线切割痕

4. 玉璜（M1：2）背面

彩版四七　M1 出土玉璜（M1：2）

彩版四八　M2（自南向北摄）

1. M2（自西向东摄）

2. M2 墓主头部玉器组合（自西向东摄）

彩版四九　M2

1. 陶豆（M2：6）

2. 陶壶（M2：8）

3. 陶壶（M2：10）

4. 陶罐（M2：11）

彩版五〇　M2 出土陶器

1. 陶壶（M2：12）

2. 陶罐（M2：14）

3. 陶罐（M2：15）

4. 陶壶（M2：16）

彩版五一　M2 出土陶器

1. 玉璜（M2：1）与玉环（M2：2）组合

2. M2 墓主腰部的玉三角形饰（M2：4、M2：5）

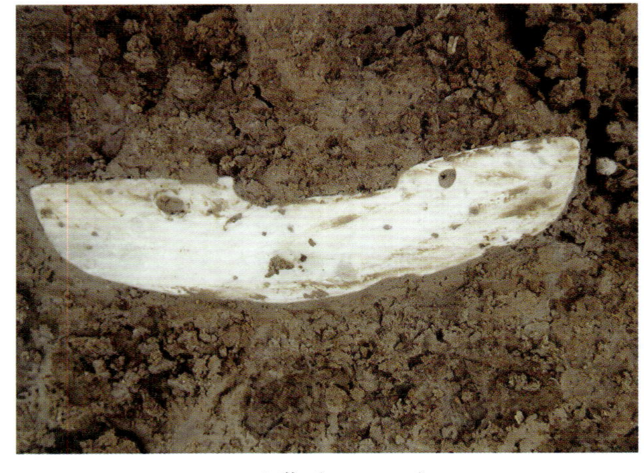
3. 玉璜（M2：1）

4. 墓主腰部的三角形器（M2：5）

彩版五二　M2 玉器出土情况

1. 玉璜（M2：1）正面

2. 玉璜（M2：1）反面

3. 玉璜（M2：1）反面的切割痕

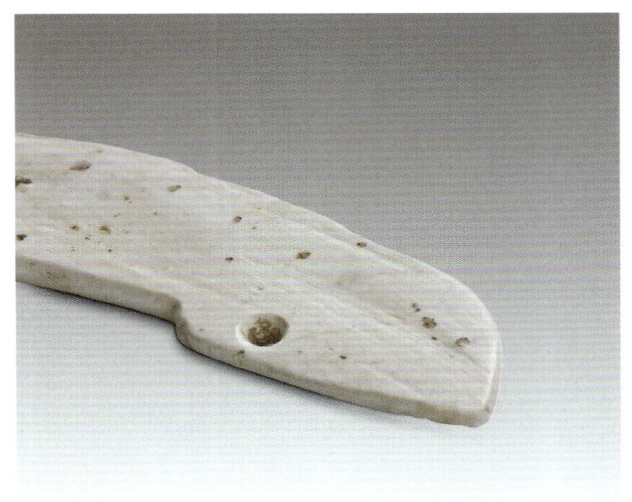

4. 玉璜（M2：1）反面的切割痕

彩版五三　M2 出土玉璜（M2：1）

1. 玉环（M2：2）

2. 玉环（M2：2）反面的切割痕

3. 穿孔玉饰（M2：3）正面

4. 穿孔玉饰（M2：3）反面的切割痕

彩版五四　M2 出土玉饰

1. 三角形玉饰（M2：4）

2. 三角形玉饰（M2：4）反面的切割痕

3. 三角形玉饰（M2：4）反面的切割痕

4. 三角形玉饰（M2：4）底侧面的切割痕

彩版五五　M2 出土三角形玉饰（M2：4）

1. 三角形玉饰（M2：5）

2. 三角形玉饰（M2：5）反面的切割痕

3. 三角形玉饰（M2：5）底侧面的切割痕

彩版五六　M2 出土三角形玉饰

彩版五七　M3（自东向西摄）

1. M3 墓主头部出土器物（自东向西摄）

2. M3 墓圹中部出土器物（自东向西摄）

1. 陶盆（M3：5）

2. 陶豆（M3：6）

3. 陶壶（M3：8）

4. 陶壶（M3：10）

彩版五九　M3 出土陶器

1. 陶罐（M3：11）

2. 陶壶（M3：12）

3. 陶壶（M3：13）

4. 陶钵（M3：14）

彩版六〇　M3 出土陶器

1. 陶豆（M3：18）

2. 陶钵（M3：20）

3. 陶壶（M3：15）

4. 陶纺轮（M3：17）

5. 陶钵（M3：19）

彩版六一　M3 出土陶器

1. 玉环（M3：1）和玉玦（M3：2）

2. 玉饰（琀）（M3：3）

3. M3 出土玉器组合

彩版六二　M3 玉器出土情况

1. 玉环（M3：1）正面

2. 玉环（M3：1）背面

3. 玉玦（M3：2）正面

4. 玉玦（M3：2）背面

彩版六三　M3 出土玉器

1. 玉玦（M3：2）正面的线切割痕

2. 玉玦（M3：2）侧面的管钻痕

3. 玉饰（琀）（M3：3）正面

4. 玉饰（琀）（M3：3）背面

5. 玉饰（琀）（M3：3）背面的切割痕

6. 玉饰（琀）（M3：3）侧面的管钻痕

彩版六四　M3 出土玉器

彩版六五　M4（自东向西摄）

1. 陶纺轮（M4：3）

2. 陶纺轮（M4：3）局部纹饰

3. 陶豆（M4：2）

4. 陶罐（M4：7）

彩版六六　M4 出土陶器

1. 玉璜（M4：1）正面

2. 玉璜（M4：1）背面

3. 玉璜（M4：1）正面的线切割痕迹

4. 玉璜（M4：1）正面的线切割痕迹

彩版六七　M4 出土玉器（M4：1）

彩版六八　M5（自西向东摄）

1. M5 北部陶器出土情况

2. M5 南部出土的陶器、石器（自西向东摄）

1. 陶壶（M5：4）

2. 陶罐（M5：6）

彩版七〇　M5 出土陶器

1. 石钺（M5：1）正面

2. 石钺（M5：1）背面

3. 石锛（M5：2）

4. 石锛（M5：3）

5. 石锛（M5：5）

彩版七一　M5 出土石器

彩版七二　M6（自北向南摄）

1. M6 中部出土器物

2. M6 中部玉璜出土情况

3. M6 南部出土器物（自西向东摄）

彩版七三　M6 出土器物

1. 陶纺轮（M6：10）

2. 陶器盖（M6：11）

3. 陶盆（M6：2）

4. 陶器（M6：5）

5. 陶罐（M6：6）

6. 陶豆（M6：8）

彩版七四　M6 出土陶器

1. 玉璜（M6：1）正面

2. 玉璜（M6：1）背面

3. 玉璜（M6：1）底部穿孔

彩版七五　M6出土玉璜（M6：1）

彩版七六　M7（自北向南摄）

1. 对出土陶器进行现场保护（工作者为孙军）

2. 对 M7 进行清理

彩版七七 M7

1. M7 葬具板灰剖面与出土陶器

2. M7 南部出土的玉琀（M7：1）和陶豆（M7：6）

3. M7 北部出土的陶器

4. M7 中部出土的石器、陶器

彩版七八　M7 出土器物

1. 陶豆（M7：6）

2. 陶豆（M7：6）局部

3. 陶杯（M7：7）

4. 陶杯（M7：10）

彩版七九　M7 出土陶器

1. 陶罐（M7：8）

2. 陶罐（M7：9）

3. 陶壶（M7：11）

4. 陶壶（M7：12）

彩版八〇　M7 出土陶器

1. 陶豆（M7：14）

2. 陶豆（M7：14）局部

3. 陶壶（M7：13）

4. 陶鼎（M7：16）

彩版八一　M7 出土陶器

1. 玉环（M7：2）正面

2. 玉环（M7：2）背面

3. 玉饰（琀）（M7：1）正面

4. 玉饰（琀）（M7：1）背面

彩版八二　M7 出土玉器

1. 石锛（M7：4）正面

2. 石锛（M7：4）背面

3. 石锛（M7：5）正面

4. 石锛（M7：5）背面

彩版八三　M7 出土石器

彩版八四　M8（自西向东摄）

1. 陶杯（M8：6）

2. 陶杯（M8：7）

3. 陶杯（M8：13）

4. 陶杯（M8：13）圈足

5. 陶壶（M8：18）

彩版八五　M8 出土陶器

1. 陶罐（M8：15）

2. 陶罐（M8：15）上的红彩

3. 陶罐（M8：8）

4. 陶壶（M8：17）

彩版八六　M8 出土陶器

1. 玉环（M8：1）正面

2. 玉环（M8：1）背面

3. 玉饰（M8：2）正面

4. 玉饰（M8：2）反面

5. 玉饰（琀）（M7：1）侧面的线切割痕

6. 玉饰（M8：2）反面的线切割痕

彩版八七　M7、M8出土玉器

1. 石锛（M8：4）刃部

2. 石锛（M8：5）顶部

3. 石锛（M8：4）

4. 石锛（M8：5）

彩版八八　M8 出土石器

1. M9（自东向西摄）

2. M9 墓坑与葬具盖板痕迹（自东向西摄）

彩版八九　M9（自东向西摄）

1. M9 北部葬具盖板板灰（自西向东摄）

2. M9 南部葬具盖板板灰（自西向东摄）

3. M9 中部横隔梁剖面（自南向北摄）

4. M9 近头部葬具线剖面

5. M9 玉器出土情况

1. 陶鼎（M9：3）

2. 陶纺轮（M9：4）

3. 陶豆（M9：5）

4. 陶豆（M9：5）圈足

彩版九一　M9 出土陶器

1. 陶罐（M9：8）

2. 陶罐（M9：9）

3. 陶罐（M9：11）

4. 陶罐（M9：10）

5. 陶豆（M9：11）圈足

彩版九二　M9 出土陶器

1. 玉镯（璜）（M9：1）

2. 玉镯（璜）（M9：1—1）正面

3. 玉镯（璜）（M9：1—2）正面

彩版九三　M9 出土玉镯（璜）（M9：1）

1. 玉镯（璜）（M9：1—1）正面切割痕

2. 玉镯（璜）（M9：1—1）玉镯（璜）侧面管钻痕

3. 玉珠（琀）（M9：2）正面

3. 玉珠（琀）（M9：2）背面

彩版九四　M9 出土玉器

彩版九五　M10（自西向东摄）

1. M10 葬具剖面（自南向北摄））

2. M10 葬具东部剖面

3. M10 葬具西部剖面

彩版九六　M10 葬具

1. 陶壶（M10：4）

2. 陶鼎（M10：7）

3. 陶罐（M10：5）

4. 陶鼎（M10：7）足部

彩版九七　M10 出土陶器

1. 陶鼎（M10：9）

2. 陶罐（M10：10）

3. 陶盆（M10：11）

4. 陶壶（M10：12）

彩版九八　M10 出土陶器

1. 玉环（琀）（M10：1）正面

2. 玉环（琀）（M10：1）背面

3. 石锛（M10：2）

彩版九九　M10 出土玉器、石器

1. M11（自西向东摄）

2. 陶杯（M11：1）

3. 陶杯（M11：1）

彩版一〇〇　M11 以及出土陶器

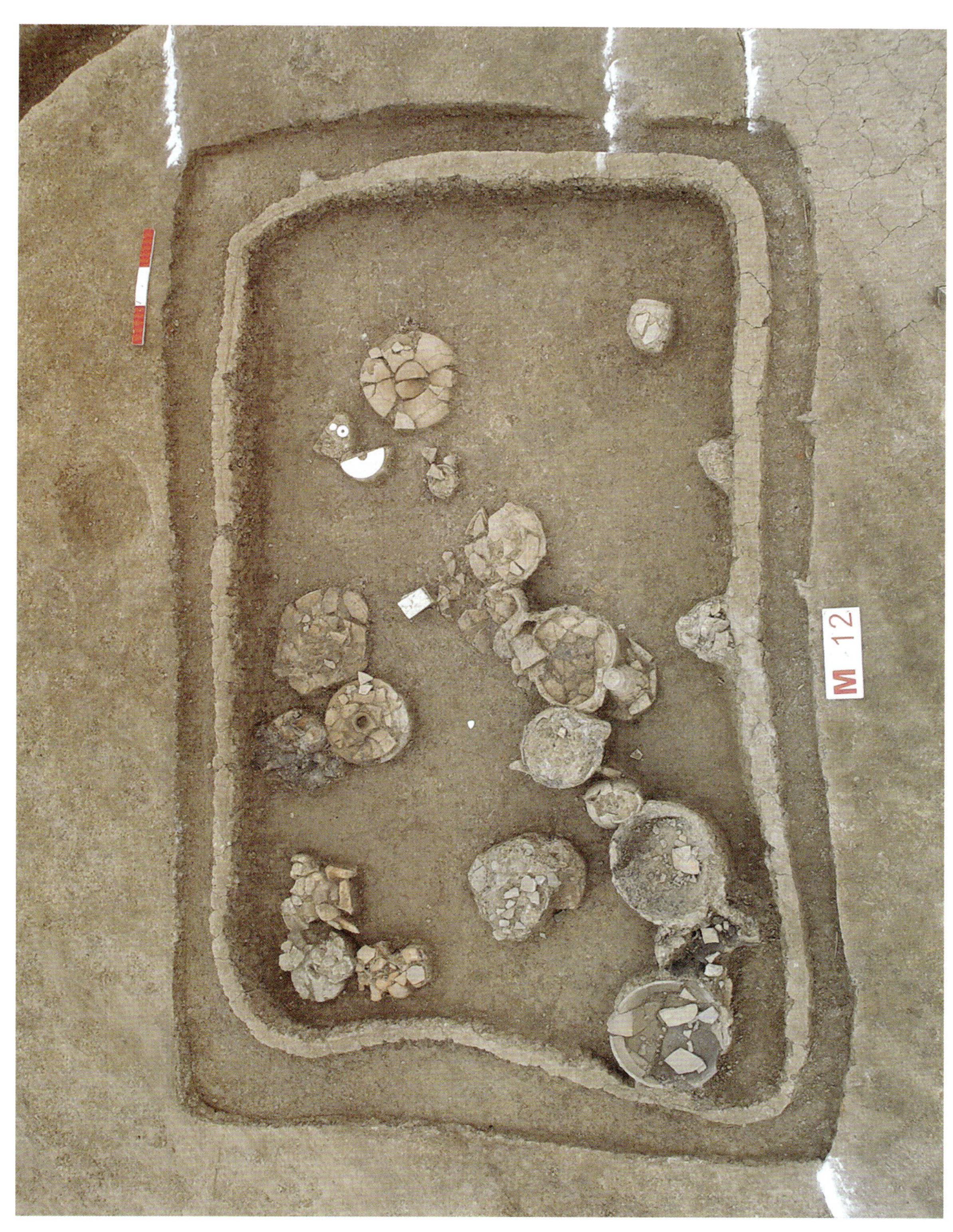

彩版一〇一　M12（自北向南摄）

1. 陶器盖（M12：8）

2. 陶罐（M12：9）

3. 陶豆（M12：10）

4. 陶豆（M12：11）

彩版一〇二　M12 出土陶器

1. 陶豆（M12：11）圈足

2. 陶纺轮（M12：15）上的纹饰

3. 陶罐（M12：12）

4. 陶壶（M12：17）

彩版一〇三　M12 出土陶器

1. 陶鼎（M12：21）

2. 陶杯（M12：23）

3. 陶器（M12：26）

4. 陶罐（M12：27）

彩版一〇四　M12 出土陶器

1. 玉璜（M12：1）正面

2. 玉璜（M12：1）反面

彩版一〇五　M12 出土玉璜（M12：1）

1. 玉璜（M12：1）正面局部

2. 玉璜（M12：1）正面切割痕

3. 玉璜（M12：1）正面切割痕

4. 玉饰（M12：5）侧面的管钻痕

5. 玉环（M12：2）正面

6. 玉环（M12：2）背面

彩版一〇六　M12 出土玉器

1. 玉饰（琀）（M12：3）正面

2. 玉饰（琀）（M12：3）背面

3. 三角形玉饰（M12：4）正面

4. 三角形玉饰（M12：4）背面

5. 玉饰（M12：5）正面

6. 玉饰（M12：5）背面

彩版一〇七　M12 出土玉器

1. 石锛（M12：7）正面

2. 石锛（M12：7）背面

彩版一〇八　M12 出土石锛（M12：7）

1. M13（自西向东摄）

2. M13 陶器、玉器出土情况

3. M13 头部玉饰出土情况

1. 玉环（M13：1）正面

2. 玉环（M13：1）背面

3. 陶杯（M13：4）

4. 陶杯（M13：5）

彩版一一〇　M13 出土玉器、陶器

1. 玉饰（M13：2）正面

2. 玉饰（M13：2）背面

3. 玉饰（M13：2）正面孔部

彩版一一一　M13 出土玉饰（M13：2）

彩版一一二　M14（自东向西摄）

1. 陶器盖（M14：2）

2. 陶罐（M14：3）

3. 陶杯（M14：1）

4. 陶鼎（M14：6）

彩版一一三　M14 出土陶器

1. 陶盆（M14：7）

2. 陶盆（M14：7）局部

3. 陶鼎（M14：8）

4. 陶罐（M14：12）

彩版一一四　M14 出土陶器

1. 石钺（M14：10）正面

2. 石钺（M14：10）背面

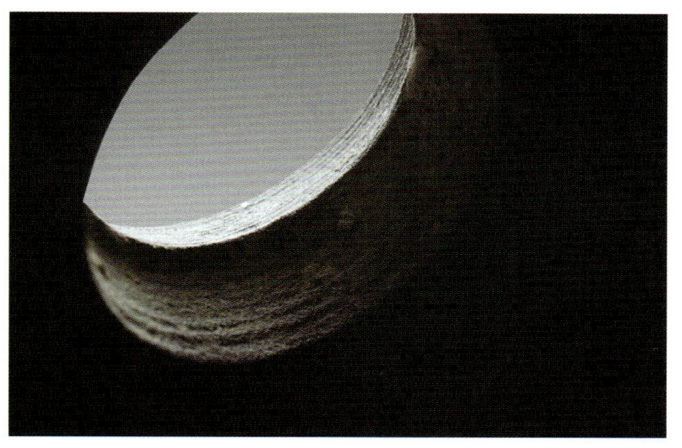

3. 石钺（M14：10）孔部

4. 石锛（M14：13）

彩版一一五　M14 出土石器

彩版一一六　M15（自东向西摄）

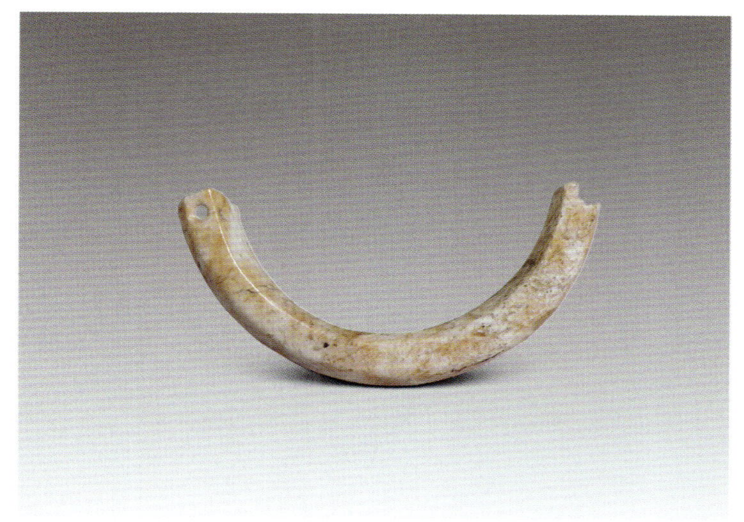

1. 玉饰（M15：1）正面

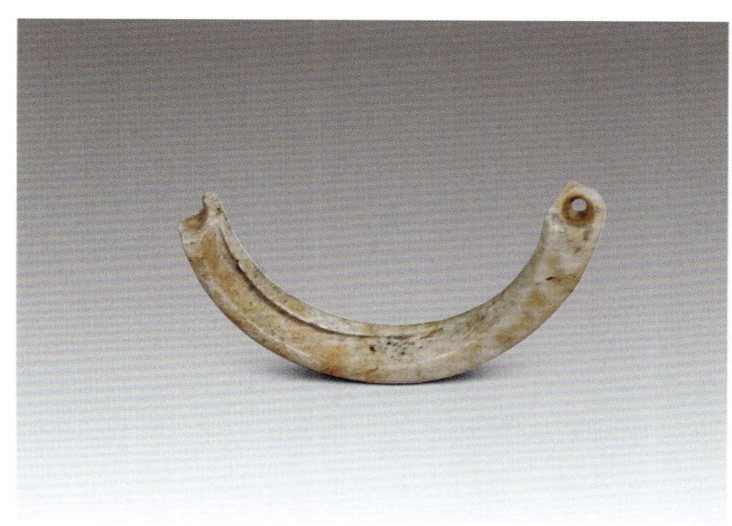

2. 玉饰（M15：1）背面

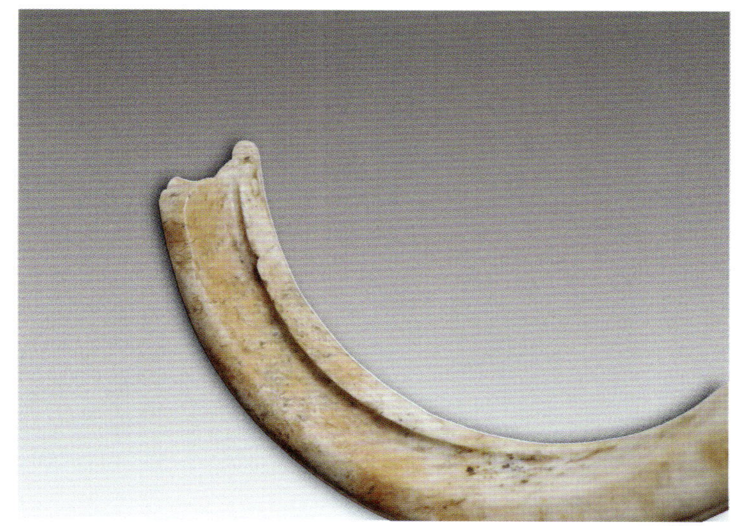

3. 玉饰（M15：1）上的管钻痕

彩版一一七　M15 出土玉饰（M15：1）

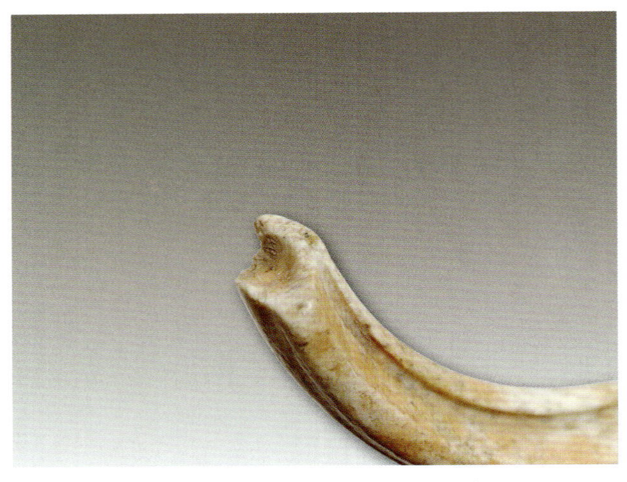

1. 玉饰（M15：1）上的钻孔

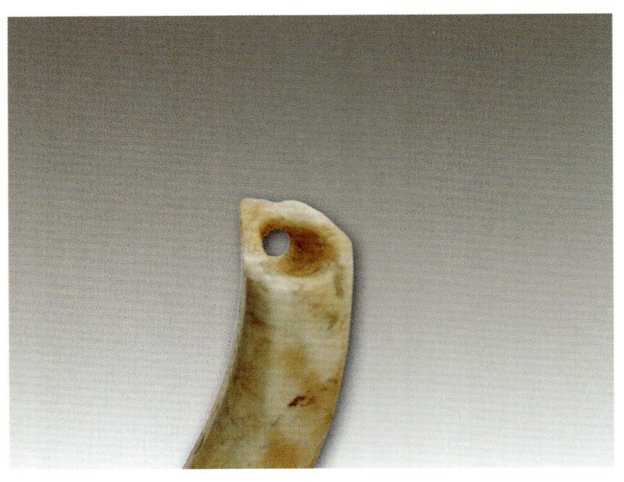

2. 玉饰（M15：1）上的钻孔

3. 石锛（M15：2）正面

4. 石锛（M15：2）背面

彩版一一八　M15 出土玉器、石器

1. M16（自东向西摄）

2. 石器出土情况（自西向东摄）

3. 陶器盖（M16：1）

彩版一一九　M16 以及出土陶器

1. 石钺（M16：5）正面

2. 石钺（M16：5）背面

彩版一二〇　M16 出土石钺（M16：5）

1. 石钺（M16：5）孔部

2. 石钺（M16：5）刃部

3. 石锛（M16：6）

4. 石锛（M16：8）

彩版一二一　M16出土石器

1. 石锛（M16：7）侧面的切割痕

2. 石锛（M16：7）背面的切割痕

3. 石锛（M16：7）正面

4. 石锛（M16：7）背面

彩版一二二　M16 出土石锛（M16：7）

彩版一二三　M17（自东向西摄）

1. 陶罐（M17：4）

2. 陶壶（M17：5）

3. 陶壶（M17：6）

4. 陶壶（M17：7）

彩版一二四　M17 出土陶器

1. 陶豆（M17：3）

2. 陶壶（M17：8）

3. 陶盘（M17：9）

4. 陶杯（M17：12）

5. 陶壶（M17：13）

6. 石锛（M17：1）

彩版一二五　M17 出土陶器、石器

1. 石钺（M17：2）正面

2. 石钺（M17：2）反面

3. 石钺（M17：2）孔部

4. 石钺（M17：2）刃部

彩版一二六　M17 出土石钺（M17：2）

彩版一二七　M18（自东向西摄）

1. 陶杯（M18：6）

2. 陶壶（M18：7）

3. 陶壶（M18：8）

4. 陶鬶（M18：17）

彩版一二八　M18 出土陶器

1. 陶豆（M18：9）

2. 陶豆（M18：9）圈足

3. 陶罐（M18：10）

4. 陶豆（M18：13）

彩版一二九　M18 出土陶器

1. 玉镯（M18：1）正面合体

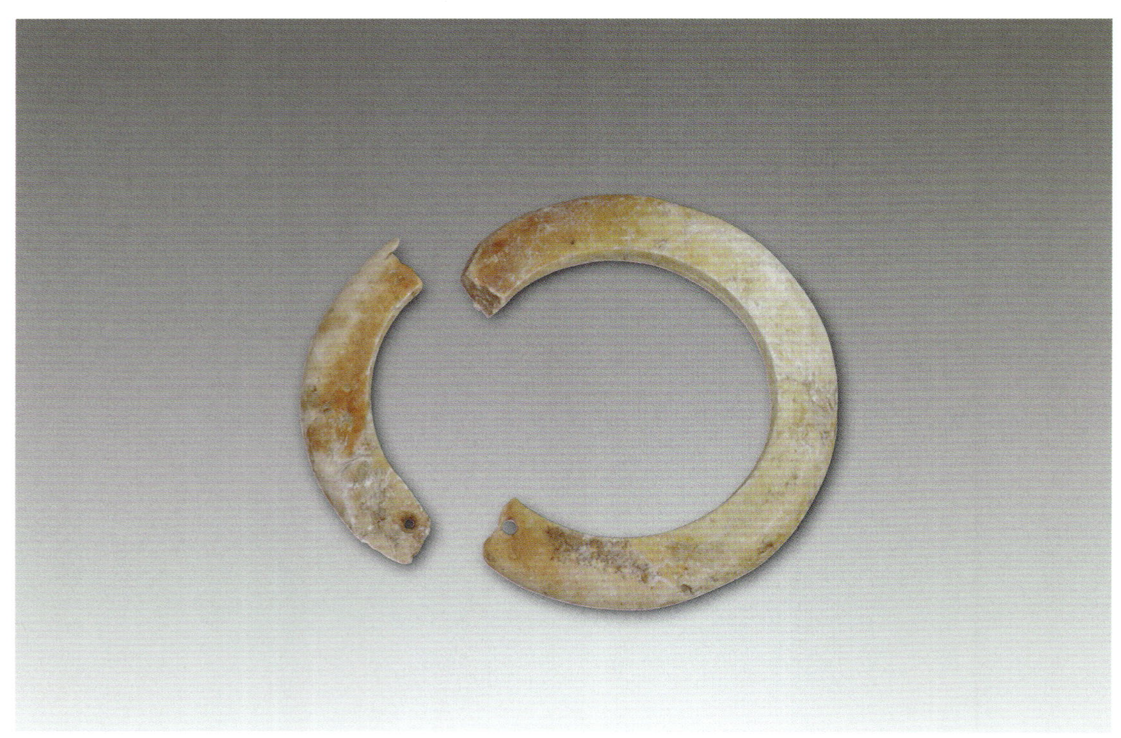

2. 玉镯（M18：1）反面分体

彩版一三〇　M18 出土玉镯（M18：1）

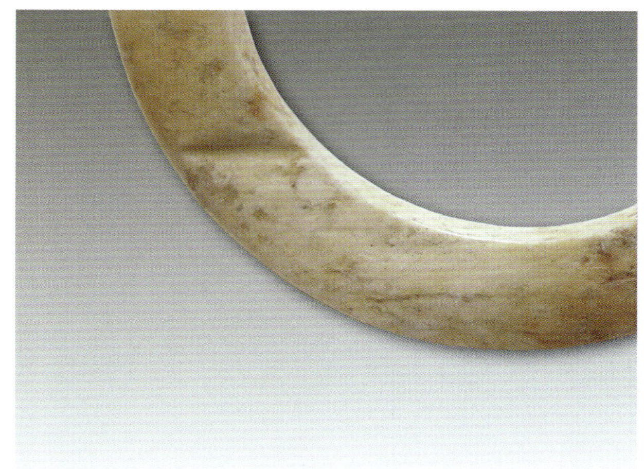

1. 玉镯（M18：1）正面的切割痕

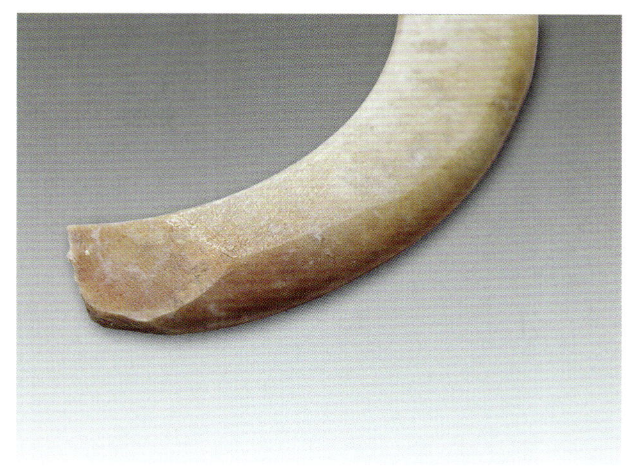

2. 玉镯（M18：1）背面的磨痕

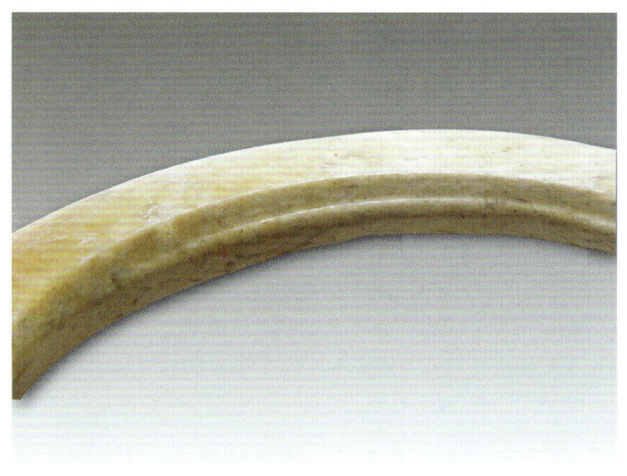

3. 玉镯（M18：1）侧面的管钻痕

4. 玉饰（琀）（M18：2）正面

5. 玉饰（琀）（M18：2）背面

6. 玉饰（琀）（M18：2）侧面的线割痕

彩版一三一　M18出土玉器

1. 石钺（M18：3）正面

2. 石钺（M18：3）背面

彩版一三二　M18 出土石钺（M18：3）

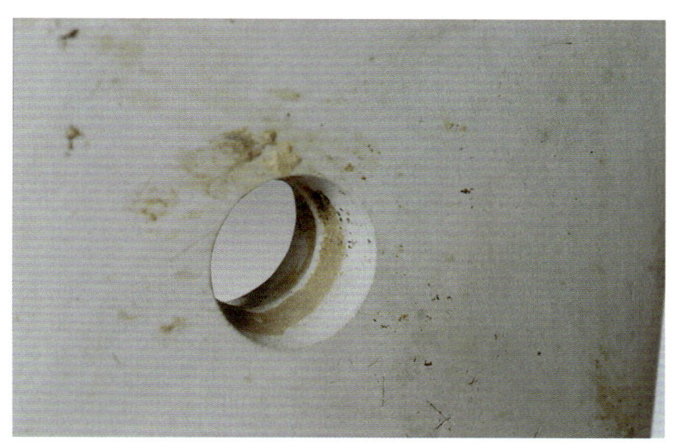

1. 石钺（M18：3）孔部特写

2. 石锛（M18：5）上的线切割痕

3. 石锛（M18：4）

4. 石锛（M18：5）

彩版一三三　M18 出土石器

1. M19（自东向西摄）

2. M19 墓主头部器物

3. M19 中部器物

彩版一三四　M19

1. 陶纺轮（M19：6）

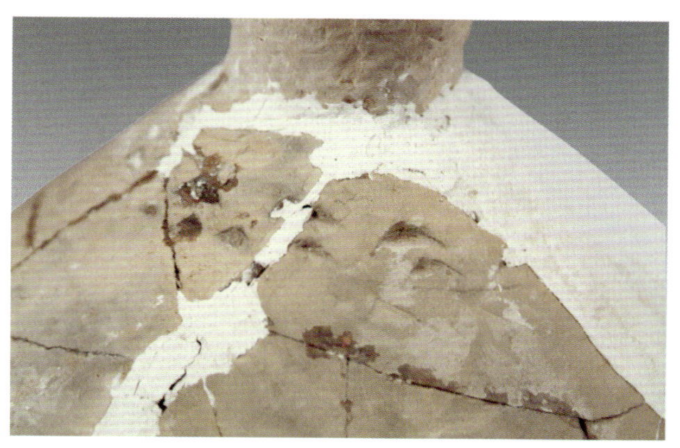

2. 陶豆（M19：7）圈足上的装饰

3. 陶豆（M19：7）

4. 陶罐（M19：9）

5. 陶罐（M19：11）

彩版一三五　M19 出土陶器

1. 陶甗（M19：18）

2. 陶甗的鼎（M19：18—1）

3. 陶甗的甑（M19：18—2）

彩版一三六　M19 出土陶甗（M19：18）

1. 陶壶（M19：14）

2. 陶罐（M19：15）

3. 陶甑（M19：18—2）

4. 陶甑（M19：19）

5. 陶罐（M19：20）

6. 陶甑（M19：19）箅部

彩版一三七　M19 出土陶器

1. 玉饰（M19：1）

2. 玉饰（M19：1）的切割痕

3. 骨璜（M19：2）

4. 骨璜（M19：2）孔部特写

彩版一三八　M19 出土玉器、骨器

1. 石钺（M19：3）正面

2. 石钺（M19：3）背面

彩版一三九　M19 出土石钺（M19：3）

1. 石钺（M19：3）刃部

2. 石钺（M19：3）孔部

3. 石锛（M19：4）

4. 石锛（M19：5）

彩版一四〇　M19 出土石器

彩版一四一　M20（自东向西摄）

1. M20 葬具剖面局部（自南向北摄）

2. M20 葬具剖面（自南向北摄）

3. M20 墓主头部出土器物

4. M20 人骨痕迹和出土器物

彩版一四二　M20 葬具以及出土器物

1. 陶纺轮（M20：2）

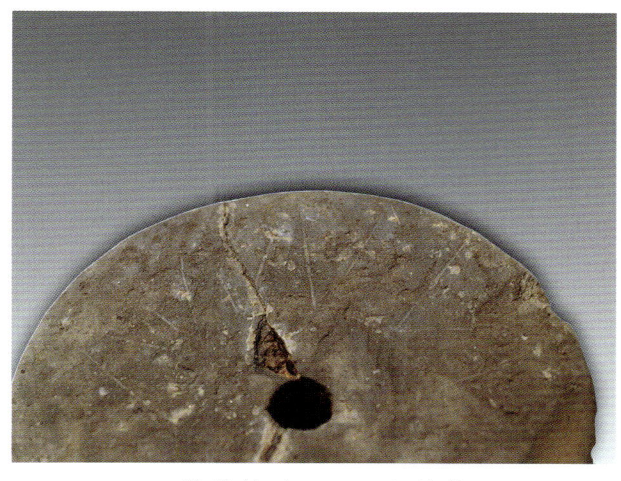

2. 陶纺轮（M20：2）纹饰

3. 陶杯（M20：3）

4. 陶豆（M20：4）

5. 陶罐（M20：8）

6. 陶豆（M20：4）圈足

彩版一四三　M20 出土陶器

1. 陶豆（M20：7）

2. 陶豆（M20：7）圈足

3. 陶杯（M20：5）

4. 陶杯（M20：9）

彩版一四四　M20 出土陶器

1. 陶壶（M20：10）

2. 陶壶（M20：17）

3. 陶罐（M20：11）

4. 陶罐（M20：12）

彩版一四五　M20出土陶器

1. 陶罐（M20：13）

2. 陶壶（M20：14）

3. 陶鼎（M20：16）

4. 陶壶（M20：19）

彩版一四六　M20 出土陶器

1. 玉璜（M20：1）正面

2. 玉璜（M20：1）背面

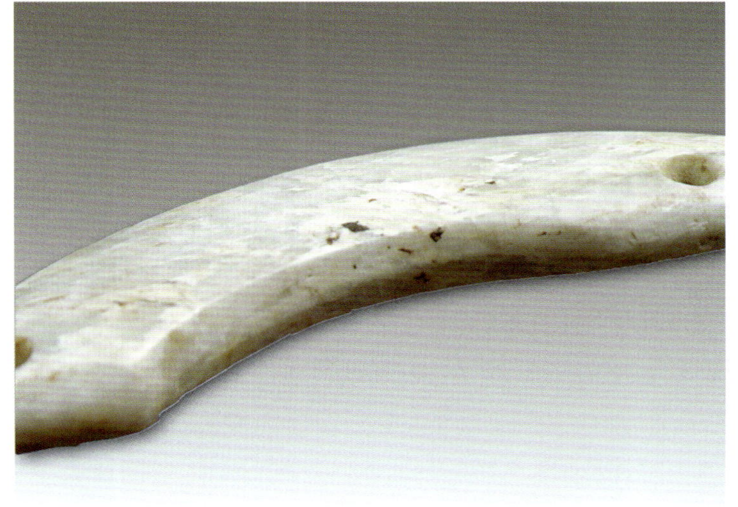

3. 玉璜（M20：1）侧面钻痕

彩版一四七　M20 出土玉璜（M20：1）

彩版一四八　M21（自北向南摄）

1. M21 玉璜（M21：1）出土情况

2. M21 墓主头部附近的陶器、玉器

彩版一四九　M21 陶器、玉器出土情况

1. 陶豆（M21∶4）

2. 陶豆（M21∶4）圈足

3. 陶壶（M21∶3）

4. 陶杯（M21∶5）

彩版一五〇　M21 出土陶器

1. 玉璜（M21：1）正面

2. 玉璜（M21：1）背面

彩版一五一　M21 出土玉璜（M21：1）

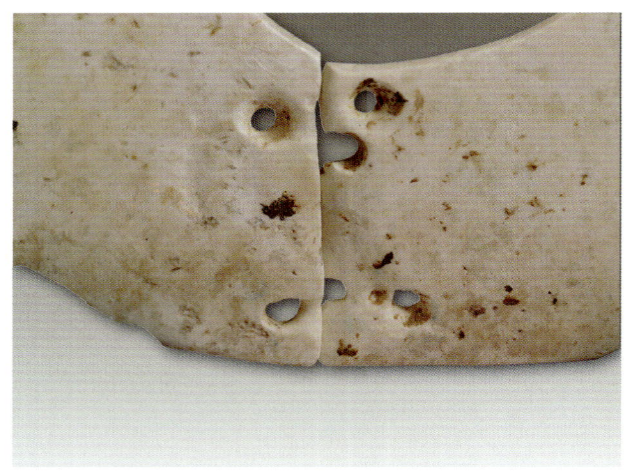
1. 玉璜（M21：1）正面连接处

2. 玉璜（M21：1）反面连接处

3. 玉璜（M21：1）正面孔部

4. 玉璜（M21：1）反面孔部

5. 玉璜（M21：1）侧面孔部

6. 玉璜（M21：1）侧面孔部

彩版一五二　M21 出土玉璜（M21：1）

1. 玉璜（琀）（M21：2）正面

2. 玉璜（琀）（M21：2）背面

彩版一五三　M21 出土玉璜（琀）（M21：2）

1. 玉璜（M21：1）正面连接处的切割痕

2. 玉璜（M21：1）背面连接处

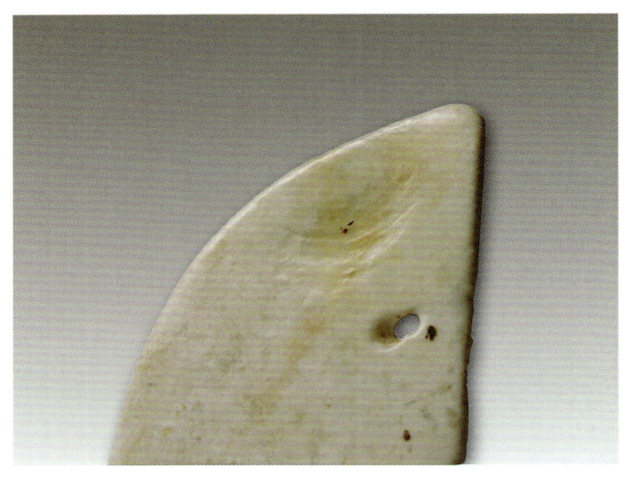
3. 玉璜（M21：1）背面的切割痕

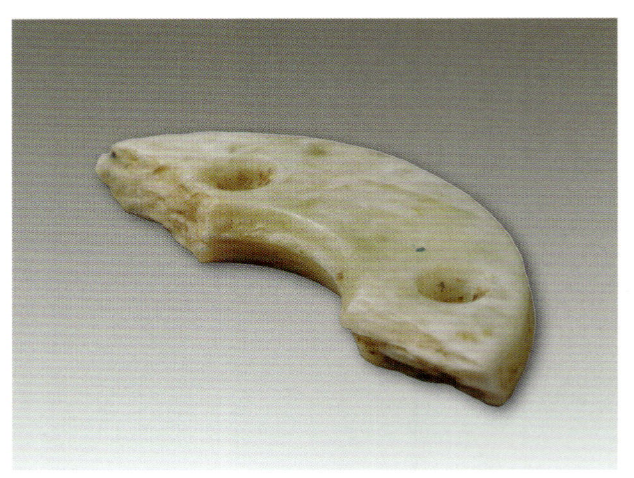
4. 玉璜（琀）（M21：2）

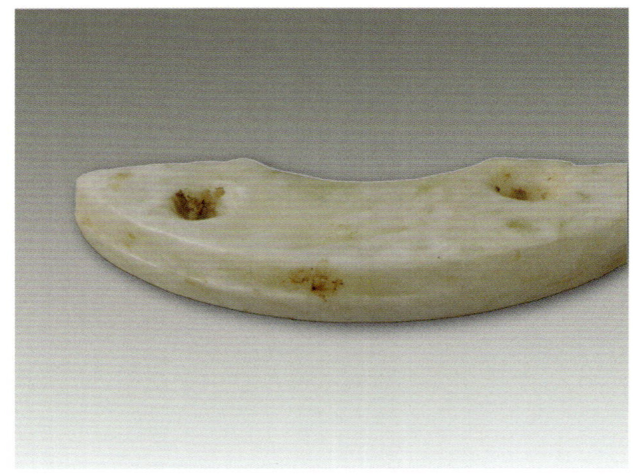
5. 玉璜（琀）（M21：2）侧面的管钻痕

6. 玉璜（琀）（M21：2）内侧面的管钻痕

彩版一五四　M21 出土玉璜

彩版一五五　M22（自北向南摄）

1. M22 墓主头部附近出土陶器、玉器

2. M22 西部出土陶器

彩版一五六　M22 出土器物

1. 陶壶（M22：5）

2. 陶壶（M22：6）

3. 陶杯（M22：9）

4. 陶甗（M22：10）

彩版一五七　M22 出土陶器

1. 陶壶（M22：7）

2. 陶壶（M22：8）

3. 陶甗的陶甑（M22：10—2）

4. 陶甗的陶鼎（M22：10—1）

5. 陶杯（M22：9）局部

6. 陶釜（M22：11）

彩版一五八　M22 出土陶器

1. 玉璜（M22：1）正面

2. 玉璜（M22：1）背面

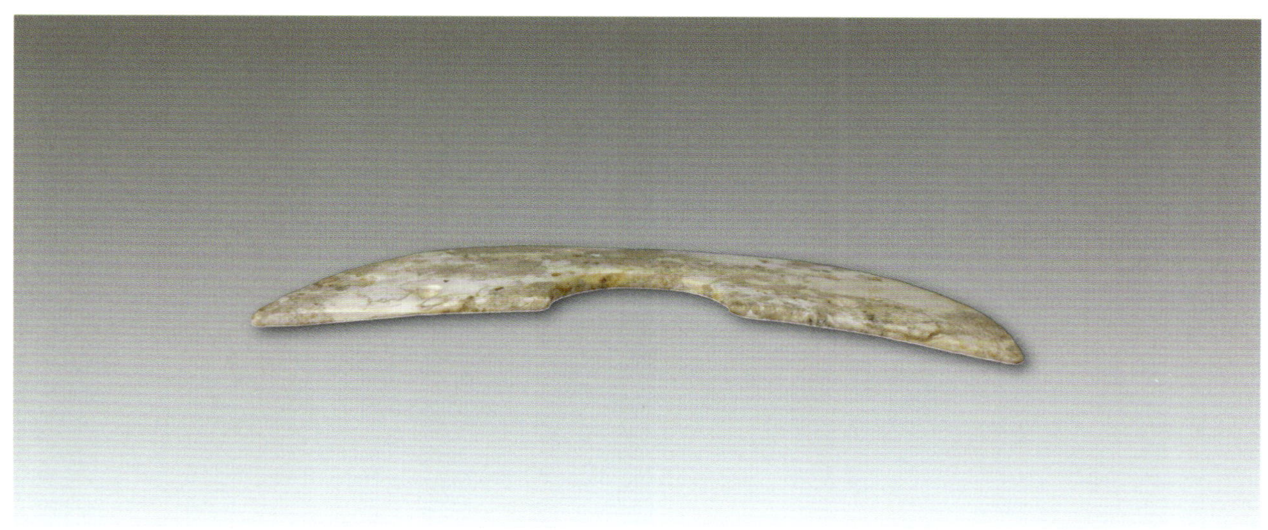

3. 玉璜（M22：1）侧面

4. 玉璜（M22：1）背面孔

5. 玉璜（M22：1）正面的线割痕

彩版一五九　M22出土玉璜（M22：1）

彩版一六〇　M23（自西向东摄）

1. 陶豆（M23：4）

2. 陶盉（M23：5）

3. 陶豆（M23：6）

4. 陶钵（M23：7）

5. 陶钵（M23：8）

彩版一六一　M23 出土陶器

1. 石锛（M23：1）

2. 石锛（M23：2）

3. 石纺轮（M23：9）正面

4. 石纺轮（M23：9）背面

5. 石纺轮（M23：9）局部

6. 石纺轮（M23：9）局部

彩版一六二　M23 出土石器

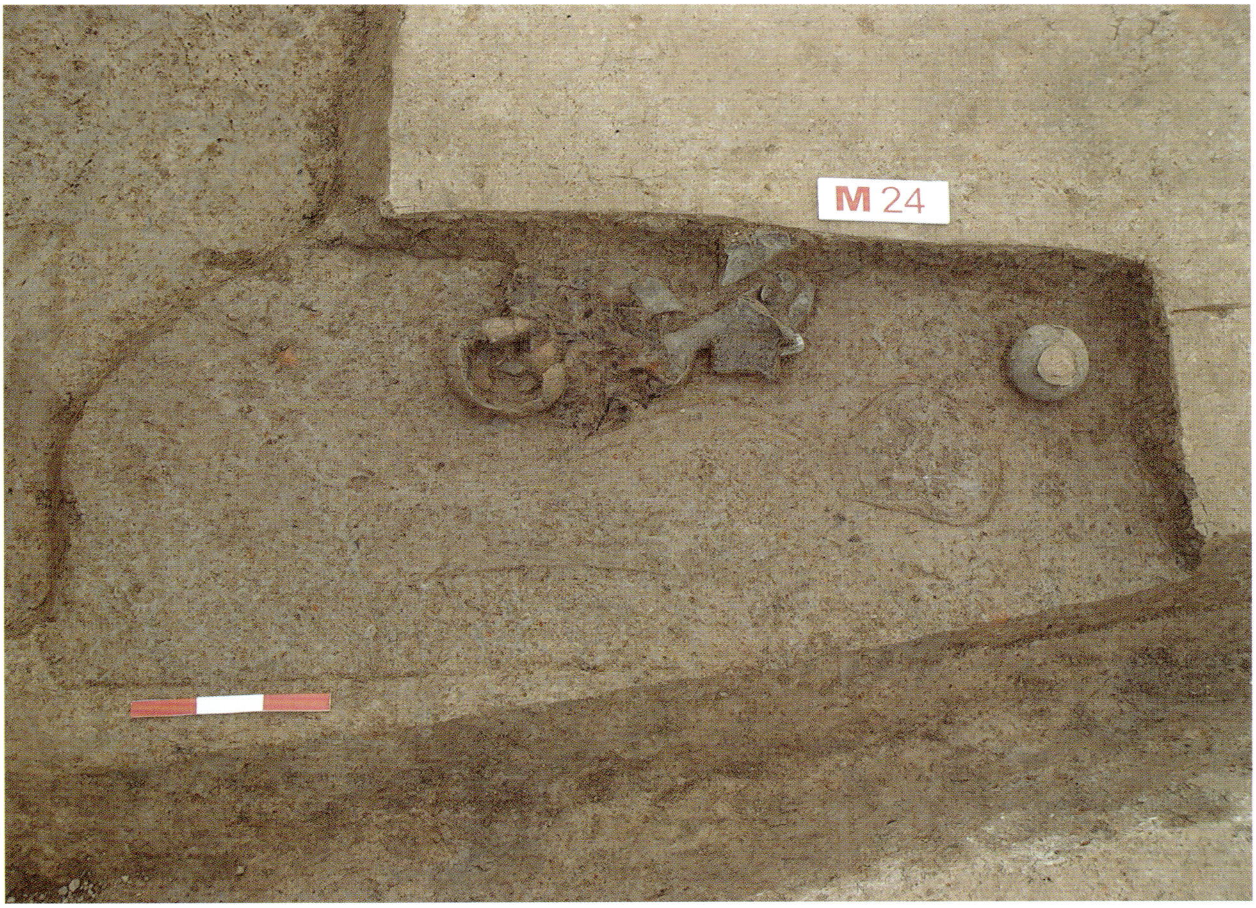

1. M24（自西向东摄）

2. M24 人牙痕迹

3. M24 东部出土器物

彩版一六三　M24

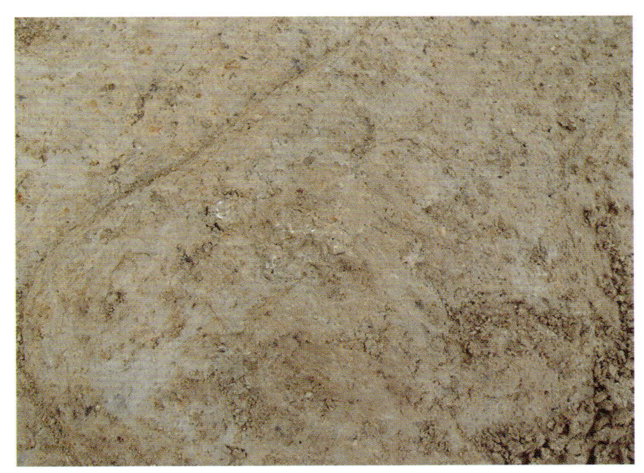

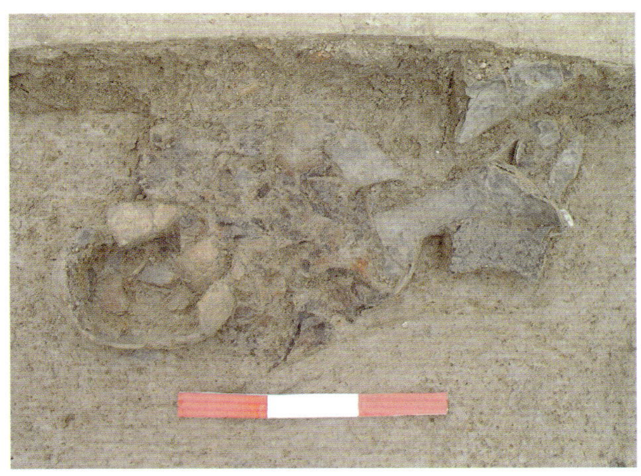

1. 陶豆（M24：3）

2. 陶盉（M24：5）

3. 陶豆（M24：3）圈足

4. 陶罐（M24：1）

彩版一六四　M24 出土陶器

1. 石锛（M24∶2）

2. 石锛（M24∶6）

彩版一六五　M24 出土石器

1. 石钺（M25：2）正面

2. 石钺（M25：2）背面

3. 石凿（M25：3）正面

4. 石凿（M25：3）侧面

彩版一六六　M25 出土石器

1. 陶罐（陶 53—7）

2. 陶罐（陶 53—10）

3. 陶罐（陶 53—11）

4. 陶罐（陶 M53—14）

彩版一六七　南楼遗址采集陶罐

1. 陶罐（陶 53—19）

2. 陶罐（陶 53—20）

3. 陶罐（陶 53—24）

4. 陶罐（陶 53—25）

5. 陶罐（陶 53—20）鸡冠鋬耳局部

6. 陶罐（陶 53—25）鋬耳局部

彩版一六八　南楼遗址采集陶罐

1. 陶壶（陶 53—3）

2. 陶壶（陶 53—4）

彩版一六九　南楼遗址采集陶壶

1. 陶壶（陶 53—3）俯视

2. 陶壶（陶 53—4）俯视

3. 陶壶（陶 53—3）局部

4. 陶壶（陶 53—3）腹部刻划符号

5. 陶壶（陶 53—6）腹部刻划符号

6. 陶壶（陶 53—8）腹部刻划符号

彩版一七〇　南楼遗址采集陶壶

1. 陶壶（陶 53—5）

2. 陶壶（陶 53—6）

3. 陶壶（陶 53—8）

4. 陶壶（陶 53—9）

5. 陶壶（陶 53—9）底部

6. 陶壶（陶 53—15）底部刻划符号

彩版一七一　南楼遗址采集陶壶

1. 陶壶（陶 53—12）

2. 陶壶（陶 53—15）

3. 陶壶（陶 53—16）

4. 陶壶（陶 53—18）

彩版一七二　南楼遗址采集陶壶

1. 陶钵（陶 53—13）

2. 陶鼎（陶 53—26）

3. 陶钵（陶 53—13）底部

4. 陶钵（陶 53—13）纹饰

彩版一七三　南楼遗址采集陶器

1. 石钺（石 6—1）

2. 石钺（石 6—15）

3. 石钺（石 6—3）

彩版一七四　南楼遗址采集石钺

1. 石钺（石 6—2）

2. 石钺（石 6—19）

彩版一七五　南楼遗址采集石钺

1. 石锛（石 6—7）

2. 石锛（石 6—8）

3. 石锛（石 6—9）

4. 石锛（石 6—10）

5. 石锛（石 6—12）

彩版一七六　南楼遗址采集石锛

1. 石锛（石 6—13）

2. 石锛（石 6—14）

3. 石锛（石 6—16）

4. 石锛（石 6—17）

5. 石锛（石 6—20）

彩版一七七　南楼遗址采集石锛

1. 石刀（石 6—4）

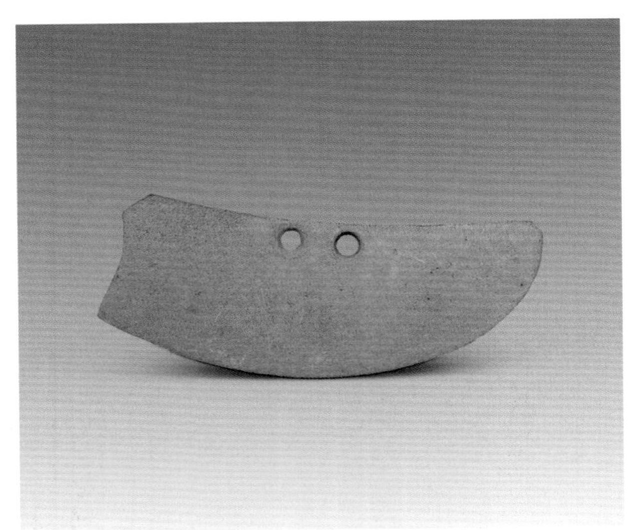

2. 石刀（石 6—5）

3. 石刀（石 6—6）

彩版一七八　南楼遗址采集石刀